Comentários à
Lei de Licitações e Contratos
da Administração Pública

www.editorasaraiva.com.br/direito
Visite nossa página

Maria Adelaide de Campos França

Advogada em São Paulo. Doutora em Direito do Estado
pela Faculdade de Direito da Universidade de São Paulo.

Comentários à
Lei de Licitações e Contratos
da Administração Pública

7ª edição revista
e atualizada

2013

Editora Saraiva

Rua Henrique Schaumann, 270, Cerqueira César — São Paulo — SP
CEP 05413-909
PABX: (11) 3613 3000
SACJUR: 0800 055 7688
De 2ª a 6ª, das 8:30 às 19:30
saraivajur@editorasaraiva.com.br
Acesse: www.editorasaraiva.com.br/direito

FILIAIS

AMAZONAS/RONDÔNIA/RORAIMA/ACRE
Rua Costa Azevedo, 56 — Centro
Fone: (92) 3633-4227 — Fax: (92) 3633-4782 — Manaus

BAHIA/SERGIPE
Rua Agripino Dórea, 23 — Brotas
Fone: (71) 3381-5854 / 3381-5895
Fax: (71) 3381-0959 — Salvador

BAURU (SÃO PAULO)
Rua Monsenhor Claro, 2-55/2-57 — Centro
Fone: (14) 3234-5643 — Fax: (14) 3234-7401 — Bauru

CEARÁ/PIAUÍ/MARANHÃO
Av. Filomeno Gomes, 670 — Jacarecanga
Fone: (85) 3238-2323 / 3238-1384
Fax: (85) 3238-1331 — Fortaleza

DISTRITO FEDERAL
SIA/SUL Trecho 2 Lote 850 — Setor de Indústria e Abastecimento
Fone: (61) 3344-2920 / 3344-2951
Fax: (61) 3344-1709 — Brasília

GOIÁS/TOCANTINS
Av. Independência, 5330 — Setor Aeroporto
Fone: (62) 3225-2882 / 3212-2806
Fax: (62) 3224-3016 — Goiânia

MATO GROSSO DO SUL/MATO GROSSO
Rua 14 de Julho, 3148 — Centro
Fone: (67) 3382-3682 — Fax: (67) 3382-0112 — Campo Grande

MINAS GERAIS
Rua Além Paraíba, 449 — Lagoinha
Fone: (31) 3429-8300 — Fax: (31) 3429-8310 — Belo Horizonte

PARÁ/AMAPÁ
Travessa Apinagés, 186 — Batista Campos
Fone: (91) 3222-9034 / 3224-9038
Fax: (91) 3241-0499 — Belém

PARANÁ/SANTA CATARINA
Rua Conselheiro Laurindo, 2895 — Prado Velho
Fone/Fax: (41) 3332-4894 — Curitiba

PERNAMBUCO/PARAÍBA/R. G. DO NORTE/ALAGOAS
Rua Corredor do Bispo, 185 — Boa Vista
Fone: (81) 3421-4246 — Fax: (81) 3421-4510 — Recife

RIBEIRÃO PRETO (SÃO PAULO)
Av. Francisco Junqueira, 1255 — Centro
Fone: (16) 3610-5843 — Fax: (16) 3610-8284 — Ribeirão Preto

RIO DE JANEIRO/ESPÍRITO SANTO
Rua Visconde de Santa Isabel, 113 a 119 — Vila Isabel
Fone: (21) 2577-9494 — Fax: (21) 2577-8867 / 2577-9565 — Rio de Janeiro

RIO GRANDE DO SUL
Av. A. J. Renner, 231 — Farrapos
Fone/Fax: (51) 3371-4001 / 3371-1467 / 3371-1567
Porto Alegre

SÃO PAULO
Av. Antártica, 92 — Barra Funda
Fone: PABX (11) 3616-3666 — São Paulo

109.260.007.001   962074

ISBN 978-85-02-20109-5

Dados Internacionais de Catalogação na Publicação (CIP)
(Câmara Brasileira do Livro, SP, Brasil)

França, Maria Adelaide de C.
  Comentários à Lei de Licitações e Contratos da Administração Pública / Maria Adelaide de C. França. — 7. ed. rev. e atual. — São Paulo : Saraiva, 2013.

  1. Contratos administrativos - Leis e legislação 2. Contratos administrativos - Leis e legislação - Brasil 3. Licitações - Leis e legislação 4. Licitações - Leis e legislação - Brasil I. Título.

13-06419   CDU-351.712.2.032.3(81) (094.56)

Índices para catálogo sistemático:
1. Brasil : Leis comentadas : Licitações e contratos públicos : Direito administrativo
   351.712.2.032.3(81) (094.56)
2. Brasil : Leis comentadas : Licitações e contratos administrativos : Direito administrativo
   351.712.2.032.3(81) (094.56)

Diretor editorial Luiz Roberto Curia
Gerente editorial Thaís de Camargo Rodrigues
Produtora editorial Clarissa Boraschi Maria
Preparação de originais Ana Cristina Garcia
    Maria Izabel Barreiros Bitencourt Bressan
    Daniel Pavani Naveira
Arte e diagramação Lais Soriano
Revisão de provas Ana Beatriz Fraga Moreira
    Mair de Fátima Machado Costola
Serviços editoriais Elaine Cristina da Silva
    Maria Cecília Coutinho Martins
Capa Conexão editorial
Produção gráfica Marli Rampim
Impressão Bartira Gráfica
Acabamento Bartira Gráfica

Data de fechamento da edição: 25-9-2013

Dúvidas?
Acesse www.editorasaraiva.com.br/direito

Nenhuma parte desta publicação poderá ser reproduzida por qualquer meio ou forma sem a prévia autorização da Editora Saraiva.
A violação dos direitos autorais é crime estabelecido na Lei n. 9.610/98 e punido pelo artigo 184 do Código Penal.

*À minha mãe querida,
Nilce Maria Pourchet de Campos França,
exemplo de força, vontade e dedicação, pelo
seu extraordinário auxílio.*

ABREVIATURAS

AI – Arguição de Inconstitucionalidade
AgI – Agravo de Instrumento
Ap. Cív. – Apelação Cível
Ap. MS – Apelação em Mandado de Segurança
Apn – Ação Penal
Des. – Desembargador
DJ – *Diário da Justiça*
DJU – *Diário da Justiça da União*
HC – *Habeas Corpus*
j. – julgado
JTJ – *Jurisprudência do Tribunal de Justiça*
MC – Medida Cautelar
Min. – Ministro
MS – Mandado de Segurança
RDA – *Revista de Direito Administrativo*
RDP – *Revista de Direito Público*
RE – Recurso Extraordinário
Rel. – Relator
REsp – Recurso Especial
REO – Remessa *Ex Officio*
Repr. Inconst. – Representação de Inconstitucionalidade
RJTJSP – *Revista de Jurisprudência do Tribunal de Justiça de São Paulo*
RMS – Recurso em Mandado de Segurança
RSTJ – *Revista do Superior Tribunal de Justiça*
RT – *Revista dos Tribunais*
STF – Supremo Tribunal Federal
STJ – Superior Tribunal de Justiça
T. – Turma
TCU – Tribunal de Contas da União
TJMS – Tribunal de Justiça do Mato Grosso do Sul

TJPR – Tribunal de Justiça do Paraná
TJRJ – Tribunal de Justiça do Rio de Janeiro
TJSC – Tribunal de Justiça de Santa Catarina
TJSP – Tribunal de Justiça de São Paulo
 TP – Tribunal Pleno

SUMÁRIO

Abreviaturas 7

Prefácio da 1ª Edição 15

LEI N. 8.666, DE 21 DE JUNHO DE 1993

Capítulo I
DAS DISPOSIÇÕES GERAIS

Seção I
Dos princípios

Art. 1º Conceito e objetivos da licitação 17
Art. 2º Contratos administrativos sujeitos à licitação 22
Art. 3º Princípios garantidos pela licitação 29
Art. 4º Licitação em todas as esferas da Administração 47
Art. 5º Obrigatoriedade de uso da moeda nacional 48

Seção II
Das definições

Art. 6º As definições 49

Seção III
Das obras e serviços

Art. 7º Das obras e serviços 53
Art. 8º Execução integral e execução parcelada 56
Art. 9º Impedimentos na participação da licitação 57
Art. 10. Formas de execução 59
Art. 11. Padronização por tipos, categorias ou classes 60
Art. 12. Requisitos exigidos nos projetos 61

Seção IV
Dos serviços técnicos profissionais especializados

Art. 13. Dos serviços técnicos profissionais especializados 63

Seção V
Das compras

Art. 14. Das compras 67
Art. 15. Sistemática das compras 67
Art. 16. Princípio da publicidade 71

Seção VI
Das alienações

Art. 17. Alienação de bens da Administração Pública 71
Art. 18. Venda de bens imóveis da Administração 77
Art. 19. Regras para algumas alienações 77

Capítulo II
DA LICITAÇÃO

Seção I
Das modalidades, limites e dispensa

Art. 20. Local das licitações 78
Art. 21. Publicação dos editais da licitação 79
Art. 22. Modalidades de licitação 82
Art. 23. Limites das modalidades pelo valor 92
Art. 24. Dispensa da licitação 96
Art. 25. Inexigibilidade da licitação 111
Art. 26. Procedimento especial 120

Seção II
Da habilitação

Art. 27. Habilitação: documentos necessários, requisitos e efeitos jurídicos 121
Art. 28. Documentação relativa à habilitação jurídica 131
Art. 29. Documentação relativa à regularidade fiscal 132
Art. 30. Documentação relativa à qualificação técnica 136
Art. 31. Documentação relativa à qualificação econômico-financeira 143
Art. 32. Apresentação dos documentos 148
Art. 33. Participação de empresas em consórcio 153

Seção III
Dos registros cadastrais

Art. 34. Registro cadastral para fins de habilitação 157
Art. 35. Inscrição no cadastro 158
Art. 36. Cadastro por categorias 158

Art. 37. Modificação no cadastro 159

Seção IV
Do procedimento e julgamento

Art. 38. Procedimento da licitação 159
Art. 39. Valor da licitação – audiência obrigatória 161
Art. 40. Do edital 163
Art. 41. Da impugnação do edital 169
Art. 42. Normas para licitações internacionais 176
Art. 43. Procedimentos das licitações 180
Art. 44. Do julgamento 187
Art. 45. Do julgamento propriamente dito 190
Art. 46. Tipos de licitação 194
Art. 47. Obras e serviços – empreitada 196
Art. 48. Da desclassificação 197
Art. 49. Da anulação da licitação 200
Art. 50. Da classificação 212
Art. 51. Constituição da Comissão de licitação 212
Art. 52. Licitação por concurso 214
Art. 53. Do leilão 215

Capítulo III
DOS CONTRATOS

Seção I
Disposições preliminares

Art. 54. Contratos administrativos 216
Art. 55. Cláusulas necessárias aos contratos 221
Art. 56. Modalidades de garantias 227
Art. 57. Duração dos contratos 228
Art. 58. Regime jurídico dos contratos 233
Art. 59. Nulidade dos contratos 234

Seção II
Da formalização dos contratos

Art. 60. Lavratura dos contratos 240
Art. 61. Dados indispensáveis nos contratos 242
Art. 62. Contrato obrigatório e contrato facultativo 243
Art. 63. Pleno acesso ao processo licitatório 244

Art. 64. Convocação para assinatura dos contratos................................ 244

Seção III
Da alteração dos contratos
Art. 65. Quando podem ser alterados os contratos............................ 245

Seção IV
Da execução dos contratos
Art. 66. Fiscalização dos contratos... 250
Art. 67. Execução dos contratos... 251
Art. 68. Representante do contratado.. 252
Art. 69. Obrigação do contratado... 252
Art. 70. Responsabilidade do contratado... 252
Art. 71. Encargos trabalhistas.. 254
Art. 72. Da subcontratação... 255
Art. 73. Recebimento do objeto do contrato.. 256
Art. 74. Dispensa do recebimento.. 257
Art. 75. Controle de qualidade – testes.. 258
Art. 76. Impedimentos de recebimento.. 259

Seção V
Da inexecução e da rescisão dos contratos
Art. 77. Da rescisão por inexecução... 259
Art. 78. Outros motivos para rescisão.. 259
Art. 79. Formas de rescisão.. 264
Art. 80. Consequências da rescisão.. 269

Capítulo IV
DAS SANÇÕES ADMINISTRATIVAS E DA TUTELA JUDICIAL

Seção I
Das disposições gerais
Art. 81. Descumprimento da obrigação assumida.............................. 270
Art. 82. Responsabilidade civil e criminal dos agentes administrativos.. 271
Art. 83. Crimes dos servidores públicos.. 272
Art. 84. Definição de servidor público... 272
Art. 85. As infrações penais na licitação e nos contratos................... 273

Seção II
Das sanções administrativas
Art. 86. Multa por atraso injustificado... 273

Art. 87. Sanções aplicadas ao contratado 274
Art. 88. Sanções aplicadas às empresas 281

Seção III
Dos crimes e das penas

Art. 89. Dispensar ou inexigir licitação – crime tipificado 283
Art. 90. Frustrar ou fraudar o procedimento licitatório 291
Art. 91. Patrocinar interesse privado 298
Art. 92. Dar causa a qualquer vantagem para o adjudicatário 298
Art. 93. Fraudar a realização de procedimento licitatório 299
Art. 94. Devassar o sigilo da proposta 302
Art. 95. Afastar licitante por algum meio 302
Art. 96. Fraudar em prejuízo da Fazenda Pública 303
Art. 97. Celebrar contrato com profissional inidôneo 304
Art. 98. Impedir inscrição de interessado 305
Art. 99. Valoração da pena de multa 305

Seção IV
Do processo e do procedimento judicial

Art. 100. Crimes de ação penal pública incondicionada 306
Art. 101. Qualquer pessoa poderá provocar a ação penal 306
Art. 102. Remessa dos documentos ao Ministério Público 306
Art. 103. Ação penal privada subsidiária da pública 306
Art. 104. Prazo para apresentação de defesa 307
Art. 105. Audiência e alegações finais 307
Art. 106. Prazo para a sentença 307
Art. 107. Prazo para apelação 307
Art. 108. Aplicação do Código de Processo Penal 307

Capítulo V
DOS RECURSOS ADMINISTRATIVOS

Art. 109. Recursos permitidos 308

Capítulo VI
DAS DISPOSIÇÕES FINAIS E TRANSITÓRIAS

Art. 110. Contagem dos prazos 311
Art. 111. Cessão dos direitos patrimoniais 312

Sumário

Art. 112. Interesse de várias entidades.................................... 313
Art. 113. Competência do Tribunal de Contas......................... 314
Art. 114. Pré-qualificação de licitantes nas concorrências........ 315
Art. 115. Expedição de normas operacionais........................... 315
Art. 116. Aplicação da lei a outras entidades........................... 316
Art. 117. Aplicação às três esferas administrativas.................. 318
Art. 118. Adaptação das normas a esta Lei.............................. 318
Art. 119. Regulamentos próprios de outras sociedades............ 318
Art. 120. Atualização automática dos valores.......................... 319
Art. 121. Não aplicação desta Lei a contratos anteriores.......... 319
Art. 122. Sobre as concessões de linhas aéreas........................ 320
Art. 123. Repartições sediadas no exterior............................... 321
Art. 124. Contratos para permissão ou concessão de serviços públicos.. 321
Art. 125. Entrada em vigor... 322
Art. 126. Revogação das disposições em contrário.................. 322

LEI N. 8.429, DE 2 DE JUNHO DE 1992................................. 323
LEI N. 8.987, DE 13 DE FEVEREIRO DE 1995....................... 336
LEI N. 9.784, DE 29 DE JANEIRO DE 1999............................ 358
DECRETO N. 3.555, DE 8 DE AGOSTO DE 2000................... 375
DECRETO N. 3.931, DE 19 DE SETEMBRO DE 2001............ 390
LEI N. 10.520, DE 17 DE JULHO DE 2002.............................. 399
LEI N. 11.079, DE 30 DE DEZEMBRO DE 2004..................... 406
LEI N. 11.952, DE 25 DE JUNHO DE 2009.............................. 423
LEI N. 12.188, DE 11 DE JANEIRO DE 2010.......................... 440
LEI N. 12.349, DE 15 DE DEZEMBRO DE 2010..................... 449
LEI N. 12.440, DE 7 DE JULHO DE 2011................................ 458
DECRETO N. 7.709, DE 3 DE ABRIL DE 2012....................... 460
DECRETO N. 7.713, DE 3 DE ABRIL DE 2012....................... 464
DECRETO N. 7.756, DE 14 DE JUNHO DE 2012.................... 473
LEI N. 12.715, DE 17 DE SETEMBRO DE 2012...................... 478
DECRETO N. 7.843, DE 12 DE NOVEMBRO DE 2012........... 481

Bibliografia 485
Índice remissivo 487

PREFÁCIO DA 1ª EDIÇÃO

Conhecer as normas da Lei de Licitações e Contratos Administrativos, Lei federal n. 8.666, de 21 de junho de 1993, e saber interpretá-las com exatidão, conforme a melhor doutrina e jurisprudência, é de importância capital a todos que pretendam entrar em certame licitatório e, assim, contratar com a Administração Pública, como também a todo agente das autarquias, das fundações públicas, das empresas públicas, das sociedades de economia mista e das demais entidades controladas direta ou indiretamente pela União, Estados, Distrito Federal e Municípios, pois todos se subordinam ao regime da referida lei, na busca, em especial, da moralidade administrativa.

Maria Adelaide de Campos França isso oferece.

Oferece uma grande contribuição na interpretação artigo por artigo da vigente Lei de Licitações e Contratos Administrativos, na sua atual redação, com a precisão e objetividade próprias de quem exerce a magistratura paulista há anos, com exercício não só em Varas da Fazenda Pública e em órgãos da Cúpula do Tribunal de Justiça do Estado de São Paulo, mas também no magistério da sua Escola Paulista da Magistratura, onde, como coordenador do Direito Administrativo, tive a honra de vê-la ministrando tal disciplina em diversos cursos destinados aos candidatos à magistratura paulista aprovados na primeira fase do respectivo concurso.

Cuida-se, assim, de obra de grande valia a todos aqueles profissionais do direito ou não, que necessitam conhecer a lei em questão, obra esta apresentada de modo seguro e didático por Maria Adelaide Campos, inclusive quando apresenta anteprojeto para uma nova Lei de Licitações, e tudo isso tendo em conta as inovações legislativas mais recentes.

Parabéns, assim, à Autora e à Editora Saraiva pelo lançamento desta obra, como também parabéns à cultura jurídica brasileira, que poderá com ela contar.

São Paulo, março de 2000
Alvaro Lazzarini
Vice-Presidente do Tribunal de Justiça

LEI N. 8.666, DE 21 DE JUNHO DE 1993*

Regulamenta o art. 37, XXI, da Constituição Federal, institui normas para licitações e contratos da Administração Pública e dá outras providências.

O Presidente da República
Faço saber que o Congresso Nacional decreta e eu sanciono a seguinte Lei:

Capítulo I
DAS DISPOSIÇÕES GERAIS

Seção I
DOS PRINCÍPIOS

Art. 1º Esta Lei estabelece normas gerais sobre licitações e contratos administrativos pertinentes a obras, serviços, inclusive de publicidade, compras, alienações e locações no âmbito dos Poderes da União, dos Estados, do Distrito Federal e dos Municípios.

Parágrafo único. Subordinam-se ao regime desta Lei, além dos órgãos da Administração direta, os fundos especiais, as autarquias, as fundações públicas, as empresas públicas, as sociedades de economia mista e demais entidades controladas direta ou indiretamente pela União, Estados, Distrito Federal e Municípios.

---

* Publicada no *Diário Oficial da União* de 22 de junho de 1993. Atualizada pela Lei n. 9.648, de 27 de maio de 1998.

Comentários

A exigência da licitação imposta à Administração para contratar a execução de obras ou serviços, compras e alienações é da própria Constituição, conforme disposto em seu art. 37, inciso XXI. Esse dispositivo não faz nenhuma distinção entre Administração direta ou indireta, determinando que a licitação seja adotada como um procedimento prévio à contratação, destinado a escolher o contratante que apresente melhores condições para atender o interesse público.

Segundo José Cretella Júnior, "para celebrar contratos com o particular, objetivando obras, trabalhos, serviços, aquisições ou alienações, locações, a Administração é obrigada a recorrer ao procedimento prévio licitatório, sem o que a Administração direta ou as autarquias celebrarão contratos nulos, a não ser que especificamente, por exceção, sejam, em determinados casos, isentas tais entidades do procedimento concorrencial. Tais contratos podem ser públicos (administrativos) ou privados. Não importa. A lei é sempre exigida" (*Das licitações públicas*, 9. ed., Forense, p. 110).

Em sua obra *Comentários à lei de licitações e contratos administrativos*, Marçal Justen Filho assevera que "Licitação significa um procedimento administrativo formal, realizado sob regime de direito público, prévio a uma contratação, pelo qual a Administração seleciona com quem contratar e define as condições de direito e de fato que regularão essa relação jurídica futura" (4. ed., Aide, p. 18).

Maria Sylvia Zanella Di Pietro, referindo-se ao conceito dado por José Roberto Dromi, define licitação "como o procedimento administrativo pelo qual um ente público, no exercício da função administrativa, abre a todos os interessados, que se sujeitem às condições fixadas no instrumento convocatório, a possibilidade de formularem propostas dentre as quais selecionará e aceitará a mais conveniente para a celebração de contrato" (*Direito administrativo*, 22. ed., Atlas, p. 350).

Para Celso Antônio Bandeira de Mello, licitação "é um certame que as entidades governamentais devem promover e no qual abrem disputa entre os interessados em com elas travar determinadas relações de conteúdo patrimonial, para escolher a proposta mais vantajosa às conveniências públicas. Estriba-se na ideia de competição, a ser travada isonomicamente entre os que preencham os atributos e aptidões necessários ao bom cumprimento das obrigações que se propõem assumir" (*Curso de direito administrativo*, 26. ed., Malheiros Ed., 2009, p. 517).

É, pois, a licitação um procedimento administrativo preliminar que permite à Administração a seleção de seu futuro contratante dentre todos os concorrentes que acorrerem ao seu chamamento, escolhendo o que melhor convier ao serviço público.

Consoante magistério de Lucia Valle Figueiredo, "O instituto da licitação fundamenta-se em dois princípios que consideramos basilares: a isonomia e a probidade administrativa (nele se contendo a concorrência).

A isonomia, consagrada constitucionalmente, visa a dar a todos iguais oportunidades; a concorrência, possibilitar à administração uma melhor escolha, portanto a satisfazer a necessidade da probidade administrativa.

Se isso é assim, só se justifica a licitação se houver possibilidade de confronto quer de pessoas, quer de objetos. Se esta existir, a licitação impõe-se. Entretanto, em não existindo, carece de qualquer fundamento a utilização do procedimento licitatório" (*Direito dos licitantes*, 2. ed., Revista dos Tribunais, 1981, p. 12-3).

Importante mencionar que também, como regra geral, às parcerias público-privadas, espécie instituída pela Lei federal n. 11.079, de 30 de dezembro de 2004, aplica-se o regime desta Lei n. 8.666, podendo, como exceção, incidir as normas da Lei n. 8.987, de 1995, mais precisamente seus arts. 14 a 22.

Para Benedicto Porto Neto, a licitação "não é uma finalidade em si mesma, mas mero instrumento para, uma vez definido o interesse público, selecionar propostas vantajosas para implementá-lo e com dispensa de tratamento isonômico aos interessados. Daí por que não tem sentido condicionar as cláusulas e condições das PPPs ao regime de licitações, com amesquinhamento dos fins por elas perseguidos. O caminho a ser percorrido deve ser o inverso: as normas que disciplinam a licitação devem ser adequadas às peculiaridades das PPPs e aos objetivos a serem por meio delas alcançados". E, continua o autor: "Vale acrescentar que a Lei 11.079/2004 traz ainda importantes novidades que seriam pertinentes e adequadas também para licitações de contratos ou atos de outras naturezas: a inversão das fases de habilitação e classificação, a criação da fase de saneamento e a possibilidade de formulação, pelas licitantes, de novos lances de preços no curso do procedimento. Essas medidas propiciam simplificação e agilização do procedimento e ampliam a competição" (Licitação para contratação de parceria público-privada, in *Parcerias Público--Privadas*, coord. Carlos Ari Sundfeld, Malheiros Ed., 2005, p. 142).

Com relação às empresas públicas e às sociedades de economia mista, vale lembrar a aplicação da Súmula 333 do STJ, que diz: "Cabe mandado de segurança contra ato praticado em licitação promovida por sociedade de economia mista ou empresa pública".

Jurisprudência

I – PROCESSUAL – MANDADO DE SEGURANÇA – EMPRESA TRANSPORTADORA – LEGITIMIDADE – PERMISSÃO OUTORGADA SEM LICITAÇÃO. Empresa que se dedica ao transporte de passageiro sem interesse e legitimidade para impetrar Mandado de Segurança com o escopo de desconstituir outorga de linhas, sem licitação pública. II – ADMINISTRATIVO – ATO NULO – FUNDAMENTO INIDÔNEO. É nulo o ato administrativo que se apoia em fundamento inidôneo (STJ, MS 5964/DF, 1ª Seção, j. 18-6-1999, Rel. Min. Humberto Gomes de Barros).

ADMINISTRATIVO – SOCIEDADE DE ECONOMIA MISTA – ALIENAÇÃO DE IMÓVEIS. 1. A sociedade de economia mista tem como órgão soberano a Assembleia Geral que administra a sociedade, podendo autorizar a alienação de seus bens. 2. O Poder Público, como acionista, despe-se do seu jus imperii, *igualando-se aos demais acionistas. 3. Alienação que, autorizada pela Assembleia Geral, não sofre o crivo político do Legislativo. 4. Recurso provido, segurança concedida (STJ, ROMS 9012/SP, 2ª T., j. 9-11-1999, Rel. Min. Eliana Calmon).*

CONSTITUCIONAL E ADMINISTRATIVO – MANDADO DE SEGURANÇA – CONVERSÃO DE AUTORIZAÇÃO DE SERVIÇO PÚBLICO DE TRANSPORTE COLETIVO DE PASSAGEIROS EM CONTRATO DE CONCESSÃO. INCONSTITUCIONALIDADE. I – Ofende o art. 37, inciso XXI, da Constituição Federal de 1988 a concessão de serviço público sem prévio procedimento licitatório, ainda que a contratada já prestasse atividade delegada pelo Poder Público sob a forma de autorização. II – O deferimento de prolongamento de trecho de itinerário de linha rodoviária intermunicipal que afete a esfera patrimonial de outra empresa que o explorava – com exclusividade e por prazo determinado, antes garantida pelo Poder Público –, imprescinde da oitiva da parte interessada, não podendo ser procedido como forma de penalização da empresa sem instauração de procedimento administrativo que apure a ineficiência ou má prestação do serviço delegado (STJ, ROMS 6918/TO, 2ª T., j. 12-3-2000, Rel. Min. Nancy Andrighi).

PROCESSUAL CIVIL. AGRAVO REGIMENTAL NO AGRAVO EM RECURSO ESPECIAL. CONCURSO PÚBLICO E LEI DE LICITAÇÕES E CONTRATOS. IMPERTINÊNCIA TEMÁTICA. SÚMULA 284/STF. AGRAVO NÃO PROVIDO. 1. A controvérsia cinge-se à existência ou não dos requisitos necessários ao cargo. Por sua vez, conforme redação do seu art. 1º, a Lei 8.666/93 estabelece normas gerais sobre licitações e contratos administrativos pertinentes a obras, serviços, inclusive de publicidade, compras, alienações e locações no âmbito dos Poderes da União, dos Estados, do Distrito Federal e dos Municípios. 2. A ausência de pertinência temática entre o julgado recorrido e o dispositivo de lei federal, tido pela agravante como ofendido, faz incidir o óbice contido no verbete sumular 284/STF. 3. Rever o entendimento firmado pelo Tribunal de origem no sentido de reconhecer a habilitação técnica do candidato demandaria o reexame de matéria fático-probatória, inviável em recurso especial, a teor do disposto na Súmula 7/STJ. 4. Agravo regimental não provido (STJ, AgRg no AREsp 167117/RJ, 1ª T., j. 18-10-2012, Rel. Min. Arnaldo Esteves Lima, DJe 25-10-2012).

Art. 2º As obras, serviços, inclusive de publicidade, compras, alienações, concessões, permissões e locações da Administração Pública, quando contratadas com terceiros, serão necessariamente precedidas de licitação, ressalvadas as hipóteses previstas nesta Lei.

Parágrafo único. Para os fins desta Lei, considera-se contrato todo e qualquer ajuste entre órgãos ou entidades da Administração Pública e particulares, em que haja um acordo de vontade para a formação de vínculo e a estipulação de obrigações recíprocas, seja qual for a denominação utilizada.

Comentários

Observa Hely Lopes Meirelles que "Contrato administrativo é o ajuste que a Administração Pública, agindo nessa qualidade, firma com particular ou com outra entidade administrativa para a consecução de objetivos de interesse público, nas condições estabelecidas pela própria Administração.

O contrato administrativo geralmente objetiva a obtenção de uma obra ou serviço público, mas pode ter qualquer outro objeto, consubstanciando obrigação de dar ou fazer.

Nessa conceituação enquadram-se os ajustes da Administração direta e da indireta, porque ambas podem firmar contratos com peculiaridades administrativas que os sujeitem aos preceitos do Direito Público" (*Direito administrativo brasileiro*, 20. ed., 1995, p. 194).

O citado art. 2º faz menção às permissões de serviço público e às concessões, que também são contratos administrativos e, nessa condição, estão sujeitos à prévia licitação desde a vigência das Leis ns. 8.666/93 e 8.883/94.

Tal disposição deve ser interpretada como lei geral em face da lei especial – Lei n. 8.987, de 13 de fevereiro de 1995. Referida lei estabeleceu regras específicas para as licitações das concessões e permissões, e a Lei n. 8.666/93 só será cabível quando suas regras e princípios não forem incompatíveis com aquele regime específico.

Floriano de Azevedo Marques Neto entende "que pode haver concessão de uso sem prévia licitação – é dizer, que para a outorga de uso privativo não é inafastável a regra geral de licitar – é reforçado pelo disposto no art. 176, § 4º, da Constituição, que prevê a desnecessidade mesmo de concessão ou autorização e, portanto, a prescindibilidade de licitação para concessão da exploração de potencial de aproveitamento (bem público) de energia de capacidade reduzida, exatamente por pressupor que nesta hipótese haveria incompatibilidade entre licitar e aproveitar o bem" (*O regime jurídico das utilidades públicas – função social e exploração econômica dos bens públicos* – tese de livre-docência na Faculdade de Direito da Universidade de São Paulo, 2008, p. 438). O autor estende tal entendimento para as concessões para exploração de jazidas previstas no Código de Minas, em que o titular da autorização de pesquisa obtém o direito de uso do bem (jazida) e o direito à sua exploração (lavra), observados alguns requisitos legais. Apenas na hipótese do titular deixar de postular a concessão no prazo legal, é que a concessão será objeto de disputa licitatória (op. cit., p. 438).

A obrigatoriedade de realizar licitação prévia para a contratação de obras, serviços, compras, alienações, concessões e permissões, pelos órgãos ou entidades da Administração Pública e particulares, vem prevista nesse art. 2º, atendendo exigência da Constituição Federal, art. 37, inc. XXI, para os contratos de obras, serviços, compras e alienações e art. 175 para a concessão e a permissão de serviços públicos.

Segundo lição de Maria Sylvia Zanella Di Pietro, "Estão obrigados à licitação todos os órgãos da Administração Pública direta, os fundos especiais, as autarquias, as fundações públicas, as empresas públicas, as sociedades de economia mista e demais entidades controladas direta ou indiretamente pela União, Estados, Distrito Federal e Municípios (art. 1º, parágrafo único)" (*Direito administrativo*, 22. ed., Atlas, p. 362).

Oportuno mencionar que a nova modalidade de concessão de serviços de interesse para o País, celebrada entre o governo e a iniciativa privada, denominada parceria público-privada (PPP), criada pela Lei federal n. 11.079, de 30 de dezembro de 2004, instituiu normas gerais para licitação e contratação nessa modalidade no âmbito dos Poderes da União, dos Estados, do Distrito Federal e dos Municípios, aplicando-se aos órgãos da Administração Pública direta, aos fundos especiais, às autarquias, às fundações públicas, às empresas públicas, às sociedades de economia mista e às demais entidades controladas direta ou indiretamente por aquelas pessoas jurídicas de direito público. O Capítulo V dessa lei federal foi destinado a estabelecer regras sobre o procedimento licitatório que deve preceder qualquer contratação de parceria público-privada. A concorrência foi a modalidade de licitação adotada para tais contratações. No Estado de São Paulo, a Lei estadual n. 11.688, de 19 de maio de 2004, conhecida como Lei das Parcerias Público-Privadas – PPPs, em seu art. 8º, estabeleceu que os contratos de parcerias público-privadas devem observar o regime de concessão e permissão de serviços públicos, de licitações e contratos administrativos. Assinale-se que o art. 8º da Lei das PPPs de São Paulo prevê, também, que seus contratos reger-se-ão pelas normas gerais de licitações e contratos administrativos, ou seja, por esta Lei n. 8.666, de 21 de junho de 1993. Ainda que sujeita a críticas e adaptações necessárias, essa nova via de contratação, inegavelmente, constitui relevante instrumento para driblar a insuficiência de verbas públicas na consecução de serviços à população. Por meio das PPPs cria-se uma forma de crédito e financiamento de projetos importantes para o Estado, que não poderiam ser realizados por falta de dinheiro e/ou de conhecimento tecnológico.

Jurisprudência

Permissão – Ação popular – Remanejamento de linhas de ônibus entre empresas que já exploram a atividade de transporte de passageiros urbanos – Improcedência declarada pelo Tribunal de Justiça, ao fundamento de ausência dos pressupostos de lesividade e da ilegalidade do aludido ato – Antes da Constituição Federal de 1988, o ato de permissão do serviço público não exigia prévia licitação, razão pela qual não foi contemplado no art. 4º da Lei 4.717/65, que enumera as hipóteses de lesividade presumida – Decisão que não violou qualquer critério jurídico de valoração da prova, como alegado, ao considerar insuficiente a prova pericial para demonstração do pretenso prejuízo da empresa estatal, após cotejada com outros elementos de convicção contidos nos autos – Precedentes jurisprudenciais que não se mostraram ajustados à hipótese dos autos – Ausência de violação dos dispositivos legais invocados – Dissídio não comprovado – Recurso especial não conhecido (STJ, REsp 221-DF, Registro 89.0008-491-7, j. 23-8-1989, Rel. Min. Ilmar Galvão – Recorrente: Ministério Público do Distrito Federal).

ADMINISTRATIVO E PROCESSUAL CIVIL. AUSÊNCIA DE PREQUESTIONAMENTO PARCIAL. TRANSPORTE COLETIVO PÚBLICO. TERMO DE PERMISSÃO, COM CARACTERÍSTICAS DE CONCESSÃO. INDENIZAÇÃO. ALEGAÇÃO DE PREJUÍZOS DECORRENTES DE TARIFAS DEFICITÁRIAS. INOCORRÊNCIA DE PROCEDIMENTO LICITATÓRIO. ILEGALIDADE. INEXISTÊNCIA DE BOA-FÉ DO CONTRATANTE. PREVALÊNCIA DO INTERESSE PÚBLICO SOBRE O PARTICULAR. 1. Recurso Especial interposto contra v. Acórdão que julgou improcedente ação intentada por empresas permissionárias do serviço público de transporte coletivo da Região Metropolitana de Belo Horizonte, com vistas a obter indenização por prejuízos decorrentes de tarifas deficitárias impostas ao setor, causadoras do desequilíbrio econômico-financeiro do ajuste firmado por ocasião da permissão. 2. Ausência de prequestionamento sobre aspectos suscitados que não foram objeto de debate pela decisão recorrida no ambiente do apelo extremo. 3. Termo de permissão assinado pelo Poder Público e pela permissionária. Os elementos componentes do mencionado Termo levam a que se considere que, entre partes, houve, verdadeiramente, a Concessão de serviço público. 4. Exigência de procedimento licitatório prévio para validação de contrato de concessão com a Administração Pública, quer seja antes da Constituição Federal de 1988, quer após a vigência da mencionada Carta. 5. Não havendo a licitação, a fim de garantir licitude aos contratos administrativos, pressuposto, portanto, para a sua existência, validade e eficácia, não se pode falar em concessão e, por consequência, nos efeitos por ela produzidos. 6. As relações contratuais do Poder Público com o particular são desenvolvidas com obediência rigorosa ao princípio da legalidade. Ferido tal princípio, inexiste direito a ser protegido, para qualquer das partes, além de determinar responsabilidades administrativas, civis (improbidade administrativa) e penais, quando for o caso, para o administrador público. 7. Em razão do uso indiscriminado das permissões de serviço público, é de se lhe atribuir efeitos análogos aos do instituto da concessão de serviço público quando a complexidade da atividade deferida por meio daquele instituto seja de tal monta que exija um longo prazo para o retorno dos altos investimentos realizados no intuito de viabilizar a sua prestação. 8. Este direito está condicionado à licitude da atividade prestada pelo permissionário, de modo que, ausente prévio procedimento licitatório, não há que se falar em manutenção do equilíbrio econômico-financeiro que nele deveria ser estipulado, cabendo ao permissionário, em atenção ao princípio da supremacia do interesse público sobre o particular e à sua inexistente boa-fé, suportar os ônus decorrentes de uma ilegalidade que lhe favoreceu. 9. Recurso parcialmente conhecido e, nesta parte, improvido (STJ, REsp 403.905/MG, 1ª T., j. 26-3-2002, Rel. Min. José Delgado).

LICITAÇÃO – Aquisição de veículo para sorteio em Festa do Peão de Boiadeiro – Inobservância da formalidade pela entidade municipal organizadora do evento – Hipótese em que a compra não foi feita com verba pública, o preço estava abaixo da tabela, a venda dos ingressos que davam direito a concorrer ao prêmio gerou lucro e não houve lesão a direito de consumidores – Aplicabilidade do princípio da proporcionalidade – Inexistência de ilegalidade.

Ementa da Redação: A aquisição de veículo, sem licitação, para sorteio em Festa do Peão de Boiadeiro, por entidade municipal organizadora do evento, não era motivo para a promoção de ação civil pública pelo Ministério Público. De fato, não houve utilização de verbas públicas na negociação, o automóvel foi comprado por preço abaixo da tabela, houve lucro com a venda dos ingressos que dariam direito à participação no sorteio e não houve lesão a qualquer direito de consumidores. Diante deste contexto, ainda que houvesse tecnicamente a obrigação de licitar, pela aplicação do princípio da proporcionalidade, não se vislumbra ilegalidade na compra do bem que justificasse o ajuizamento daquela ação (TJSP, 1ª C. Ap. 194.408-5/2-00, j. 11-2-2003, Rel. Des. Wanderley José Federighi, v.u.).

PROCESSUAL CIVIL E ADMINISTRATIVO. MANDADO DE SEGURANÇA. CABIMENTO. ATO DE DIRIGENTE DE SOCIEDADE DE ECONOMIA MISTA RELATIVO À LICITAÇÃO REGIDA PELA LEI 8.666/93. 1. É cabível mandado de segurança para impugnar ato de comissão de licitação de sociedade de economia mista. 2. Ao conceito de "autoridade", para fins da impetração, a Corte tem conferido um sentido amplo, abrangendo também os atos praticados pelos dirigentes de sociedade de economia mista quando sujeitos às normas de Direito Público, o que ocorre com a licitação regida pela Lei 8.666/93. Precedentes: REsp 533.613/RS, 2ª T., Rel. Min. Franciulli Netto, DJ 03/11/2003; REsp 299.834/RJ, 1ª T., Rel. Min. Humberto Gomes de Barros, DJ 25/02/2002; REsp 202.157/PR, 1ª T., Rel. Min. Humberto Gomes de Barros, DJ 21/02/2000. 3. "Cumpre, ademais, que a violação do direito aplicável a estes fatos tenha procedido de autoridade pública. Este conceito é amplo. Entende-se por autoridade pública tanto o funcionário público quanto o servidor público ou o agente público em geral. Vale dizer: quem quer que haja praticado um ato funcionalmente administrativo. Daí que um dirigente de autarquia, de sociedade de economia mista, de empresa pública, de fundação pública, obrigados a atender, quando menos, aos princípios da licitação, são autoridades públicas, sujeitos passivos de mandado de segurança em relação aos atos de licitação (seja quando esta receber tal nome, seja rotulada concorrência, convocação geral ou designações quejandas, não importando o nome que se dê ao certame destinado à obtenção de bens, obras ou serviços) (Licitações, pág. 90)" (Celso Antônio Bandeira de Mello, citado pelo e. Min. Demócrito Reinaldo, no julgamento do RESP n. 100.168/DF, DJ de 15.05.1998). 4. Deveras, a COMPANHIA ESTADUAL DE ENERGIA ELÉTRICA – CEEE é sociedade de economia mista, motivo pelo qual conspiraria contra a ratio essendi do art. 37, da Constituição Federal e da Lei n. 8.666/93 considerar que um contrato firmado mediante prévio procedimento licitatório e que é indubitavelmente espécie de ato administrativo consubstanciar-se-ia mero ato de gestão. 5. O edital de licitação subscrito por presidente de sociedade de economia mista com o objetivo de aquisição de um sistema de gravação digital de voz multicanal equivale a ato de império, haja vista que consubstancia-se em ato administrativo sujeito às normas de direito público. 6. Aliás, essa é a ratio essendi da jurisprudência pacífica da Turma que equipara, para fins de improbidade administrativa, atos de particular. 7. Recurso especial provido (STJ, REsp 789.749/RS, 1ª T., Rel. Min. Luiz Fux, v.u., j. 17-5-2007; DJ, 4 jun. 2007, p. 310).

PROCESSUAL CIVIL E ADMINISTRATIVO – AÇÃO CIVIL PÚBLICA – CONCESSÃO DE SERVIÇO PÚBLICO DE TRANSPORTE MUNICIPAL – NECESSIDADE DE LICITAÇÃO – VIOLAÇÃO DO ART. 535 DO CPC NÃO CARACTERIZADA – LITISCONSÓRCIO NÃO CONFIGURADO – LEI 8.429/1995 – INEXISTÊNCIA DE CONTRATO DE CONCESSÃO PRÉVIO – SÚMULA 7/STJ. 1. Não ocorre ofensa ao art. 535, II, do CPC, se o Tribunal de origem decide, fundamentadamente, as questões essenciais ao julgamento da lide. 2. Hipótese em que não se configura litisconsórcio entre o Município de São Leopoldo e as empresas de transporte, tendo em vista que o objeto da ação civil pública restringe-se à condenação do Poder Público em abster-se de outorgar novas linhas de transporte coletivo municipal sem que haja prévio procedimento licitatório e impõe prazo para a realização de licitação para os serviços em questão. 3. Ademais, a discussão sobre a configuração de litisconsórcio restou preclusa, ante a interposição de agravo de instrumento da decisão singular que indeferiu o pedido em 1º grau. 4. No mérito, as recorrentes defendem a aplicação indevida dos arts. 14, 42 e 43 da Lei 8.987/1995, sob o argumento de serem concessionárias de transporte público antes do advento de lei municipal que permitiu a respectiva prorrogação. 5. O Tribunal a quo, com base nas provas dos autos, concluiu inexistir os ditos contratos de concessão. Rever esse entendimento demanda a análise do conjunto fático-probatório. Incidência da Súmula 7/STJ. 6. Recurso especial não provido (STJ, 2ª T., REsp 976.667/RS, Rel. Min. Eliana Calmon, v. u., j. 18-6-2009, DJe, 1º jul. 2009).

ADMINISTRATIVO E PROCESSUAL CIVIL. AGRAVO REGIMENTAL NO AGRAVO DE INSTRUMENTO. AÇÃO CIVIL PÚBLICA POR ATO DE IMPROBIDADE ADMINISTRATIVA. CONTRATAÇÃO DE ARTISTAS. INEXIGIBILIDADE DE LICITAÇÃO. REEXAME DA PROVA. SÚMULA 7/STJ. IMPRESCINDIBILIDADE DO ELEMENTO VOLITIVO PARA A CONFIGURAÇÃO DO ATO. PRECEDENTES

DO STJ. AGRAVO NÃO PROVIDO. 1. O comando normativo do art. 2º, III, da Lei 8.666/93, cuja inviabilidade de competição não se esgota nas hipóteses dos incisos elencados, impõe contratação de artista por meio de empresário exclusivo. Contudo, conforme bem assinalou o aresto impugnado, essa inviabilidade não depende necessariamente da pré-existência de um contrato de exclusividade, podendo ocorrer de outras formas. 2. Ademais, ficou assentada a ausência do elemento volitivo a caracterizar a conduta ímproba, de forma que desconstituição do julgado por suposta afronta aos dispositivos apontados nas razões recursais não encontra campo na via eleita, dada a necessidade de revolvimento do conjunto fático-probatório, procedimento de análise próprio das instâncias ordinárias e vedado a esta Corte, a teor da Súmula 7/STJ. 3. Vale gizar que: "As duas Turmas da 1ª Seção já se pronunciaram no sentido de que o elemento subjetivo é essencial à configuração da improbidade: exige-se dolo para que se configure as hipóteses típicas dos artigos 9º e 11 da Lei 8.429/92, ou pelo menos culpa, nas hipóteses do art. 10. Nesse sentido, os seguintes precedentes: REsp 805080/SP, 1ª T., Min. Denise Arruda, DJe de 06/08/2009; REsp 804052/MG, 2ª T., Min. Eliana Calmon, DJe de 18/11/2008; REsp 842428/ES, 2ª T., Min. Eliana Calmon, DJ de 21/05/2007; REsp 1.054.843/SP, 1ª T., Min. Teori Albino Zavascki, DJe de 23/03/2009" (EREsp 479.812/SP, Rel. Min. TEORI ALBINO ZAVASCKI, DJe 27/9/10). 4. Agravo regimental não provido (STJ, AgRg no Ag 1353772/PE, 1ªT., j. 16-12-2010, Rel. Min. Arnaldo Esteves Lima, DJe 2-2-2011).

Art. 3º A licitação destina-se a garantir a observância do princípio constitucional da isonomia e a selecionar a proposta mais vantajosa para a Administração e será processada e julgada em estrita conformidade com os princípios básicos da legalidade, da impessoalidade, da moralidade, da igualdade, da publicidade, da probidade administrativa, da vinculação ao instrumento convocatório, do julgamento objetivo e dos que lhes são correlatos.

§ 1º É vedado aos agentes públicos:

I – admitir, prever, incluir ou tolerar, nos atos de convocação, cláusulas ou condições que comprometam, restrinjam ou frustrem o seu caráter competitivo e estabeleçam preferências ou distinções em razão da naturalidade, da sede ou domicílio dos licitantes ou de qualquer outra circunstância impertinente ou irrelevante para o específico objeto do contrato;

II – estabelecer tratamento diferenciado de natureza comercial, legal, trabalhista, previdenciária ou qualquer outra, entre empresas brasileiras e estrangeiras, inclusive ao que se refere a moeda, modalidade e local de pagamentos, mesmo quando envolvidos financiamentos de agências internacionais, ressalvado o disposto no parágrafo seguinte e no art. 3º da Lei n. 8.248, de 23 de outubro de 1991.

§ 2º Em igualdade de condições, como critério de desempate, será assegurada preferência, sucessivamente, aos bens e serviços:

I – produzidos ou prestados por empresas brasileiras de capital nacional;

II – produzidos no País;

III – produzidos ou prestados por empresas brasileiras;

IV – produzidos ou prestados por empresas que invistam em pesquisa e no desenvolvimento de tecnologia no País.

§ 3º A licitação não será sigilosa, sendo públicos e acessíveis ao público os atos de seu procedimento, salvo quanto ao conteúdo das propostas, até a respectiva abertura.

§ 4º (*Vetado*.)

§ 5º Nos processos de licitação previstos no *caput*, poderá ser estabelecida margem de preferência para produtos manufaturados e para serviços nacionais que atendam a normas técnicas brasileiras.

§ 6º A margem de preferência de que trata o § 5º será estabelecida com base em estudos revistos periodicamente, em prazo não superior a 5 (cinco) anos, que levem em consideração:

I – geração de emprego e renda;

II – efeito na arrecadação de tributos federais, estaduais e municipais;

III – desenvolvimento e inovação tecnológica realizados no País;

IV – custo adicional dos produtos e serviços; e

V – em suas revisões, análise retrospectiva de resultados.

§ 7º Para os produtos manufaturados e serviços nacionais resultantes de desenvolvimento e inovação tecnológica realizados no País, poderá ser estabelecido margem de preferência adicional àquela prevista no § 5º.

§ 8º As margens de preferência por produto, serviço, grupo de produtos ou grupo de serviços, a que se referem os §§ 5º e 7º, serão definidas pelo Poder Executivo federal, não podendo a soma delas ultrapassar o montante de 25% (vinte e cinco por cento) sobre o preço dos produtos manufaturados e serviços estrangeiros.

§ 9º As disposições contidas nos §§ 5º e 7º deste artigo não se aplicam aos bens e aos serviços cuja capacidade de produção ou prestação no País seja inferior:

I – à quantidade a ser adquirida ou contratada; ou

II – ao quantitativo fixado com fundamento no § 7º do art. 23 desta Lei, quando for o caso.

§ 10. A margem de preferência a que se refere o § 5º poderá ser estendida, total ou parcialmente, aos bens e serviços originários dos Estados Partes do Mercado Comum do Sul – Mercosul.

§ 11. Os editais de licitação para a contratação de bens, serviços e obras poderão, mediante prévia justificativa da autoridade competente, exigir que o contratado promova, em favor de órgão ou entidade integrante da administração pública ou daqueles por ela indicados a partir de processo isonômico, medidas de compensação comercial, industrial, tecnológica ou acesso a condições vantajosas de financiamento, cumulativamente ou não, na forma estabelecida pelo Poder Executivo federal.

§ 12. Nas contratações destinadas à implantação, manutenção e ao aperfeiçoamento dos sistemas de tecnologia de informação e comunicação, considerados estratégicos em ato do Poder Executivo federal, a licitação poderá ser restrita a bens e serviços com tecnologia desenvolvida no País e produzidos de acordo com o processo produtivo básico de que trata a Lei n. 10.176, de 11 de janeiro de 2001.

§ 13. Será divulgada na internet, a cada exercício financeiro, a relação de empresas favorecidas em decorrência do disposto nos §§ 5º, 7º, 10, 11 e 12 deste artigo, com indicação do volume de recursos destinados a cada uma delas.

Comentários

Segundo Hely Lopes Meirelles, os princípios que regem a licitação, em qualquer de suas modalidades, podem ser resumidos nos seguintes preceitos: "procedimento formal; publicidade de seus atos; igualdade entre os licitantes; sigilo na apresentação das propostas; vinculação ao edital ou convite; julgamento objetivo; adjudicação compulsória ao vencedor" (*Direito administrativo brasileiro*, cit., p. 248).

José Cretella Júnior entende que "a finalidade do procedimento licitatório é bem clara; é o meio mais idôneo para possibilitar contratos mais vantajosos para o Estado, o que se dá conforme os princípios que regem a lei da oferta e da procura; em segundo lugar, pelo fato de colocar a salvo o prestígio administrativo, escolhendo, não o preferido, mas aquele que, objetivamente, fez a melhor proposta" (*Das licitações*, cit., p. 119).

O art. 3º merece destaque porque estabelece os princípios norteadores de toda a licitação.

Os princípios são definidos por Carlos Ari Sundfeld como "ideias centrais de um sistema, ao qual dão sentido lógico, harmonioso, racional, permitindo a compreensão de seu modo de organizar-se" (*Licitação e contrato administrativo*, 2. ed., Malheiros Ed., 1995, p. 18).

O objetivo da licitação é o de proporcionar à Administração meios para, ao instaurar a competição entre licitantes, assegurar a seus administrados a possibilidade de disputarem a participação nos negócios do Governo e receberem o mesmo tratamento jurídico, sem discriminação, obedecendo somente aos preceitos do edital.

O princípio da isonomia ou da igualdade, nas palavras de Maria Sylvia Zanella Di Pietro, "constitui um dos alicerces da licitação, na medida em que esta visa, não apenas permitir à Administração a escolha da melhor proposta, como também assegurar igualdade de direitos a todos os interessados em contratar. Esse princípio, que hoje está expresso no art. 37, XXI, da Constituição, veda o estabelecimento de condições que impliquem preferência em favor de determinados licitantes em detrimento dos demais" (*Direito administrativo*, 22. ed., Atlas, p. 355).

Na realidade, a finalidade precípua da licitação é garantir a observância do princípio da isonomia para a seleção da proposta mais vantajosa à Administração Pública. E essa seleção é que deve ser feita sob a égide dos princípios da legalidade, da impessoalidade, da moralidade, da igualdade, da publicidade, da probidade administrativa, da vinculação ao instrumento convocatório, do julgamento objetivo e dos que lhes são correlatos, que a Lei n. 8.666/93 denomina "básicos".

A igualdade de tratamento e de condições dos licitantes é expressamente mencionada no § 1º, inc. II, e no § 2º da lei.

Outro princípio da licitação que decorre do princípio da isonomia é o da competitividade, que, de acordo com o § 1º do inc. I, desse art. 3º, veda aos agentes públicos "admitir, prever, incluir ou tolerar, nos atos de convocação, cláusulas ou condições que comprometam, restrinjam ou frustrem o seu caráter competitivo e estabeleçam preferências ou distinções em razão da naturalidade, da sede ou domicílio dos licitantes ou de qualquer outra circunstância impertinente ou irrelevante para o específico objeto do contrato."

O § 3º do art. 3º prevê a observância ao princípio da publicidade, da transparência de todo o procedimento licitatório, com exceção óbvia do conteúdo das propostas até o momento da abertura.

Maria Sylvia Zanella Di Pietro comenta que "A Lei n. 8.666/93 faz referência à moralidade e à probidade, provavelmente porque a primeira, embora prevista na Constituição, ainda constitui um conceito vago, indeterminado, que abrange uma esfera de comportamentos ainda não absorvidos pelo Direito, enquanto a probidade ou, melhor dizendo, a improbidade administrativa já tem contornos bem

Art. 3º

mais definidos no direito positivo, tendo em vista que a Constituição estabelece sanções para punir os servidores que nela incidem (art. 37, § 4º). O ato de improbidade administrativa está definido na Lei n. 8.429, de 2-6-92; no que se refere à licitação, não há dúvida de que, sem usar a expressão improbidade administrativa, a Lei n. 8.666/93, nos arts. 89 a 99, está punindo, em vários dispositivos, esse tipo de infração" (*Direito administrativo*, 22. ed., Atlas, p. 358-9).

Muito comum é o reconhecimento da prática de improbidade administrativa de prefeitos, com base na Lei n. 8.429, de 2 de junho de 1992, que dispõe sobre as sanções aplicáveis aos agentes públicos nos casos de enriquecimento ilícito no exercício de mandato, cargo, emprego ou função na administração pública direta, indireta ou fundacional e dá outras providências.

Segundo Marcelo Figueiredo, na obra *Probidade administrativa*: comentários à Lei 8.429/92 e legislação complementar, "A lei contempla, basicamente, três categorias de atos de improbidade administrativa: 1) atos de improbidade administrativa que importam enriquecimento ilícito; 2) atos de improbidade administrativa que causam prejuízo ao erário; 3) atos de improbidade administrativa que atentam contra os princípios da administração pública (arts. 9º, 10 e 11)" e "estabelece as seguintes penas no art.12: 1) perda de bens ou valores acrescidos ilicitamente ao patrimônio; 2) ressarcimento integral do dano causado; 3) perda da função pública; 4) suspensão dos direitos políticos; 5) pagamento de multa civil variável; 6) proibição de contratar com o Poder Público, receber benefícios, incentivos fiscais e creditícios, direta ou indiretamente, ainda que por intermédio de pessoa jurídica da qual seja sócio majoritário" (op. cit., p. 13).

O inciso IV do § 2º, do art. 3º, foi incluído pela Lei n. 11.196/2005.

Os §§ 5º a 13 deste artigo foram incluídos, de início, pela Medida Provisória n. 495, de 2010, que, posteriormente, converteu-se na Lei n. 12.349, de 15 de dezembro de 2010, a qual alterou a redação das Leis n. 8.666, de 1993, 8.958, de 1994, e 10.973, de 2004, e revogou o § 1º do art. 2º da Lei n. 11.273, de 6 de fevereiro de 2006.

O §13 atende ao princípio da publicidade ao prever a divulgação, por meio da internet, da relação de empresas que venham a se beneficiar com a margem de preferência para produtos manufaturados e para serviços nacionais sob estrita observância às normas técnicas brasileiras.

Jurisprudência

Documentação – Mandado de segurança – Impetração contra desclassificação em processo licitatório – Segurança concedida – Reexame necessário – Descumprimento pela impetrante de exigência do edital de concorrência – Apresentação parcial de documentos exigidos – Afirmação de irrelevância desse fato, acolhida pela sentença – Inconsistência da justificativa – Recurso oficial provido para denegar a segurança, revogando a liminar.

Ementa

Não pode o Juízo, sobrepondo-se à entidade promovente de licitação pública, definir quais dos documentos exigidos são ou não pertinentes à qualificação da licitação. Apenas e eventualmente, o pronunciamento judicial impõe-se quando exigências para a participação de concorrências ou licitações públicas extrapolem os limites da lei, ou sejam absurdas, extravagantes ou quase impossíveis de se atender, demonstrando o interesse de prejudicar ou beneficiar concorrentes (TJPR, Ap. 7.211, Rel. Des. Wilson Reback; Remetente: Dr. Juiz de Direito; Autora: HD Construtora de Obras Ltda.; Ré: Companhia de Habitação Popular de Curitiba (COHAB CTR) – DJ, 2 ago. 1991).

Preço – Alteração – Ação de indenização – Concorrência pública – Alteração posterior de preço da proposta apresentada – Alegação de erro datilográfico – Ocorrência de prejuízo a empresa licitadora, ante a diferença de custo para nova aquisição dos bens – Culpa recíproca – Indenização reduzida à metade – Ocorre a culpa recíproca se a empresa proponente, após tomar conhecimento das demais ofertas, altera sua proposta, contrariando os termos do Edital de Concorrência, agindo de má-fé e a autora, por sua vez, conhecendo adredemente a inviabilidade da proposta, ao invés de desclassificá-la, erige-a como vencedora, adjudicando a quem não poderia a final cumprir o prometido – Recurso desprovido (TJSC, Ap. Cív. 23.623, j. 25-3-1986, Rel. Des. Wilson Guarany – Apelante: Centrais Elétricas de Santa Catarina S/A; Apelada: Key – Transformadores Ltda.).

PROCESSUAL CIVIL E ADMINISTRATIVO. MANDADO DE SEGURANÇA. NULIDADE DE ATO ADMINISTRATIVO PELA PRÓPRIA ADMINISTRAÇÃO. ILEGALIDADE RECONHECIDA. VIOLAÇÃO AOS PRINCÍPIOS DA MORALIDADE E DA IMPESSOALIDADE. APLICABILIDADE DAS SÚMULAS 346 E 473 DO STF. DENEGAÇÃO DA SEGURANÇA CONFIRMADA.

I – Na aplicação das Súmulas 346 e 473 do STF, tanto a Suprema Corte, quanto este STJ, têm adotado, com cautela, a orientação jurisprudencial inserida em seus enunciados, firmando entendimento no sentido de que o Poder de a Administração Pública anular ou revogar os seus próprios atos não é tão absoluto, como às vezes se supõe, eis que, em determinadas hipóteses, hão de ser inevitavelmente observados os princípios constitucionais da ampla defesa e do contraditório. Isso para que não se venha a fomentar a prática de ato arbitrário ou a permitir o desfazimento de situações regularmente constituídas, sem a observância do devido processo legal ou de processo administrativo, quando cabível.

II – O princípio de que a administração pode anular (ou revogar) os seus próprios atos, quando eivados de irregularidades, não inclui o desfazimento de situações constituídas com aparência de legalidade, sem observância do devido processo legal e ampla defesa.

III – Na espécie, em se tratando da prática de ato nulo, em razão de sua reconhecida ilegalidade e por ferir princípios da moralidade e da impessoalidade, o ato poderá ser invalidado pela própria autoridade competente, independentemente de outros procedimentos, além daqueles exigidos na lei e na Constituição (Súmulas 346 e 473 do STF).

IV – Recurso desprovido. Decisão unânime (STJ, ROMS 10123/ RJ, 1ª T., j. 15-6-1999, Rel. Min. Demócrito Reinaldo).

PROCESSUAL CIVIL E ADMINISTRATIVO – AÇÃO CIVIL PÚBLICA – IMPROBIDADE ADMINISTRATIVA – AUSÊNCIA DE CITAÇÃO DO MUNICÍPIO – LITISCONSÓRCIO FACULTATIVO – NULIDADE – INOCORRÊNCIA.

1. A falta de citação do Município interessado, por se tratar de litisconsorte facultativo, na ação civil pública declaratória de im-

probidade proposta pelo Ministério Público, não tem o condão de provocar a nulidade do processo.

2. Ainda que assim não fosse, permaneceria a impertinência subjetiva da alegação, haja vista que o beneficiário somente poderia nulificar o processo se descumpridas garantias que lhe trouxessem prejuízo.

Princípio da Instrumentalidade das Formas no sentido de que "não há nulidade sem prejuízo" (art. 244 do CPC).

3. A solução acerca da validade do contrato é uniforme para todos os partícipes do negócio jurídico inquinado de ilegal, por isso que a defesa levada a efeito pelo Subsecretário e pelo próprio Prefeito, legitimados passivos, por força do pedido condenatório, serviu, também, à Municipalidade, em razão da "Unitariedade do Litisconsórcio", em função do qual a decisão homogênea implica em que os atos de defesa aproveitem a todos os litisconsortes. É o que se denomina de "regime de interdependência dos litisconsortes" no denominado litisconsórcio unitário.

4. Com a promulgação da Constituição Federal de 1988 houve alargamento do campo de atuação do Parquet que, em seu art. 129, III, prevê, como uma das funções institucionais do Ministério Público, a legitimidade para promover o inquérito civil e a ação civil pública para a proteção do patrimônio público e social, do meio ambiente e de outros direitos difusos e coletivos.

5. O Ministério Público está legitimado a defender os interesses transindividuais, quais sejam os difusos, os coletivos e os individuais homogêneos.

6. "In casu", a ação civil pública foi intentada para anular contrato firmado sem observância de procedimento licitatório cujo objeto é a prestação de serviços de fiscalização, arrecadação e cobrança do IPVA, bem como reivindicar o ressarcimento causado ao erário. Nesses casos o que se pretende não é só a satisfação de interesses da coletividade em ver solucionados casos de malversação de verbas públicas, mas também o interesse do erário público.

7. O recorrente não apontou o dispositivo que entendeu violado, no que se refere ao alegado prejuízo a ele ocasionado, restando, assim, deficiente a fundamentação desenvolvida, neste ponto, atraindo a incidência do verbete sumular n. 284 do STF.

8. A alegação de que a atividade da contratada não se reveste de cunho fiscalizatório de tributo não tem o condão de legitimar a não observância do procedimento licitatório, vale dizer, o fato de existir previsão legal de formação de convênio entre Estado e Município para facilitar a atividade fiscalizatória do fisco, o que não ocorreu, conforme noticiado pelo Ministério Público, não significa afirmar que uma empresa pode ser contratada para prestação de serviços sem prévia licitação.

9. A averiguação de enquadramento da empresa recorrente em algum dos casos de inexigibilidade de licitação, por inviabilidade de competição (art. 25 da Lei n. 8.666/93), demanda reexame de matéria fático-probatória, o que é defeso a esta Corte Superior, a teor do verbete sumular n. 07/STJ, muito embora seja cristalina a ausência de notória especialização para os serviços "in foco".

10. Recurso parcialmente conhecido, porém, desprovido (STJ, REsp 408.219/SP, 1ª T., j. 24-9-2002, Rel. Min. Luiz Fux).

ADMINISTRATIVO. MANDADO DE SEGURANÇA. LICITAÇÃO. SERVIÇOS DE RADIODIFUSÃO. HABILITAÇÃO. DOCUMENTOS. INTERPRETAÇÃO. CLASSIFICAÇÃO. MANUTENÇÃO.

– A impetrante alega que a comissão de licitação, ao habilitar a proposta da concorrente que teria deixado de apresentar documentos exigidos no edital ou fazê-los de forma irregular, acabou por violar o princípio da vinculação ao instrumento convocatório.

– Os documentos exigidos pelo edital foram apresentados com teor válido e interpretados equivocadamente pelo concorrente, ou foram supridos por outros com mesma finalidade e mesmo valor probatório, razão pela qual inexistiu a alegada violação.

– "O interesse público reclama o maior número possível de concorrentes, configurando ilegalidade a exigência desfiliada da lei básica de regência e com interpretação de cláusulas editalícias impondo condição excessiva para a habilitação" (REsp 5.601/DF, Rel. Min. Demócrito Reinaldo).

– *Mandado de segurança denegado (STJ, MS 7814/DF, 1ª Seção, j. 28-8-2002, Rel. Min. Francisco Falcão).*

ADMINISTRATIVO. AÇÃO CIVIL PÚBLICA. CONTRATAÇÃO DE ADVOGADO COM FUNÇÕES DE PROCURADOR-GERAL DO MUNICÍPIO. LICITAÇÃO. DESOBEDIÊNCIA AO PRINCÍPIO DA IMPESSOALIDADE.

1. Contratação do ex-Procurador-Geral, vencedor do certame. Transmudação do cargo de Procurador-Geral em advogado de confiança no afã de permitir ao profissional o exercício simultâneo da função pública e do "munus" privado da advocacia.

2. O princípio da impessoalidade obsta que critérios subjetivos ou anti-isonômicos influam na escolha dos exercentes dos cargos públicos; máxime porque dispõem os órgãos da Administração, via de regra, dos denominados cargos de confiança, de preenchimento insindicável.

3. A impessoalidade opera-se "pro populo", impedindo discriminações, e contra o administrador, ao vedar-lhe a contratação dirigida "intuitu personae".

4. Distinção salarial entre o recebido pelo assessor jurídico da municipalidade e o novel advogado contratado. Condenação na restituição da diferença, considerando o efetivo trabalho prestado pelo requerente. Justiça da decisão que aferiu com exatidão a ilegalidade e a lesividade do ato.

5. Coisa Julgada. Os motivos encartados na decisão do julgamento do prefeito são inextensíveis ao beneficiário do ato por força das regras que regulam os limites objetivos e subjetivos da coisa julgada (artigos 469 e 472 do CPC).

6. Recurso conhecido quanto à violação dos artigos 61, parágrafo único, e 54, § 1º, da Lei 8.666/93; 10 e 11 da Lei n. 8.429/92; 458, II e III, do CPC; e 1.525 do Código Civil, inadmitido quanto à pretensão de revolvimento dos elementos probatórios e integralmente desprovido (STJ, REsp 403.981/RO, 1ª T., j. 1º-10-2002, Rel. Min. Luiz Fux).

Art. 3º

AÇÃO CIVIL PÚBLICA – Contratação sem licitação para a prestação de serviços de estudos de impacto ambiental para a duplicação de rodovia – pretensão à invalidade da avença e devolução dos valores pagos.

PRELIMINARES – ilegitimidade "ad causam" ativa, ausência de interesse de agir, inadequação da via eleita, pedido incerto e indeterminado, necessidade de intimação do DNER e cerceamento de defesa – não ocorrência – preliminares rejeitadas.

MÉRITO – ausência de singularidade, de modo que o certame era de rigor – prova de que outras empresas especializadas no serviço contratado existem, tanto que uma delas foi contratada pela própria DERSA para prestar o mesmo serviço entre trecho diverso da mesma rodovia – discricionariedade que não pode ser confundida com arbítrio – ocorreria discricionariedade na escolha de uma entre diversas empresas especializadas que tivessem participado do processo licitatório e atingido o mesmo nível, compreendendo preço, qualidade de serviço, equipamentos, prazo, outros elementos técnicos etc. Nesta hipótese, a escolha de uma delas para a contratação do serviço seria, sim, um ato discricionário do administrador público para elegê-la vencedora. A conveniência e oportunidade do ato administrativo (mérito) não poderiam ser questionadas por quem quer que fosse, uma vez que o administrador usaria desses poderes outorgados por lei de conveniência e oportunidade para a execução do serviço através da empresa escolhida. A presunção legal de que naquela situação seria a melhor escolha para o bem comum prevaleceria – todavia, a restituição do quantum *pago à contratada Protan Engenharia S/C Ltda. É descabida – na verdade bem ou mal o serviço foi executado e isso não se discute no processo – a devolução da importância recebida pelo serviço executado configuraria enriquecimento sem causa para o Erário – por consequência, é legal e justo que a indenização se limite à eventual diferença entre o preço de mercado do serviço prestado na época e a importância paga à Protan Engenharia S/C Ltda., tudo a ser apurado em execução de sentença – precedentes jurisprudenciais – apelos dos réus parcialmente providos, não provido o apelo da DERSA (TJSP, Ap. Cív.*

203.250-5/9-00, 9ª C. de D. Público, j. 2-4-2003, Rel. Des. Geraldo Lucena, v. u., JTJ, 267/14).

AÇÃO CIVIL PÚBLICA. Alegação de que o corréu, Prefeito Municipal, e os demais corréus praticaram ato de improbidade administrativa na Licitação Carta-Convite n. 85/96, para aquisição de gêneros alimentícios pelo Município, em prejuízo de outros licitantes.

PRELIMINARES de cerceamento de defesa; ilegitimidade de parte do Ministério Público; inépcia da petição inicial; da individualização da conduta dos requeridos; inexistência de fraude na Carta-Convite n. 85/96; e, inadmissibilidade do dano presumido, afastadas.

MÉRITO. A licitação visa proporcionar às entidades governamentais possibilidades de realizarem o negócio mais vantajoso assegurando aos administrados ensejo de disputarem a participação nos negócios que as pessoas governamentais pretendam realizar com os particulares. Busca satisfazer, em síntese, o respeito ao princípio da isonomia, impessoalidade, igualdade de todos perante a lei e a obediência aos reclamos de probidade administrativa imposta pelo art. 37, da Carta Magna, c/c art. 3º, da Lei Federal 8.666/93. A finalidade da licitação é evitar, por toda a forma, qualquer tipo de favorecimento a qualquer licitante. Nenhuma solução será sustentável quando colidente com o art. 3º da Lei 8.666/93. Inobservância da condição de igualdade entre os licitantes, o sigilo na apresentação das propostas, a concorrência, e a probidade administrativa. Prova pericial que demonstrou burla no procedimento licitatório. Apelantes que violaram a Lei Federal n. 8.666/93, e o que é pior, banalizaram os princípios da igualdade, competitividade, moralidade, fazendo o que a lei expressamente proíbe. Sentença mantida. Preliminares rejeitadas e recurso improvido (TJSP, Ap. Cív. 206.839-5/9-00, 9ª C. de D. Público, j. 23-4-2003, Rel. Des. Antonio Rulli, v. u., JTJ, 267/188).

AÇÃO CIVIL PÚBLICA – Ex-Prefeito de Presidente Prudente – Ato de improbidade administrativa, consistente em não realizar concorrência pública entre a Municipalidade e paraestatal municipal para serviços de coleta de lixo – Infração consumada à Lei n. 8.666/93 e à disposição constitucional que exige licitação em tal circunstância. Irregularidade que foi reconhecida pela sentença, não tendo havido recurso por parte do requerido, tornando incontroversa a questão de mérito – Aplicabilidade das sanções decorrentes da Lei n. 7.347/85, com a fixação de condenação ao administrador público – Recurso provido (TJSP, Ap. Cív. 206.871-5/4-00, 2ª C. de D. Público, j. 15-4-2003, Rel. Des. Aloísio de Toledo César, v. u., JTJ, 267/188).

PROCEDIMENTO LICITATÓRIO. RECURSO ADMINISTRATIVO. HOMOLOGAÇÃO DE RESULTADO UM DIA ANTES DA DIVULGAÇÃO DO JULGAMENTO CONTRA DECISÃO DESCLASSIFICATÓRIA. LEI N. 8.666/93. ART. 109. AUSÊNCIA DE PREQUESTIONAMENTO. VIOLAÇÃO AO ART. 3º. INOCORRÊNCIA. NULIDADE DO ATO ADMINISTRATIVO DE HOMOLOGAÇÃO DE RESULTADO LICITATÓRIO. AUSÊNCIA. INTERREGNO DE UM DIA ENTRE A HOMOLOGAÇÃO DA LICITAÇÃO E O RESULTADO DO RECURSO ADMINISTRATIVO. PRINCÍPIO DA PUBLICIDADE. OBSERVÂNCIA. ANÁLISE OU NÃO DAS RAZÕES TÉCNICAS ADUZIDAS NO RECURSO ADMINISTRATIVO. REEXAME DO CONJUNTO PROBATÓRIO. SÚMULA 7/STJ. INCIDÊNCIA. I – A questão em tela gravita em torno da legalidade da homologação de resultado licitatório ocorrido um dia antes da divulgação do julgamento de recurso administrativo apresentado contra decisão que desclassificou a ora recorrente. II – A recorrente afirma que tal procedimento teria violado os artigos 3º e 109 da Lei de Licitações. III – O constante do artigo 109 da Lei 8.666/93 não foi apreciado pelo Tribunal a quo, incidindo assim o comando das súmulas 282 e 356 do STF. IV – Quanto ao artigo 3º da referida lei, que enaltece o princípio da publicidade no âmbito das licitações, verifica-se que a questão ali contida foi apreciada e atendido o requisito do prequestionamento, pelo que há que ser parcialmente conhecido o recurso. V – Ao analisar o mérito do apelo nobre observa-se, no entanto, que o interregno de um dia entre a homologação da licitação e o resultado do recurso administrativo, por si só, não é suficiente para eivar de nulidade o ato administrativo de homologação do resultado licitatório, máxime ao verificar que todos os questionamentos apresentados no recurso foram respondidos pela administração, a qual sustentou o entendimento pela inadequação técnica dos equipamentos ofertados pela empresa desclassificada. VI – O princípio da pu-

blicidade se manteve hígido, haja vista, em face do espaço mínimo entre as decisões em exame, que novo recurso administrativo não teria efeito suspensivo e que eventual ajuizamento de ação perante o judiciário poderia potencialmente impedir a posterior adjudicação do objeto licitatório, ou mesmo anulação da licitação com retorno ao status quo ante. VII – Quanto à alegação de que o recurso administrativo foi apreciado sem a análise das razões técnicas aduzidas pela recorrente, importaria em reexame do conjunto probatório, o que é insusceptível na angusta via do recurso especial. Incidência da súmula 7/STJ. VIII – Recurso especial improvido (STJ, REsp 802.082/RJ, 1ª T., Rel. Min. Francisco Falcão, v.u., j. 15-5-2007; DJ, 31 maio 2007, p. 356).

PROCESSUAL CIVIL E ADMINISTRATIVO – AÇÃO CIVIL PÚBLICA – IMPROBIDADE ADMINISTRATIVA – CONTRATAÇÃO SEM LICITAÇÃO – LEGITIMIDADE ATIVA DA PREFEITURA MUNICIPAL – COISA JULGADA – FUNDAMENTO INATACADO – INCIDÊNCIA DA SÚMULA 283/STF – JULGAMENTO ANTECIPADO DA LIDE – CERCEAMENTO DE DEFESA NÃO CONFIGURADO – INEXIGIBILIDADE DA LICITAÇÃO – SINGULARIDADE DA NATUREZA DO SERVIÇO PRESTADO – SÚM. 7/STJ – LEI 8.429/1992 – OFENSA AOS PRINCÍPIOS DA ADMINISTRAÇÃO PÚBLICA – DESNECESSIDADE DE DANO MATERIAL AO ERÁRIO. 1. O recorrente não infirmou o fundamento utilizado pelo Tribunal de origem, no sentido de haver decisão transitada em julgado sobre a legitimidade ativa da Prefeitura Municipal. Incidência da Súmula 283/STF. 2. Inexiste nulidade na representação do Município, se a inicial está assinada pelo Procurador Chefe Municipal. Irrelevante, para fins processuais, se a identificação da parte consta como Município, Municipalidade ou Prefeitura Municipal. 3. Não ocorre cerceamento de defesa por julgamento antecipado da lide, quando o julgador ordinário considera suficiente a instrução do processo. Precedentes do STJ. 4. Hipótese em que o Tribunal a quo concluiu, com base nas provas dos autos, que o serviço não possui natureza singular, nem houve o necessário procedimento administrativo para comprovar eventual hipótese de inexigibilidade da licitação. Rever esse entendimento esbarra no óbice da Súmula 7/STJ. 5. A jurisprudência desta Corte firmou-se no sentido de que se configura ato de *improbidade a lesão a princípios administrativos nos termos do art. 11 da Lei 8.429/1992, o que, a priori, independe da ocorrência de dano ou lesão material ao Erário.* 6. Recurso especial parcialmente conhecido e não provido (STJ, 2ª T., REsp 915.881/SP, Rel. Min. Eliana Calmon, v.u., j. 23-6-2009, DJe, 6 ago. 2009).

ADMINISTRATIVO. RECURSOS ESPECIAIS. AÇÃO CIVIL POR ATO DE IMPROBIDADE ADMINISTRATIVA. CONTRATOS IRREGULARES. LICITAÇÃO. INEXIGIBILIDADE NÃO RECONHECIDA. REEXAME DE MATÉRIA FÁTICO-PROBATÓRIA. SÚMULAS 5 E 7/STJ. ATO DE IMPROBIDADE ADMINISTRATIVA. VIOLAÇÃO DE PRINCÍPIOS DA ADMINISTRAÇÃO PÚBLICA. ART. 11 DA LEI 8.429/92. ELEMENTO SUBJETIVO. NECESSIDADE. COMPROVAÇÃO. APLICAÇÃO DAS PENALIDADES PREVISTAS NO ART. 12 DA LEI 8.429/92. PRINCÍPIOS DA PROPORCIONALIDADE E RAZOABILIDADE INOBSERVADOS. READEQUAÇÃO DAS SANÇÕES IMPOSTAS. PRECEDENTES DO STJ. RECURSOS ESPECIAIS PARCIALMENTE PROVIDOS. *1. No caso dos autos, o Ministério Público Federal ajuizou ação de improbidade administrativa contra o ex-Presidente e o ex-Diretor de Administração da Casa da Moeda, com fundamento no art. 11, I, da Lei 8.429/92, em face de supostas irregularidades em contratos firmados sem a realização de processo licitatório. Por ocasião da sentença, o magistrado em primeiro grau de jurisdição julgou procedente o pedido da referida ação para reconhecer a prática de ato de improbidade administrativa e condenar os requeridos, com base no art. 12, III, da Lei 8.429/92. 2. O Tribunal de origem, ao analisar a questão relacionada à inexigibilidade de licitação no caso concreto, fundou o seu entendimento na interpretação de cláusulas contratuais dos instrumentos firmadas pelos recorrentes, bem como considerou as circunstâncias fáticas e as provas produzidas nos autos. A análise da pretensão recursal deste tópico, com a consequente reversão do entendimento exposto no acórdão recorrido, exige, necessariamente, o reexame de matéria fático-probatória, o que é vedado ao Superior Tribunal de Justiça, em sede de recurso especial, conforme a orientação das Súmulas 5 e 7 desta Corte Superior (respectivamente: "A simples interpretação de cláusula contratual não enseja recurso especial"; "A pretensão de simples reexame de prova não enseja recurso especial"). 3. O entendimento majoritário desta Corte Superior é no sentido de que a configuração de ato de improbidade administrativa exige, necessariamente, a presença do elemento subjetivo, inexistindo a possibilidade da atribuição da responsabilidade objetiva na esfera da Lei 8.429/92. Nesse sentido, os seguintes precedentes: REsp 734.984/SP, 1ª Turma, Rel. p/ acórdão Min. Luiz Fux, DJe de 16-6-2008; REsp 658.415/RS, 2ª Turma, Rel. Min. Eliana Calmon, DJ de 3-8-2006; REsp 604.151/RS, 1ª Turma, Rel. p/ acórdão Min. Teori Albino Zavascki, DJ de 8-6-2006; REsp 626.034/RS, 2ª Turma, Rel. Min. João Otávio de Noronha, DJ de 5-6-2006, p. 246. 4. No caso dos autos, o Tribunal a quo concluiu que houve violação de princípios da administração pública em face da manifesta inobservância da necessidade de procedimento licitatório para a formalização de contratos, o que caracterizaria ato de improbidade administrativa previsto no art. 11 da Lei 8.429/92, bem como concluiu pela manifesta presença de dolo, má-fé, bem assim a desonestidade ou imoralidade no trato da coisa pública. 5. A aplicação das penalidades previstas no art. 12 da Lei 8.429/92 exige que o magistrado considere, no caso concreto, "a extensão do dano causado, assim como o proveito patrimonial obtido pelo agente" (conforme previsão expressa contida no parágrafo único do referido artigo). Assim, é necessária a análise da razoabilidade e proporcionalidade em relação à gravidade do ato de improbidade e à cominação das penalidades, as quais não devem ser aplicadas, indistintamente, de maneira cumulativa. 6. Na hipótese examinada, os recorrentes foram condenados na sentença ao pagamento de multa civil "correspondente a cinco vezes o valor da remuneração recebida pelos Réus à época em que atuavam na Casa da Moeda do Brasil (CMB) no período da contratação irregular, devidamente atualizado até o efetivo pagamento, bem como decretar a perda da função pública que eventualmente exerçam na atualidade, a suspensão dos direitos políticos por três anos e a proibição dos Réus de contratarem com o Poder Público pelo prazo de três anos" (fls. 371/378), o que foi mantido integralmente pela Corte a quo. Assim, não obstante a prática de ato de improbidade administrativa pelos recorrentes, a imposição cumulativa de todas as sanções previstas na referida legislação não observou os princípios da razoabi-*

lidade e da proporcionalidade. Tal consideração impõe a redução do valor da multa civil de cinco para três vezes o valor da remuneração, bem como autoriza o afastamento da sanção de suspensão dos direitos políticos dos recorrentes. 7. Provimento parcial dos recursos especiais, tão somente para readequar as sanções impostas aos recorrentes (STJ, 1ª T., REsp 875.425/RJ, Rel. Min. Denise Arruda, v. u., j. 9-12-2008, DJe, 11 fev. 2009).

AÇÃO ANULATÓRIA. TRANSPORTE COLETIVO. CONCESSÃO DE LINHAS. LICITAÇÃO. LEGITIMIDADE ATIVA DA EMPRESA QUE BUSCA PARTICIPAR DE PROCEDIMENTO LICITATÓRIO. I – Trata-se de ação anulatória ajuizada por empresa de transporte coletivo, por meio da qual pretende a nulidade dos termos de autorização ou equivalentes que concederam o direito à exploração de linhas urbanas às empresas demandadas sem o competente procedimento licitatório. II – O Tribunal a quo, julgando o recurso de apelação interposto contra a decisão de improcedência do pedido, declarou a ilegitimidade ativa da empresa autora, sob o argumento de que ela não presta serviços na respectiva municipalidade, e que eventual certame licitatório não lhe garantiria vitória. III – A empresa autora tem legitimidade ativa para ajuizar a ação anulatória em questão, tendo em conta seu objetivo de poder participar de procedimento licitatório buscando prestar serviços que estão sendo garantidos a outras empresas. Precedentes: REsp 418.552/MG, Rel. Min. Francisco Peçanha Martins, DJ de 16-12-2002; MS n. 5.964/DF, Rel. Min. Humberto Gomes de Barros, DJ de 20-3-2000. IV – "Com a contratação sem prévia licitação, a administração violou o direito subjetivo do recorrente e de outras empresas de transporte que poderiam concorrer à exploração da linha, além de infringir aos princípios da legalidade e da publicidade" (REsp 272.612/PI, Rel. Min. José Delgado, Rel. p/ Acórdão Min. Francisco Falcão, DJ de 17-9-2001). V – Recurso provido com o retorno dos autos ao Tribunal a quo para apreciar o mérito do recurso de apelação interposto (STJ, 1ª T., REsp 110.400-3/RS, j. 23-4-2009, Rel. Min. Francisco Falcão, DJe, 13 maio 2009).

DIREITO CONSTITUCIONAL E ADMINISTRATIVO. LICITAÇÃO E CONTRATAÇÃO PELA ADMINISTRAÇÃO PÚBLICA MUNICIPAL. LEI ORGÂNICA DO MUNICÍPIO DE BRUMADINHO-MG. VEDAÇÃO DE CONTRATAÇÃO COM O MUNICÍPIO

DE PARENTES DO PREFEITO, VICE-PREFEITO, VEREADORES E OCUPANTES DE CARGOS EM COMISSÃO. CONSTITUCIONALIDADE. COMPETÊNCIA SUPLEMENTAR DOS MUNICÍPIOS. RECURSO EXTRAORDINÁRIO PROVIDO. A Constituição Federal outorga à União a competência para editar normas gerais sobre licitação (art. 22, XXVII) e permite, portanto, que Estados e Municípios legislem para complementar as normas gerais e adaptá-las às suas realidades. O Supremo Tribunal Federal firmou orientação no sentido de que as normas locais sobre licitação devem observar o art. 37, XXI, da Constituição, assegurando "a igualdade de condições de todos os concorrentes". Precedentes. Dentro da permissão constitucional para legislar sobre normas específicas em matéria de licitação, é de se louvar a iniciativa do Município de Brumadinho-MG de tratar, em sua Lei Orgânica, de tema dos mais relevantes em nossa pólis, que é a moralidade administrativa, princípio-guia de toda a atividade estatal, nos termos do art. 37, caput, da Constituição Federal. A proibição de contratação com o Município dos parentes, afins ou consanguíneos, do prefeito, do vice-prefeito, dos vereadores e dos ocupantes de cargo em comissão ou função de confiança, bem como dos servidores e empregados públicos municipais, até seis meses após o fim do exercício das respectivas funções, é norma que evidentemente homenageia os princípios da impessoalidade e da moralidade administrativa, prevenindo eventuais lesões ao interesse público e ao patrimônio do Município, sem restringir a competição entre os licitantes. Inexistência de ofensa ao princípio da legalidade ou de invasão da competência da União para legislar sobre normas gerais de licitação. Recurso extraordinário provido (STF, RE 423560, 2ª T., Rel. Min. Joaquim Barbosa, j. 29-5-2012, DJe 19-6-2012).

Art. 4º Todos quantos participem de licitação promovida pelos órgãos ou entidades a que se refere o art. 1º têm direito público subjetivo à fiel observância do pertinente procedimento estabelecido nesta Lei, podendo qualquer cidadão acompanhar o seu desenvolvimento, desde que não interfira de modo a perturbar ou impedir a realização dos trabalhos.

Parágrafo único. O procedimento licitatório previsto nesta Lei caracteriza ato administrativo formal, seja ele praticado em qualquer esfera da Administração Pública.

Comentários

Mais uma vez a Lei n. 8.666/93 determina que seja observado o princípio da publicidade quanto ao acompanhamento do procedimento licitatório pelos participantes, como titulares de direito público subjetivo. Salienta, também, a natureza formal da licitação.

Celso Antônio Bandeira de Mello assinala que é no princípio da publicidade que se consagra o dever da Administração Pública de manter total transparência de seus atos. Sustenta que não pode haver num Estado Democrático de Direito ocultamento de assuntos aos administrados, muito menos àqueles diretamente envolvidos em alguma questão ou medida (*Curso de direito administrativo*, cit., p. 114).

José Cretella Júnior observa que "Em qualquer esfera da Administração Pública, quer na federal, estadual, municipal, distrital, quer na Administração direta, autárquica ou fundacional, o procedimento licitatório, previsto na lei que comentamos, é caracterizado como ato administrativo formal". E ainda, "No caso específico do procedimento licitatório, todos os que, de qualquer modo, participam do certame, instaurado e procedido pela Administração Pública, têm o direito subjetivo público de exigir a observância do que preceituam as leis e o edital pertinentes" (*Das licitações*, cit., p. 161).

Art. 5º Todos os valores, preços e custos utilizados nas licitações terão como expressão monetária a moeda corrente nacional, ressalvado o disposto no art. 42 desta Lei, devendo cada unidade da Administração, no pagamento das obrigações relativas ao fornecimento de bens, locações, realização de obras e prestação de serviços, obedecer, para cada fonte diferenciada de recursos, a estrita ordem cronológica das datas de suas exigibilidades, salvo quando presentes relevantes razões de interesse público e mediante prévia justificativa da autoridade competente, devidamente publicada.

§ 1º Os créditos a que se refere este artigo terão seus valores corrigidos por critérios previstos no ato convocatório e que lhes preservem o valor.

§ 2º A correção de que trata o parágrafo anterior, cujo pagamento será feito junto com o principal, correrá à conta das mesmas dotações orçamentárias que atenderam aos créditos a que se referem.

§ 3º Observado o disposto no *caput*, os pagamentos decorrentes de despesas cujos valores não ultrapassem o limite de que trata o inciso II do art. 24, sem prejuízo do que dispõe seu parágrafo único, deverão ser efetuados no prazo de até 5 (cinco) dias úteis, contados da apresentação da fatura.

Comentários

A ordem cronológica imposta por este artigo à Administração é uma inovação relevante que não permite determinados privilégios no tocante aos pagamentos. Também a correção dos créditos, prevista no § 2º, estabeleceu que obrigatoriamente o pagamento dessa correção deverá ser feito juntamente com o pagamento do principal.

O § 3º do artigo em análise, introduzido pela Lei n. 9.648, de 27-5-1998, estabelece que a Administração Pública deve efetuar em até 5 dias úteis da data da apresentação da respectiva fatura, o pagamento dos débitos cujo valor não ultrapasse o limite de R$ 8.000,00 (oito mil reais), previsto no inciso II do art. 24. Evidentemente, esse prazo é por demais exíguo e faz com que a obrigação seja de difícil cumprimento pela Administração. Necessário lembrar que tal prazo, para pagamento de débitos de menor valor, era ainda menor – de 72 horas – por ocasião da edição da Medida Provisória n. 1.531-11, de 17-10-1997.

Seção II
DAS DEFINIÇÕES

Art. 6º Para os fins desta Lei, considera-se:

I – Obra – toda construção, reforma, fabricação, recuperação ou ampliação, realizada por execução direta ou indireta;

II – Serviço – toda atividade destinada a obter determinada utilidade de interesse para a Administração, tais como: demolição, conserto, instalação, montagem, operação, conservação, reparação, adaptação, manutenção, transporte, locação de bens, publicidade, seguro ou trabalhos técnico-profissionais;

III – Compra – toda aquisição remunerada de bens para fornecimento de uma só vez ou parceladamente;

IV – Alienação – toda transferência de domínio de bens a terceiros;

V – Obras, serviços e compras de grande vulto – aquelas cujo valor estimado seja superior a 25 (vinte e cinco) vezes o limite estabelecido na alínea c do inciso I do art. 23 desta Lei;

VI – Seguro-Garantia – o seguro que garante o fiel cumprimento das obrigações assumidas por empresas em licitações e contratos;

VII – Execução direta – a que é feita pelos órgãos e entidades da Administração, pelos próprios meios;

VIII – Execução indireta – a que o órgão ou entidade contrata com terceiros, sob qualquer dos seguintes regimes:

a) empreitada por preço global – quando se contrata a execução da obra ou do serviço por preço certo e total;

b) empreitada por preço unitário – quando se contrata a execução da obra ou do serviço por preço certo de unidades determinadas;

c) (*Vetado.*)

d) tarefa – quando se ajusta mão de obra para pequenos trabalhos por preço certo, com ou sem fornecimento de materiais;

e) empreitada integral – quando se contrata um empreendimento em sua integralidade, compreendendo todas as etapas das obras, serviços e instalações necessárias, sob inteira responsabilidade da contratada até a sua entrega ao contratante em condições de entrada em operação, atendidos os requisitos técnicos e legais para sua utilização em condições de segurança estrutural e operacional e com as características adequadas às finalidades para que foi contratada;

IX – Projeto Básico – conjunto de elementos necessários e suficientes, com nível de precisão adequado, para caracterizar a obra ou serviço, ou complexo de obras ou serviços objeto da licitação, elaborado com base nas indicações dos estudos técnicos preliminares, que assegurem a viabilidade técnica e o adequado tratamento do impacto ambiental do empreendimento, e que possibilite a avaliação do custo da obra e a definição dos métodos e do prazo de execução, devendo conter os seguintes elementos:

a) desenvolvimento da solução escolhida de forma a fornecer visão global da obra e identificar todos os seus elementos constitutivos com clareza;

b) soluções técnicas globais e localizadas, suficientemente detalhadas, de forma a minimizar a necessidade de reformulação ou de variantes durante as fases de elaboração do projeto executivo e de realização das obras e montagem;

c) identificação dos tipos de serviços a executar e de materiais e equipamentos a incorporar à obra, bem como suas especificações que assegurem os melhores resultados para o empreendimento, sem frustrar o caráter competitivo para a sua execução;

d) informações que possibilitem o estudo e a dedução de métodos construtivos, instalações provisórias e condições organizacionais para a obra, sem frustrar o caráter competitivo para a sua execução;

e) subsídios para montagem do plano de licitação e gestão da obra, compreendendo a sua programação, a estratégia de suprimentos, as normas de fiscalização e outros dados necessários em cada caso;

f) orçamento detalhado do custo global da obra, fundamentado em quantitativos de serviços e fornecimentos propriamente avaliados;

X – Projeto Executivo – o conjunto dos elementos necessários e suficientes à execução completa da obra, de acordo com as normas pertinentes da Associação Brasileira de Normas Técnicas – ABNT;

XI – Administração Pública – a administração direta e indireta da União, dos Estados, do Distrito Federal e dos Municípios, abrangendo inclusive as entidades com personalidade jurídica de direito privado sob controle do poder público e das fundações por ele instituídas ou mantidas;

XII – Administração – órgão, entidade ou unidade administrativa pela qual a Administração Pública opera e atua concretamente;

XIII – Imprensa Oficial – veículo oficial de divulgação da Administração Pública, sendo para a União o *Diário Oficial da União*, e, para os Estados, o Distrito Federal e os Municípios, o que for definido nas respectivas leis;

XIV – Contratante – é o órgão ou entidade signatária do instrumento contratual;

XV – Contratado – a pessoa física ou jurídica signatária de contrato com a Administração Pública;

XVI – Comissão – comissão, permanente ou especial, criada pela Administração com a função de receber, examinar e julgar todos os documentos e procedimentos relativos às licitações e ao cadastramento de licitantes;

XVII – produtos manufaturados nacionais – produtos manufaturados, produzidos no território nacional de acordo com o processo produtivo básico ou com as regras de origem estabelecidas pelo Poder Executivo federal;

XVIII – serviços nacionais – serviços prestados no País, nas condições estabelecidas pelo Poder Executivo federal;

XIX – sistemas de tecnologia de informação e comunicação estratégicos – bens e serviços de tecnologia da informação e comunicação cuja descontinuidade provoque dano significativo à administração pública e que envolvam pelo menos um dos seguintes requisitos relacionados às informações críticas: disponibilidade, confiabilidade, segurança e confidencialidade.

Comentários

Neste artigo o legislador procurou indicar o significado de todos os termos usados para facilitar a interpretação da lei. Foram catalogadas as expressões mais usadas no campo da licitação e da contratação administrativa.

Os incisos XVII a XIX foram incluídos pela Lei n. 12.349, de 15 de dezembro de 2010, resultante da conversão da Medida Provisória n. 495, de 2010, lei essa que alterou não apenas a redação da Lei n. 8.666, de 1993, mas também a redação das Leis n. 8.958, de 1994, e a 10.973, de 2004, e revogou o § 1º do art. 2º da Lei n. 11.273, de 6 de fevereiro de 2006.

Seção III
DAS OBRAS E SERVIÇOS

Art. 7º As licitações para a execução de obras e para a prestação de serviços obedecerão ao disposto neste artigo e, em particular, à seguinte sequência:

I – projeto básico;

II – projeto executivo;

III – execução das obras e serviços.

§ 1º A execução de cada etapa será obrigatoriamente precedida da conclusão e aprovação, pela autoridade competente, dos trabalhos relativos às etapas anteriores, à exceção do projeto executivo, o qual poderá ser desenvolvido concomitantemente com a execução das obras e serviços, desde que também autorizado pela Administração.

§ 2º As obras e os serviços somente poderão ser licitados quando:

I – houver projeto básico aprovado pela autoridade competente e disponível para exame dos interessados em participar do processo licitatório;

II – existir orçamento detalhado em planilhas que expressem a composição de todos os seus custos unitários;

III – houver previsão de recursos orçamentários que assegurem o pagamento das obrigações decorrentes de obras ou serviços a serem executadas no exercício financeiro em curso, de acordo com o respectivo cronograma;

IV – o produto dela esperado estiver contemplado nas metas estabelecidas no Plano Plurianual de que trata o art. 165 da Constituição Federal, quando for o caso.

§ 3º É vedado incluir no objeto da licitação a obtenção de recursos financeiros para sua execução, qualquer que seja a sua origem, exceto nos casos de empreendimentos executados e explorados sob o regime de concessão, nos termos da legislação específica.

§ 4º É vedada, ainda, a inclusão, no objeto da licitação, de fornecimento de materiais e serviços sem previsão de quantidades ou cujos quantitativos não correspondam às previsões reais do projeto básico ou executivo.

§ 5º É vedada a realização de licitação cujo objeto inclua bens e serviços sem similaridade ou de marcas, características e especificações exclusivas, salvo nos casos em que for tecnicamente justificável, ou ainda quando o fornecimento de tais materiais e serviços for feito sob o regime de administração contratada, previsto e discriminado no ato convocatório.

§ 6º A infringência do disposto neste artigo implica a nulidade dos atos ou contratos realizados e a responsabilidade de quem lhes tenha dado causa.

§ 7º Não será ainda computado como valor da obra ou serviço, para fins de julgamento das propostas de preços, a atualização monetária das obrigações de pagamento, desde a data final de cada período de aferição até a do respectivo pagamento, que será calculada pelos mesmos critérios estabelecidos obrigatoriamente no ato convocatório.

§ 8º Qualquer cidadão poderá requerer à Administração Pública os quantitativos das obras e preços unitários de determinada obra executada.

§ 9º O disposto neste artigo aplica-se também, no que couber, aos casos de dispensa e de inexigibilidade de licitação.

Comentários

Marçal Justen Filho, ao comentar o art. 7º, ressalta: "As exigências não se constituem em requisito de mera forma. Trata-se de redução do âmbito de liberdade de escolha da Administração. O estrito cumprimento das exigências do art. 7º elimina decisões arbitrárias ou nocivas. São eliminadas as contratações: a) não antecedidas de planejamento; b) cujo objeto seja incerto; c) para as quais inexista previsão de recursos orçamentários; d) incompatíveis com as programações de médio e longo prazo" (*Comentários à lei de licitações*, cit., p. 58).

José Cretella Júnior, a seu turno, comenta: "As etapas seguem um rito, havendo as anteriores e as posteriores. A execução de cada etapa será precedida, obrigatoriamente, da conclusão e respectiva aprovação, pela autoridade competente, dos trabalhos relativos às fases anteriores". E, continua: "Para que ocorra licitação, o *prius*, e depois, a *adjudicação* do objeto ao vencedor, celebrando-se o contrato, é indispensável o preenchimento dos requisitos que a lei enumera..." (*Das licitações*, cit., p. 171).

No § 5º, a lei incluiu os casos em que não há necessidade de abertura de processo licitatório e especificou aqueles em que o objeto da licitação recai em bens sem similaridade e, por esse motivo, não tendo outro licitante, não haveria competição. Esta hipótese é de vedação e não se confunde com a dispensa.

Jurisprudência

A vedação de licitação de obra ou serviço sem projeto básico aprovado, assim definido o conjunto de elementos que defina a obra ou o serviço de forma a possibilitar estimativa de custo final e prazo de execução (arts. 4º e 5º da Lei Estadual 6.544 de 1989), deve ser observada em modalidades próprias, ou seja, em todo serviço e obras prestados diretamente ao Estado. Outra não pode ser a observação porquanto, prosseguindo, estabelece o legislador que as obras e serviços, tratados no Cap. I, devem ser executados direta ou indiretamente, e na última hipótese através de empreitada por preço global, empreitada por preço unitário, administração contratada ou tarefa (art. 8º).

Considerando que na aplicação da lei deve o Juiz atender aos fins sociais a que ela se dirige e às exigências do bem comum, viável concluir-se que o projeto básico persiste indispensável nos serviços prestados ao Poder Público, direta ou indiretamente, onde morali-

zadora a estimativa de custo final. No caso presente, as concorrências dispensam dotação orçamentária porquanto sem ônus para a Administração. O rigorismo da interpretação legal não pode dificultar distribuição de serviços do interesse da população. Oportunidade e conveniência da implantação do serviço receberam prévia avaliação (RJTJSP, 134/177).

AÇÃO CIVIL PÚBLICA – Administrativo – Licitação, sob a modalidade de Tomada de Preços – Existência de vícios – Nulidade decretada – Ministério Público – Legitimidade ativa ad causam – Artigo 119, III, da Constituição da República – Prescrição – Inocorrência – Matéria de direito público – Artigo 37, § 5º, da Carta Política – Julgamento antecipado da lide – Prova que autoriza o julgamento de plano – Responsabilidade solidária dos requeridos – Honorários advocatícios – Redução, atendendo aos elementos da causa – Recursos parcialmente providos para esse fim (TJSP, Ap. Cív. 181.987-5/3-00-Paraguaçu Paulista, 4ª C. de D. Público, j. 29-8-2002, Rel. Des. Soares Lima, v. u., JTJ, 261/49).

> Art. 8º A execução das obras e dos serviços deve programar-se, sempre, em sua totalidade, previstos seus custos atual e final e considerados os prazos de sua execução.
>
> Parágrafo único. É proibido o retardamento imotivado da execução de obra ou serviço, ou de suas parcelas, se existente previsão orçamentária para sua execução total, salvo insuficiência financeira ou comprovado motivo de ordem técnica, justificados em despacho circunstanciado da autoridade a que se refere o art. 26 desta Lei.

Comentários

A Administração deverá programar a execução de obras ou serviços integralmente, salvo se, por motivos de ordem técnica ou por insuficiência de recursos financeiros, for obrigada a executá-los parceladamente. A execução parcelada obriga a realização de várias licitações correspondentes a cada fase da execução. Esse tipo de execução parcial só é admitido se trouxer benefícios compensadores e não acarretar prejuízos na demora, por conveniência administrativa, que deve ser justificada.

Art. 9º Não poderá participar, direta ou indiretamente, da licitação ou da execução de obra ou serviço e do fornecimento de bens a eles necessários:

I – o autor do projeto, básico ou executivo, pessoa física ou jurídica;

II – empresa, isoladamente ou em consórcio, responsável pela elaboração do projeto básico ou executivo ou da qual o autor do projeto seja dirigente, gerente, acionista ou detentor de mais de 5% (cinco por cento) do capital com direito a voto ou controlador, responsável técnico ou subcontratado;

III – servidor ou dirigente de órgão ou entidade contratante ou responsável pela licitação.

§ 1º É permitida a participação do autor do projeto ou da empresa a que se refere o inciso II deste artigo, na licitação de obra ou serviço, ou na execução, como consultor ou técnico, nas funções de fiscalização, supervisão ou gerenciamento, exclusivamente a serviço da Administração interessada.

§ 2º O disposto neste artigo não impede a licitação ou contratação de obra ou serviço que inclua a elaboração de projeto executivo como encargo do contratado ou pelo preço previamente fixado pela Administração.

§ 3º Considera-se participação indireta, para fins do disposto neste artigo, a existência de qualquer vínculo de natureza técnica, comercial, econômica, financeira ou trabalhista entre o autor do projeto, pessoa física ou jurídica, e o licitante ou responsável pelos serviços, fornecimentos e obras, incluindo-se os fornecimentos de bens e serviços a estes necessários.

§ 4º O disposto no parágrafo anterior aplica-se aos membros da comissão de licitação.

Comentários

Por este artigo podemos verificar que não é livre a participação em licitação. A lei estabelece quem e quais pessoas físicas ou jurídicas não poderão participar de licitação. São todas aquelas que direta ou indiretamente têm alguma ligação com a entidade contratante. Cretella Júnior entende haver participação indireta "sempre que houver vínculo de natureza: a) técnica; b) comercial; c) econômica; d) financeira; e) parentesco por consanguinidade; ou f) afinidade até segundo grau entre o autor do projeto, pessoa física ou jurídica, e a pessoa e a empresa licitante ou responsável pelas obras e fornecimento de bens e demais serviços a eles necessários" (*Das licitações*, cit., p. 179).

Jurisprudência

LICITAÇÃO – Fornecimento de pedras e pedriscos – Pretensão de inabilitar empresa participante ao pretexto de ser dirigida por um suplente de deputado federal – Sentença concessiva da segurança – Inadmissibilidade – O art. 54 da CF impede senadores e deputados de firmar contratos com a administração pública, mas com a clara ressalva para as hipóteses em que o contrato obedecer a cláusulas uniformes – Não está empresa dirigida por suplente de deputado federal impedida de participar de licitação pública, com edital regularmente publicado e que estabeleça igualdade de condições aos interessados – Recursos providos, para cassar a segurança (TJSP, Ap. Cív. 157.087-5/5-00-São Paulo, 2ª C. de D. Público, j. 5-11-2002, Rel. Des. Aloísio de Toledo Cesar, v. u., JTJ, 262/157).

ADMINISTRATIVO. LICITAÇÃO PARA CONTRATAÇÃO DE MÃO DE OBRA. IMPOSSIBILIDADE DE PARTICIPAÇÃO DAS COOPERATIVAS DE TRABALHO. 1. A Corte Especial do STJ decidiu pela impossibilidade de participação das cooperativas em processo licitatório para contratação de mão de obra, quando o labor, por sua natureza, demandar necessidade de estado de subordinação ante os prejuízos que podem advir para o patrimônio público, caso o ente cooperativo se consagre vencedor no certame. 2. Agravo Regimental provido (STJ, 2ª T., AgRg no REsp 960.503/RS, v. u., j. 1º-9-2009, Rel. Min. Herman Benjamin).

ADMINISTRATIVO. LICITAÇÃO. SERVIÇOS GERAIS. VEDAÇÃO À PARTICIPAÇÃO DE COOPERATIVAS. RAZOABILIDADE DA EXIGÊNCIA. INEXISTÊNCIA DE ILEGALIDADE. 1. É fato público e notório que a legislação trabalhista e previdenciária é implacável com os tomadores de serviço, atribuindo-lhes, inclusive, a condição de responsáveis solidários pelo pagamento de salários atrasados e tributos não recolhidos. 2. Com base nessa premissa, há acordos celebrados perante a Justiça do Trabalho, inclusive em ação civil pública, nos quais o Banco do Brasil e a União comprometem-se a não contratar cooperativas para prestação de serviços em que se mostram presentes elementos da relação de emprego. 3. Legalidade da previsão editalícia que proíbe a participação das cooperativas em licitações para prestação de serviços à administração pública. 4. Acórdão do TCU, com caráter normativo, chancelando a vedação em questão, e precedentes da Corte Especial do STJ em sede de Suspensão de Segurança. 5. Recurso especial provido (STJ, 2ª T., REsp 103.161-0/RS, v. u., j. 18-8-2009, Rel. Min. Eliana Calmon, DJe, 31 ago. 2009).

ADMINISTRATIVO – LICITAÇÃO – PRESTAÇÃO DE SERVIÇOS COM LOCAÇÃO DE MÃO DE OBRA – VEDAÇÃO À PARTICIPAÇÃO DE COOPERATIVAS – RAZOABILIDADE DA EXIGÊNCIA EDITALÍCIA – INEXISTÊNCIA DE ILEGALIDADE. 1. É fato público e notório que a legislação trabalhista e previdenciária é implacável com os tomadores de serviço, atribuindo-lhes, inclusive, a condição de responsáveis pelo pagamento de salários e tributos não recolhidos. 2. A Corte Especial pacificou entendimento segundo o qual é inadmissível a participação de cooperativas em processos licitatórios para contratação de mão de obra quando o labor, por sua natureza, demandar necessidade de subordinação, ante os prejuízos que podem advir para a Administração Pública caso o ente cooperativo se consagre vencedor no certame e não cumpra suas obrigações. Precedentes. 3. Recurso especial provido (STJ, REsp 1204186/RS, 2ª T., j. 18-10-2012, Rel. Min. Eliana Calmon, DJe 29-10-2012).

Art. 10. As obras e serviços poderão ser executados nas seguintes formas:

I – execução direta;

II – execução indireta, nos seguintes regimes:

a) **empreitada por preço global;**

b) **empreitada por preço unitário;**

c) (*Vetado.*)
d) tarefa;
e) empreitada integral.
Parágrafo único. (*Vetado.*)

Jurisprudência

EMPREITADA – *Os contratos celebrados entre as partes, de obra pública, na modalidade de empreitada de preço unitário, são de natureza administrativa. Assim ocorre porque contrato administrativo é o ajuste que a Administração Pública, agindo nessa qualidade, firma com particular ou outra entidade administrativa, para consecução de objetivos de interesse público, nas condições estabelecidas pela própria Administração (TJSP, Ap. Cív. 112.946-2-Santa Bárbara d'Oeste).*

Art. 11. As obras e serviços destinados aos mesmos fins terão projetos padronizados por tipos, categorias ou classes, exceto quando o projeto-padrão não atender às condições peculiares do local ou às exigências específicas do empreendimento.

Comentários

Este artigo consagra como princípio de boa administração a padronização e produção em escala para a redução de custos. Além do mais, a padronização, por si mesma, trará benefícios com a redução dos custos de produção e de manutenção.

Jurisprudência

ADMINISTRATIVO. CONCESSÃO. RODOVIA FEDERAL. INSTALAÇÃO DE ADUTORA POR TERCEIRO. CONTRATO ADMINISTRATIVO. ONEROSIDADE. DNER. PAGAMENTO DE LICENÇA À AUTARQUIA CONCEDENTE. POSSIBILIDADE. VIOLAÇÃO DO ART. 11 DA LEI N. 8.987/95. OBSERVÂNCIA DA REGULAMENTAÇÃO ESPECÍFICA. 1. Nos contratos de concessão de exploração de rodovia federal, é facultado a terceiro instalar aquedutos de adutora na área de concessão, desde que se obtenha licença específica, bem como que se recolham os valores para a autarquia responsável, nos termos da legislação e regulamentação pertinente. 2. No presente caso, o acórdão do Tribunal de origem violou o art. 11 da Lei n. 8.987/95, já que o uso das faixas de domínio das rodovias não é, por atenção ao interesse público, marcado pela gratuidade. Precedente: REsp 975.097/SP, Rel. Min. Denise Arruda, Rel. p. Acórdão Min. Humberto Martins, Primeira Seção, DJe 14.5.2010. 3. A regulamentação sobre o bem público, Portaria DNER 147, de 16.2.2001, atribui prerrogativa ao Poder Concedente para realizar avenças específicas, de modo a viabilizar a utilização das faixas de domínio das rodovias federais. Agravo regimental provido (STJ, AgRg no REsp 1007754/RS, 2ª T., j. 19-10-2010, Rel. Min. Humberto Martins, DJe 27-10-2010).

Art. 12. Nos projetos básicos e projetos executivos de obras e serviços serão considerados principalmente os seguintes requisitos:

I – segurança;

II – funcionalidade e adequação ao interesse público;

III – economia na execução, conservação e operação;

IV – possibilidade de emprego de mão de obra, materiais, tecnologia e matérias-primas existentes no local para execução, conservação e operação;

V – facilidade na execução, conservação e operação, sem prejuízo da durabilidade da obra ou do serviço;

VI – adoção das normas técnicas, de saúde e de segurança do trabalho adequadas;

VII – impacto ambiental.

Comentários

José Cretella Júnior faz os seguintes comentários aos requisitos exigidos nesse artigo: "Segurança – O primeiro requisito exigido – e a ser considerado – é a segurança. As obras e serviços não devem oferecer o menor perigo aos circunstantes. Devem, além disso, resistir à ação desgastante do tempo. Funcionalidade – As obras e serviços dos projetos básicos e executivos devem atender do modo mais amplo possível aos fins visados, mais do que úteis, devem ser funcionais. Adequação ao interesse público – Além de preencher os requisitos de segurança e funcionalidade, os projetos básicos e executivos devem adequar-se ao interesse público, exigido no momento da realização das obras e/ou da prestação dos serviços. Obras ou serviços inadequados ao interesse público só produzirão danos, por ineficientes. Economia na execução, conservação e operação – É claro: o requisito de economia deverá informar a execução, a conservação e a operação, quanto às obras e serviços. Elementos existentes no local – O transporte de material ou de mão de obra de lugares distantes para o local em que se realizam as obras ou são prestados serviços onera sobremaneira os cofres públicos. Por isso, já o Decreto-lei n. 2.300/86, no artigo 11, determinara, e a atual lei repete, a possibilidade de aproveitamento ou possibilidade de emprego: a) de mão de obra e de tecnologia; bem como b) de materiais e matérias-primas existentes no local, para execução, conservação e operação. Facilidade, sem prejuízo da durabilidade – Nos projetos será levada em conta a facilidade na execução, na conservação e na operação, sem que, como consequência, esse elemento afete a durabilidade da obra ou do serviço, sabido que 'a pressa é inimiga da perfeição'. Adoção das normas técnicas adequadas – A partir da promulgação da Lei Federal n. 4.150/1962, normas técnicas, para efeitos de obras e serviços, na Administração Federal, são as elaboradas pela Associação Brasileira de Normas Técnicas – ABNT, exigidas dos licitantes vencedores do certame. A Lei Federal n. 4.150/62, como diz sua ementa, instituiu 'o regime obrigatório de preparo e observância das normas técnicas nos contratos de obras e compras do serviço público de execução direta, concedida, autárquica ou de economia mista, através da Associação Brasileira de Normas Técnicas'. Impacto ambiental – ... Este requisito, da mais alta importância, será levado em conta pela Administração, ao contratar a execução de obras ou o desempenho de serviços. A obra ou o serviço não deverá produzir impacto no ambiente, danificando-o" (*Das licitações*, cit., p. 183-4).

Maria Cristina Dourado, em seu artigo intitulado "A proteção ambiental e a nova lei de licitação e contratos" ensina: "A Lei 8.666/93 inclui a proteção ambiental entre as exigências requeridas nas licitações e estabelece mecanismos de participação social nesses procedimentos administrativos.

A eficácia material dos comandos normativos voltados à preservação, conservação e controle do meio ambiente depende do grau de penetração desses, nos diversos escaninhos sociais, sendo a efetiva participação da sociedade civil organizada um dos meios aptos a propiciar tal penetração; o desenvolvimento sustentável pressupõe uma relação justa e produtiva entre os homens e entre esses e a natureza, tendo em vista a satisfação das necessidades e potencialidades da presente e das futuras gerações" (*RT*, 710/32).

Jurisprudência

PEDIDO DE SUSPENSÃO DE MEDIDA LIMINAR EM MANDADO DE SEGURANÇA. PROCEDIMENTO LICITATÓRIO IRREGULAR. AUSÊNCIA DE LESÃO AO INTERESSE PÚBLICO. A decisão que declara que o procedimento licitatório se desenvolveu em evidente contrariedade à Lei n. 8.666, de 1993, não lesa os valores protegidos pela Lei n. 12.016, de 2009, porque relevantes que sejam os serviços licitados, a eles sobreleva o interesse público de evitar dano às finanças públicas, que fatalmente ocorrerá se o pedido de suspensão for deferido e ao final for concedida a segurança. Agravo regimental não provido (STJ, AgRg na SS 2441/BA, Corte Especial, j. 16-3-2012, Rel. Min. Ari Pargendler, DJe 2-8-2012).

Seção IV
**DOS SERVIÇOS TÉCNICOS PROFISSIONAIS
ESPECIALIZADOS**

Art. 13. Para os fins desta Lei, consideram-se serviços técnicos profissionais especializados os trabalhos relativos a:

I – estudos técnicos, planejamentos e projetos básicos ou executivos;

II – pareceres, perícias e avaliações em geral;

III – assessorias ou consultorias técnicas e auditorias financeiras ou tributárias;

IV – fiscalização, supervisão ou gerenciamento de obras ou serviços;

V – patrocínio ou defesa de causas judiciais ou administrativas;

VI – treinamento e aperfeiçoamento de pessoal;

VII – restauração de obras de arte e bens de valor histórico;

VIII – (*Vetado*.)

§ 1º Ressalvados os casos de inexigibilidade de licitação, os contratos para a prestação de serviços técnicos profissionais especializados deverão, preferencialmente, ser celebrados mediante a realização de concurso, com estipulação prévia de prêmio ou remuneração.

§ 2º Aos serviços técnicos previstos neste artigo aplica-se, no que couber, o disposto no art. 111 desta Lei.

§ 3º A empresa de prestação de serviços técnicos especializados que apresente relação de integrantes de seu corpo técnico em procedimento licitatório ou como elemento de justificação de dispensa ou inexigibilidade de licitação, ficará obrigada a garantir que os referidos integrantes realizem pessoal e diretamente os serviços objeto do contrato.

Comentários

Esse artigo exemplifica somente os tipos de serviços técnicos especializados, podendo, no entanto, haver outras formas de atividades, como, por exemplo, as teóricas e consultivas, que, ao final, podem se tornar atividade executiva propriamente dita, não incluída na classificação legal, mas qualificada como serviço técnico especializado.

Hely Lopes Meirelles preleciona que "Serviços técnicos profissionais especializados, no consenso doutrinário, são os prestados por quem, além da habilitação técnica e profissional – exigida para os serviços técnicos profissionais em geral –, aprofundou-se nos estudos, no exercício da profissão, na pesquisa científica, ou através de cursos de pós-graduação ou de estágios de aperfeiçoamento".

Ainda observa o mesmo autor: "são serviços técnicos, tanto os que versem sobre planejamento, a programação e a elaboração de estudos e projetos, como os que envolvam a execução ou prestação de serviços, propriamente ditos" (*Direito administrativo brasileiro*, cit., p. 258).

O § 3º do art. 13 faculta à Administração somente contratar para esses serviços profissionais de nomeada, assegurando-lhe a realização pessoal e direta dos serviços profissionais especializados.

A redação deste art. 13 é semelhante à do art. 12 do revogado Decreto-lei n. 2.300/86, que a respeito dispunha: "Art. 12. Para os fins deste Decreto-lei, consideram-se serviços técnicos profissionais especializados os trabalhos relativos a: I – estudos técnicos, planejamentos e projetos básicos ou executivos; II – pareceres, perícias e avaliações em geral; III – assessorias ou consultorias técnicas e auditorias financeiras; IV – fiscalização, supervisão ou gerenciamento de obras e serviços; V – patrocínio ou defesa de causas judiciais ou administrativas; VI – treinamento e aperfeiçoamento pessoal".

Referido Decreto-lei n. 2.300/86, segundo entendimento de Hely Lopes Meirelles, não conferia, mediante concurso, direito ao vencedor de contratar com a Administração, pois essa modalidade de licitação exauria-se com a classificação dos trabalhos e pagamento dos prêmios. Servia o concurso, apenas, para selecionar trabalho técnico ou artístico, mas não para a contratação do vencedor pela Administração.

Márcia Walquiria Batista dos Santos, em sua obra *Temas polêmicos sobre licitações e contratos*, escrita em conjunto com Maria Sylvia Zanella Di Pietro e outras, concluiu que a modalidade licitatória "concurso", a partir da edição da Lei n. 8.666/93, passou a ser utilizada, também, para contratar serviços técnicos profissionais especializados (op. cit., p. 73).

Por óbvio, o concurso será realizado a critério da Administração Pública, se a hipótese não se caracterizar situação de inexigibilidade de licitação, ou seja, de inviabilidade de competição (art. 25, II e III, da Lei n. 8.666/93).

Jurisprudência

Licitação – Dispensa do procedimento – Cabimento, em se tratando de profissionais de notória especialização – Declarações de voto vencedor e vencido.

Tratando-se de contratação de obra pública com profissionais de notória especialização, é dispensável a licitação.

Dispensado o processo licitatório, não tem qualquer aplicação a regra do concurso, que constitui modalidade de licitação (TJSP, Ap. 141.728-1/5, Reexame, 8ª C., j. 5-6-1991, Rel. Des. Franklin Nogueira, RT, 677/107).

Licitação – Dispensa do procedimento – Cabimento se existente profissional de notória especialização e presente a necessidade técnica da Administração de contratar os serviços, tendo em vista a natureza do objeto pretendido.

Não basta a existência de profissional de notória especialização para afastar-se ao processo licitatório. É preciso demonstrar ainda a presença da necessidade técnica da Administração de contratar os serviços, tendo em vista a natureza do objeto pretendido.

Demonstrada a desnecessidade, não se pode aceitar a contratação, com dispensa do processo licitatório (TJSP, Ap. 147.807-1/0, 5ª C., j. 6-9-1991, Rel. Des. Matheus Fontes, RT, 677/111).

LICITAÇÃO – *O objeto licitatório não é vago e nem indeterminado – A vencedora do certame dará apenas assessoria técnica à Municipalidade, compreendendo as atividades especificadas no edital e anexos – O artigo 13 da Lei n. 8.666/93 autoriza a contratação de serviços especializados – Improcede o argumento de que o englobamento de serviços de gerenciamento, projetos, avaliações, perícias, etc. cerceia a participação da maioria das empresas – isto porque a proposta não é para a execução parcelada, mas para a consecução de projetos – Daí, mostra-se desnecessário o fracionamento dos serviços – A descrição do objeto do edital é sucinta e clara, atendendo, assim, o artigo 40, I, da Lei n. 8.666/93 – Não há que se falar em ofensa ao artigo 7º, § 4º, da Lei de Licitações – As impugnações aos anexos I e II são insubsistentes – Não houve infringência ao artigo 30, § 1º, da Lei n. 8.883/94 – No campo das licita-*

ções, *a formação de consórcios reduz a participação de outras empresas – O consórcio significa que eventuais interessados, ao invés de estabelecerem disputa entre si, formalizem acordo que elimina a competição – Recurso não provido (TJSP, Ap. Cív. 89.165-5-São Bernardo do Campo, 3ª C. de D. Público, j. 24-8-1999, Rel. Des. Pires de Araújo).*

AÇÃO POPULAR – Contratos administrativos de prestação de serviços de publicidade e aditivos posteriores – Ausência de licitação por tratar-se de serviço técnico especializado (Dec. 2.300/86, arts. 12, § 2º, e 22, VIII, e 23, II) – Admissibilidade – Ajustes celebrados anteriormente à Lei 8.666/93 – Desvio de finalidade e vício de forma não caracterizados – Ação improcedente – Reexame necessário e recursos voluntários improvidos (TJSP, Ap. Cív. 193.427-5/1-00, 9ª C. de D. Público, j. 19-2-2003, Rel. Des. Ricardo Lewandowski, v. u., JTJ, 267/43).

Seção V
DAS COMPRAS

Art. 14. Nenhuma compra será feita sem a adequada caracterização de seu objeto e indicação dos recursos orçamentários para seu pagamento, sob pena de nulidade do ato e responsabilidade de quem lhe tiver dado causa.

Comentários

Para a abertura da licitação destinada à compra a Administração deverá vincular-se a dois requisitos aqui previstos: a) objeto caracterizado; b) recursos financeiros necessários ao pagamento. O objeto deverá ter avaliadas sua utilidade e necessidade, devidamente justificadas, e deverá haver uma previsão dos recursos financeiros necessários ao pagamento.

Art. 15. As compras, sempre que possível, deverão:
I – atender ao princípio da padronização, que imponha compatibilidade de especificações técnicas e de desempenho,

observadas, quando for o caso, as condições de manutenção, assistência técnica e garantia oferecidas;

II – ser processadas através de sistema de registro de preços;

III – submeter-se às condições de aquisição e pagamento semelhantes às do setor privado;

IV – ser subdivididas em tantas parcelas quantas necessárias para aproveitar as peculiaridades do mercado, visando economicidade;

V – balizar-se pelos preços praticados no âmbito dos órgãos e entidades da Administração Pública.

§ 1º O registro de preços será precedido de ampla pesquisa de mercado.

§ 2º Os preços registrados serão publicados trimestralmente para orientação da Administração, na imprensa oficial.

§ 3º O sistema de registro de preços será regulamentado por decreto, atendidas as peculiaridades regionais, observadas as seguintes condições:

I – seleção feita mediante concorrência;

II – estipulação prévia do sistema de controle e atualização dos preços registrados;

III – validade do registro não superior a um ano.

§ 4º A existência de preços registrados não obriga a Administração a firmar as contratações que deles poderão advir, ficando-lhe facultada a utilização de outros meios, respeitada a legislação relativa às licitações, sendo assegurado ao beneficiário do registro preferência em igualdade de condições.

§ 5º O sistema de controle originado no quadro geral de preços, quando possível, deverá ser informatizado.

§ 6º Qualquer cidadão é parte legítima para impugnar preço constante do quadro geral em razão de incompatibilidade desse com o preço vigente no mercado.

§ 7º Nas compras deverão ser observadas, ainda:

I – a especificação completa do bem a ser adquirido sem indicação de marca;

II – a definição das unidades e das quantidades a serem adquiridas em função do consumo e utilização prováveis, cuja estimativa será obtida, sempre que possível, mediante adequadas técnicas quantitativas de estimação;

III – as condições de guarda e armazenamento que não permitam a deterioração do material.

§ 8º O recebimento de material de valor superior ao limite estabelecido no art. 23 desta Lei, para a modalidade de convite, deverá ser confiado a uma comissão de, no mínimo, 3 (três) membros.

Comentários

Todas as compras feitas pela Administração deverão, sempre que possível, respeitar as determinações desse dispositivo. Caso isso não ocorra, deverá a Administração apresentar sua justificativa, demonstrando a impossibilidade de aplicá-las. Como adverte José Cretella Júnior, "Ao comprar, a Administração deve proceder com a maior objetividade, para que os preços sejam reduzidos e o objeto adquirido seja exatamente o individuado. ... O legislador impõe à operação de compra vários requisitos que deverão ser observados: em primeiro lugar quanto à qualidade, deverá haver completa especificação do material para que o Estado, comprando A, B e C, não receba D, E e F, sendo estes de qualidade inferior ou diferentes dos que constam da relação originária. Quanto à quantidade, deverá haver clara definição das unidades adquiridas, bem como da quantidade precisa. Por fim, diligenciará a Administração para que o material adquirido seja bem guardado e armazenado, seja perecível ou não. Aliás, a compra de eventual gênero alimentício perecível, em centro de abastecimento, poderá dispensar a licitação, realizando-se diretamente com base no preço do mercado, nesse dia. Quanto à compra de material que resista ao tempo, por certo período, é de impor-se a guarda e armazenamento, protegendo-se o produto contra a ação do tempo. Em síntese, repetindo, observar-se-ão nas compras vários aspectos, como: a) a especificação completa do bem adquirido, sem indicação de marca, o que, aliás, já foi dito, quando o legislador aludiu à caracterização adequada de seu objeto; b) a definição das unidades e das quantidades a serem adquiridas; c) as estimativas do consumo e utilização prováveis; d) a guarda e armazenamento do bem, que lhe impeçam a deterioração" (*Das licitações*, cit., p. 191).

O Sistema de Registro de Preços, previsto neste art. 15, inicialmente regulamentado pelo Decreto n. 2.743, de 21 de agosto de 1998, foi revogado pelo Decreto n. 3.931, de 19 de setembro de 2001, que, em seu art. 1º, define o próprio sistema – SRP – como "conjunto de procedimentos para registro formal de preços relativos à prestação de serviços, aquisição e locação de bens para contratações futuras". Define, outrossim, a Ata de Registro de Preços como "documento vinculativo, obrigacional, com característica de compromisso para futura contratação, em que se registram os preços, fornecedores, órgãos participantes e condições a serem praticadas, conforme as disposições contidas no instrumento convocatório e propostas apresentadas". O art. 2º desse decreto em vigor estabelece a adoção preferencial da licitação pelo SRP quando, pelas características do bem ou serviço, houver necessidade de contratações frequentes, ou quando houver conveniência de previsão, para aquisição de bens, de entregas parceladas ou contratação de serviços para o desempenho de atribuições da Administração. O registro de preços também será adotado, preferencialmente, quando se fizer necessário o atendimento a mais de um órgão ou entidade, ou programas de governo, ou quando não for possível, de imediato, definir-se o *quantum* a ser demandado pela Administração, em razão da natureza do próprio objeto licitatório.

A Lei n. 10.191, de 14 de fevereiro de 2001 (anterior Medida Provisória originária n. 1.796, de 6-1-1999), que dispõe sobre a aquisição de produtos para a implementação de ações de saúde no âmbito do Ministério da Saúde, possibilitou, em seu art. 2º, a utilização recíproca, pelo Ministério da Saúde e respectivos órgãos vinculados, dos sistemas de registro de preços para compras de materiais hospitalares, inseticidas, drogas, vacinas, insumos farmacêuticos, medicamentos e outros insumos estratégicos, "desde que prevista tal possibilidade no edital de licitação do registro de preços". O § 1º, desse mesmo dispositivo, estendeu a permissão aos Estados, ao Distrito

Federal e aos Municípios, e respectivas autarquias, fundações, e demais órgãos vinculados, sob idêntica condição.

Art. 16. Será dada publicidade, mensalmente, em órgão de divulgação oficial ou em quadro de avisos de amplo acesso público, à relação de todas as compras feitas pela Administração direta ou indireta, de maneira a clarificar a identificação do bem comprado, seu preço unitário, a quantidade adquirida, o nome do vendedor e o valor total da operação, podendo ser aglutinadas por itens as compras feitas com dispensa e inexigibilidade de licitação.

Parágrafo único. O disposto neste artigo não se aplica aos casos de dispensa de licitação previstos no inciso IX do art. 24.

Comentários

Este artigo estabelece como norma o princípio da publicidade para que sejam divulgadas informações acerca das compras realizadas. Consiste em uma prestação de contas da Administração ao público, à sociedade, exigindo-se, mensalmente, informação acerca das aquisições realizadas no período, podendo haver uma simplificação dessas informações quando se tratar de compras diretas que não exigem licitação. No parágrafo único, o legislador exclui as compras dispensadas de licitação conforme o previsto no inciso IX do art. 24. Esse inciso faz referência às compras que interessam e comprometem a segurança nacional e são feitas em sigilo.

Seção VI
DAS ALIENAÇÕES

Art. 17. A alienação de bens da Administração Pública, subordinada à existência de interesse público devidamente justificado, será precedida de avaliação e obedecerá às seguintes normas:

I – quando imóveis, dependerá de autorização legislativa para órgãos da Administração direta e entidades autárquicas

e fundacionais, e, para todos, inclusive as entidades paraestatais, dependerá de avaliação prévia e de licitação na modalidade de concorrência, dispensada esta nos seguintes casos:

a) dação em pagamento;

b) doação, permitida exclusivamente para outro órgão ou entidade da administração pública, de qualquer esfera de governo, ressalvado o disposto nas alíneas *f, h e i;* (Redação dada pela Lei n. 11.952, de 2009.)

c) permuta, por outro imóvel que atenda aos requisitos constantes do inciso X do art. 24 desta Lei;

d) investidura;

e) venda a outro órgão ou entidade da Administração Pública, de qualquer esfera de governo;

f) alienação gratuita ou onerosa, aforamento, concessão de direito real de uso, locação ou permissão de uso de bens imóveis residenciais construídos, destinados ou efetivamente utilizados no âmbito de programas habitacionais ou de regularização fundiária de interesse social desenvolvidos por órgãos ou entidades da administração pública;

g) procedimentos de legitimação de posse de que trata o art. 29 da Lei n. 6.383, de 7 de dezembro de 1976, mediante iniciativa e deliberação dos órgãos da Administração Pública em cuja competência legal inclua-se tal atribuição;

h) alienação gratuita ou onerosa, aforamento, concessão de direito real de uso, locação ou permissão de uso de bens imóveis de uso comercial de âmbito local com área de até 250 m^2 (duzentos e cinquenta metros quadrados) e inseridos no âmbito de programas de regularização fundiária de interesse social desenvolvidos por órgãos ou entidades da administração pública;

i) alienação e concessão de direito real de uso, gratuita ou onerosa, de terras públicas rurais da União na Amazônia Legal onde incidam ocupações até o limite de 15 (quinze) módulos fiscais ou 1.500 ha (mil e quinhentos hectares), para fins de regularização fundiária, atendidos os requisitos legais; (Incluído pela Lei n. 11.952, de 2009.)

II – quando móveis, dependerá de avaliação prévia e de licitação, dispensada esta nos seguintes casos:

a) doação, permitida exclusivamente para fins e uso de interesse social, após avaliação de sua oportunidade e conveniência socioeconômica, relativamente à escolha de outra forma de alienação;

b) permuta, permitida exclusivamente entre órgãos ou entidades da Administração Pública;

c) venda de ações, que poderão ser negociadas em Bolsa, observada a legislação específica;

d) venda de títulos, na forma da legislação pertinente;

e) venda de bens produzidos ou comercializados por órgãos ou entidades da Administração Pública, em virtude de suas finalidades;

f) venda de materiais e equipamentos para outros órgãos ou entidades da Administração Pública, sem utilização previsível por quem deles dispõe.

§ 1º Os imóveis doados com base na alínea *b* do inciso I deste artigo, cessadas as razões que justificaram a sua doação, reverterão ao patrimônio da pessoa jurídica doadora, vedada a sua alienação pelo beneficiário.

§ 2º A Administração também poderá conceder título de propriedade ou de direito real de uso de imóveis, dispensada licitação, quando o uso destinar-se:

I – a outro órgão ou entidade da Administração Pública, qualquer que seja a localização do imóvel;

II – a pessoa natural que, nos termos da lei, regulamento ou ato normativo do órgão competente, haja implementado os requisitos mínimos de cultura, ocupação mansa e pacífica e exploração direta sobre área rural situada na Amazônia Legal, superior a 1 (um) módulo fiscal e limitada a 15 (quinze) módulos fiscais, desde que não exceda 1.500 ha (mil e quinhentos hectares); (Redação dada pela Lei n. 11.952, de 2009.)

§ 2º-A. As hipóteses do inciso II do § 2º ficam dispensadas de autorização legislativa, porém submetem-se aos seguintes condicionamentos: (Redação dada pela Lei n. 11.952, de 2009.)

I – aplicação exclusivamente às áreas em que a detenção por particular seja comprovadamente anterior a 1º de dezembro de 2004;

II – submissão aos demais requisitos e impedimentos do regime legal e administrativo da destinação e da regularização fundiária de terras públicas;

III – vedação de concessões para hipóteses de exploração não contempladas na lei agrária, nas leis de destinação de terras públicas, ou nas normas legais ou administrativas de zoneamento ecológico-econômico; e

IV – previsão de rescisão automática da concessão, dispensada notificação, em caso de declaração de utilidade, ou necessidade pública ou interesse social.

§ 2º-B. A hipótese do inciso II do § 2º deste artigo:

I – só se aplica a imóvel situado em zona rural, não sujeito a vedação, impedimento ou inconveniente a sua exploração mediante atividades agropecuárias;

II – fica limitada a áreas de até quinze módulos fiscais, desde que não exceda mil e quinhentos hectares, vedada a dispensa de licitação para áreas superiores a esse limite; (Redação dada pela Lei n. 11.763, de 2008.)

III – pode ser cumulada com o quantitativo de área decorrente da figura prevista na alínea *g* do inciso I do *caput* deste artigo, até o limite previsto no inciso II deste parágrafo.

IV – (*Vetado.*) (Incluído pela Lei n. 11.763, de 2008.)

§ 3º Entende-se por investidura, para os fins desta Lei:

I – a alienação aos proprietários de imóveis lindeiros de área remanescente ou resultante de obra pública, área esta que se tornar inaproveitável isoladamente, por preço nunca inferior ao da avaliação e desde que esse não ultrapasse a 50% (cinquenta por cento) do valor constante da alínea *a* do inciso II do art. 23 desta Lei;

II – a alienação, aos legítimos possuidores diretos ou, na falta destes, ao Poder Público, de imóveis para fins residenciais construídos em núcleos urbanos anexos a usinas hidrelétricas, desde que considerados dispensáveis na fase de operação dessas unidades e não integrem a categoria de bens reversíveis ao final da concessão.

§ 4º A doação com encargo será licitada e de seu instrumento constarão obrigatoriamente os encargos, o prazo de seu cumprimento e cláusula de reversão, sob pena de nulidade do ato, sendo dispensada a licitação no caso de interesse público devidamente justificado.

§ 5º Na hipótese do parágrafo anterior, caso o donatário necessite oferecer o imóvel em garantia de financiamento, a cláusula de reversão e demais obrigações serão garantidas por hipoteca em 2º grau em favor do doador.

§ 6º Para a venda de bens móveis avaliados, isolada ou globalmente, em quantia não superior ao limite previsto no art. 23, II, *b*, desta Lei, a Administração poderá permitir o leilão.

§ 7º (*Vetado.*) (Incluído pela Lei n. 11.481, de 2007.)

Comentários

José Cretella Júnior, a respeito, comenta: "A alienação é a transferência de domínio de bens a terceiros, sendo no caso, vendedora a Administração e comprador o licitante particular", definindo a alienação como "a transferência de bens do domínio público – bens públicos – para pessoas de Direito Privado" (*Das licitações*, cit., p. 204).

A alienação de bens móveis independe de autorização legislativa, mas sua ocorrência condiciona-se à existência de interesse público.

A autorização legislativa é o requisito imposto pelo legislador quando se tratar de bens imóveis pertencentes à Administração e dependerá, também, de avaliação prévia seguida de licitação na forma de concorrência.

No caso de dação em pagamento, doação, permuta e investidura, a lei dispensa a licitação. Na venda a outro órgão da Administração também é dispensada a licitação, mas só se se tratar de uma alienação que não afete o interesse público.

A venda de bens móveis também se fará mediante prévia avaliação e de licitação, sendo que em alguns casos o processo licitatório também pode ser dispensado.

Consoante lição de Hely Lopes Meirelles, licitação dispensada "é aquela que a própria lei declarou como tal. Com relação a imóveis:

nos casos de dação em pagamento; investidura; venda a outro órgão público; alienação, concessão de direito real de uso, locação ou permissão de uso de habitações de interesse social. Com relação a móveis: nos casos de doação, permuta, venda de ações e títulos, venda de bens produzidos ou comercializados por órgãos ou entidades da Administração e venda de materiais e equipamentos inservíveis, atendidos os requisitos e condições previstas nas alíneas do inciso II do art. 17. A doação com encargo no caso de interesse público, é passível de licitação" (*Direito administrativo brasileiro*, cit., p. 253).

Para referido autor, licitação dispensável "é toda aquela que a Administração pode dispensar se assim lhe convier" (*Direito administrativo brasileiro*, cit., p. 253).

Marçal Justen Filho comenta que esse dispositivo "permite a utilização do leilão para alienação de bens móveis de valor módico" (*Comentários à lei de licitações*, cit., p. 110).

Esse dispositivo também sofreu modificações consideráveis pela Lei n. 11.196/2005, que acrescentou a alínea *g* ao inciso I, alterou o § 2º e criou os §§ 2º-A e 2º-B. Com essas mudanças, aumentou o leque de hipóteses de dispensa de licitação para alienação de imóvel e para concessão de título de propriedade e de direito real de uso a pessoas físicas que criem condições de moradia em área rural situada na Amazônia Legal, observadas as condições descritas no § 2º-B.

Vale ressaltar que o enunciado do § 3º do art. 17 foi dividido em dois incisos pela Lei n. 9.648/98, mantendo a redação primitiva, como inciso I, e criando o inciso II, para ampliar a abrangência do significado de investidura, e possibilitar a transferência das casas edificadas no período de construção de usinas hidrelétricas aos próprios trabalhadores da obra.

Jurisprudência

Cessão de uso – Ementa: Reexame de sentença – Interdito proibitório – Imóvel de domínio público – Cessão de uso a Município – Natureza do ato – Nulificação de ofício.

A cessão de uso de um centro esportivo do Estado ao Município configura contrato de direito administrativo por se tratar de bem de

uso comum, comparecendo o cedente na posição de titular do império. *Como ato administrativo, pode ser anulado pela própria Administração, verificando a sua desconformidade com a lei. Apelo improvido (TJMS, Reexame de Sentença, Classe II, 1, 250/85 – Miranda, j. 25-2-1986, Rel. Des. Leão Neto do Carmo – Interessado: o Juiz* ex officio, *a Prefeitura Municipal de Miranda e o Estado de Mato Grosso do Sul,* ADCOAS – Licitações e Contratos Administrativos, *p. 70).*
Alienação de área pública, remanescente de desapropriação. Convite aos proprietários lindeiros – Alegação de nulidade, por cabível a investidura ou a concorrência, bem assim de defeituosa descrição do imóvel no edital, o que levou à inabilitação da impetrante, real lindeira – Vícios inocorrentes – Mandado de segurança denegado – Recurso improvido (Ap. Cív. 208.602-1-São Paulo – Apelante: ESSO Brasileira de Petróleo Ltda.; Apelado: Secretário dos Negócios Jurídicos do Município – JTJ, *162/73).*

Art. 18. Na concorrência para a venda de bens imóveis, a fase de habilitação limitar-se-á à comprovação do recolhimento da quantia correspondente a 5% (cinco por cento) da avaliação.
      Parágrafo único. (Revogado pela Lei n. 8.883, de 8-6-1994.)

Comentários

Nesse caso, a lei não exige prova documental para demonstração da capacidade financeira do licitante, somente o recolhimento de quantia correspondente a 5% (cinco por cento) do valor da avaliação do imóvel. É silente quanto à forma de realização do recolhimento da quantia, que entendo venha consignada no edital de convocação.

      Art. 19. Os bens imóveis da Administração Pública, cuja aquisição haja derivado de procedimentos judiciais ou de dação em pagamento, poderão ser alienados por ato da autoridade competente, observadas as seguintes regras:

I – avaliação dos bens alienáveis;

II – comprovação da necessidade ou utilidade da alienação;

III – adoção do procedimento licitatório, sob a modalidade de concorrência ou leilão.

Comentários

Marçal Justen Filho assevera que "O dispositivo faculta a alienação de bens imóveis, independentemente de prévia autorização legislativa, quando seu ingresso no patrimônio público tiver origem em um crédito fazendário. A regra tem relevância para a Administração direta e entidades autárquicas e fundacionais, que se sujeitariam ao disposto no art. 17, I. Como regra, os bens recebidos em dação em pagamento ou provenientes de adjudicação em processo de execução deverão ser liquidados. Afinal a Administração dispunha da faculdade de receber importância em dinheiro, o que não se concretizou. O ingresso do bem no patrimônio público, de regra, representa solução menos lesiva, mas não a mais desejável" (*Comentários à lei de licitações*, cit., p. 112).

Capítulo II
DA LICITAÇÃO

Seção I
DAS MODALIDADES, LIMITES E DISPENSA

Art. 20. As licitações serão efetuadas no local onde se situar a repartição interessada, salvo por motivo de interesse público, devidamente justificado.

Parágrafo único. O disposto neste artigo não impedirá a habilitação de interessados residentes ou sediados em outros locais.

Comentários

Sidney Bittencourt alerta que "Além da praticidade, é evidente que tal determinação reduz as despesas, agiliza o procedimento e atrai mais interessados ao certame". E acrescenta que "A determinação legal de instauração do procedimento licitatório no local onde se situar a 'repartição interessada' não afasta a participação de interessados de outras unidades federativas" (*Licitação passo a passo*, Lumen Juris, 1995, p. 50).

Art. 21. Os avisos contendo os resumos dos editais das concorrências e das tomadas de preços, dos concursos e dos leilões, embora realizadas no local da repartição interessada, deverão ser publicados com antecedência, no mínimo, por uma vez:

I – no *Diário Oficial da União*, quando se tratar de licitação feita por órgão ou entidade da Administração Pública Federal, e ainda, quando se tratar de obras financiadas parcial ou totalmente com recursos federais ou garantidas por instituições federais;

II – no *Diário Oficial do Estado*, ou do Distrito Federal, quando se tratar, respectivamente, de licitação feita por órgão ou entidade da Administração Pública Estadual ou Municipal, ou do Distrito Federal;

III – em jornal diário de grande circulação no Estado e também, se houver, em jornal de circulação no Município ou na região onde será realizada a obra, prestado o serviço, fornecido, alienado ou alugado o bem, podendo ainda a Administração, conforme o vulto da licitação, utilizar-se de outros meios de divulgação para ampliar a área de competição.

§ 1º O aviso publicado conterá a indicação do local em que os interessados poderão ler e obter o texto integral do edital e todas as informações sobre a licitação.

§ 2º O prazo mínimo até o recebimento das propostas ou da realização do evento será:

I – quarenta e cinco dias para:

***a*) concurso;**

b) concorrência, quando o contrato a ser celebrado contemplar o regime de empreitada integral ou quando a licitação for do tipo *melhor técnica* ou *técnica e preço*.

II – trinta dias para:

a) concorrência, nos casos não especificados na alínea *b* do inciso anterior;

b) tomada de preços, quando a licitação for do tipo *melhor técnica* ou *técnica e preço*;

III – quinze dias para tomada de preços, nos casos não especificados na alínea *b* do inciso anterior, ou leilão;

IV – cinco dias úteis para convite.

§ 3º Os prazos estabelecidos no parágrafo anterior serão contados a partir da última publicação do edital resumido ou da expedição do convite, ou ainda da efetiva disponibilidade do edital ou do convite e respectivos anexos, prevalecendo a data que ocorrer mais tarde.

§ 4º Qualquer modificação no edital exige divulgação pela mesma forma que se deu o texto original, reabrindo-se o prazo inicialmente estabelecido, exceto quando, inquestionavelmente, a alteração não afetar a formulação das propostas.

Comentários

Hely Lopes Meirelles define edital como "o instrumento pelo qual a Administração leva ao conhecimento público a abertura de concorrência, de tomada de preços, de concurso e de leilão, fixa as condições de sua realização e convoca os interessados para a apresentação de suas propostas" (*Direito administrativo brasileiro*, cit., p. 260).

Neste artigo o legislador procurou disciplinar a divulgação do edital, a ponto de tornar obrigatória a notícia da abertura da licitação de maneira que a Administração promova a publicação do aviso resumido do edital, obedecendo aos prazos mínimos a serem observados desde a última publicação do aviso e a data estabelecida para recebimento das propostas. O edital, em sua íntegra, deverá ficar afixado em local indicado pelo aviso, e os interessados poderão lê-lo, e se necessitarem poderão, também, obter outras informações a respeito da licitação. A lei, ainda no § 4º, obriga a abertura de novos prazos se porventura houver qualquer modificação no edital. Essa modificação, mesmo que seja mínima, será considerada como se novo edital fosse, e todos os prazos devem ser restabelecidos, salvo se não afetar a formulação das propostas como prevê o parágrafo.

Jurisprudência

ADMINISTRATIVO. LICITAÇÃO. VINCULAÇÃO ÀS CLÁUSULAS EDITALÍCIAS. PUBLICIDADE SOMENTE NO JORNAL DE GRANDE CIRCULAÇÃO LOCAL. AUSÊNCIA DE PREJUÍZO. PREVALÊNCIA DO INTERESSE PÚBLICO. LEI 8.666/93 (ART. 49).

1. Demonstrada a suficiente abrangência publicitária da licitação e ausente alegação objetiva de prejuízo, prevalece o interesse público, como chancelador da legalidade do ato, perdendo significado a irregularidade ocorrida.

2. Recurso sem provimento (STJ, REsp 287.727/CE, 1ª T., j. 24-9-2002, Rel. Min. Milton Luiz Pereira).

LICITAÇÃO – São Paulo – Concessão de área para estacionamento – Visita técnica marcada no edital, com horário alterado por fax encaminhado às concorrentes – Alegação de não ter recebido o fax e por tal motivo não ter comparecido no local e horário marcados, e de que o edital somente por outro edital pode ser modificado – Alegação do licitante de que, por problemas ligados à invasão da área por ambulantes, a visita técnica não foi realizada, a licitação foi suspensa e outra data será marcada no futuro, não tendo havido prejuízo para o impetrante – Sentença que concedeu a segurança.

1. VISITA TÉCNICA – FAX – O edital consignou data, hora e local, onde os concorrentes deviam apresentar-se para a visita técnica à área objeto da concessão de uso. Alteração desses elementos (dia, hora e local) não implica em alteração dos termos da concorrência e não exige publicação em jornal, bastando que da alteração se dê prévia ciência aos participantes. Não há óbice à comunicação por fax, como ocorreu.

2. COMUNICAÇÃO – Há duas empresas de nome Estapar localizadas no mesmo endereço, com os mesmos sócios e que atendem no mesmo telefone, com indicação do mesmo número de fax para ambas. É altamente suspeita, para dizer o menos, a alegação de o fax de uma delas não ter sido recebido, apesar do comprovante da máquina expedidora. Igualmente suspeita é a alegação, de uma das empresas, de não ter tido ciência da alteração.

3. INTERESSE DE AGIR – O interesse de agir pressupõe a necessidade da medida. Informado nos autos de que a área a ser concedida foi invadida por ambulantes e que a visita técnica não foi realizada, devendo as empresas concorrentes ser comunicadas da nova data quando a licitação for retomada, não há prejuízo nem ofensa a direito a corrigir nesta via.

Sentença que concedeu a segurança. Recursos providos para denegar a segurança (TJSP, Ap. Cív. 153.314-5/3-00-São Paulo, 7ª C. de D. Público, j. 9-9-2002, Rel. Des. Torres de Carvalho, v. u., JTJ, 258/143).

Art. 22. São modalidades de licitação:

I – concorrência;

II – tomada de preços;

III – convite;

IV – concurso;

V – leilão.

§ 1º Concorrência é a modalidade de licitação entre quaisquer interessados que, na fase inicial de habilitação preliminar, comprovem possuir os requisitos mínimos de qualificação exigidos no edital para execução de seu objeto.

§ 2º Tomada de preços é a modalidade de licitação entre interessados devidamente cadastrados ou que atenderem a todas as condições exigidas para cadastramento até o terceiro dia anterior à data do recebimento das propostas, observada a necessária qualificação.

§ 3º Convite é a modalidade de licitação entre interessados do ramo pertinente ao seu objeto, cadastrados ou não, escolhidos e convidados em número mínimo de 3 (três) pela unidade administrativa, a qual afixará, em local apropriado, cópia do instrumento convocatório e o estenderá aos demais cadastrados na correspondente especialidade que manifestarem seu interesse com antecedência de até 24 (vinte e quatro) horas da apresentação das propostas.

§ 4º Concurso é a modalidade de licitação entre quaisquer interessados para escolha de trabalho técnico, científico ou artístico, mediante a instituição de prêmios ou remuneração aos vencedores, conforme critérios constantes do edital publicado na imprensa oficial com antecedência mínima de 45 (quarenta e cinco) dias.

§ 5º Leilão é a modalidade de licitação entre quaisquer interessados para a venda de bens móveis inservíveis para a Administração ou de produtos legalmente apreendidos ou penhorados, ou para a alienação de bens imóveis prevista no art. 19, a quem oferecer o maior lance, igual ou superior ao valor da avaliação.

§ 6º Na hipótese do § 3º deste artigo, existindo na praça mais de três possíveis interessados, a cada novo convite realizado para objeto idêntico ou assemelhado é obrigatório o convite a, no mínimo, mais um interessado, enquanto existirem cadastrados não convidados nas últimas licitações.

§ 7º Quando, por limitações do mercado ou manifesto desinteresse dos convidados, for impossível a obtenção do número mínimo de licitantes exigidos no § 3º deste artigo, essas circunstâncias deverão ser devidamente justificadas no processo, sob pena de repetição do convite.

§ 8º É vedada a criação de outras modalidades de licitação ou a combinação das referidas neste artigo.

§ 9º Na hipótese do § 2º deste artigo, a Administração somente poderá exigir do licitante não cadastrado os documentos previstos nos arts. 27 a 31, que comprovem habilitação compatível com o objeto da licitação, nos termos do edital.

Comentários

Consoante lição de Celso Antônio Bandeira de Mello, "O convite é a modalidade licitatória, cabível perante relações que envolverão os valores mais baixos, na qual a Administração convoca para a disputa pelo menos três pessoas que operam no ramo pertinente ao objeto, cadastradas ou não, e afixa em local próprio cópia do instrumento convocatório, estendendo o mesmo convite aos cadastrados do ramo pertinente ao objeto que hajam manifestado seu interesse até 24 (vinte e quatro) horas antes da apresentação das propostas.

Entendemos, todavia, que mesmo os não cadastrados, simetricamente ao disposto em relação à tomada de preços, terão direito a disputar o convite se, tomando conhecimento dele, requererem o cadastramento no prazo estabelecido em relação àquela modalidade licitatória (três dias antes do recebimento das propostas).

Mesmo que não se atinja o número mínimo de três licitantes, por limitações do mercado ou desinteresse dos convidados, o certame pode ser realizado, desde que tais circunstâncias sejam justificadas no processo, caso contrário haverá invalidade e o convite terá de ser repetido.

Se existirem na praça mais de três interessados, a cada novo convite realizado para objeto idêntico ou assemelhado deverá ser convidado pelo menos mais um, enquanto existirem cadastrados não convidados nas últimas licitações (art. 22, § 6º)" (*Curso de direito administrativo*, 6. ed., 1995, p. 312-3).

Ainda de acordo com o citado mestre, "Convite é a menos formal das modalidades de licitação. Consiste, tão somente, na iniciativa que a Administração toma de dirigir um convite a empresas do ramo, pertinente ao objeto licitado, que podem ou não ser cadastradas, sendo que os demais cadastrados também poderão manifestar o seu interesse em participar dessa modalidade de licitação desde que o façam até vinte e quatro horas antes da apresentação das propostas. É uma modalidade simplificada, uma vez que não exige que o convite seja dirigido a todos os cadastrados" (p. 123).

José Cretella Júnior define concurso "como a modalidade de licitação entre quaisquer interessados para escolha de trabalho técnico ou científico ou artístico, mediante a instituição de prêmios ou remuneração aos vencedores, conforme critérios constantes de edital publicado na imprensa oficial com antecedência mínima de 45 (quarenta e cinco) dias" (*Das licitações*, cit., p. 224).

Leilão é a modalidade de licitação que dispensa o sigilo, pois é da sua essência que as propostas sejam públicas, e ainda os interessados só ficam vinculados à sua proposta até que outra, de valor mais elevado, seja feita por outro proponente. O leilão é um processo licitatório destinado a alienar bens, visto que o único critério admissível é o do melhor preço.

O § 5º do art. 22 da Lei n. 8.666, de 21 de junho de 1993, estabelece que a licitação para a venda de produtos legalmente apreendidos deve obedecer a modalidade de leilão. Em se tratando de alienação de drogas, especialidades farmacêuticas ou substâncias ilícitas, a Lei n. 10.409, de 11 de janeiro de 2002, que dispõe sobre a prevenção, o tratamento, a fiscalização e a repressão à produção, ao uso e ao tráfico ilícitos de produtos, substâncias ou drogas ilícitas que causem dependência física ou psíquica, em seu art. 7º, exige que os participantes sejam pessoas jurídicas regularmente habilitadas na área de saúde ou de pesquisa científica, que comprovem a destinação lícita a ser dada ao produto arrematado, sujeitos, ainda, à inspeção da Secretaria Nacional Antidrogas – Senad e do Ministério Público.

Neste artigo o legislador submete a escolha da modalidade da licitação ao valor estimado do objeto. Há também grande diferença quanto à habilitação dos interessados.

Na concorrência qualquer pessoa física ou jurídica poderá participar da licitação, desde que apresente os documentos solicitados pelo edital e faça a sua proposta dentro dos termos desejados.

Na tomada de preços o interessado já deve estar previamente cadastrado, podendo fazê-lo 3 dias antes das datas da abertura dos envelopes.

O convite é a modalidade mais simplificada do procedimento licitatório. A Administração envia uma convocação para no mínimo três interessados apresentarem suas propostas, mas essa convocação-convite deverá ser afixada em local apropriado, podendo qualquer empresa, interessada em participar, solicitar também sua carta-convite para apresentar sua proposta, com antecedência de até 24 horas da data estabelecida para a abertura das propostas.

Não obstante a vedação expressa, contida no § 8º deste art. 22, a Lei n. 9.472, de 16 de julho de 1997, que organizou serviços de telecomunicações, criou duas modalidades de licitação, denominadas "consulta" e "pregão", estabelecendo critérios de custo-benefício e de qualificação do proponente, para a primeira, e de melhor oferta quanto ao objeto, forma e valor, para a modalidade "pregão" (arts. 54 a 58).

Também a Medida Provisória originária n. 2.026, de 4 de maio de 2000, convertida na Lei n. 10.520/2000, criou nova modalidade de licitação, sem atentar para a proibição prevista no § 8º deste art. 22. O denominado "pregão" tem por objeto a aquisição de bens e serviços comuns, e restringe-se ao âmbito da União, qualquer que seja o valor estimado da contratação, em que a disputa pelo fornecimento é feita por meio de propostas e lances em sessão pública (art. 2º). É o Decreto n. 3.555, de 8 de agosto de 2000, modificado pelo Decreto n. 3.693, de 20 de dezembro de 2000, que regulamenta tal modalidade licitatória, especificando, em seu Anexo II, os bens e serviços comuns por ela alcançados.

Para Pedro Barreto Vasconcellos, a edição (e reedições) da Medida Provisória originária n. 2.026, de 4 de maio de 2000, "é uma tentativa do Governo Federal de compor as pressões e inúmeras reivindicações para propiciar maior rapidez e reduzir os custos operacionais com o procedimento licitatório, bem como sair das entranhas burocráticas das etapas de licitação. O maior benefício desta burocratização será a redução dos valores médios das aquisições de bens e serviços feita pela Administração". "O pregão", para referido autor, "é sem dúvida um avanço no instituto das licitações" e "a principal intenção desta nova modalidade é dinamizar, agilizar e desburocratizar o processo de aquisição de bens e serviços comuns pela Administração Pública. A ideia, extraída do semelhante e vencedor modelo de pregão adotado pelo regulamento da ANATEL, é passível de alguns ajustes, principalmente em relação ao âmbito de sua aplicabilidade, que está restrito à esfera Federal" (*Pregão: nova modalidade de licitação*, RDA, 222/213-38, Renovar).

Marçal Justen Filho salienta que "a estrutura procedimental do pregão é absolutamente peculiar, com duas características fundamentais. Uma consiste na inversão das fases de habilitação e julgamento. Outra é a possibilidade de renovação de lances por todos ou alguns dos licitantes, até chegar-se à proposta mais vantajosa. Em segundo lugar, o pregão comporta propostas por escrito, mas o desenvolvimento do certame envolve a formulação de novas proposições ('lances'), sob a forma verbal (ou, mesmo, por via eletrônica). Em terceiro lugar, podem participar quaisquer pessoas, inclusive aquelas não inscritas em cadastro. Sob um certo ângulo, o pregão é uma modalidade muito similar ao leilão, apenas que não se destina à alienação de bens públicos e à obtenção da maior oferta possível. O pregão visa à aquisição de bens ou contratação de serviços, pelo menor preço" (*Pregão: nova modalidade licitatória*, *RDA*, 221/7-45, Renovar).

Segundo Cesar A. Guimarães Pereira, em seu artigo "O regime jurídico das licitações no Brasil e o Mercosul", "Essa inversão das fases de habilitação e julgamento respondeu a uma preocupação já antiga na interpretação e aplicação da Lei de Licitações no Brasil. Percebeu-se que o exame dos documentos de habilitação de todos os licitantes produzia (como ainda produz) uma rica fonte de litígios e disputas entre os participantes da licitação. Essas disputas refletem-se em recursos administrativos e medidas judiciais que acabam por postergar, por prazos longos e indetermináveis, a conclusão da licitação" (*RDA*, 222/117-32, Renovar).

O já citado Pedro Barreto Vasconcellos, após comentar que a nova modalidade de licitação "sem dúvida irá trazer mais agilidade, rapidez e economia à Administração Pública", critica "a insistência do Poder Executivo em valer-se do instrumento da medida provisória, desencadeando um processo que conduz a resultados duvidosos e incertos". O autor fez tal crítica antes da EC n. 32/2001, que alterou as regras das medidas provisórias. À época entendia que "Medidas Provisórias, como a experiência vem ensinando, não são convertidas em lei, pelo menos em um curto espaço de tempo. A necessidade da renovação mensal é uma tentação para ajustes, modificações e ampliações das inovações. Por esta razão, até que se promova a conversão da MP 2.026 em texto legislativo, a nova modalidade de licitação intitulada Pregão viverá na fronteira entre a novidade e a precariedade, causando insegurança ao seu regime jurídico e correndo riscos de alterações substanciais no corpo de seu texto, que, se feitas de maneira imprudente, poderão acarretar sérios prejuízos ao pregão" (*Pregão: nova modalidade de licitação*, Revista cit., p. 215-6). Apesar de o prazo de validade das MPs ter aumentado para 60 dias e de as regras para reedição serem mais rigorosas, ainda assistimos o Executivo se valer em demasia desse instrumento.

No tocante à restrição dessa nova modalidade à órbita federal, assevera Marçal Justen Filho: "A opção de circunscrever a aplicação do pregão a contratações promovidas no âmbito federal é extremamente questionável. É inviável a União valer-se da competência privativa para editar normas gerais acerca da licitação cuja aplicação seja restrita à própria órbita federal. Isso importa uma espécie de discriminações entre os diversos entes federais. Essa alternativa é incompatível com o princípio da Federação do qual deriva o postulado do tratamento uniforme interfederativo. Essa determinação consta do art. 19, inc. III, da CF/88. Por isso, deve reputar-se inconstitucional a ressalva contida no art. 1º, admitindo-se a adoção da sistemática do pregão também por outros entes federativos" (*Pregão: nova modalidade licitatória*, Revista cit., p. 10).

Pressões, interna e externa, para estender o pregão como modalidade utilizável por Estados e Municípios, são mencionadas por Pedro Barreto Vasconcellos (*Pregão: nova modalidade de licitação, Revista cit., p. 219*).

Toshio Mukai, a seu turno, enfatiza que a Lei, em seu art. 9º, ao dispor sobre a aplicação subsidiária, para a modalidade de pregão, das normas da Lei n. 8.666/93, subordinou um diploma legal que se compõe de normas gerais a um diploma legal específico. Tece comentários no sentido de que, "Além da inversão das fases da licitação, a teratológica MP 2.026 pretende o impossível jurídico: a inversão da supremacia das normas gerais sobre as específicas e procedimentais, o que é, além de tudo, demonstração, *cum grano salis*, de desconhecimento do Direito Público. Em 29-6-2000 foi reeditada a MP referida, com o acréscimo do art. 9º (art. 11 da Lei), autorizando a União e seus órgãos vinculados a utilizar os sistemas de registro de preços para compra de diversos materiais, e no seu parágrafo único dispôs que a compra dos referidos materiais, até o valor de R$ 300.000,00, poderá ser realizada na modalidade de convite. Eis, aí, mais uma ilegalidade da MP 2.026, a par das indicadas" (*A MP dos pregões: inconstitucionalidades e ilegalidades*, ADCOAS, 12, 8188616, p. 334-6, dez. 2000).

Relevante mencionar aspecto positivo dessa nova modalidade licitatória, que mereceu destaque de Marcello Rodrigues Palmieri, no artigo "Pregão" (*RT*, 780/741-56): O pregão, enquanto modalidade de licitação, já vem sendo utilizado com sucesso pela ANATEL – Agência Nacional de Telecomunicações, desde sua genérica previsão na Lei 9.472, de 16 de julho de 1997 (Lei Geral das Telecomunicações), tendo sido posteriormente regulamentado, por resolução expedida por aquela Agência reguladora, que, em suas notas técnicas, vem divulgando os benefícios da adoção do sistema de *pregão*, demonstrando que, em 52 licitações realizadas entre 1998 e 1999, cujo objeto era a contratação de bens e serviços, a Agência conseguiu reduzir em 34% os preços iniciais propostos pelas empresas licitantes, na medida em que é admitida a possibilidade de serem ofertados lances verbais após o efetivo conhecimento das propostas dos concorrentes que acorreram ao certame. Em termos monetários, a ANATEL esperava gastar R$ 36,4 milhões com os contratos, alvo dos 52 pregões, que receberam uma proposta de R$ 36,5 milhões por parte dos fornecedores. Ao término dos pregões de *viva-voz*, entretanto, os valores contratados totalizavam R$ 27,1 milhões, situando-se R$ 9,3 milhões abaixo das estimativas da Agência (cf. declaração publicada em matéria de autoria do jornalista Maurício Corrêa, in *Gazeta Mercantil*, de 8-9-1999, 1º Caderno, p. A9). Nota-se, portanto, que um dos principais benefícios que a modalidade pregão trouxe para a ANATEL, nos moldes em que foi instituída para aquela Agência, foi uma considerável economia financeira, além de ter agilizado em muito as efetivas contratações, na medida em que é um procedimento marcado por uma maior celeridade, ao ser iniciado com a fase de seleção da melhor proposta, para só então analisar os documentos da empresa potencial vencedora da licitação; ademais, seu prazo de publicidade (entre a publicação do aviso e a apresentação das propostas) é bem mais curto, se comparado àqueles previstos na Lei 8.666/93 para as modalidades concorrência e tomada de preços.

O Decreto n. 4.391, de 26 de setembro de 2002, que dispõe sobre arrendamento de áreas e instalações portuárias, estabelece a competência para a realização dos certames licitatórios e a celebração dos contratos de arrendamento respectivos no âmbito do porto organizado, e adota, em regra, a modalidade de concorrência, com exceção das áreas e instalações de que trata o art. 34 da Lei n. 8.630, de 1993, em que a autoridade portuária poderá adotar as modalidades de tomada de preços ou de convite.

A concorrência é a modalidade de licitação adotada para a contratação de parceria público-privada. A Lei federal n. 11.079, de 30 de dezembro de 2004, que instituiu normas gerais para licitação e contratação dessa natureza no âmbito dos Poderes da União, dos Estados, do Distrito Federal e dos Municípios, define a parceria público-privada como contrato administrativo de concessão que deve ser precedido de licitação por concorrência. O Capítulo V da referida lei federal foi dedicado inteiramente à licitação e às condições que devem ser observadas para a abertura do processo licitatório.

Jurisprudência

CONCORRÊNCIA – *Dispensa do procedimento. Cabimento em se tratando de profissionais de notória especialização – Declarações de voto vencedor e vencido. Tratando-se de contratação de obras públicas, com profissionais de notória especialização, é dispensável a licitação. Dispensado o processo licitatório, não tem qualquer aplicação a regra do concurso, que constitui modalidade de licitação.*

CONCORRÊNCIA PÚBLICA – *Anulação – Pretensão por interessado na licitação – Falta, porém, de participação naquela e de protesto contra o edital viciado – Ilegitimidade "ad causam" – Extinção do processo sem julgamento do mérito decretada.*

CONCORRÊNCIA PÚBLICA – *Anulação – Pretensão por interessado na licitação – Falta, porém, de participação naquela e de protesto contra o edital viciado – Ilegitimidade "ad causam" – Ex-*

tinção do processo sem julgamento de mérito decretada – Sentença confirmada – Recurso improvido.

Ementa oficial: Concorrência pública. Anulação. Postulação por quem, interessado na licitação, dela não participou nem protestou contra o edital viciado. Ilegitimidade ativa "ad causam" e extinção do processo sem julgamento do mérito. Sentença confirmada. Apelo desprovido.

Decai do direito de pugnar pela anulação da concorrência pública e, portanto, não reúne legitimidade ativa aquele que, à primeira leitura do edital, e entendendo-o discriminatório, não o tenha impugnado ou protestado, procurando invalidar cláusulas viciadas (TJSC, Ap. 31.585, 4ª C., j. 20-2-1992, Rel. Des. Alcides Aguiar).

Licitação – Tomada de preços – Habilitação prévia – Suficiência da exibição pelo interessado da certidão de seu registro cadastral, perante o órgão competente – Desqualificação afastada – Artigos 20, § 2º, e 35, § 5º, do Decreto-lei Federal n. 2.300, de 1986 – Diferenciação entre tomada de preços e as demais modalidades de licitação – Segurança concedida – Recurso provido – Voto vencido (Ap. Cív. 133.772-1-São Paulo, j. 6-2-1991 – Apelante: Stemag Engenharia e Construções Ltda.; Apelado: Superintendente de Trens Urbanos de São Paulo da Companhia Brasileira de Trens Urbanos – CBTU).

Licitação – Concorrência pública – Participação limitada a empresas brasileiras sob controle de capital nacional, possuidoras de certificado de registro de fabricação – Admissibilidade – Limitação consoante política de desenvolvimento, sem prejuízo do capital estrangeiro – Violação dos arts. 153 e 166 da CF não caracterizada – Direito líquido e certo inexistente – Mandado de segurança denegado.

Ementa oficial: Mandado de Segurança. O edital de concorrência para obra pública pode condicionar a habilitação dos licitantes à prova de serem empresas brasileiras, sob controle de capital nacional, possuidoras de certificado de registro de fabricação. Tal chamamento está em consonância com a política de desenvolvimento dita pelos órgãos superiores da República, sem prejuízo do capital estrangeiro e desrespeito ao art. 153 da CF, diante do que dispõe o art. 166 da mesma Carta. Denegação da segurança. Rejeição das preliminares. Improvimento da apelação (Ap. 584/87, 2ª C., j. 27-10-1987, Rel. Des. Francisco Fontes).

ADMINISTRATIVO – PROCESSO CIVIL – ACÓRDÃO – OMISSÃO – INEXISTÊNCIA – FATO NOVO – IRRELEVÂNCIA PARA O JULGAMENTO – MATÉRIA FÁTICA – SÚMULA 7/STJ – LICITAÇÃO – CONVITE – ANULAÇÃO – ART. 22, § 3º, DA LEI 8.666/93 – POSSIBILIDADE DE COMPETIÇÃO. 1. Inexiste omissão em acórdão que se pronuncia expressamente sobre o tema objeto de embargos de declaração. 2. A Corte de origem entendeu que o fato novo alegado não tinha o condão de atingir o litígio, em face da conduta processual das partes que pugnaram pela continuidade do processo. Juízo de valor sobre matéria fática insuscetível de modificação na instância especial, nos termos da Súmula 7/STJ. 3. Inexistindo três licitantes hábeis a ofertar e salvo despacho fundamentado da comissão de licitação atestando a impossibilidade de competição por inexistência de prestadores do serviço ou desinteresse (cf. art. 22, § 3º, da Lei 8.666/93) é possível à Administração anular a licitação pela modalidade convite para estender a oferta da contratação de modo a conferir maior publicidade com vistas à obtenção da proposta mais vantajosa ao ente público. 4. Recurso especial provido (STJ, 2ª T., REsp 884.988/RS, Rel. Min. Eliana Calmon, v. u., j. 2-6-2009, DJe, 17 jun. 2009).

Art. 23. As modalidades de licitação a que se referem os incisos I a III do artigo anterior serão determinadas em função dos seguintes limites, tendo em vista o valor estimado da contratação:

I – para obras e serviços de engenharia:

a) **convite** – até R$ 150.000,00 (cento e cinquenta mil reais);

b) **tomada de preços** – até R$ 1.500.000,00 (um milhão e quinhentos mil reais);

c) **concorrência** – acima de R$ 1.500.000,00 (um milhão e quinhentos mil reais);

II – para compras e serviços não referidos no inciso anterior:

a) convite – até R$ 80.000,00 (oitenta mil reais);

b) tomada de preços – até R$ 650.000,00 (seiscentos e cinquenta mil reais);

c) concorrência – acima de R$ 650.000,00 (seiscentos e cinquenta mil reais).

§ 1º As obras, serviços e compras efetuadas pela Administração serão divididas em tantas parcelas quantas se comprovarem técnica e economicamente viáveis, procedendo-se à licitação com vistas ao melhor aproveitamento dos recursos disponíveis no mercado e à ampliação da competitividade sem perda da economia de escala.

§ 2º Na execução de obras e serviços e nas compras de bens, parceladas nos termos do parágrafo anterior, a cada etapa ou conjunto de etapas da obra, serviço ou compra há de corresponder licitação distinta, preservada a modalidade pertinente para a execução do objeto em licitação.

§ 3º A concorrência é a modalidade de licitação cabível, qualquer que seja o valor de seu objeto, tanto na compra ou alienação de bens imóveis, ressalvado o disposto no art. 19, como nas concessões de direito real de uso e nas licitações internacionais, admitindo-se neste último caso, observados os limites deste artigo, a tomada de preços, quando o órgão ou entidade dispuser de cadastro internacional de fornecedores, ou o convite, quando não houver fornecedor do bem ou serviço no País.

§ 4º Nos casos em que couber convite, a Administração poderá utilizar a tomada de preços e, em qualquer caso, a concorrência.

§ 5º É vedada a utilização da modalidade *convite* ou *tomada de preços*, conforme o caso, para parcelas de uma mesma obra ou serviço, ou ainda para obras e serviços da mesma natureza e no mesmo local que possam ser realizadas conjunta e concomitantemente, sempre que o somatório de seus valores caracterizar o caso de *tomada de preços* ou *concorrência*, respectivamente, nos termos deste artigo, exceto para as parcelas de natureza específica que possam ser executadas por pessoas ou empresas de especialidade diversa daquela do executor da obra ou serviço.

§ 6º As organizações industriais da Administração Federal direta, em face de suas peculiaridades, obedecerão aos limites estabelecidos no inciso I deste artigo também para suas compras e serviços em geral, desde que para a aquisição de materiais aplicados exclusivamente na manutenção, reparo ou fabricação de meios operacionais bélicos pertencentes à União.

§ 7º Na compra de bens de natureza divisível e desde que não haja prejuízo para o conjunto ou complexo, é permitida a cotação de quantidade inferior à demandada na licitação, com vistas a ampliação da competitividade, podendo o edital fixar quantitativo mínimo para preservar a economia de escala.

§ 8º No caso de consórcios públicos, aplicar-se-á o dobro dos valores mencionados no *caput* deste artigo quando formado por até três entes da Federação, e o triplo, quando formado por maior número.

Comentários

O critério estabelecido pela lei para a escolha da modalidade do processo licitatório a ser empregado foi o da complexidade do objeto da contratação; todavia o critério de seleção preponderante, na prática, é o do valor econômico. No entanto, independentemente do critério econômico, a Administração poderá adotar outra modalidade se, apesar do valor reduzido, a contratação tiver maior complexidade e precisar de uma licitação mais detalhada.

Há hipóteses em que a lei determina, apesar do valor, seja escolhida a modalidade de concorrência, como, por exemplo, nas licitações internacionais, qualquer que seja o valor de seu objeto.

Aspecto importante a ser considerado, aliás, é a necessidade da correta estimativa do valor do objeto da licitação, pois a escolha da modalidade adequada depende de sua precisão, sob pena de nulidade de todo o procedimento licitatório, além da responsabilização do administrador.

Os valores para a licitação foram recentemente elevados, com relação a todas as modalidades, e referentemente às obras, serviços de engenharia, compras e outros serviços. A modalidade convite, por exemplo, passou a ser mais amplamente utilizada em razão do sensível aumento do valor correspondente (superior a 100%).

Vale lembrar que se escolher o administrador procedimento licitatório previsto para valores maiores, haverá um aumento também na complexidade de todo ele, decorrente da ampliação de prazos, publicidade e, inclusive, dos gastos, podendo ensejar violação ao princípio da economicidade. Nesse caso, deverá haver justo motivo para tal escolha.

Oportuno acrescentar que a possibilidade de cotação parcial, pelo participante, do objeto licitado, inovada pelo § 7º deste artigo, permite a concorrência de um maior número de fornecedores, trazendo uma interessante modificação na possibilidade de competição.

O § 8º foi acrescentado pela Lei n. 11.107, de 6 de abril de 2005, que regulamenta o art. 241 da CF, determinando normas gerais de contratação de consórcios públicos. A lei introduz instrumentos e mecanismos de cooperação entre os entes federativos para realização de objetivos de interesse comum. O § 8º dispõe que o dobro dos valores mencionados no *caput* será aplicado quando o consórcio for formado por até três entes da Federação, e o triplo quando formado por maior número.

Jurisprudência

TRANSPORTE COLETIVO – CONCESSÃO – LICITAÇÃO – Na atual ordem jurídico-constitucional não se pode admitir que possa o Poder Público conceder a execução de um serviço de utilidade pública sem prévia licitação, excetuados os casos de dispensa e inexigibilidade (Dec.-Lei 2.300/86, arts. 22 e 23). Hipótese em que, verificado o termo do prazo da autorização e presente o interesse público a permitir a concessão do serviço, deveria a autoridade impetrada proceder, necessariamente à licitação (STJ, RMS 1.592, Rel. Min. Américo Luz – Recorrente: Viação Paraíso Ltda.; Recorrido: Estado de Tocantins; Litisconsorte: Viação Javaé Ltda.; Impe-

trado: Secretário de Viação e Obras Públicas – SEVOP do Governo do Estado de Tocantins).

AÇÃO POPULAR – Licitação – Modalidade Carta-Convite – Alegação de vícios em prejuízo do erário – Inexistência dos vícios e de prejuízo ao patrimônio público – As empresas componentes de um mesmo grupo econômico não podem ser impedidas de participar individualmente em determinada concorrência, sob pena de se ferir o princípio da universalidade da concorrência – Habilitação de pessoas jurídicas e não dos sócios – Em matéria de licitação, não se pode aplicar a teoria da desconsideração da personalidade jurídica, por não estar essa personalidade autorizada ao Juiz na referida lei – Não demonstradas a lesividade ao patrimônio público e a ilegalidade do ato administrativo, a ação popular é improcedente – Recurso dos réus provido, e não conhecido o recurso oficial (TJSP, Ap. Cív. 172.157-5, 8ª C. de D. Público, j. 27-6-2001, Rel. Des. Toledo Silva, v. u., JTJ, 245/121).

Art. 24. É dispensável a licitação:

I – para obras e serviços de engenharia de valor até 10% (dez por cento) do limite previsto na alínea *a* do inciso I do artigo anterior, desde que não se refiram a parcelas de uma mesma obra ou serviço ou ainda para obras e serviços da mesma natureza e no mesmo local que possam ser realizadas conjunta e concomitantemente;

II – para outros serviços e compras de valor até 10% (dez por cento) do limite previsto na alínea *a* do inciso II do artigo anterior e para alienações, nos casos previstos nesta Lei, desde que não se refiram a parcelas de um mesmo serviço, compra ou alienação de maior vulto que possa ser realizada de uma só vez;

III – nos casos de guerra ou grave perturbação da ordem;

IV – nos casos de emergência ou de calamidade pública, quando caracterizada urgência de atendimento de situação que possa ocasionar prejuízo ou comprometer a segurança de pessoas, obras, serviços, equipamentos e outros bens, públicos ou particulares, e somente para os bens necessários ao atendimento da situação emergencial ou calamitosa e para as

parcelas de obras e serviços que possam ser concluídas no prazo máximo de 180 (cento e oitenta) dias consecutivos e ininterruptos, contados da ocorrência da emergência ou calamidade, vedada a prorrogação dos respectivos contratos;

V – quando não acudirem interessados à licitação anterior e esta, justificadamente, não puder ser repetida sem prejuízo para a Administração, mantidas, neste caso, todas as condições preestabelecidas;

VI – quando a União tiver que intervir no domínio econômico para regular preços ou normalizar o abastecimento;

VII – quando as propostas apresentadas consignarem preços manifestamente superiores aos praticados no mercado nacional, ou forem incompatíveis com os fixados pelos órgãos oficiais competentes, casos em que, observado o parágrafo único do art. 48 desta Lei e, persistindo a situação, será admitida a adjudicação direta dos bens ou serviços, por valor não superior ao constante do registro de preços, ou dos serviços;

VIII – para a aquisição, por pessoa jurídica de direito público interno, de bens produzidos ou serviços prestados por órgão ou entidade que integre a Administração Pública e que tenha sido criado para esse fim específico em data anterior à vigência desta Lei, desde que o preço contratado seja compatível com o praticado no mercado;

IX – quando houver possibilidade de comprometimento da segurança nacional, nos casos estabelecidos em decreto do Presidente da República, ouvido o Conselho de Defesa Nacional;

X – para a compra ou locação de imóvel destinado ao atendimento das finalidades precípuas da Administração, cujas necessidades de instalação e localização condicionem a sua escolha, desde que o preço seja compatível com o valor de mercado, segundo avaliação prévia;

XI – na contratação de remanescente de obra, serviço ou fornecimento, em consequência de rescisão contratual, desde que atendida a ordem de classificação da licitação anterior e aceitas as mesmas condições oferecidas pelo licitante vencedor, inclusive quanto ao preço, devidamente corrigido;

XII – nas compras de hortifrutigranjeiros, pão e outros gêneros perecíveis, no tempo necessário para a realização dos processos licitatórios correspondentes, realizadas diretamente com base no preço do dia;

XIII – na contratação de instituição brasileira incumbida regimental ou estatutariamente da pesquisa, do ensino ou do desenvolvimento institucional, ou de instituição dedicada à recuperação social do preso, desde que a contratada detenha inquestionável reputação ético-profissional e não tenha fins lucrativos;

XIV – para a aquisição de bens ou serviços nos termos de acordo internacional específico aprovado pelo Congresso Nacional, quando as condições ofertadas forem manifestamente vantajosas para o Poder Público;

XV – para a aquisição ou restauração de obras de arte e objetos históricos, de autenticidade certificada, desde que compatíveis ou inerentes às finalidades do órgão ou entidade;

XVI – para a impressão dos diários oficiais, de formulários padronizados de uso da Administração e de edições técnicas oficiais, bem como para a prestação de serviços de informática a pessoa jurídica de direito público interno, por órgãos ou entidades que integrem a Administração Pública, criados para esse fim específico;

XVII – para a aquisição de componentes ou peças de origem nacional ou estrangeira, necessários à manutenção de equipamentos durante o período de garantia técnica, junto ao fornecedor original desses equipamentos, quando tal condição de exclusividade for indispensável para a vigência da garantia;

XVIII – nas compras ou contratações de serviços para o abastecimento de navios, embarcações, unidades aéreas ou tropas e seus meios de deslocamento, quando em estada eventual de curta duração em portos, aeroportos ou localidades diferentes de suas sedes, por motivos de movimentação operacional ou de adestramento, quando a exiguidade dos prazos legais puder comprometer a normalidade e os propósitos das operações e desde que seu valor não exceda ao limite previsto na alínea *a* do inciso II do art. 23 desta Lei;

XIX – para as compras de materiais de uso pelas Forças Armadas, com exceção de materiais de uso pessoal e administrativo, quando houver necessidade de manter a padronização requerida pela estrutura de apoio logístico dos meios navais, aéreos e terrestres, mediante parecer de comissão instituída por decreto;

XX – na contratação de associação de portadores de deficiência física, sem fins lucrativos e de comprovada idoneidade, por órgãos ou entidades da Administração Pública, para a prestação de serviços ou fornecimento de mão de obra, desde que o preço contratado seja compatível com o praticado no mercado;

XXI – para a aquisição de bens destinados exclusivamente a pesquisa científica e tecnológica com recursos concedidos pela CAPES, FINEP, CNPq ou outras instituições de fomento a pesquisa credenciadas pelo CNPq para esse fim específico;

XXII – na contratação do fornecimento ou suprimento de energia elétrica e gás natural, com concessionário, permissionário ou autorizado, segundo as normas da legislação específica;

XXIII – na contratação realizada por empresa pública ou sociedade de economia mista com suas subsidiárias e controladas, para a aquisição ou alienação de bens, prestação ou obtenção de serviços, desde que o preço contratado seja compatível com o praticado no mercado;

XXIV – para a celebração de contratos de prestação de serviços com as organizações sociais, qualificadas no âmbito das respectivas esferas de governo, para atividades contempladas no contrato de gestão;

XXV – na contratação realizada por Instituição Científica e Tecnológica – ICT ou por agência de fomento para a transferência de tecnologia e para o licenciamento de direito de uso ou de exploração de criação protegida;

XXVI – na celebração de contrato de programa com ente da Federação ou com entidade de sua administração indireta, para a prestação de serviços públicos de forma associada nos termos do autorizado em contrato de consórcio público ou em convênio de cooperação;

XXVII – na contratação da coleta, processamento e comercialização de resíduos sólidos urbanos recicláveis ou reutilizáveis, em áreas com sistema de coleta seletiva de lixo, efetuados por associações ou cooperativas formadas exclusivamente por pessoas físicas de baixa renda reconhecidas pelo poder público como catadores de materiais recicláveis, com o uso de equipamentos compatíveis com as normas técnicas, ambientais e de saúde pública;

XXVIII – para o fornecimento de bens e serviços, produzidos ou prestados no País, que envolvam, cumulativamente, alta complexidade tecnológica e defesa nacional, mediante parecer de comissão especialmente designada pela autoridade máxima do órgão;

XXIX – na aquisição de bens e contratação de serviços para atender aos contingentes militares das Forças Singulares brasileiras empregadas em operações de paz no exterior, necessariamente justificadas quanto ao preço e à escolha do fornecedor ou executante e ratificadas pelo Comandante da Força; (Incluído pela Lei n. 11.783, de 2008.)

XXX – na contratação de instituição ou organização, pública ou privada, com ou sem fins lucrativos, para a prestação de serviços de assistência técnica e extensão rural no âmbito do Programa Nacional de Assistência Técnica e Extensão Rural na Agricultura Familiar e na Reforma Agrária, instituído por lei federal; (Incluído pela Lei n. 12.188, de 2010.)

XXXI – nas contratações visando ao cumprimento do disposto nos arts. 3º, 4º, 5º e 20 da Lei n. 10.973, de 2 de dezembro de 2004, observados os princípios gerais de contratação dela constantes; (Incluído pela Lei n. 12.349, de 2010.)

XXXII – na contratação em que houver transferência de tecnologia de produtos estratégicos para o Sistema Único de Saúde – SUS, no âmbito da Lei n. 8.080, de 19 de setembro de 1990, conforme elencados em ato da direção nacional do SUS, inclusive por ocasião da aquisição destes produtos durante as etapas de absorção tecnológica; (Incluído pela Lei n. 12.715, de 2012.)

§ 1º Os percentuais referidos nos incisos I e II do *caput* deste artigo serão 20% (vinte por cento) para compras, obras e serviços contratados por consórcios públicos, sociedade de economia mista, empresa pública e por autarquia ou fundação

qualificadas, na forma da lei, como Agências Executivas. (Incluído pela Lei n. 12.715, de 2012.)

§ 2º O limite temporal de criação do órgão ou entidade que integre a administração pública estabelecido no inciso VIII do *caput* **deste artigo não se aplica aos órgãos ou entidades que produzem produtos estratégicos para o SUS, no âmbito da Lei n. 8.080, de 19 de setembro de 1990, conforme elencados em ato da direção nacional do SUS.** (Incluído pela Lei n. 12.715, de 2012.)

Comentários

Nos casos enumerados neste artigo, a licitação é dispensável, isto é, não é obrigatória, e a Administração, se assim lhe convier, pode dispensar o processo licitatório.

Marçal Justen Filho, em sua obra já citada, ensina que "A dispensa da licitação verifica-se em situações onde, embora viável competição entre particulares, a licitação afigura-se objetivamente inconveniente ao interesse público" (p. 148).

Os incisos XXI a XXIV e parágrafo único foram incluídos pela Lei n. 9.648/98, e tratam de hipóteses em que é permitida a dispensa do procedimento licitatório pela Administração para a contratação, podendo ser feita diretamente, desde que observadas as formalidades legais.

O inciso XXI refere-se à contratação direta para a aquisição de bens destinados à pesquisa em programas financiados por instituições oficiais, desde que regularmente credenciadas junto ao Conselho Nacional de Desenvolvimento Científico e Tecnológico (CNPq), e o inciso XXII, à contratação direta de fornecimento ou suprimento de energia elétrica e gás natural, com concessionário ou permissionário do serviço público de distribuição, ou com autoprodutor ou produtor independente.

A contratação entre empresas públicas e controladas, embora já autorizada pelo disposto no inciso VIII desse mesmo artigo, foi ampliada, com o acréscimo do inciso XXIII, para a alienação de bens e também prestação de serviços, desde que os preços sejam compatíveis com o mercado. Vale mencionar que o inciso VIII referia-se apenas à dispensa de licitação para a aquisição de bens e obtenção de serviços.

A prestação de serviços para as entidades denominadas organizações sociais também não exige, para sua contratação, a realização de processo licitatório, conforme disposto no inciso XXIV. Tais organizações têm sua previsão de criação pelo Governo Federal, no Plano Diretor da Reforma do Aparelho do Estado, ao lado das agências executivas e das agências reguladoras. Fazem parte de um programa nacional que tem como objetivo a otimização dos serviços públicos chamados "não exclusivos", com atuação simultânea do Estado com outras organizações que, embora privadas, se destinam ao desenvolvimento de atividades de atendimento à coletividade, em áreas próprias da atuação governamental.

A Lei n. 10.973, de 7 de abril de 2004, que introduziu em nosso ordenamento jurídico importantes medidas de incentivo à inovação e à pesquisa científica e tecnológica no ambiente produtivo, acrescentou o inciso XXV ao art. 24 da Lei de Licitações. Essa Lei garante um ambiente propício ao desenvolvimento e cultura de inovação, pois permite a transferência e o licenciamento de tecnologia das universidades e dos institutos de pesquisa públicos para o setor produtivo nacional, estando a contratação dispensada da modalidade de licitação.

Já o inciso XXVI, acrescido pela Lei n. 11.107/2005 (que trata de consórcios públicos), permite que qualquer ente público possa celebrar diretamente, com dispensa de licitação, contratos de programa com quaisquer outros entes públicos, seja da administração direta, seja da indireta. Contrato de programa, regulado pelo art. 13 da referida lei.

O inciso XXVII, por sua vez, foi introduzido pela Lei n. 11.196/2005, que instituiu instrumentos de incentivo à produção, exportação e aquisição de bens e serviços de tecnologia e criou um programa de inclusão digital. Entre as medidas instituídas está a dispensa de licitação para contratos que envolvam alta complexidade tecnológica e defesa nacional.

O parágrafo único do art. 24 prevê percentuais de 20% (vinte por cento) para dispensa de licitação no caso da modalidade convite, para compras, obras e serviços contratados por consórcios públicos, sociedades de economia mista, empresas públicas, autarquias, fundações e agências executivas. Vale consignar que estas últimas, as agências executivas, atuam no setor das atividades ditas exclusivas, consideradas reservadas ao Estado e que, nessa condição, exigem o exercício dos poderes estatais de fiscalizar, de regulamentar e de fomentar.

O art. 4º, parágrafo único, da Lei n. 10.188, de 12 de fevereiro de 2001 (anterior Medida Provisória originária n. 1.823, de 29-4-1999, com última reedição sob n. 2.135-24, de 26-1-2001), que criou o Programa de Arrendamento Residencial e instituiu o arrendamento residencial com opção de compra, estabelece que, não obstante obrigatória a observância aos princípios da legalidade, finalidade, razoabilidade, moralidade administrativa, interesse público e eficiência, fica dispensada a licitação para as operações de aquisição, construção, recuperação, arrendamento e venda de imóveis, que devem obedecer a critérios específicos, estabelecidos pela Caixa Econômica Federal.

O inciso XXX foi incluído pela Lei n. 12.188, de 11 de janeiro de 2010, que instituiu a Política Nacional de Assistência Técnica e Extensão Rural para a Agricultura Familiar e Reforma Agrária – PNATER e o Programa Nacional de Assistência Técnica e Extensão Rural na Agricultura Familiar e na Reforma Agrária – PRONATER.

Já o inciso XXXI teve sua inclusão efetivada pela Lei n. 12.349, de 15 de dezembro de 2010 (anterior Medida Provisória n. 495, de 2010), que alterou não somente a redação da Lei n. 8.666, de 1993, como também as Leis n. 8.958, de 1994, e a 10.973, de 2004, além de revogar o § 1º do art. 2º da Lei n. 11.273, de 6 de fevereiro de 2006.

O inciso XXXII e seus §§ 1º e 2º, a seu turno, foram incluídos pela Lei n. 12.715, de 17 de setembro de 2012, anterior Medida Provisória n. 563, de 2012, que alterou a alíquota das contribuições previdenciárias sobre a folha de salários devidas pelas empresas que especifica; instituiu o Programa de Incentivo à Inovação Tecnológica e Adensamento da Cadeia Produtiva de Veículos Automotores, o Regime Especial de Tributação do Programa Nacional de Banda Larga para Implantação de Redes de Telecomunicações, o Regime Especial de Incentivo a Computadores para Uso Educacional, o Programa Nacional de Apoio à Atenção Oncológica e o Programa Nacional de Apoio à Atenção da Saúde da Pessoa com Deficiência; restabeleceu o Programa Um Computador por Aluno; e alterou o Programa de Apoio ao Desenvolvimento Tecnológico da Indústria de Semicondutores.

Jurisprudência

LICITAÇÃO – Dispensa do procedimento – Notória especialização – Imprescindibilidade que a Administração Pública tenha necessidade daquela especialidade – Falta que implica na obrigatoriedade do certame – Inteligência do § 2º do art. 12 do Dec.-lei 2.300/86 – Voto vencido.

Não basta que, subjetivamente, a empresa contratada seja apta, preparada tecnicamente e especializada nos serviços que presta. É absolutamente imprescindível para a satisfação da exigência legal de dispensa de licitação que a Administração Pública tenha necessidade daquela especialidade.

Licitação – Dispensa do procedimento – Explicitação dos motivos – Obrigatoriedade – Requisito da seriedade e da validade do ato. É requisito da seriedade e da validade dos atos administrativos que haja a explicitação dos motivos da dispensa da licitação, para que se possa confrontar os declinados pela Administração Pública com os efetivamente existentes na realidade empírica (TJSP, RT, 692/59, jun. 1993).

LEI – Inconstitucionalidade – Dispensa de licitação para alienação de bens públicos municipais – Inteligência dos arts. 255 da Constituição do Estado de Minas Gerais e 8º, XVII, "c", da CF.

Ementa oficial: Bens públicos. Alienação. Licitação. Obrigatoriedade. Inconstitucionalidade do art. 1º da Lei Municipal 335, de 21.6.59. É inconstitucional o art. 1º da Lei 335 de 21.6.59, do Município de Betim, que autoriza o prefeito municipal a alienar diretamente ao interessado bens do Município, por afrontar dispositivos constitucionais e federais que determinam ser obrigatória a concorrência pública para alienação e locação dos bens públicos (AI 50/63.250, Corte Superior, j. 27-5-1985, Rel. Des. Milton Fernandes, RT, 602/194).

LICITAÇÃO – Medicamento importado – Inexistência de similar no país – Doença crônica incurável – Urgência no tratamento – Demora do Estado no fornecimento – Periculum in mora – Caracterização – Dispensa da licitação – Determinação judicial nesse sentido – Possibilidade – Ingerência do Judiciário na Administração – Inexistência – Aplicação do princípio da razoabilidade dos atos administrativos

– *Sentença confirmada (TJSP, Ap. Cív. 13.511-5-São Paulo, 9ª C. de D. Público, j. 29-1-1998, Rel. Des. Ricardo Lewandowski).*

MUNICÍPIO – Contrato – Concessão de serviços públicos – Licitação – Dispensa – Possibilidade – Tratamento de águas e esgotos – Contratação com a SABESP – Entidade que integra a Administração Pública – Complexidade dos serviços e inviabilidade de competição – Ausência, ademais, de terceiros interessados – Cassação de liminar concedida em ação popular – Recurso provido (TJSP, Ap. Cív. 48.129-5-São Roque, 4ª C. de D. Público, j. 12-2-1998, Rel. Des. Jacobina Rabello, JTJ, 214/211).

LICITAÇÃO – Dispensa – Notória especialização do contratado – Alegação não comprovada – Notória especialização que exige combinação de requisitos, não presentes no caso – Nulidade do contrato – Ação civil pública procedente – Sentença confirmada (TJSP, Ap. Cív. 20.762-5-Guararapes, 4ª C. de D. Público, j. 18-6-1998, Rel. Des. Jacobina Rabello, JTJ, 219/109).

RECURSO – Ex officio – Ação Popular – Alegação de prejuízo à Municipalidade com a contratação, pelo Prefeito Municipal, de serviços sem licitação – Alegação de urgência comprovada e que, nos termos da lei, justifica a dispensa de licitação – Inexistência, também de qualquer prejuízo ao erário público – Ausência dos pressupostos que ensejam a responsabilização – Recurso não provido (TJSP, Ap. Cív. 25.953-5-Campinas, 3ª C. de D. Público, j. 5-8-1999, Rel. Des. Rui Stoco, v. u.).

ESTADO – Fornecimento de medicamentos – Portadores de HIV e doentes de AIDS – Pretensão compreendida no dever de atendimento integral pelo Estado – Artigos 196, 198, inciso II, da Constituição da República, e 6º, inciso II, da Lei Federal n. 8.080/90 – Hipótese, ademais, que dispensa licitação – Artigo 24, inciso IV, da Lei Federal n. 8.666/93.

Ementa oficial:
AIDS – Fornecimento gratuito de medicamentos sob prescrição médica aos portadores do vírus HIV ou da doença sem recursos financeiros para o tratamento – Legalidade – Dever do Estado de atendimento integral à saúde – Artigo 196 da Constituição Federal

– *Previsão orçamentária e prévia licitação para aquisição e fornecimento dos medicamentos não realizadas – Irrelevância – Hipótese de dispensa do certame – Artigo 24, IV, da Lei n. 8.666/93 – Emergência na compra de medicamentos – Recurso não provido (TJSP, AgI 154.021-5-São Paulo, 8ª C. de D. Público, j. 16-2-2000, Rel. Des. Celso Bonilha, v. u.).*

AÇÃO POPULAR. CONTRATO ADMINISTRATIVO EMERGENCIAL. DISPENSA DE LICITAÇÃO. NULIDADE. PRESTAÇÃO DE SERVIÇO. DANO EFETIVO. INOCORRÊNCIA. VEDAÇÃO AO ENRIQUECIMENTO ILÍCITO. 1. Ação popular proposta em razão da ocorrência de lesão ao erário público decorrente da contratação de empresa para a execução de serviço de transporte coletivo urbano de passageiros, sem observância do procedimento licitatório, circunstância que atenta contra os princípios da Administração Pública, por não se tratar de situação subsumível à regra constante do art. 24, IV, da Lei 8.666/93, que versa acerca de contrato emergencial. 2. A ilegalidade que conduz à lesividade presumida admite, quanto a esta, a prova em contrário, reservando-a ao dispositivo, o condão de inverter o onus probandi. *3. Acórdão recorrido calcado na assertiva de que, "se a corré prestou regularmente o serviço contratado, e isso restou demonstrado nos autos, não há razão para negar-lhe a contraprestação, até porque não se aduziu exagero no pagamento, sendo vedado à Administração locupletar-se indevidamente em detrimento de terceiros. Ao lado do locupletamento indevido, injusto seria para os corréus impor-lhes a devolução dos valores despendidos pela Municipalidade por um serviço efetivamente prestado à população e que atendeu ao fim colimado". 4. In casu, restou incontroverso nos autos a ausência de lesividade, posto que os contratados efetivamente prestaram os serviços "emergenciais", circunstância que impede as sanções econômicas preconizadas no presente recurso, pena de ensejar locupletamento ilícito do Município, máxime porque não há* causa petendi *autônoma visando a afronta à moralidade e seus consectários. 5. É cediço que, em sede de ação popular, a lesividade legal deve ser acompanhada de um prejuízo em determinadas situações e, a despeito da irregular contratação de servidores públicos, houve a prestação dos serviços, motivo pelo qual não poderia o Poder Públi-*

co perceber de volta a quantia referente aos vencimentos pagos sob pena de locupletamento ilícito (REsp n. 557.551/SP – Relatoria originária Ministra Denise Arruda, Rel. para acórdão Ministro José Delgado, julgado em 06.02.2007, noticiado no Informativo n. 309/ STJ). 6. No mesmo sentido já decidiu a Primeira Seção desta Corte, em aresto assim ementado: "ADMINISTRATIVO. AÇÃO POPULAR. CABIMENTO. ILEGALIDADE DO ATO ADMINISTRATIVO. LESIVIDADE AO PATRIMÔNIO PÚBLICO. COMPROVAÇÃO DO PREJUÍZO. NECESSIDADE. 1. O fato de a Constituição Federal de 1988 ter alargado as hipóteses de cabimento da ação popular não tem o efeito de eximir o autor de comprovar a lesividade do ato, mesmo em se tratando de lesão à moralidade administrativa, ao meio ambiente ou ao patrimônio histórico e cultural. 2. Não há por que cogitar de dano à moralidade administrativa que justifique a condenação do administrador público a restituir os recursos auferidos por meio de crédito aberto irregularmente de forma extraordinária, quando incontroverso nos autos que os valores em questão foram utilizados em benefício da comunidade. 3. Embargos de divergência providos" (EREsp 260.821/SP, Relator p/ Acórdão Ministro João Otávio de Noronha, Primeira Seção, DJ 13.02.2006). 7. Ademais, a doutrina mais abalizada sobre o tema aponta, verbis: *"O primeiro requisito para o ajuizamento da ação popular é o de que o autor seja cidadão brasileiro, isto é, pessoa humana, no gozo de seus direitos cívicos e políticos, requisito, esse, que se traduz na sua qualidade de eleitor. Somente o indivíduo (pessoa física) munido de seu título eleitoral poderá propor ação popular, sem o que será carecedor dela. Os inalistáveis ou inalistados, bem como os partidos políticos, entidades de classe ou qualquer outra pessoa jurídica, não têm qualidade para propor ação popular (STF, Súmula 365). Isso porque tal ação se funda essencialmente no direito político do cidadão, que, tendo o poder de escolher os governantes, deve ter, também, a faculdade de lhes fiscalizar os atos de administração. O segundo requisito da ação popular é a ilegalidade ou ilegitimidade do ato a invalidar, isto é, que o ato seja contrário ao Direito, por infringir as normas específicas que regem sua prática ou por se desviar dos princípios gerais que norteiam a Administração Pública. Não se exige a ilicitude do ato na sua origem, mas sim a ilegalidade na sua formação ou no seu objeto.*

Isto não significa que a Constituição vigente tenha dispensado a ilegitimidade do ato. Não. O que o constituinte de 1988 deixou claro é que a ação popular destina-se a invalidar atos praticados com ilegalidade de que resultou lesão ao patrimônio público. Essa ilegitimidade pode provir de vício formal ou substancial, inclusive desvio de finalidade, conforme a lei regulamentar enumera e conceitua em seu próprio texto (art. 2º, 'a' a 'e'). O terceiro requisito da ação popular é a lesividade do ato ao patrimônio público. Na conceituação atual, lesivo é todo ato ou omissão administrativa que desfalca o erário ou prejudica a Administração, assim como o que ofende bens ou valores artísticos, cívicos, culturais, ambientais ou históricos da comunidade. E essa lesão tanto pode ser efetiva quanto legalmente presumida, visto que a lei regulamentar estabelece casos de presunção de lesividade (art. 4º), para os quais basta a prova da prática do ato naquelas circunstâncias para considerar-se lesivo e nulo de pleno direito. Nos demais casos impõe-se a dupla demonstração da ilegalidade e da lesão efetiva ao patrimônio protegível pela ação popular. Sem estes três requisitos – condição de eleitor, ilegalidade e lesividade –, que constituem os pressupostos da demanda, não se viabiliza a ação popular" (Hely Lopes Meirelles, in "Mandado de Segurança", Malheiros, 28ª ed., 2005, págs. 132 e 133). 8. Assentando o aresto recorrido que não houve dano e que impor o ressarcimento por força de ilegalidade de contratação conduziria ao enriquecimento sem causa, tendo em vista não ter se comprovado que outras empresas do ramo poderiam prestar o mesmo serviço por preço menor, mormente quando se tem notícia nos autos de que a tarifa prevista no contrato tido por ilegal é inferior àquela praticada pela empresa antecessora, o que não foi negado pelo autor, resta insindicável a este STJ apreciar a alegação do recorrente no que pertine à boa ou má-fé do contratado (Súmula 07/STJ). 9. Recurso especial do Ministério Público Estadual não conhecido (STJ, 1ªT., REsp 802.378/SP, Rel. Min. Luiz Fux, v. u., j. 24-4-2007; DJ, 4 jun. 2007, p. 312).

Legislação anterior

Dispensa do procedimento – Congresso Nacional – Auditoria Internacional – Licitação. Contrato de advogado ou empresa de audi-

toria em nível internacional deve, em princípio, ser precedido de licitação. Caracterizada urgência, caberá dispensa de licitação, sendo, no entanto, aconselhável adotar modalidade análoga ao corrente, com pesquisa de mercado. Tribunal de Contas da União. Proc. TC-14.350/92. DECISÃO N. 342/92 – Plenário: O Tribunal Pleno, diante das razões expostas pelo Relator, decide: Conhecer da presente consulta, para responder ao digno presidente do Congresso Nacional que: como regra geral, em face do que dispõe o art. 21, § 1º, do Decreto-lei n. 2.300/86, "a contratação de advogado ou empresa de auditoria, em nível internacional", desde que haja viabilidade de competição entre possíveis interessados, deverá ser efetuada mediante "concorrência", qualquer que seja o valor do objeto do contrato; preenchidos os requisitos que trata o art. 23, inciso II, do referido Decreto-lei n. 2.300/86, "a licitação é exigível", hipótese em que a administração deverá observar o comando do art. 24 do citado Estatuto; identificada a "urgência da contratação", devidamente justificada pela administração e ratificada por autoridade superior, estará caracterizada a situação em que é "dispensável a licitação", conforme dispõe o art. 22, inciso IV, do mesmo Decreto-lei n. 2.300/86. Neste caso, e na linha do subsídio requerido na consulta, é de sugerir que a administração adote modalidade análoga ao sistema de convite e compatível com o pressuposto de urgência, realizando previamente pesquisa de mercado, com vistas a selecionar a proposta mais vantajosa para o Poder Público; enviar cópia do relatório e voto apresentados pelo Relator, bem como desta decisão, à autoridade consulente, o ilustre Senador Mauro Benevides. Ata n. 32/92 – Plenário. Data sessão: 1º de julho de 1992. Carlos Átila Álvares da Silva – Presidente. Luciano Brandão Alves de Souza, Ministro Relator.

Licitação – Dispensa – Contrato de prestação de serviços – Ilegalidade – Notória especialização – Falta – Lesividade ao erário público – Anulação do contrato – Condenação solidária à restituição dos valores recebidos – Ação popular procedente – Recurso não provido (Ap. Cív. 200.950-1-Guariba – Apelantes: Municipalidade de Pradópolis e Agenor Pavan; Apelados: M&S Consultoria Integrada S.C. Ltda. e outros – JTJ, 158/95, ano 28, jul. 1994).

Licitação – Compra de obras de arte – Licitação – Obrigatoriedade. Representação formulada pela IRCE-MA sobre a aquisição de obras de arte pelo Tribunal Regional do Trabalho da 16ª Região. Interessado: Inspetoria Regional de Controle Externo do Estado do Maranhão – IRCE-MA. Unidade: Tribunal Regional do Trabalho da 16ª Região – Vinculação: Poder Judiciário – Justiça do Trabalho – Relator: Ministro José Antônio Barreto de Macedo. Representante do Ministério Público: Dr. Jair Batista da Cunha. Órgão de Instrução: IRCE-MA. Órgão de Deliberação: 2ª Câmara. Decisão: Anular a Nota de empenho n. 911NE00455 – Se necessário deverá proceder à licitação na modalidade prevista no inciso IV do art. 20 do Decreto-lei n. 2.300/86 (TCU, Proc. 350.336/91, RDA, 183/303).

Licitação – Concorrência Pública – Fornecimento de alimentação a presos e funcionários de delegacia de polícia – Hipótese que impõe a preterição de excessos formais – Irregularidade do certame inocorrente – Recurso não provido (Ap. Cív. 198.596-1-Piracicaba – Apelante: Tratoria Tutti Fratelli Rio Claro Ltda.; Apelados: Cleusa Franco Bueno e outro – JTJ, 154/111).

ADMINISTRATIVO. RECURSO ESPECIAL. AUTORIZAÇÃO. NOVAS LINHAS INTERMUNICIPAIS. AUSÊNCIA DE LICITAÇÃO. ILEGALIDADE. 1. Trata-se de alteração contratual realizada entre o recorrente e o Departamento de Transportes e Terminais pela qual se acrescentou novos itinerários, sem procedimento licitatório, à autorização anteriormente feita. 2. O recorrente aduz que há flexibilidade para admitir que o contrato possa ser modificado com pequenas alterações e expansões para melhor atender a demanda (interesse público). 3. No entanto, esta Corte Superior, em situação análoga, pronunciou-se no sentido contrário de "[a] alteração contratual ou dispensa de licitação deve observar duas regras principais: indispensabilidade do tratamento igualitário a todos que estejam na mesma situação e manutenção do interesse público". E mais: "[o] art. 65, II, "b", da Lei 8.666/93, a par de ter atendido ao interesse público, e o art. 6º, § 1º, da Lei 8.987/95, que possibilita a alteração contratual com acréscimos de até 25%, não têm o condão de fazer desaparecer o tratamento privilegiado, em detrimento de outras empresas concessionárias de linhas regulares". 4. Segundo o entendimento esposado acima, merecem ser mantidas as razões do Tribunal de origem, pois em consonância com a jurisprudência desta Corte. 5. Recurso especial não provido (STJ, REsp 1238020/SC, 2ª T., j. 22-11-2011, Rel. Min. Mauro Campbell Marques, DJe 1º-12-2011).

Art. 25. É inexigível a licitação quando houver inviabilidade de competição, em especial:

I – **para aquisição de materiais, equipamentos, ou gêneros que só possam ser fornecidos por produtor, empresa ou representante comercial exclusivo, vedada a preferência de marca, devendo a comprovação de exclusividade ser feita através de atestado fornecido pelo órgão de registro do comércio do local em que se realizaria a licitação ou a obra ou o serviço, pelo Sindicato, Federação ou Confederação Patronal, ou, ainda, pelas entidades equivalentes;**

II – **para a contratação de serviços técnicos enumerados no art. 13 desta Lei, de natureza singular, com profissionais ou empresas de notória especialização, vedada a inexigibilidade para serviços de publicidade e divulgação;**

III – **para contratação de profissional de qualquer setor artístico, diretamente ou através de empresário exclusivo, desde que consagrado pela crítica especializada ou pela opinião pública.**

§ 1º Considera-se de notória especialização o profissional ou empresa cujo conceito no campo de sua especialidade, decorrente de desempenho anterior, estudos, experiências, publicações, organização, aparelhamento, equipe técnica, ou de outros requisitos relacionados com suas atividades, permita inferir que o seu trabalho é essencial e indiscutivelmente o mais adequado à plena satisfação do objeto do contrato.

§ 2º Na hipótese deste artigo e em qualquer dos casos de dispensa, se comprovado superfaturamento, respondem solidariamente pelo dano causado à Fazenda Pública o fornecedor ou o prestador de serviços e o agente público responsável, sem prejuízo de outras sanções legais cabíveis.

Comentários

Hely Lopes Meirelles preleciona a respeito: "Ocorre a inexigibilidade de licitação, quando há impossibilidade jurídica de competição entre contratantes, quer pela natureza específica do negócio, quer pelos objetivos sociais visados pela Administração" (*Direito administrativo brasileiro*, cit., p. 256).

O art. 25 da lei enumera os casos em que não é necessária a realização de licitação para adquirir um bem ou realizar uma obra.

Deduz-se que na hipótese de não haver equipamento no gênero ou similar àquele que se necessita, no mercado, não é necessária a realização de licitação, portanto a Administração autorizará sua aquisição, sem a realização do requisito legal, desde que se demonstre, de forma indiscutível, a inexistência de outro equipamento do gênero no mercado, ou que algum similar não apresenta as mesmas características intrínsecas ou extrínsecas necessárias para que o equipamento seja único no gênero.

Também não há necessidade de licitação quando o material pretendido somente pode ser fornecido por um único fornecedor, não havendo nenhum outro que o forneça. Essa exclusividade, no entanto, deverá ser demonstrada. Ainda nesse mesmo item, não pode a Administração exigir uma determinada marca de material ou equipamento, de forma discriminatória e sem nenhum critério que a embase. É preciso que a Administração justifique *sempre* a sua escolha, considerando *sempre* a satisfação do interesse público, que é e deve ser *sempre* o seu objetivo. Uma das justificativas, também, consubstancia-se no comprometimento do serviço, se porventura for escolhida uma marca diversa daquela que está sendo utilizada e que pode comprometer os resultados da obra ou atividade.

Como afirma Celso Antônio Bandeira de Mello, "Só se licitam bens homogêneos, intercambiáveis, equivalentes. Não se licitam coisas desiguais" (*Licitação*, Revista dos Tribunais, 1985, p. 15).

Para Maria Sylvia Zanella Di Pietro, a parte final do inciso I desse artigo 25, "constitui inovação na lei, mas que consagra entendimento já adotado anteriormente pelo Tribunal de Contas, em especial o do Estado de São Paulo; a prova exigida pelo dispositivo já era de aplicação rotineira" (*Direito administrativo*, 22. ed., 2009, Atlas, p. 376).

Comenta, ainda, a citada autora que, ao se referir à natureza singular do serviço, no inciso II desse dispositivo legal, "a lei quis acrescentar um requisito, para deixar claro que não basta tratar-se de um dos serviços previstos no artigo 13; é necessário que a complexidade, a relevância, os interesses públicos em jogo tornem o serviço singular, de modo a exigir a contratação com profissional notoriamente especializado; não é qualquer projeto, qualquer perícia, qualquer parecer que torna inexigível a licitação. Note-se que o legislador quis tornar expresso que não ocorre inexigibilidade para os serviços de publicidade e divulgação; isto pode causar estranheza, porque tais serviços já não são incluídos entre os serviços técnicos especializados do artigo 13, o que por si exclui a inexigibilidade; ocorre que o legislador quis pôr fim à interpretação adotada por algumas autoridades e aprovada por alguns Tribunais de Contas, quanto à inviabilidade de competição nesse tipo de serviço. O resultado dessa insistência foi ter o legislador partido para o extremo oposto, proibindo a inexigibilidade para a publicidade e a divulgação, sem qualquer exceção, quando, na realidade, podem ocorrer situações em que realmente a inviabilidade de competição esteja presente; a licitação será, de qualquer modo, obrigatória (*Direito Administrativo*, 22. ed., 2009, Atlas, p. 376-7).

Jurisprudência

Conceito de notória especialização – (Art. 25, § 1º) – Ementa: Tratando-se de contratação de obra pública, com profissionais de notória especialização, é dispensável a licitação. Dispensável o processo licitatório, não tem qualquer aplicação a regra do concurso, que constitui modalidade de licitação (TJSP, Ap. 141.728-1/5, Reexame, 8ª C.-Barra Bonita, j. 5-6-1991, Rel. Des. Franklin Nogueira – Recorrente: Juízo ex officio; Apelantes: Carlos Eduardo Mendonça Melluso e Décio Tozzi Arquitetos Associados S/C Ltda.; Apelados: os mesmos e Wady Mucare – RT, *677/107).*

Contrato administrativo – Licitação – Falta – Contratação de serviços advocatícios pela Prefeitura – Notória especialização alegada – Empresa contratada não possui personalidade jurídica e proprietário sem qualificação técnica para o exercício da advocacia

– *Ação popular procedente (Ap. Cív. 165.516-1-Capivari – Apelante: Luiz Mattiazo e outro; Apelado: Norberto Raimundo de Góes – RJTJSP, 138/83).*

Exclusividade – Licitação – Serviço Funerário – Exploração – Alegação de exclusividade prevista em contrato – Legislação vigente quando não se admitia tal exclusividade – Prevalência do interesse público – Sentença mantida – Recurso improvido. A concessionária não tem direito à exclusividade na exploração do serviço funerário no Município, a despeito da irregular menção constante do contrato. A legislação vigente ao tempo da licitação não admitia exclusividade. E ainda que assim não fosse, não se poderia opor à licitação, dada a prevalência do interesse público que a informava (Ap. 161.076-1/5, 8ª C., j. 1º-4-1992, Rel. Des. Franklin Nogueira).

CONTRATO – Licitação – Notória especialização do contratado – Insuficiência, por si só, para justificar a dispensa – Ofensa ao princípio da isonomia caracterizada – Art. 37, XXI, da CF – Súmula 13 do Tribunal de Contas do Estado – Contrato nulo – Fato que se reconhece de ofício – Ação de cobrança improcedente – Recurso provido – Voto vencido (1º TACSP, Ap. 0844177-0/Presidente Epitácio, 11ª C. de Férias de Jan. 2002, j. 28-2-2002, Rel. Heraldo de Oliveira).

PROCESSUAL CIVIL E ADMINISTRATIVO. RECURSO ESPECIAL. ALÍNEA "C". NÃO DEMONSTRAÇÃO DA DIVERGÊNCIA. VIOLAÇÃO DO ART. 535 DO CPC. DEFICIÊNCIA NA FUNDAMENTAÇÃO. SÚMULA 284/STF. AUSÊNCIA DE PREQUESTIONAMENTO. SÚMULA 211/STJ. DEFESA DO PATRIMÔNIO PÚBLICO. LEGITIMIDADE DO PARQUET. OFENSA AOS ARTS. 130, 330 E 331 DO CPC. SÚMULA 7/STJ. INEXIGIBILIDADE. LICITAÇÃO. SINGULARIDADE DO SERVIÇO NÃO CONSTATADA PELA INSTÂNCIA DE ORIGEM. REEXAME DE PROVAS. IMPOSSIBILIDADE. 1. A divergência jurisprudencial deve ser comprovada, cabendo a quem recorre demonstrar as circunstâncias que identificam ou assemelham os casos confrontados, com indicação da similitude fática e jurídica entre eles. Indispensável a transcrição de trechos do relatório e do voto dos acórdãos recorrido e paradigma, realizando-se o cotejo analítico entre ambos, com o intuito de bem caracterizar a inter-

pretação legal divergente. O desrespeito a esses requisitos legais e regimentais (art. 541, parágrafo único, do CPC e art. 255 do RI/STJ) impede o conhecimento do Recurso Especial, com base na alínea "c" do inciso III do art. 105 da Constituição Federal. 2. Não se conhece de Recurso Especial em relação à ofensa ao art. 535 do CPC quando a parte não aponta, de forma clara, o vício em que teria incorrido o acórdão impugnado. Aplicação, por analogia, da Súmula 284/STF. 3. É inadmissível Recurso Especial quanto à questão que, a despeito da oposição de Embargos Declaratórios, não foi apreciada pelo Tribunal de origem. Incidência da Súmula 211/STJ. 4. A jurisprudência do STJ é pacífica quanto à legitimidade do Parquet *para propor Ação Civil Pública em defesa do patrimônio público. 5. A instância de origem entendeu ser desnecessária a perícia, pois havia prova suficiente nos autos a demonstrar "a ausência de singularidade para justificar afastamento licitatório". A revisão desse entendimento demandaria revolvimento do conjunto fático-probatório, o que não se admite em Recurso Especial (Súmula 7/STJ). 6. Quanto à inexigibilidade de licitação, o acórdão recorrido consignou: a) havia 17 (dezessete) empresas qualificadas para prestar o serviço – elaboração de EIA/ Rima; b) "o objeto contratado não é singular, possibilitando equivalência entre ofertas de outros eventuais interessados"; e c) outras empresas haviam sido contratadas pela própria Dersa para diversos trechos das obras que estavam sendo realizadas na mesma rodovia objeto do contrato em questão. 7. A revisão do entendimento consagrado pelo Tribunal* a quo *– de que "o objeto contratado não é singular, possibilitando equivalência entre ofertas de outros eventuais interessados" – demandaria análise do acervo fático-probatório dos autos, o que é inviável em Recurso Especial. Aplicação da Súmula 7/ STJ. 8. Recurso Especial parcialmente conhecido e, nessa parte, não Provido (STJ, 2ª T., REsp 858.494/SP, Rel. Min. Herman Benjamin, v. u., j. 25-8-2009,* DJe, *31 ago. 2009).*

ADMINISTRATIVO. RECURSOS ESPECIAIS. AÇÃO CIVIL POR ATO DE IMPROBIDADE ADMINISTRATIVA. CONTRATOS IRREGULARES. LICITAÇÃO. INEXIGIBILIDADE NÃO RECONHECIDA. REEXAME DE MATÉRIA FÁTICO-PROBATÓRIA. SÚMULAS 5 E 7/STJ. ATO DE IMPROBIDADE ADMINISTRATIVA. VIOLAÇÃO DE PRINCÍPIOS DA ADMINISTRAÇÃO PÚBLICA. ART.

11 DA LEI 8.429/92. ELEMENTO SUBJETIVO. NECESSIDADE. COMPROVAÇÃO. APLICAÇÃO DAS PENALIDADES PREVISTAS NO ART. 12 DA LEI 8.429/92. PRINCÍPIOS DA PROPORCIONALIDADE E RAZOABILIDADE INOBSERVADOS. READEQUAÇÃO DAS SANÇÕES IMPOSTAS. PRECEDENTES DO STJ. RECURSOS ESPECIAIS PARCIALMENTE PROVIDOS. 1. No caso dos autos, o Ministério Público Federal ajuizou ação de improbidade administrativa contra o ex-Presidente e o ex-Diretor de Administração da Casa da Moeda, com fundamento no art. 11, I, da Lei 8.429/92, em face de supostas irregularidades em contratos firmados sem a realização de processo licitatório. Por ocasião da sentença, o magistrado em primeiro grau de jurisdição julgou procedente o pedido da referida ação para reconhecer a prática de ato de improbidade administrativa e condenar os requeridos, com base no art. 12, III, da Lei 8.429/92. 2. O Tribunal de origem, ao analisar a questão relacionada à inexigibilidade de licitação no caso concreto, fundou o seu entendimento na interpretação de cláusulas contratuais dos instrumentos firmadas pelos recorrentes, bem como considerou as circunstâncias fáticas e as provas produzidas nos autos. A análise da pretensão recursal deste tópico, com a consequente reversão do entendimento exposto no acórdão recorrido, exige, necessariamente, o reexame de matéria fático-probatória, o que é vedado ao Superior Tribunal de Justiça, em sede de recurso especial, conforme a orientação das Súmulas 5 e 7 desta Corte Superior (respectivamente: "A simples interpretação de cláusula contratual não enseja recurso especial"; "A pretensão de simples reexame de prova não enseja recurso especial"). 3. O entendimento majoritário desta Corte Superior é no sentido de que a configuração de ato de improbidade administrativa exige, necessariamente, a presença do elemento subjetivo, inexistindo a possibilidade da atribuição da responsabilidade objetiva na esfera da Lei 8.429/92. Nesse sentido, os seguintes precedentes: REsp 734.984/SP, 1ª Turma, Rel. p/ acórdão Min. Luiz Fux, DJe de 16-6-2008; REsp 658.415/RS, 2ª Turma, Rel. Min. Eliana Calmon, DJ de 3-8-2006; REsp 604.151/RS, 1ª Turma, Rel. p/ acórdão Min. Teori Albino Zavascki, DJ de 8-6-2006; REsp 626.034/RS, 2ª Turma, Rel. Min. João Otávio de Noronha, DJ de 5-6-2006, p. 246. 4. No caso dos autos, o Tribunal a quo *concluiu que houve violação de princípios da administração pública em face da manifesta inobservância da necessidade de procedimento licitatório para a formalização de contratos, o que caracterizaria ato de improbidade administrativa previsto no art. 11 da Lei 8.429/92, bem como concluiu pela manifesta presença de dolo, má-fé, bem assim a desonestidade ou imoralidade no trato da coisa pública. 5. A aplicação das penalidades previstas no art. 12 da Lei 8.429/92 exige que o magistrado considere, no caso concreto, "a extensão do dano causado, assim como o proveito patrimonial obtido pelo agente" (conforme previsão expressa contida no parágrafo único do referido artigo). Assim, é necessária a análise da razoabilidade e proporcionalidade em relação à gravidade do ato de improbidade e à cominação das penalidades, as quais não devem ser aplicadas, indistintamente, de maneira cumulativa. 6. Na hipótese examinada, os recorrentes foram condenados na sentença ao pagamento de multa civil "correspondente a cinco vezes o valor da remuneração recebida pelos Réus à época em que atuavam na Casa da Moeda do Brasil (CMB) no período da contratação irregular, devidamente atualizado até o efetivo pagamento, bem como decretar a perda da função pública que eventualmente exerçam na atualidade, a suspensão dos direitos políticos por três anos e a proibição dos Réus de contratarem com o Poder Público pelo prazo de três anos" (fls. 371/378), o que foi mantido integralmente pela Corte a quo. Assim, não obstante a prática de ato de improbidade administrativa pelos recorrentes, a imposição cumulativa de todas as sanções previstas na referida legislação não observou os princípios da razoabilidade e da proporcionalidade. Tal consideração impõe a redução do valor da multa civil de cinco para três vezes o valor da remuneração, bem como autoriza o afastamento da sanção de suspensão dos direitos políticos dos recorrentes. 7. Provimento parcial dos recursos especiais, tão somente para readequar as sanções impostas aos recorrentes (STJ, 1ª T., REsp 875.425/RJ, Rel. Min. Denise Arruda, v. u. j. 9-12-2008; DJe, 11 fev. 2009).*

PROCESSUAL CIVIL E ADMINISTRATIVO. AÇÃO CIVIL PÚBLICA. IMPROBIDADE ADMINISTRATIVA. EMBARGOS DE DECLARAÇÃO. CONTRADIÇÃO NÃO CONFIGURADA. CONTRATAÇÃO DE EMPRESA SEM LICITAÇÃO. SERVIÇOS TÉCNICOS

DE AUDITORIA. REVISÃO DA ARRECADAÇÃO DO ICMS, PARA FINS DE APURAÇÃO DA QUOTA-PARTE DA REPARTIÇÃO TRIBUTÁRIA. INTELIGÊNCIA DO ART. 25, II, DA LEI 8.666/1993. 1. O vício da contradição pressupõe que os fundamentos e a conclusão do julgamento caminhem em sentidos opostos, o que não ocorreu nos autos. 2. O Tribunal de origem considerou justificada a contratação direta porque a empresa é bem conceituada, e o serviço de revisão da arrecadação do ICMS, para controle da quota-parte na repartição de receitas, demanda conhecimentos técnicos especializados. 3. Contudo, a inexigibilidade da licitação, nos termos do art. 25, II, da Lei 8.666/1993, pressupõe a presença concomitante dos seguintes requisitos: a) serviço técnico listado no art. 13; b) profissional (pessoa física) ou empresa de notória especialização; c) natureza singular do serviço a ser prestado. 4. Sem a demonstração da natureza singular do serviço prestado, o procedimento licitatório é obrigatório e deve ser instaurado, com o objetivo maior de a) permitir a concorrência entre as empresas e pessoas especializadas no mesmo ramo profissional e, b) garantir ampla transparência à contratação pública e, com isso, assegurar a possibilidade de controle pela sociedade e os sujeitos intermediários (Ministério Público, ONGs etc.). 5. Recurso Especial parcialmente provido (STJ, 2ª T., REsp 942.412/ SP, Rel. Min. Herman Benjamin, v. u., j. 28-10-2008, DJe, 9 mar. 2009).

AÇÃO CIVIL. IMPROBIDADE ADMINISTRATIVA. CONTRATAÇÃO DE ADVOGADO. LICITAÇÃO "CONVITE". PRESSUPOSTOS. COMISSÃO PERMANENTE. IRREGULARIDADES. AUSÊNCIA DE PREQUESTIONAMENTO. SERVIÇOS PRESTADOS PELO PROFISSIONAL. PRECEDENTES. I – Trata-se de ação civil, por improbidade administrativa, ajuizada pelo Ministério Público do Estado de São Paulo com vistas a apurar irregularidades na contratação de profissional (assessoria jurídica) realizada por Prefeito Municipal. II – O acórdão recorrido reformou a decisão a quo *de procedência do pedido, anulando as condenações impostas. III – As matérias invocadas pelo recorrente relacionadas ao eventual erro de procedimento na modalidade convite efetivada para a referida contratação, bem como sobre irregularidades na formação da respectiva Comissão Permanente, não foram debatidas pelo Tribunal* a quo, *nem foram opostos embargos declaratórios, ensejando a incidência da Súmula 282/STF. IV – O decisum considerou que o profissional efetivamente prestou seus serviços, no que a pretensão recursal de restabelecimento das condenações impostas em primeiro grau de jurisdição, principalmente no que diz respeito à devolução aos cofres públicos dos valores relativos aos salários do contratado, se mostra descabida. Precedentes: REsp n. 861.566/GO, Rel. Min. Luiz Fux, DJe de 23-4-2008, REsp n. 514.820/SP, Rel. Min. Eliana Calmon, DJ de 6-6-2008; V – Recurso parcialmente conhecido e, nessa parte, improvido (STJ, 1ª T., REsp 109.759-5/SP, j. 16-6-2009, Rel. Min. Francisco Falcão,* DJe, 25 jun. 2009).

ADMINISTRATIVO. AÇÃO CIVIL PÚBLICA. IMPROBIDADE ADMINISTRATIVA. CAMPANHA PUBLICITÁRIA. DIVULGAÇÃO. ART. 25, II, DA LEI 8.666/1993. CASO CONCRETO. EXCEPCIONALIDADE. PREMISSAS FÁTICAS ESTABELECIDAS PELO ACÓRDÃO. SÚMULA 7/STJ. RECURSO NÃO CONHECIDO. 1. Trata-se, na origem, de Ação Civil Pública proposta pelo Ministério Público, nos termos dos arts. 10, VIII, e 11, I, da LIA, contra gestores da Eletroacre, visando à anulação de contratos de publicidade firmados com emissoras de televisão e jornais locais sem licitação (alegada a inexigibilidade), ao ressarcimento ao Erário pelo pagamento indevido e à responsabilização dos agentes públicos envolvidos. A sentença de improcedência foi mantida pelo Tribunal de origem. 2. À luz do objeto licitado, o acórdão recorrido asseverou textualmente estar "centrado o motivo da inexigibilidade da licitação na inviabilidade da concorrência ante a necessidade de contratação de todas as empresas televisivas e jornalísticas para veiculação de campanha publicitária educativa, portanto, sem possibilidade de escolha da proposta mais vantajosa, refugindo a hipótese daquelas enumeradas nos incisos do art. 25, da Lei de Licitações". Aduziu ainda a especificidade do "público alvo da campanha publicitária, qual seja, a população geral da cidade de Rio Branco, no Acre – consoante delineado na Exposição de Motivos dantes transcrita – inexistindo interesse na veiculação da campanha além das fronteiras desta Capital". 3. Os fatos narrados criam condição excepcionalíssima. O acórdão afirmou que a competição era inviável diante da contratação de todas as empresas atuan-

tes no mercado, o que justificaria, em tese, a inexigibilidade da licitação. É impossível sindicar tais premissas fáticas do acórdão (v.g., se era viável a competição ou se houve restrição indevida do objeto do certame), em razão da Súmula 7/STJ. 4. Recurso Especial não conhecido (STJ, REsp 1202715/AC, 2ª T., j. 3-11-2011, Rel. Min. Herman Benjamin, DJe 8-11-2011).

Art. 26. As dispensas previstas nos §§ 2º e 4º do art. 17 e no inciso III e seguintes do art. 24, as situações de inexigibilidade referidas no art. 25, necessariamente justificadas, e o retardamento previsto no final do parágrafo único do art. 8º desta Lei deverão ser comunicados, dentro de 3 (três) dias, à autoridade superior, para ratificação e publicação na imprensa oficial, no prazo de 5 (cinco) dias, como condição para a eficácia dos atos.

Parágrafo único. O processo de dispensa, de inexigibilidade ou de retardamento, previsto neste artigo, será instruído, no que couber, com os seguintes elementos:

I – caracterização da situação emergencial ou calamitosa que justifique a dispensa, quando for o caso;

II – razão da escolha do fornecedor ou executante;

III – justificativa do preço;

IV – documento de aprovação dos projetos de pesquisas aos quais os bens serão alocados.

Comentários

De acordo com este artigo, com redação dada pela Lei n. 11.107/2005, os casos de dispensa e de inexigibilidade de licitação exigem da Administração um procedimento especial. Na lição de Hely Lopes Meirelles, "A dispensa e a inexigibilidade de licitação devem ser necessariamente justificadas e o respectivo processo deve ser instruído com elementos que demonstrem a caracterização da situação emergencial ou calamitosa que justifique a dispensa, quando for o caso; a razão da escolha do fornecedor do bem ou executante da obra ou do serviço; e a justificativa do preço. Com esses elementos, a decisão da autoridade competente deverá ser submetida ao superior hierárquico para ratificação e publicação na imprensa oficial, no prazo de cinco dias como condição de eficácia dos atos" (*Direito administrativo brasileiro*, cit., p. 259).

O inciso IV do parágrafo único do art. 26, introduzido pela Medida Provisória n. 1.452, de 10 de maio de 1996, que mais tarde se converteu na já citada Lei n. 9.648, de 27 de maio de 1998, exige, em casos de dispensa de licitação para aquisição de bens utilizáveis em programas de pesquisas financiadas por instituições credenciadas junto ao CNPq, que os órgãos juntem documento de aprovação dos projetos de pesquisas nos quais os bens adquiridos serão empregados.

Seção II
DA HABILITAÇÃO

Art. 27. Para a habilitação nas licitações exigir-se-á dos interessados, exclusivamente, documentação relativa a:

I – habilitação jurídica;

II – qualificação técnica;

III – qualificação econômico-financeira;

IV – regularidade fiscal e trabalhista; (Redação dada pela Lei n. 12.440, de 2011.)

V – cumprimento do disposto no inciso XXXIII do art. 7º da Constituição Federal.

Comentários

Hely Lopes Meirelles define habilitação ou qualificação como sendo "o ato pelo qual o órgão competente, examinada a documentação, manifesta-se sobre os requisitos pessoais dos licitantes, habilitando-os ou inabilitando-os" (*Licitação e contrato administrativo*, 7. ed., Revista dos Tribunais, p. 106).

Na mesma obra, conceitua, ainda, habilitação jurídica como "a aptidão efetiva para exercer direitos e contrair obrigações, com responsabilidade absoluta ou relativa por seus atos" (*Licitação e contrato administrativo*, cit., p. 106).

Qualificação técnica, por sua vez, é definida pelo citado mestre como "o conjunto de requisitos profissionais que o licitante apresenta para executar o objeto da licitação" e qualificação econômico-financeira como "a capacidade para satisfazer os encargos econômicos decorrentes do contrato".

Por fim, ensina que regularidade fiscal é "o atendimento das exigências do Fisco – quitação ou discussão dos tributos pelo contribuinte" (*Licitação e contrato administrativo*, cit., p. 106).

O inciso V do art. 27 foi acrescentado pelo art. 1º da Lei n. 9.854, de 27-10-1999, que, por sua vez, teve sua redação influenciada pela Emenda Constitucional n. 20, de 15-12-1998, que proibiu o trabalho noturno, perigoso ou insalubre a menores de 18 anos e de qualquer trabalho a menores de 16 anos, salvo na condição de aprendiz, a partir de 14 anos. Antes a vedação a qualquer trabalho alcançava apenas os menores de 14 anos. Para a Lei das Licitações, os licitantes devem comprovar que não possuem, em seu quadro funcional, menores de 16 anos de idade, salvo se aprendizes de ofício. Também é vedada a mantença de contratação, pelos licitantes, de maiores de 16 e menores de 18 anos, se o trabalho a ser contratado houver que ser realizado à noite, ou apresentar algum risco ou insalubridade.

O Decreto n. 4.358, de 5 de setembro de 2002, regulamenta a Lei n. 9.854, de 27 de outubro de 1999, que acrescentou os incisos V ao art. 27 e XVIII ao art. 78 da Lei n. 8.666, de 21 de junho de 1993, referente ao cumprimento do disposto no inciso XXXIII do art. 7º da Constituição Federal.

Oportuno mencionar que, não obstante o novo Código Civil (Lei n. 10.406, de 10 de janeiro de 2002), em seus arts. 4º e 5º, tenha reduzido a faixa etária – de 16 a 21 para 16 a 18 – de incapacidade relativa, estabelecendo que a menoridade cessa aos 18 (dezoito) anos completos, nenhuma alteração houve quanto a vedação de trabalho noturno, perigoso ou insalubre a menores de 18 anos e de qualquer trabalho para os menores de 16 anos, ressalvada a condição de aprendiz a partir dos 14 anos de idade.

Dos requisitos para habilitação

A habilitação, ou também qualificação dos interessados, nada mais é que o exame destinado a verificar a aptidão e qualificação do licitante para participar do certame.

Nesta fase examinam-se a habilitação jurídica, a qualificação técnica, a qualificação econômico-financeira e a regularidade fiscal.

Para esse fim são exigíveis vários documentos a cada um desses aspectos, podendo estes ser apresentados no original ou em cópia autenticada (art. 32).

Para a qualificação jurídica são necessários, conforme o caso, cédula de identidade, registro comercial (no caso de empresa individual), contrato social com todos os aditamentos e devidamente registrado, prova da eleição da diretoria (no caso de sociedades civis), ato do registro ou autorização para funcionamento expedido por autoridade competente. Se se tratar de empresa estrangeira em funcionamento no Brasil, o decreto que autorizou esse funcionamento.

Para a habilitação técnica o edital mencionará as suas necessidades, mas devem os licitantes comprovar que possuem em seu quadro permanente profissional de nível superior detentor de atestado de responsabilidade técnica.

Para comprovar a regularidade fiscal, os licitantes, conforme o caso, devem comprovar que estão inscritos no Cadastro de Pessoas Físicas ou no Cadastro-Geral de Contribuintes, prova de regularidade fiscal, documentação relativa ao cumprimento dos encargos previdenciários, das normas relativas à saúde e à segurança do trabalho e, precipuamente, a prova de situação regular perante o Fundo de Garantia por Tempo de Serviço.

A prova pré-constituída dos requisitos habilitatórios é obrigatória em licitações.

Se a documentação ofertada não preenche os requisitos inseridos no edital, deve a autoridade indeferir o pedido do concorrente, inabilitando-o.

As propostas e documentos devem ser apresentados de modo sigiloso.

A prova de capacidade técnica só pode ser exigida quando constar expressamente do edital.

Assevera Hely Lopes Meirelles que a habilitação ou a qualificação do proponente é o reconhecimento da presença dos requisitos legais para licitar, feito por comissão ou autoridade competente para o certame licitatório. Definiu-a como sendo o ato prévio do julgamento das propostas.

Lucia Valle Figueiredo também observa que "a habilitação é um ato vinculado, por meio do qual a Administração reconhece ter o interessado capacidade para licitar". E continua a autora: "Dissemos ser a habilitação um ato vinculado, porque o exigível do interessado, para que comprove sua qualificação, deverá, expressamente, estar contido no edital. O edital deverá especificar que documentos devem apresentar os interessados para a comprovação de sua capacidade jurídica, técnica e financeira.

A discricionariedade da Administração, na inexistência de texto legal taxativo, fica, tão somente, à escolha dos meios por intermédio dos quais o interessado provará sua capacidade técnica, financeira e jurídica, como é o caso de nossa legislação. Entretanto, especificando a Administração os documentos que deverão ser apresentados, vincula-se inteiramente. Ao examinar a habilitação, deverá fazê-lo de acordo com o preestabelecido no edital.

A habilitação introduz o interessado em uma nova situação jurídica perante a Administração – passa a ter o direito de apresentação de proposta" (*Direito dos licitantes*, p. 45-6).

Efeito jurídico da habilitação

Ao discorrer sobre o efeito jurídico da habilitação, Celso Antônio Bandeira de Mello asseverou que: "A habilitação, como esclarece Oswaldo Aranha Bandeira de Mello, tem o efeito jurídico de atribuir aos que afluíram ao certame a qualidade jurídica de ofertantes e o direito ao exame de suas propostas. É ato que remove obstáculos para concorrer ao objeto licitado. Daí que os habilitados, e somente eles, podem disputá-lo. Os demais ficam excluídos da licitação.

Definida a habilitação, todos os que demonstraram a suficiência exigida ficam absolutamente parificados quanto a isto. Não há licitantes mais ou menos aptos; ou o são ou não o são. Por isso mesmo a Administração não poderá, ulteriormente, quando do julgamento, levar em conta, para fins classificatórios, fatores que já foram apreciados na fase de habilitação e cujo préstimo a isto tinham e têm de se cingir.

Merece ser considerada a hipótese de um proponente já habilitado vir a sofrer, ao depois, mutações detrimentosas em sua capacitação. É dizer: fato superveniente à habilitação pode alterar a capacidade do licitante, eliminando-a em quaisquer de seus aspectos ou reduzindo-a a níveis inferiores ao exigido.

Em tal circunstância o caráter preclusivo da habilitação, que a lei expressamente refere no que atina à posição do inabilitado (art. 41, § 4º), não prevalece. Dispõe o art. 43, § 5º, embora em linguagem tecnicamente imprópria, que 'ultrapassada a fase de habilitação dos concorrentes (incisos I e II) e abertas as propostas (inciso III), não cabe 'desclassificá-lo' por motivo relacionado com a habilitação, salvo em razão de fatos supervenientes ou só conhecidos após o julgamento'. É claro que a ausência de aptidão subjetiva tornaria insegura ou até inexequível sua oferta. Evidentemente, a hipótese cogitada tem lugar quando razões fundadas e objetivas levem a Administração a concluir que infirmou-se a continuidade de habilitação dantes reconhecida e a apurar efetivamente a ocorrência do fato. A falência ou a concordata do proponente servem de exemplos da elisão da aptidão econômica e financeira do licitante" (apud Celso Antônio Bandeira de Mello, *Curso de direito administrativo*, 6. ed., Malheiros Ed., 1995, p. 336-7).

A exigência de documentação além da necessária, dificultando a habilitação dos licitantes, pode trazer empecilhos ao alcance da isonomia do procedimento licitatório.

Nessa fase de habilitação a Administração não pode fazer exigências descabidas porque o ato licitatório tem como objetivo proporcionar o maior número de concorrentes para a prestação de serviços aos órgãos públicos, possibilitando que se escolha aquele que melhor atenda aos seus interesses.

Jurisprudência

Cancelamento de registro de concorrente – Declaração de inabilitada – Ato discriminatório da autoridade administrativa – Concorrente que não comprova cumprimento de seus encargos previdenciários e com o FGTS – Requisito obrigatório – Direito líquido e certo não demonstrado – Segurança denegada – Sentença confirmada – Inteligência do art. 195, § 3º, da CF. Exige-se para a habilitação nas licitações dos interessados, documentação relativa ao cumprimento dos encargos previdenciários, das normas relativas à saúde e à segurança do trabalho e, precipuamente, a prova de situação regular perante o FGTS. Direito líquido e certo é aquele que não desperta dúvidas, que está isento de obscuridades, que não precisa ser aclarado com o exame de provas em dilações, que é de si mesmo concludente e inconcusso (TJSP, Ap. 164.206-1/1, 3ª C., j. 7-4-1992, Rel. Des. Alfredo Migliore).

É na fase de habilitação e não na de julgamento que se deve proceder à análise dos aspectos referentes à pessoa do proponente, como a verificação da personalidade jurídica, capacidade técnica e idoneidade financeira dos licitantes (TFR, Ap. MS 107.117-RJ, 2ª T., Rel. Min. Otto Rocha, DJU, 2 abr. 1987, p. 5661).

MANDADO DE SEGURANÇA. ADMINISTRATIVO. LICITAÇÃO. PROPOSTA TÉCNICA. INABILITAÇÃO. ARGUIÇÃO DE FALTA DE ASSINATURA NO LOCAL PREDETERMINADO. ATO ILEGAL. EXCESSO DE FORMALISMO. PRINCÍPIO DA RAZOABILIDADE. 1. A interpretação dos termos do Edital não pode conduzir a atos que acabem por malferir a própria finalidade do procedimento licitatório, restringindo o número de concorrentes e prejudicando a escolha da melhor proposta. 2. O ato coator foi desproporcional e desarrazoado, mormente tendo em conta que não houve falta de assinatura, pura e simples, mas assinaturas e rubricas fora do local preestabelecido, o que não é suficiente para invalidar a proposta, evidenciando claro excesso de formalismo. Precedentes. 3. Segurança concedida (STJ, MS 5869/DF, 1ª Seção, j. 11-9-2002, Rel. Min. Laurita Vaz).

MANDADO DE SEGURANÇA. ADMINISTRATIVO. LICITAÇÃO. PROPOSTA TÉCNICA. INABILITAÇÃO. ARGUIÇÃO DE

FALTA DE ASSINATURA NO LOCAL PREDETERMINADO. ATO ILEGAL. EXCESSO DE FORMALISMO. PRINCÍPIO DA RAZOABILIDADE. 1. A interpretação dos termos do Edital não pode conduzir a atos que acabem por malferir a própria finalidade do procedimento licitatório, restringindo o número de concorrentes e prejudicando a escolha da melhor proposta. 2. O ato coator foi desproporcional e desarrazoado, mormente tendo em conta que não houve falta de assinatura, pura e simples, mas assinaturas e rubricas fora do local preestabelecido, o que não é suficiente para invalidar a proposta, evidenciando claro excesso de formalismo. Precedentes. 3. Segurança concedida (STJ, MS 5869/DF, 1ª Seção, j. 11-9-2002, Rel. Min. Laurita Vaz).

RECURSO ESPECIAL DA TELESP – ADMINISTRATIVO – LICITAÇÃO – HABILITAÇÃO – AÇÃO POPULAR – NULIDADE DE ATO – POTENCIALIDADE DE DANO AO ERÁRIO – CERTIFICADO DE REGISTRO CADASTRAL (CRC) – EMPRESA EM CONCORDATA – ARTS. 27, III, E 31, II, DA LEI N. 8.666/93 – CARÊNCIA DA AÇÃO – SÚMULA 284/STF – MÁ-FÉ DO AUTOR POPULAR – SÚMULA 211/STJ – VIOLAÇÃO DOS ARTS. 2º E 3º DA LEI N. 4.717/65 – SÚMULA 07/STJ. 1. A alegada "preliminar de carência de ação", que tecnicamente diz respeito ao mérito do próprio recurso especial, não pode sequer ser conhecida, uma vez que a recorrente não aponta qual o efetivo dispositivo de lei violado pelo acórdão recorrido neste particular. Incidência da Súmula 284 do STF. Precedentes. 2. Alegada má-fé do autor popular. Sobre esta questão, além de não ter a recorrente indicado precisamente qual o dispositivo de lei que teria o acórdão recorrido violado, também não existe o necessário prequestionamento, mesmo a despeito de a segunda recorrente ter oposto embargos declaratórios, fazendo incidir os enunciados 211 da Súmula do STJ e 284 da Súmula do STF. 3. Questão federal da necessidade de certidão negativa de concordata ou falência para a comprovação da qualificação econômico-financeira: Para qualquer habilitação em licitação será exigida documentação sobre a qualificação econômico-financeira (art. 21, III, Lei n. 8.666/93), e essa documentação será limitada à certidão negativa de falência ou concordata, expedida pelo distribuidor da sede da pessoa jurídica (art. 31, II, da Lei n. 8.666/93). 4. É possível e legal exigir o Poder Público obtenção prévia de um certificado, chamado de Certificado de Registro Cadastral – CRC, de modo a buscar o melhor esclarecimento possível do habilitante sobre sua capacidade financeira, com vistas aos compromissos que dali poderão advir, máxime em se tratando da finalidade pública que envolvem tais compromissos. 5. Assentado está no acórdão recorrido que a habilitante atravessava concordata, à época dos fatos, o que a impediria de obter o CRC em razão da inexistência de comprovação de sua qualificação econômica, de modo a impossibilitar o cumprimento do art. 27, III, da Lei n. 8.666/93. Recurso especial parcialmente conhecido e improvido. RECURSO ESPECIAL DA COOPERSTEEL BIMETÁLICA LTDA. – INEXISTÊNCIA DE ASSINATURA – MERA CÓPIA REPROGRÁFICA JUNTADA AOS AUTOS – RECURSO APÓCRIFO QUE NÃO SE CONHECE – PRECEDENTES. 1. Na instância especial, é inexistente o recurso especial juntado sem a assinatura do advogado, máxime quando o próprio parecer do Ministério Público local, antes do juízo de admissibilidade, chama a atenção para tal fato e sobre a necessidade do vício ser sanado antes do juízo de admissibilidade. Recurso especial não conhecido (STJ, REsp 351.512/SP, 2ª T., j.13-2-2007, Rel. Min. Humberto Martins, DJ, 27 fev. 2007, p. 238).

MANDADO DE SEGURANÇA. PREGÃO. SUSPENSÃO TEMPORÁRIA. PENALIDADE. NÃO APRESENTAÇÃO DE DOCUMENTOS PARA A HABILITAÇÃO. DESCLASSIFICAÇÃO. I – Conforme expressa disposição editalícia, o não envio da documentação no prazo exigido de 24 horas não gera como penalidade a suspensão temporária do direito de licitar e contratar com a Administração Pública, mas apenas a desclassificação do interessado da referida modalidade de licitação. II – Não houve recusa por parte da Recorrente em fornecer as informações suficientes, tampouco foram estas inadequadamente fornecidas, pelo que resta injustificável a aplicação da penalidade de suspensão temporária. III – A declaração falsa relativa ao cumprimento dos requisitos de habilitação sujeitará o licitante às sanções previstas na legislação pertinente e, in casu, *na exclusão do certame. IV – Recurso Ordinário provido (STJ, RMS*

23.088/PR, 1ª T., Rel. Min. Francisco Falcão, v. u., j. 19-4-2007, DJ, *24 maio 2007, p. 310).*
MANDADO DE SEGURANÇA. LICITAÇÃO. DESCLASSIFICAÇÃO POR AUSÊNCIA DE COMPROVAÇÃO DA CAPACIDADE TÉCNICA NA FORMA PREVISTA NO EDITAL. INADEQUAÇÃO DO MANDAMUS *PARA DISCUSSÃO DA MATÉRIA. 1. Hipótese em que a empresa impetrante foi desclassificada por não atender "às exigências previstas no subitem 19.1.1 PT1 – Experiência Técnico-Operacional da Empresa c/c as estatuídas no subitem 3.2 Nota PT1A – Experiência em elaboração de estudos de planejamento de empreendimentos portuários" e impetra Mandado de Segurança para permanecer no certame. 2. Ao Judiciário não cabe rever, em* writ, *decisão da Administração Pública referente a requisitos técnicos, notadamente a comprovação da experiência da empresa em elaboração de estudos de planejamento portuário. A inadequação da via eleita é patente. Precedentes do STJ. 3. Ademais, cumpre ressaltar que a licitação foi declarada fracassada pela Administração Pública. 4. Agravo Regimental não provido (STJ, AgRg no MS 14133/DF, Min. Herman Benjamin, 1ª Seção, j. 23-9-2009,* DJe, *1º out. 2009).*

ADMINISTRATIVO E PROCESSUAL CIVIL. RECURSO ORDINÁRIO EM MANDADO DE SEGURANÇA. LICITAÇÃO. CONCORRÊNCIA POR MENOR PREÇO. DISCUSSÃO ACERCA DE LEGALIDADE DE CLÁUSULA EDITALÍCIA. DECADÊNCIA DO DIREITO DE IMPETRAR MANDADO DE SEGURANÇA. TERMO INICIAL: PUBLICAÇÃO DO EDITAL. FALTA DE OBJETIVIDADE NO JULGAMENTO DAS PROPOSTAS. AUSÊNCIA DE PROVA PRÉ-CONSTITUÍDA. EMPRESA VENCEDORA QUE NECESSARIAMENTE DEVE ESTAR NO GRUPO DAS LICITANTES HABILITADAS E CLASSIFICADAS. MOMENTO DE COMPROVAÇÃO DE SIMILARIDADE TÉCNICA ENTRE OS PRODUTOS UTILIZADOS PELAS LICITANTES E AQUELES DETERMINADOS PELO EDITAL. LEITURA DO EDITAL QUE REVELA A NECESSIDADE DE CUMPRIMENTO DESTE REQUISITO NA FASE DE CLASSIFICAÇÃO. ILEGALIDADES NÃO CARACTERIZADAS. 1. A recorrente, em síntese, o seguinte: (a) ilegalidade do edital no ponto em que exige determinada marca de produto; (b) falta de uniformidade e objetividade na adoção de critérios de julgamento quanto à similaridade dos materiais; e (c) justificação da similaridade técnica, conforme o edital, apenas em caráter futuro, e não concomitantemente à apresentação das propostas. 2. Em primeiro lugar, no que tange à alegada ilegalidade da cláusula do edital que veiculou exigência administrativa de marca de certos produtos, o direito de impetrar mandado de segurança foi fulminado pela decadência, uma vez que o edital é de setembro/2003 e a impetração só ocorreu em abril/2004. 3. A recorrente conhecia, desde a publicação do instrumento convocatório, a necessidade de que os produtos fossem de certa marca e, no entanto, não impugnou esta exigência a tempo no Judiciário. 4. Em segundo lugar, em relação à questão da falta de objetividade no julgamento das propostas, ganham importância duas considerações: (i) não há prova pré-constituída nos autos que demonstre a falta de imparcialidade por parte da Administração Pública quando da avaliação e julgamento das propostas e (ii) a licitante vencedora, como se sabe, será elemento pertencente ao conjunto das licitantes que preencham os requisitos elencados no edital (seja na fase de habilitação, seja na fase de classificação) – motivo pelo qual a alegação de que configuraria parcialidade o fato de a empresa recorrente, embora tendo apresentado menor preço do que a licitante vencedora, não tenha sido escolhida definitivamente pelo Poder Público é falacioso, uma vez que a impetrante-recorrente não cumpriu o que dela se esperava à luz do edital. 5. Em terceiro lugar, acerca do momento em que se deve comprovar o cumprimento a similaridade técnica entre os produtos fornecidos e aqueles designados por marca no edital – caso a empresa licitante não se valha destes últimos –, a simples leitura do edital deixa claro que o envelope das propostas deveria conter "orçamento discriminado dos serviços com relação de mão de obra e materiais previstos e respectivas unidades, quantidades, marcas, tipos, modelos e/ou referências (a empresa, sob pena de desclassificação, deverá citar a marca, tipo, modelo e/ou referência dos materiais que irá fornecer, não sendo aceita a expressão 'ou similar' ou 'de material de qualidade comprovadamente equivalente'), preços unitários e totais, tomando-se como base as planilhas orçamentárias e memoriais descritivos fornecidos por este Tribunal; [...] **a empresa, sob pena de desclas-**

sificação, deverá comprovar, documentalmente, a similaridade técnica dos materiais cotados, cujas marcas divergirem das que constam nos memoriais descritivos e planilhas orçamentárias fornecidos por este Tribunal" (fl. 36 – negrito acrescentado). 6. Ora, se os ônus de comprovação cabiam à empresa sob pena de desclassificação, fica evidente que o momento de cumprimento desses requisitos era a apresentação dos envelopes de propostas. Até porque não poderia ser diferente, já que as fases licitatórias posteriores não são dadas a esse tipo de comprovação, sendo irregular a satisfação de requisitos por ocasião da adjudicação ou da homologação, ou, pior ainda, depois de assinado o contrato – afinal, é a fase de classificação que concretiza um dos objetivos da licitação, que é a escolha da melhor proposta para a Administração segundo os critérios de julgamento. 7. Se a recorrente tinha dúvidas acerca dos comandos editalícios – embora essas cláusulas, em específico, sejam de fácil compreensão –, deveria ter se valido do expediente previsto, ainda que de forma indireta, no item 15.1, inciso I, suscitando dúvida perante à Administração competente para saná-la. 8. Recurso ordinário conhecido para extinguir sem resolução de mérito o mandado de segurança quanto à questão da ilegalidade do edital e, no mais, negar provimento à pretensão da parte recorrente (STJ, 2ª T., RMS 25206/SC, j. 20-8-2009, Rel. Min. Mauro Campbell Marques, DJe, 8 set. 2009).

Art. 28. A documentação relativa à habilidade jurídica, conforme o caso, consistirá em:

I – cédula de identidade;

II – registro comercial, no caso de empresa individual;

III – ato constitutivo, estatuto ou contrato social em vigor, devidamente registrado, em se tratando de sociedades comerciais, e, no caso de sociedades por ações, acompanhado de documentos de eleição de seus administradores;

IV – inscrição do ato constitutivo, no caso de sociedades civis, acompanhada de prova de diretoria em exercício;

V – decreto de autorização, em se tratando de empresa ou sociedade estrangeira em funcionamento no País, e ato de

registro ou autorização para funcionamento expedido pelo órgão competente, quando a atividade assim o exigir.

Comentários

Escreve, a respeito, Marçal Justen Filho: "A prova de habilitação jurídica corresponde à comprovação da existência da capacidade de fato e da regular disponibilidade para exercício das faculdades jurídicas. Somente pode formular proposta aquele que possa validamente contratar" (*Comentários à lei de licitações*, cit., p. 189).

A lei solicita do licitante a prova de sua capacidade para contrair obrigações ou exercer direitos. Assim a pessoa física provará a sua capacidade jurídica pela carteira de identidade ou carteira profissional. A pessoa jurídica o fará pelo registro na Junta Comercial, ou Registro Civil das Pessoas Jurídicas, ou no Cartório de Registro de Títulos e Documentos. A Administração poderá solicitar dos licitantes outros documentos que julgar pertinentes.

Art. 29. A documentação relativa à regularidade fiscal e trabalhista, conforme o caso, consistirá em: (Redação dada pela Lei n. 12.440, de 2011.)

I – prova de inscrição no Cadastro de Pessoas Físicas (CPF) ou no Cadastro Geral de Contribuintes (CGC);

II – prova de inscrição no cadastro de contribuintes estadual ou municipal, se houver, relativo ao domicílio ou sede do licitante, pertinente ao seu ramo de atividade e compatível com o objeto contratual;

III – prova de regularidade para com a Fazenda Federal, Estadual e Municipal do domicílio ou sede do licitante, ou outra equivalente, na forma da lei;

IV – prova de regularidade relativa à Seguridade Social e ao Fundo de Garantia por Tempo de Serviço (FGTS), demonstrando situação regular no cumprimento dos encargos sociais instituídos por lei;

V – prova de inexistência de débitos inadimplidos perante a Justiça do Trabalho, mediante a apresentação de certidão negativa, nos termos do Título VII-A da Consolida-

ção das Leis do Trabalho, aprovada pelo Decreto-Lei n. 5.452, de 1º de maio de 1943. (Incluído pela Lei n. 12.440, de 2011.)

Comentários

Os documentos aqui exigidos são uma forma de demonstrar que o licitante possui existência e domicílio regulares, e que cumpre seus encargos sociais e suas obrigações para com o Fisco, das três esferas.

O *caput* do art. 29 teve sua redação alterada pela Lei n. 12.440, de 7 de julho de 2011, que, ao instituir a Certidão Negativa de Débitos Trabalhistas, também incluiu o inciso V ao dispositivo da Lei n. 8.666, de 1993.

Jurisprudência

LICITAÇÃO – Exclusão da impetrante pela Comissão de Licitação, por não ter juntado certidão negativa de débitos para com a Fazenda Municipal – Artigos 27, IV, e 29, III, da Lei 8.666/93 – Os requisitos do edital devem estar preenchidos quando da inscrição ao certame e não em qualquer momento posterior – A ausência de cumprimento dos deveres tributários funciona como indício de inidoneidade financeira – Segurança denegada – Recurso não provido (TJSP, Ap. Cív. 85.090-5-Barueri, 8ª C. de D. Público, j. 28-7-1999, Rel. Des. Toledo Silva, v. u.).

LICITAÇÃO – Habilitação – Requisito – Regularidade fiscal – Falta – Ilegalidade – Hipótese, porém, em que apresentou a empresa melhor proposta e executou as obras contratadas – Lesão ao patrimônio público inexistente – Despesas com publicação dos editais de licitação que não podem ser computadas a título de prejuízo experimentado pela municipalidade – Ação civil pública improcedente – Recurso provido (TJSP, Ap. Cív. 99.552-5-Barra Bonita, 9ª C. de D. Público, j. 29-9-1999, Rel. Des. Paulo Dimas Mascaretti, JTJ, 225/13).

MANDADO DE SEGURANÇA – Participante de licitação municipal que veio a juízo por não se conformar com inabilitação para o certame – Legalidade da exigência de apresentação de quitação fiscal – Previsão constitucional que proíbe aos devedores do Fisco de contratar com o Poder Público – Recursos, de ofício e do Sr. Prefeito providos para cassar a segurança concedida (TJSP, Ap. Cív. 101.909-5-São José do Rio Preto, 3ª C. de D. Público, j. 21-3-2000, Rel. Des. Viseu Júnior, v. u.).

RECURSO ORDINÁRIO EM MANDADO DE SEGURANÇA. LICITAÇÃO. TOMADA DE PREÇOS. NÃO ATENDIMENTO À EXIGÊNCIA DO EDITAL. INABILITAÇÃO DE LICITANTE. AUSÊNCIA DE DIREITO LÍQUIDO E CERTO. 1. Em licitação, o interessado deve apresentar os documentos de habilitação válidos e no momento oportuno. O comprovante provisório de inscrição no CNPJ deve estar acompanhado do ato constitutivo ou alterador da sociedade, sob pena de não ser considerado prova válida. Não efetivada a prova exigida, correta está a decisão da Comissão que inabilita a licitante. 2. Recurso não provido (STJ, ROMS 12497/SE, 1ª T., j. 19-2-2002, Rel. Min. José Delgado).

MANDADO DE SEGURANÇA. LICITAÇÃO. HABILITAÇÃO SOMENTE DA MATRIZ. REALIZAÇÃO DO CONTRATO POR FILIAL. IMPOSSIBILIDADE. ARTIGO 29, II E III, DA LEI DE LICITAÇÕES. MATÉRIA FISCAL. DOMICÍLIO TRIBUTÁRIO. ARTIGO 127, II, CTN. I – Constatado que a filial da empresa ora interessada é que cumprirá o objeto do certame licitatório, é de se exigir a comprovação de sua regularidade fiscal, não bastando somente a da matriz, o que inviabiliza sua contratação pelo Estado. Entendimento do artigo 29, incisos II e III, da Lei de Licitações, uma vez que a questão nele disposta é de natureza fiscal. II – O domicílio tributário das pessoas jurídicas de direito privado, em relação aos atos ou fatos que dão origem à obrigação, é o de cada estabelecimento – artigo 127, II, do Código Tributário Nacional. III – Recurso improvido (STJ, REsp 900.604/RN, 1ª T., j.15-3-2007, Rel. Min. Francisco Falcão, DJ, 16 abr. 2007, p. 178).

ADMINISTRATIVO. RECURSO ORDINÁRIO EM MANDADO DE SEGURANÇA. CELEBRAÇÃO DE CONVÊNIOS COM O SUS. EXIGÊNCIA DE CERTIDÕES NEGATIVAS DE DÉBITOS FISCAIS. LEGALIDADE. 1. A Constituição da República, no § 3º de seu art. 195, dispõe que a pessoa jurídica em débito com o sistema da seguridade social, como estabelecido em lei, não poderá contratar com o Poder Público nem dele receber benefícios ou incentivos fiscais ou creditícios. Em termos semelhantes, o CTN, em seu art. 193, já previa o seguinte: "Salvo quando expressamente autorizado por lei, nenhum departamento da administração pública da União, dos Estados, do Distrito Federal, ou dos Municípios, ou sua autarquia, celebrará contrato ou aceitará proposta em concorrência pública sem que o contratante ou proponente faça prova da quitação de todos os tributos devidos à Fazenda Pública interessada, relativos à atividade em cujo exercício contrata ou concorre". De acordo com o art. 47, I, a, da Lei n. 8.212/91, que dispõe sobre a seguridade social, é exigida, da empresa, Certidão Negativa de Débito-CND, fornecida pelo órgão competente, na contratação com o Poder Público e no recebimento de benefícios ou incentivo fiscal ou creditício concedido por ele. Também a Lei n. 8.666/93, que institui normas para licitações e contratos com a Administração Pública, em seu art. 27, IV, estabelece que, para a habilitação nas licitações, exigir-se-á dos interessados documentação relativa a regularidade fiscal. A documentação relativa à regularidade fiscal, conforme o caso, consistirá em prova de regularidade para com a Fazenda Federal, Estadual e Municipal do domicílio ou sede do licitante, ou outra equivalente, na forma da lei, bem como em prova de regularidade relativa à Seguridade Social e ao Fundo de Garantia por Tempo de Serviço (FGTS), demonstrando situação regular no cumprimento dos encargos sociais instituídos por lei (art. 29, III e IV, da Lei 8.666/93). As disposições da Lei n. 8.666/93 aplicam-se, no que couber, aos convênios, acordos, ajustes e outros instrumentos congêneres celebrados por órgãos e entidades da Administração (art. 116). 2. Em conformidade com as normas jurídicas acima, a Primeira Seção desta Corte, por ocasião do julgamento do MS 13.985/DF (Rel. Min. Humberto Martins, DJe 5.3.2009), decidiu ser legítima a exigência de certidões negativas de débitos fiscais para que o particular possa celebrar convênio com a Administração Pública. 3. Não se aplica aos hospitais e às instituições filantrópicas afins o disposto no art. 26, §§ 1º e 2º, da Lei n. 10.522/2002, mas tão somente às pessoas jurídicas de direito público relacionadas no referido dispositivo legal. 4. Recurso ordinário não provido (STJ, RMS 32427/ES, 2ª T., j. 9-11-2010, Rel. Min. Mauro Campbell Marques, DJe *19-11-2010).*

Art. 30. A documentação relativa à qualificação técnica limitar-se-á a:

I – registro ou inscrição na entidade profissional competente;

II – comprovação de aptidão para desempenho de atividade pertinente e compatível em características, quantidades e prazos com o objeto da licitação, e indicação das instalações e do aparelhamento e do pessoal técnico adequados e disponíveis para a realização do objeto da licitação, bem como da qualificação de cada um dos membros da equipe técnica que se responsabilizará pelos trabalhos;

III – comprovação, fornecida pelo órgão licitante, de que recebeu os documentos, e, quando exigido, de que tomou conhecimento de todas as informações e das condições locais para o cumprimento das obrigações objeto da licitação;

IV – prova de atendimento de requisitos previstos em lei especial, quando for o caso.

§ 1º A comprovação de aptidão referida no inciso II do *caput* deste artigo, no caso das licitações pertinentes a obras e serviços, será feita por atestados fornecidos por pessoas jurídicas de direito público ou privado, devidamente registrados nas entidades profissionais competentes, limitadas as exigências a:

I – capacitação técnico-profissional: comprovação do licitante de possuir em seu quadro permanente, na data prevista para entrega da proposta, profissional de nível superior ou outro devidamente reconhecido pela entidade competente, detentor de atestado de responsabilidade técnica por execução de obra ou serviço de características semelhantes, limitadas estas exclusivamente às parcelas de maior relevância e valor significativo do objeto da licitação, vedadas as exigências de quantidades mínimas ou prazos máximos;

II – (*Vetado.*)

a) (*Vetado.*)

b) (*Vetado.*)

§ 2º As parcelas de maior relevância técnica e de valor significativo, mencionadas no parágrafo anterior, serão definidas no instrumento convocatório.

§ 3º Será sempre admitida a comprovação de aptidão através de certidões ou atestados de obras ou serviços similares de complexidade tecnológica e operacional equivalente ou superior.

§ 4º Nas licitações para fornecimento de bens, a comprovação de aptidão, quando for o caso, será feita através de atestados fornecidos por pessoa jurídica de direito público ou privado.

§ 5º É vedada a exigência de comprovação de atividade ou de aptidão com limitações de tempo ou de época ou ainda em locais específicos, ou quaisquer outras não previstas nesta Lei, que inibam a participação na licitação.

§ 6º As exigências mínimas relativas a instalações de canteiros, máquinas, equipamentos e pessoal técnico especializado, considerados essenciais para o cumprimento do objeto da licitação, serão atendidas mediante a apresentação de relação explícita e da declaração formal da sua disponibilidade, sob as penas cabíveis, vedadas as exigências de propriedade e de localização prévia.

§ 7º (*Vetado.*)

I – (*Vetado.*)

II – (*Vetado.*)

§ 8º No caso de obras, serviços e compras de grande vulto, de alta complexidade técnica, poderá a Administração exigir dos licitantes a metodologia de execução, cuja avaliação, para efeito de sua aceitação ou não, antecederá sempre à análise dos preços e será efetuada exclusivamente por critérios objetivos.

§ 9º Entende-se por licitação de alta complexidade técnica aquela que envolva alta especialização, como fator de extrema relevância para garantir a execução do objeto a ser contratado, ou que possa comprometer a continuidade da prestação de serviços públicos essenciais.

§ 10. Os profissionais indicados pelo licitante para fins de comprovação da capacitação técnico-operacional de que trata o inciso I do § 1º deste artigo deverão participar da obra ou serviço objeto da licitação, admitindo-se a substituição por profissionais de experiência equivalente ou superior, desde que aprovada pela Administração.

§ 11. (*Vetado.*)

§ 12. (*Vetado.*)

Comentários

Como muito bem lembrado por Marçal Justen Filho, ao comentar este art. 30, "O conteúdo e a extensão da qualidade técnica dependem diretamente do objeto a ser contratado. Ao definir o objeto a ser contratado, a Administração Pública está implicitamente delimitando a qualificação técnica que deverão apresentar eventuais interessados em participar da licitação. Mas não basta essa delimitação implícita. As exigências quanto à qualificação técnica devem estar previstas de modo expresso" (*Comentários à lei de licitações*, cit., p. 192).

A qualificação técnica será demonstrada pelo registro profissional na área especificada no edital, bem como pela comprovação de desempenho anterior com experiência na execução do objeto, e da disponibilidade de equipamento e pessoal necessários para o imediato início da obra.

Jurisprudência

Ato Administrativo – Impetração contra ato do Prefeito que impediu empreiteira de participar da licitação – Diretor da empresa que respondia a processo-crime não transitado em julgado. Necessidade de condenação criminal ou de processo administrativo para a apuração da punição administrativa – Segurança concedida – Recurso não provido (Ap. Cív. 96.451-1-Cubatão – Recorrente: Juízo ex officio; *Apelante: Municipalidade de Cubatão; Apelada: Construtora e Pavimentadora Latina S/A). Ementa – Licitação – Licitante – Idoneidade – Mera denúncia em processo-crime que não a configura – Aplicação da sanção, ademais que depende de procedimento regular – Segurança concedida – Recurso não provido (Ap. Cív. 98.594-1-Cubatão – Recorrente: Juízo* ex officio; *Apelante: Construtora e Pavimentadora Latina S/A).*

LICITAÇÃO – REQUISITOS – Capacidade Técnica e Condições Financeiras – Exigência de capital mínimo – Comprovação extemporânea – Apresentação, ademais de número inferior de atestados de capacidade técnica ao exigido no edital – Segurança denegada – Recurso não provido (Ap. Cív. 205.231-1-São Paulo – Apelante: Empresa de Segurança de Estabelecimento de Crédito Itatiaia Ltda.; Apelados: Presidente da Comissão de Licitação da Nossa Caixa – Nosso Banco S/A e outros – RTJ, *156/111).*

LICITAÇÃO – Requisitos – Capacidade técnica e condições financeiras – Exigência de capital mínimo – Comprovação extemporânea – Apresentação, ademais, de número inferior de atestados de capacidade técnica ao exigido no edital – Segurança denegada – Recurso não provido (TJSP, Ap. Cív. 205.231-1-São Paulo, j. 15-3-1994, Rel. Des. Alfredo Migliore – Apelante: Empresa de Segurança de Estabelecimento de Crédito Itatiaia Ltda.; Apelados: Presidente da Comissão de Licitação da Nossa Caixa – Nosso Banco S.A. e outros).

Exigência discriminatória – Licitação – Concorrência pública – Edital – Exigência no item capacidade técnica de experiência de cinco anos no setor de atividades – Condição discriminatória ou preferencial, bem como impeditiva de livre concorrência não comprovada – Segurança denegada – Recurso não provido. Mandado de Segurança – Direito líquido e certo – É o que não desperta dúvidas, isento de obscuridade e independe de dilação probatória – Recurso não provido (Ap. Cív. 165.503-1-São Paulo – Recorrente: Juízo ex-officio; *Apelante: ENOB – Engenharia e Obras Ltda.; Apelado: Secretário de Obras e Serviços do Município).*

Licitação – Capacidade técnica – Exigência discriminatória. A exigência de quatro atestados, a serem fornecidos somente pela administração direta, autarquias e sociedades de economia mista, sediadas na Capital do Estado, excluindo as empresas públicas e as de Direito Privado, além de discriminatória é ilegal, ex vi *do art. $5^{\underline{o}}$, "a", do Dec. 86.025/81 (TFR, REO 0106396-GO, $2^{\underline{a}}$ T., Rel. Min. Otto Rocha,* RT, *671/18).*

LICITAÇÃO – A exigência de atestado de capacitação técnica deve limitar-se aos profissionais de nível superior ou equivalente – A comprovação de atestados referentes à execução de obras ou serviços no passado é inválida, frente à nova sistemática imposta pela Lei n. 8.666/93 e Lei n. 8.883/94 – A exigência de atestados não pode conter numerus clausus, sob pena de reduzir o universo dos proponentes, comprometendo, com isso, o caráter competitivo do certame – A utilização do numerus clausus *para os atestados se constituiu ainda em medida discriminatória, destinada a afastar interessados do certame, além de ser violadora do artigo 30, II e § 3º, do Estatuto da Licitação – O edital de licitação deverá estabelecer, para apuração da capacidade dos proponentes, critérios objetivos, pois a matéria dispensa apreciações dependentes de subjetivismo, afrontando o princípio da isonomia e do julgamento objetivo – O critério para o julgamento baseado em fatores discriminatórios conduzem à invalidade do certame por patente desvio de poder (TJSP, Ap. Cív. 81.917-5-São Paulo, 7ª C. de D. Público, j. 23-8-1999, Rel. Des. Guerrieri Rezende).*

LICITAÇÃO – *Inabilitação de licitante – Mudança de fundamento da inabilitação após encerrado o julgamento pendente de recurso – Possibilidade – Aplicação da Súmula 473 do Supremo Tribunal Federal – Inocorrência de prejuízos à impetrante diante da reabertura do prazo recursal – Segurança concedida em primeiro grau – Apelos providos para denegá-la (TJSP, Ap. Cív. 88.464-5-São José dos Campos, 9ª C. de D. Público, j. 15-9-1999, Rel. Des. Rui Cascaldi, v. u.).*

LICITAÇÃO – *Não apresentação de atestados de capacidade técnica indicativos da prestação do serviço anterior semelhante, na quantidade compatível com a exigência do edital – Exigência amparada pela legislação pertinente – Artigo 30, II, da Lei n. 8.666/93 – Ausência de ilegalidade ou arbitrariedade no ato que inabilitou a impetrante para o certame licitatório – Segurança denegada – Sentença mantida – Apelação não provida (TJSP, Ap. Cív. 94.083-5-Campinas, 4ª C. de D. Público, j. 25-11-1999, Rel. Des. Eduardo Braga, v. u.).*

ADMINISTRATIVO. PROCEDIMENTO LICITATÓRIO. ATESTADO TÉCNICO. COMPROVAÇÃO. AUTORIA. EMPRESA. LEGALIDADE. *Quando, em procedimento licitatório, exige-se comprovação, em nome da empresa, não está sendo violado o artigo 30, § 1º, II, caput, da Lei n. 8.666/93. É de vital importância, no trato da coisa pública, a permanente perseguição ao binômio qualidade/eficiência, objetivando, não só garantir a segurança jurídica do contrato, mas também a consideração de certos fatores que integram a finalidade das licitações, máxime em se tratando daquelas de grande complexidade e de vulto financeiro tamanho que imponha ao administrador a elaboração de dispositivos, sempre em atenção à pedra de toque do ato administrativo – a lei –, mas com dispositivos que busquem resguardar a administração de aventureiros ou de licitantes de competência estrutural, administrativa e organizacional duvidosa. Recurso provido (STJ, REsp 144750/SP, 1ª T., j. 17-8-2000, Rel. Min. Francisco Falcão).*

Mandado de segurança – Licitação – Concorrência pública – Exigência de qualificação técnica, relativa à capacidade técnico- -operacional, comprovando experiência anterior em serviço de característica semelhante ao objeto licitado – Exigência contida no edital de acordo com o artigo 30, inciso II, e artigo 40 da Lei de Licitações (Lei n. 8.666/93). Recurso não provido (TJSP, Ap. Cív. 121.756-5, 4ª C. de D. Público de Férias, jan. 2001, j. 29-1-2001, Rel. Des. Brenno Marcondes, v. u., JTJ, 242/116).

ADMINISTRATIVO. LICITAÇÃO. EDITAL. HABILITAÇÃO. QUALIFICAÇÃO TÉCNICA DO LICITANTE. EXIGÊNCIA LEGAL. REGISTRO OU INSCRIÇÃO NA ENTIDADE PROFISSIONAL COMPETENTE. PRECEDENTES. RECURSO PREJUDICADO. I. A habilitação do particular, antes denominada capacidade jurídica, é a aptidão efetiva do interessado, seja ele pessoa física ou jurídica, para exercer direitos e contrair obrigações, com responsabilidade absoluta ou relativa por seus atos, ligando-se visceralmente à pessoa partícipe do certame da licitação, e não às qualidades de seus funcionários. II. O art. 30, inc. I, da Lei n. 8.666/1993, ao regular a habilitação dos interessados, dispõe que a qualificação técnica se limita à apresentação de registro ou inscrição na entidade profissional competente. Contempla-se, assim, a comprovação da aptidão da pessoa do licitante em cumprir com todas as obrigações atinentes à execução do objeto da licitação. III. A qualificação técnica do particular licitante é pressuposto indispensável ao adimplemento de sua habilitação no certame público, uma vez que a Administração somente poderá confiar-lhe a execução do objeto da licitação, se o interessado possuir e comprovar, nos termos da lei (art. 30, inc. I, da Lei n. 8.666/1993),

a sua habilitação jurídica plena. Precedentes do STJ. IV. Dado ao *lapso de tempo transcorrido desde o ajuizamento do* mandamus, *vê-se que os serviços, objeto da licitação questionada, já foram realizados, tornando o recurso prejudicado pela perda do seu objeto (STJ, ROMS 10736/BA, 2ª T., j. 26-3-2002, Rel. Min. Laurita Vaz).*
ADMINISTRATIVO. LICITAÇÃO. AQUISIÇÃO DE PRODUTOS E CONSEQUENTE MANUTENÇÃO. EDITAL QUE PREVÊ A NECESSIDADE DE APRESENTAÇÃO DE ATESTADOS DE PRÉVIO QUE COMPROVEM QUE AS EMPRESAS LICITANTES JÁ FORNECERAM PELO MENOS CEM PRODUTOS SIMILARES AOS LICITADOS EM OUTRAS OPORTUNIDADES (CLÁUSULA DE FORNECIMENTO MÍNIMO). POSSIBILIDADE. CAPACIDADE TÉCNICO-OPERACIONAL. ART. 30, INC. II, DA LEI N. 8.666/93. RAZOABILIDADE. 1. A regra editalícia atacada possui a seguinte redação: "10.3. – Atestados de capacidade técnica: a) a licitante deverá apresentar 2 (dois) atestados de capacidade técnica, fornecidos por pessoa jurídica de Direito Público ou Privado de que a empresa forneceu equipamentos de mesma natureza e compatíveis em características, quantidades e prazos com o objeto desta licitação. Somente serão aceitos atestados em que a licitante forneceu, no mínimo, a quantidade abaixo definida de equipamentos do item a que está concorrendo. [...] b.1) para o subitem 1.1: 100 (cem) terminais de autoatendimento". 2. O recorrente insurge-se alegando violação ao art. 30, § 1º, inc. I, da Lei n. 8.666/93, na medida em que, para fins de comprovação de capacidade técnica, não pode o ente licitante exigir atestado de quantidade mínimas de fornecimento prévio de produtos para outras entidades públicas ou privadas. 3. A pretensão do recorrente não encontra guarida no dispositivo citado, que trata apenas das licitações de obras e serviços – enquanto, na espécie, tem-se caso de licitação para aquisição e manutenção de produtos (terminais de autoatendimento para Tribunal de Justiça). 4. Assim sendo, há atração da aplicação do art. 30, inc. II, da Lei n. 8.666/93 que, reportando-se à necessidade de comprovação de aptidão para desempenho de atividade pertinente e compatível em quantidades com o objeto licitado (capacidade técnico-operacional), implícita e logicamente permite que editais de licitação tragam a exigência de fornecimento mínimo de equipamentos similares em outras oportu-

nidades, desde que tal cláusula atenda aos princípios da razoabilidade (como é o caso, pois a licitação tinha como objetivo a aquisição de 200 terminais e exigia-se dois atestados de fornecimento prévio de, no mínimo, 100 terminais). 5. Recurso ordinário não provido (STJ, 2ª T., RMS 24665/RS, j. 20-8-2009, Rel. Min. Mauro Campbell Marques, DJe, 8 set. 2009).

Art. 31. A documentação relativa à qualificação econômico-financeira limitar-se-á a:

I – balanço patrimonial e demonstrações contábeis do último exercício social, já exigíveis e apresentados na forma da lei, que comprovem a boa situação financeira da empresa, vedada a sua substituição por balancetes ou balanços provisórios, podendo ser atualizados por índices oficiais quando encerrados há mais de 3 (três) meses da data de apresentação da proposta;

II – certidão negativa de falência ou concordata expedida pelo distribuidor da sede da pessoa jurídica, ou de execução patrimonial, expedida no domicílio da pessoa física;

III – garantia, nas mesmas modalidades e critérios previstos no *caput* e § 1º do art. 56 desta Lei, limitada a 1% (um por cento) do valor estimado do objeto da contratação.

§ 1º A exigência de índices limitar-se-á à demonstração da capacidade financeira do licitante com vistas aos compromissos que terá que assumir caso lhe seja adjudicado o contrato, vedada a exigência de valores mínimos de faturamento anterior, índices de rentabilidade ou lucratividade.

§ 2º A Administração, nas compras para entrega futura e na execução de obras e serviços, poderá estabelecer, no instrumento convocatório da licitação, a exigência de capital mínimo ou de patrimônio líquido mínimo, ou ainda as garantias previstas no § 1º do art. 56 desta Lei, como dado objetivo de comprovação da qualificação econômico-financeira dos licitantes e para efeito de garantia ao adimplemento do contrato a ser ulteriormente celebrado.

§ 3º O capital mínimo ou o valor do patrimônio líquido a que se refere o parágrafo anterior não poderá exceder a 10% (dez por cento) do valor estimado da contratação, devendo a comprovação ser feita relativamente à data da apre-

sentação da proposta, na forma da lei, admitida a atualização para esta data através de índices oficiais.

§ 4º Poderá ser exigida, ainda, a relação dos compromissos assumidos pelo licitante que importem diminuição da capacidade operativa ou absorção de disponibilidade financeira, calculada esta em função do patrimônio líquido atualizado e sua capacidade de rotação.

§ 5º A comprovação da boa situação financeira da empresa será feita de forma objetiva, através do cálculo de índices contábeis previstos no edital e devidamente justificados no processo administrativo da licitação que tenha dado início ao certame licitatório, vedada a exigência de índices e valores não usualmente adotados para a correta avaliação de situação financeira suficiente ao cumprimento das obrigações decorrentes da licitação.

§ 6º (*Vetado*.)

Comentários

Segundo José Cretella Júnior, "Qualificação econômico-financeira é a capacidade ou possibilidade de a empresa suportar os encargos econômicos do contrato, qualificação que deverá ser demonstrada pelo licitante, objetivamente na fase da habilitação, para que seja admitido como participante do certame, o que comprovará com a exibição do último balanço contábil da empresa, no qual se caracterize, de modo pleno, sua situação de solvência, diante dos créditos existentes e dos compromissos assumidos, bem como do faturamento" (*Das licitações*, cit., p. 253).

Consoante escólio de José Augusto Delgado, em seu artigo "A Jurisprudência e a Licitação", "idoneidade financeira é a demonstração de que a licitante tem capacitação para suportar os ônus decorrentes do contrato. Ela é aferida de modo real, considerando-se a extensão do objeto da licitação e sem ser vista de modo absoluto. É ato de cautela da administração e que deve ser exercido sem extravasamento do seu verdadeiro objetivo, sob pena de favorecer às grandes empresas, em prejuízo das demais. Analisa-se, pelo exame dos livros contábeis e das certidões emitidas pelos órgãos competentes, a verdadeira situação da pretensa concorrente, a tanto contribuindo a seriedade com que desenvolveu as suas atividades no passado e o faz no presente. O problema do capital mínimo é uma exigência que, hoje, só existe quando se cuida de compras para entrega futura ou de obras e serviços de grande valor ou complexidade. Depende também de regulamentação específica, conforme permissibilidade contida no art. 32, §§ 3º, 4º e 6º, do Decreto-lei 2.300, de 21-11-86" (*RT*, 671/17).

Jurisprudência

Licitação – Tomada de preços – Habilitação prévia – Suficiência da exibição pelo interessado da certidão de seu registro cadastral, perante o órgão competente – Desqualificação afastada – Artigos 20, § 2º, e 35, § 5º, do Decreto-lei Federal n. 2.300, de 1986 – Diferenciação entre tomada de preço e as demais modalidades de licitação – Segurança concedida – Recurso provido – Voto vencido (Ap. Cív. 133.772-1-São Paulo – Apelante: Stemag – Engenharia e Construções Ltda.; Apelado: Superintendente de Trens Urbanos de São Paulo da Companhia Brasileira de Trens Urbanos – CBTU – RJTJSP, 132/174, ano 25, set./out. 1991).

Administrativo – Licitação – Exigência do edital. A exigência de apresentação de alvará de funcionamento e de prova de quitação fiscal é suprida pela de certificado de regularidade jurídico-fiscal, instituído pelo Dec. 84.701/80, mas as provas de capacidade técnica e de idoneidade financeira são requisitos legais para a participação em processo de licitação (TFR, REO 0112475, j. 9-10-1987, Rel. Min. Dias Trindade, DJU, *5 nov. 1987).*

É na fase de habilitação e não na de julgamento que se deve proceder à análise dos aspectos referentes à pessoa do proponente, como a verificação da personalidade jurídica, capacidade técnica e idoneidade financeira dos licitantes (TFR, Ap. MS 107.117-RJ, 2ª T., Rel. Min. Otto Rocha, DJU, *2 abr. 1987, p. 5661).*

Na concorrência pública, a idoneidade dos concorrentes deverá ser apreciada e decidida necessariamente antes de abertas as propostas, não se admitindo a recusa do concorrente sob pretexto de idoneidade, depois de conhecidas as ofertas (TJSP, REO 1798833, Rel. Des. Rodrigues Alckmin, RDP, *12/207).*

Licitação – Concorrência pública – Habilitação – Empresa concordatária – Possibilidade – Certames licitatórios extremamente formalistas e rigorosos – Benefício da concordata que é outorgado ao comerciante honesto, e que não traduz inidoneidade financeira – Recurso não provido. A adoção de certames licitatórios extremamente formalistas e rigorosos ocasiona prejuízo não só à administração pública, como também à própria coletividade, pois afasta empresas interessadas na concorrência, diminuindo em muito a possibilidade de competição acirrada, dificultando sobremaneira a obtenção de serviços e preços mais convenientes na contratação (Ap. Cív. 210.562-1-São Paulo – Recorrente: Juízo ex officio; *Apelante: Municipalidade; Apelada: Vega Sopave S. A. – JTJ, 162/76).*

LICITAÇÃO – Exclusão de concorrente – Existência de processo crime contra o diretor da empresa excluída – Irrelevância – Falta de declaração de inidoneidade da firma em processo administrativo – Mandado de segurança concedido – Recurso improvido – Declarações de votos vencedor e vencido. Não havendo ainda condenação do diretor de firma concorrente excluída do processo licitatório a quem é imputado crime contra a Administração, não pode esta exclusão dar--se sem a existência de declaração de sua inidoneidade em processo administrativo (Ap. 70.944-1, Reexame, 2ª C., j. 13-5-1986, Rel. Des. Silva Ferreira, RT, *614/59).*

Licitação – Cancelamento de registro de concorrente – Declaração de inabilitada – Ato discricionário da autoridade administrativa – Concorrente que não comprova cumprimento de seus encargos previdenciários e com o FGTS – Requisito obrigatório – Direito líquido e certo não demonstrado – Segurança denegada – Sentença confirmada – Inteligência do art. 195, § 3º, da CF. Exige-se para habilitação nas licitações, dos interessados, documentação relativa ao cumprimento dos encargos previdenciários, das normas relativas à saúde e à segurança do trabalho e, precipuamente, a prova de situação regular perante o FGTS. Direito líquido e certo é aquele que não desperta dúvidas, que está isento de obscuridades, que não precisa ser aclarado com o exame de provas em dilações; que é de si mesmo concludente e inconcusso (TJSP, Ap. 164.206-1/1, 3ª C., j. 7-4-1992, Rel. Des. Alfredo Migliore).

Licitação – Concorrência Pública – Certidão negativa relativa à Seguridade Social – Prazo de validade estabelecido pelo licitador – Inobservância – Inabilitação – Recurso não provido (Ap. Cív. 199.565-1-São Paulo – Apelante: Rioforte Serviços Técnicos de Vigilância S.A.; Apelado: Presidente da Comissão de Licitações da Companhia de Saneamento Básico do Estado – SABESP – JTJ, 154/108).

Licitação – Requisitos – Capacidade técnica e condições financeiras – Exigência de capital mínimo – Comprovação extemporânea – Apresentação, ademais, de número inferior de atestados de capacidade técnica ao exigido no edital – Segurança denegada – Recurso não provido (TJSP, Ap. Cív. 205.231-1-São Paulo, Rel. Des. Alfredo Migliore – Apelante: Empresa de Segurança de Estabelecimento de Crédito Itatiaia Ltda.; Apelados: Presidente da Comissão de Licitação da Nossa Caixa – Nosso Banco S.A. e outros – JTJ, 156/111).

ADMINISTRATIVO. MANDADO DE SEGURANÇA. LICITAÇÃO PÚBLICA. TRANSPORTES TERRESTRES. CERTIDÃO POSITIVA DE DÉBITO. EQUIVALÊNCIA À CND. INEXEQUIBILIDADE DO CONTRATO E FORMAÇÃO DE CARTEL. INEXISTÊNCIA DE PROVA. CARÊNCIA DE DIREITO LÍQUIDO E CERTO. 1. Certidão positiva de dívida garantida por depósito judicial, emitida na forma do art. 206/CTN, tem o mesmo efeito da certidão negativa de débitos comprobatória da regularidade tributária, para fins de habilitação em processo licitatório. 2. Em face do disposto no art. 16, I, II e III, e no art. 17, § único, do Decreto 2.521/98, não visam as arguições quanto à exequibilidade das propostas vencedoras e ao abuso do poder econômico. 3. A concorrência pública obedece a regras preestabelecidas no edital, objetivando preservar e manter a igualdade entre os concorrentes com a finalidade última de encontrar-se a proposta que melhor atenda aos interesses da administração. 4. Não comprovada a inviabilidade do contrato com a empresa vencedora, nem a formação de cartel, inexiste direito líquido e certo a ser garantido via mandamus. *5. Segurança denegada (STJ, MS 6253/DF, 1ª Seção, j. 9-2-2000, Rel. Min. Francisco Peçanha Martins).*

Art. 32. Os documentos necessários à habilitação poderão ser apresentados em original, por qualquer processo de cópia autenticada por cartório competente ou por servidor da Administração, ou publicação em órgão da imprensa oficial.

§ 1º A documentação de que tratam os arts. 28 a 31 desta Lei poderá ser dispensada, no todo ou em parte, nos casos de convite, concurso, fornecimento de bens para pronta entrega e leilão.

§ 2º O certificado de registro cadastral a que se refere o § 1º do art. 36 substitui os documentos enumerados nos arts. 28 a 31, quanto às informações disponibilizadas em sistema informatizado de consulta direta indicado no edital, obrigando-se a parte a declarar, sob as penalidades legais, a superveniência de fato impeditivo da habilitação.

§ 3º A documentação referida neste artigo poderá ser substituída por registro cadastral emitido por órgão ou entidade pública, desde que previsto no edital e o registro tenha sido feito em obediência ao disposto nesta Lei.

§ 4º As empresas estrangeiras que não funcionem no País, tanto quanto possível, atenderão, nas licitações internacionais, às exigências dos parágrafos anteriores mediante documentos equivalentes, autenticados pelos respectivos consulados e traduzidos por tradutor juramentado, devendo ter representação legal no Brasil com poderes expressos para receber citação e responder administrativa ou judicialmente.

§ 5º Não se exigirá, para a habilitação de que trata este artigo, prévio recolhimento de taxas ou emolumentos, salvo os referentes a fornecimento do edital, quando solicitado, com os seus elementos constitutivos, limitados ao valor do custo efetivo de reprodução gráfica da documentação fornecida.

§ 6º O disposto no § 4º deste artigo, no § 1º do art. 33 e no § 2º do art. 55 não se aplica às licitações internacionais para a aquisição de bens e serviços cujo pagamento seja feito com o produto de financiamento concedido por organismo financeiro internacional de que o Brasil faça parte, ou por agência estrangeira de cooperação, nem nos casos de contratação com empresa estrangeira, para a compra de equipamentos fabricados e entregues no exterior, desde que para este caso tenha havido prévia autorização do Chefe do Poder Executivo, nem nos casos de aquisição de bens e serviços realizada por unidades administrativas com sede no exterior.

Comentários

Celso Antônio Bandeira de Mello faz três importantes observações sobre a habilitação em geral, quando trata dos documentos substitutivos para habilitação:

"Uma é a de que os documentos necessários à habilitação em qualquer dos seus aspectos *podem* ser substituídos por certificado de registro cadastral (...), desde que previsto no edital (art. 32, § 3º).

Além disto, o certificado de registro *substitui*, como direito do licitante, a documentação atinente à habilitação jurídica (prevista no art. 28) e, *parcialmente*, os documentos relativos à regularidade fiscal (prevista no art. 29), isto é: os atinentes à inscrição no CPF (Cadastro de Pessoas Físicas) ou CGC (Cadastro Geral de Contribuintes) e à prova de inscrição no cadastro de contribuintes estadual ou municipal (se houver) relativo ao domicílio ou sede do licitante pertinente ao seu ramo de atividade e compatível com o objeto da licitação (art. 32, § 2º).

A segunda observação é a de que, na conformidade do art. 32, § 1º, a exigência dos documentos comprobatórios de habilitação (jurídica, técnica, econômico-financeira e regularidade fiscal) *pode ser dispensada total ou parcialmente no leilão, no concurso, no convite e no fornecimento de bens para pronta entrega.*

A terceira é a de que a habilitação pode não ser de uma pessoa, mas de um consórcio" (*Curso de direito administrativo*, p. 585).

Segundo Toshio Mukai, "O art. 32 dispõe sobre as condições da apresentação dos documentos, rezando o § 1º que a documentação para habilitação poderá ser dispensada, no todo ou em parte, nos casos de convite, concurso e fornecimento de bens para pronta entrega. Esta última hipótese é novidade da Lei, ou seja, mesmo que seja caso de concorrência pública ou de tomada de preços, se o objeto da licitação constituir em bens de pronta entrega, haverá dispensa da documentação referida" (*Novo estatuto jurídico das licitações e contratos públicos*, 3. ed., 1994, p. 53).

Os documentos de que trata o art. 32 poderão ser apresentados no original, em cópia autenticada ou por publicação na imprensa oficial.

Ainda nos parágrafos seguintes, a lei faz referência ao Registro Cadastral, dispensando a documentação quando for apresentado o seu Certificado, desde que conste do edital de convocação, e o registro tenha sido feito obedecendo ao disposto nessa lei. Entretanto, deve-se levar em conta que não são todos os documentos que são dispensados com o CRC – Certificado de Registro Cadastral. Será sempre exigida, quando necessária, a prova de regularidade fiscal.

Ainda nesse artigo o legislador proibiu a cobrança de taxas ou emolumentos para habilitação na licitação.

A Administração poderá cobrar somente os custos efetivos da reprodução gráfica do edital quando fornecida ao licitante.

As empresas estrangeiras deverão atender, do melhor modo possível, as cláusulas do edital, procurando preencher os requisitos solicitados, não podendo, no entanto, ser dispensada a cautela mínima de comprovação de qualificação econômico-financeira.

Vale assinalar que o § 2º do artigo em destaque teve sua redação alterada pela Lei n. 9.648/98, ampliando, sobremaneira, o emprego do certificado de registro cadastral conhecido como CRC. A alteração possibilitou, nos casos em que o órgão licitante possua sistema informatizado de cadastros, que o CRC substitua a documentação relativa à regularidade fiscal, à habilitação jurídica, às qualificações técnica e econômico-financeira, além de afastar a restrição de comprovação de regularidade perante a Fazenda Pública, o FGTS e a Seguridade Social.

Jurisprudência

Licitação – Concorrência internacional – Compra de material com emprego de recursos provenientes de organismos internacionais – Observância das normas de licitação por estes que não constitui ilegalidade ou quebra da Soberania Nacional – Hipótese em que o contrato de empréstimo celebrado pela União, autorizado pelo Senado Federal, com o BIRD, consta expressamente a obrigação de serem respeitadas tais normas – Sujeição às mesmas do Estado beneficiado com repasse de parte desse empréstimo – Inteligência do art. 34 do Dec.-lei 2.300/86.

Ementa oficial – Em licitação internacional, para a compra de material, com emprego de recursos alocados perante organismos internacionais, a observância de normas de licitação, ditadas por estes organismos não se constitui em ilegalidade ou quebra da Soberania Nacional, se no contrato de empréstimo celebrado pela União, devidamente autorizada pelo Senado Federal, com o BIRD, no caso, consta expressamente a obrigação de serem observadas estas normas. O Estado, que foi beneficiado com repasse de parte deste empréstimo, também está sujeito às obediências das mesmas normas de licitação. A observância de tais normas é permitida pelo disposto no art. 34 do Dec.-lei 2.300/86 (TJMS, Ap. 35.438-3-Campo Grande, 1ª T., j. 21-12-1993, Rel. Des. Alécio Antonio Tamiozzo).

LICITAÇÃO – Inabilitação – Qualificação econômico-financeira – Balanço patrimonial e demonstração contábeis – Julgamento proferido por autoridade superior à Comissão de Licitação – Incompetência – Exegese dos artigos 43, § 3º, e 51, da Lei Federal 8.666, de 1993 – Segurança concedida – Recurso provido (TJSP, Ap. Cív. 41.304-5-Ribeirão Preto, j. 11-8-1998, Rel. Des. Alves Bevilacqua, JTJ, 221/117).

RECURSO ESPECIAL. ALEGAÇÃO DE VIOLAÇÃO DOS ARTIGOS 535, II, DO CÓDIGO DE PROCESSO CIVIL, 4º E 32 DA LEI 8.666/93 E 55 DA LEI 9.784/99. LICITAÇÃO. DOCUMENTAÇÃO. AUTENTICAÇÃO. EXIGÊNCIA APÓS REALIZAÇÃO DO CERTAME. IMPOSSIBILIDADE. NÃO OCORRÊNCIA DE FATO SUPERVENIENTE. RECURSO NÃO PROVIDO. 1. Em exame recurso especial interposto pela União com fulcro na alínea "a" da permissão constitucional contra acórdãos assim ementados: "ADMINISTRATIVO. DELEGACIA DA RECEITA FEDERAL DE RIO GRANDE. CREDENCIAMENTO DE ENGENHEIRA. MANDADO

DE SEGURANÇA. Caso em que, segundo o aviso de seleção, o requerimento de inscrição deveria ser instruído com comprovante de regularidade fiscal junto ao INSS, via fotocópia autenticada. Apresentação pela impetrante de fotocópia não autenticada junto com a original, não contestada no momento da inscrição. Irregularidade formal sanada. Conforme a Lei 8.666/93, art. 43, § 5º, ultrapassada a fase de habilitação dos concorrentes, não cabe desclassificá-los por motivo relacionado com a habilitação, salvo em razão de fatos supervenientes ou só conhecidos após o julgamento" (fl. 341). "ADMINISTRATIVO. DELEGACIA DA RECEITA FEDERAL DE RIO GRANDE. CREDENCIAMENTO DE ENGENHEIRA. MANDADO DE SEGURANÇA. EMBARGOS DE DECLARAÇÃO. Recurso que, embora conhecido para fim de prequestionamento, deve ser rejeitado por ausência do indigitado pressuposto de acolhida, qual seja a omissão" (fl. 353). A recorrente sustenta que ocorreu violação dos artigos 535, II, do Código de Processo Civil, 4º e 32 da Lei 8.666/93 e 55 da Lei 9.784/99 pelas seguintes razões: a) a decisão hostilizada afrontou o artigo 535, II, do Código de Processo Civil pois, instada a se pronunciar sobre matéria relevante atinente à lide, não o fez, pelo que merece ser anulada; b) o descredenciamento da recorrida ocorreu por ato da Administração no cumprimento das normas legais relativas à necessidade de autenticação dos documentos necessários à habilitação, não sendo possível que seja convalidado o ato irregular especialmente em prejuízo de terceiros; c) o procedimento licitatório é procedimento formal, devendo ser observados os requisitos exigidos pelo edital. Contrarrazões defendendo a integridade do decisório objurgado. 2. Não há que se falar em afronta ao artigo 535, II, do CPC se a matéria foi devidamente examinada pelo decisório impugnado que expôs e fundamentou as conclusões assumidas. 3. Se a impetrante recorrida apresentou fotocópia não autenticada junto com o original, não há razão em inabilitá-la somente porque faltou autenticação do documento. Conforme a Lei n. 8.666/93, art. 43, § 5º, ultrapassada a fase de habilitação dos concorrentes, não cabe desclassificá-los por motivo relacionado com a habilitação, salvo em razão de fatos supervenientes ou só conhecidos após o julgamento. In casu, o conhecimento pela Administração se deu no momento da inscrição com a apresentação da documentação, tendo esta sido amplamente examinada e permitindo-se à impetrante o prosseguimento no certame. Além disso, conforme consta no edital, a autenticação pode ser feita pelo servidor da SRF, integrante da Comissão de Seleção. 4. Recurso especial não provido (STJ, REsp 758.259/RS, 1ª T., Rel. Min. José Delgado, v. u., j. 3-5-2007, DJ, 31 maio 2007, p. 340).

Art. 33. Quando permitida na licitação a participação de empresas em consórcio, observar-se-ão as seguintes normas:

I – comprovação do compromisso público ou particular de constituição de consórcio, subscrito pelos consorciados;

II – indicação da empresa responsável pelo consórcio que deverá atender às condições de liderança, obrigatoriamente fixadas no edital;

III – apresentação dos documentos exigidos nos arts. 28 a 31 desta Lei por parte de cada consorciado, admitindo-se, para efeito de qualificação técnica, o somatório dos quantitativos de cada consorciado, e, para efeito de qualificação econômico-financeira, o somatório dos valores de cada consorciado, na proporção de sua respectiva participação, podendo a Administração estabelecer, para o consórcio, um acréscimo de até 30% (trinta por cento) dos valores exigidos para licitante individual, inexigível este acréscimo para os consórcios compostos, em sua totalidade, por micro e pequenas empresas assim definidas em lei;

IV – impedimento de participação de empresa consorciada, na mesma licitação, através de mais de um consórcio ou isoladamente;

V – responsabilidade solidária dos integrantes pelos atos praticados em consórcio, tanto na fase de licitação quanto na de execução do contrato.

§ 1º No consórcio de empresas brasileiras e estrangeiras a liderança caberá, obrigatoriamente, à empresa brasileira, observado o disposto no inciso II deste artigo.

§ 2º O licitante vencedor fica obrigado a promover, antes da celebração do contrato, a constituição e o registro do consórcio, nos termos do compromisso referido no inciso I deste artigo.

Comentários

Por meio deste dispositivo, fica possível, em havendo permissão editalícia a respeito, que as concorrências sejam disputadas por pessoas jurídicas de direito privado que se reúnem para esse fim, ficando uma delas responsável pelo consórcio desde que atenda as condições de liderança fixadas no edital. Cada empresa consorciada deverá apresentar seus respectivos documentos, somando-se, para efeito de qualificação técnica, os quantitativos de cada consorciado. Também é admitida a soma dos valores de cada consorciada para efeito de qualificação econômico-financeira, na proporção de sua respectiva participação.

As empresas, na fase da habilitação, firmam um compromisso de constituição do consórcio e deverão formalizá-lo e levá-lo a registro antes da celebração do contrato do objeto de que se sagraram vencedoras.

Vale assinalar que a Administração pode vir a estabelecer, para o consórcio que reúna empresas de médio e grande porte, um acréscimo de até 30% (trinta por cento) dos valores exigidos para licitante individual.

O inc. III desse art. 333 veda este acréscimo para os consórcios compostos, em sua totalidade, por micro e pequenas empresas assim definidas em lei.

Na mesma licitação, fica vedada a participação de empresa que já integra outro consórcio ou que concorre individualmente.

As empresas consorciadas têm responsabilidade solidária por todos os atos praticados pelo consórcio, quer na fase da concorrência, quer na de execução do contrato.

Na lição de José Cretella Júnior, "Perante terceiros, o Estado responde solidariamente, com o empreiteiro, pelos danos causados na execução de obras públicas por empreitada (STF, *RDA*, 136:161)" (*Das licitações públicas* 18. ed., Forense, p. 271).

Segundo definição de Celso Antônio Bandeira de Mello, "O consórcio não é uma pessoa jurídica, mas associação de empresas que conjugam recursos humanos, técnicos e materiais para a exceução do objeto a ser licitado". E continua o mestre: "Tem lugar quando o vulto, complexidade ou custo do empreendimento supera ou seria dificultoso para as pessoas isoladamente consideradas" (*Curso de direito administrativo*, cit., p. 586).

Marçal Justen Filho, ao comentar o art. 33, diz: "Se o ato convocatório permitir a participação de consórcios, deverá ser comprovado o cumprimento das exigências dos arts. 28 a 31 relativamente a todos os promitentes consorciantes. Como cada consorciada mantém sua autonomia jurídica, cada uma delas deverá comprovar o preenchimento das exigências de habilitação. Eventualmente, o preenchimento dos requisitos somente se obtém através da conjugação dos recursos e esforços de todos os consorciados. Quando existir consórcio, não será apropriado avaliar isoladamente alguns requisitos, especialmente aqueles de qualificação técnica e de qualificação econômico-financeira. Cada sociedade não reunirá os requisitos necessários. No conjunto, porém, deverão estar satisfeitas as exigências previstas no ato convocatório. O ato convocatório deverá estabelecer regras sobre a liderança do consórcio, cabendo aos interessados definir, no caso concreto, a sociedade que assumirá essa posição" (*Comentários à lei de licitações*, cit., p. 216).

Jurisprudência

Licitação – Preferência de licitantes em razão da origem – Lei estadual que discrimina os sediados em outras unidades da Federação – Ofensa ao princípio de isonomia – Garantia constitucional que compreende também as pessoas jurídicas – Inteligência do art. 153, § 1º, da CF – Contrariedade da norma local às normas gerais relativas a licitações estabelecidas pelo Dec.-lei 200/67 e aos arts. 9º, I, e 8º, XVII, "c", da CF – Representação de inconstitucionalidade procedente.

É inconstitucional a lei estadual que discrimina pessoas jurídicas licitantes por se encontrarem sediadas em outras unidades da Federação, uma vez que fere as normas gerais relativas à licitação, editadas pelo Dec.-lei 200/67, contrapondo-se também à regra do art. 9º, I, da CF. Contraria também o princípio de isonomia, previsto na Constituição Federal, que protege não só as pessoas físicas como as jurídicas.

Ementa oficial – Representação por inconstitucionalidade. Licitação pública. Preferência em razão da origem. CF, arts. 9º, I, e 8º, XVII, "c", Dec. 28.438, de 23-11-1981, art. 1º, § 3º, do Estado da Bahia. Inconstitucionalidade. É inconstitucional o dispositivo de lei estadual que dá preferência, nas licitações públicas, às empresas estabelecidas no Estado Federado. Representação julgada procedente (Repr. Inconst. 1.187-9-BA,TP, j. 10-4-1985, Rel. Min. Francisco Rezek, DJU, *10 out. 1985).*

MANDADO DE SEGURANÇA – MATÉRIA FÁTICA – QUESTÃO DE DIREITO – AFASTADO NÃO CONHECIMENTO DO RECURSO – ADMINISTRATIVO – LICITAÇÃO – ART. 33, INCISO III, DA LEI DE LICITAÇÕES – ISONOMIA. 1. Alegação de que o especial veicula matéria de fato. Nada obstante, deve ficar registrado que a hipótese vertente não trata apenas de matéria puramente de fato. Em verdade, cuida-se de qualificação jurídica dos fatos, que se não confunde com matéria de fato. 2. O que se discute no presente apelo especial é tão somente a interpretação do art. 33, inciso III, da Lei 8.666/93. Ou seja, se tal dispositivo requesta que cada empresa integrante do consórcio some na qualificação técnica ou permaneça em branco, colmatando-se a exigência de qualificação em tela com o somatório de todas as outras empresas componentes. 3. Licitações em sintonia com o princípio da isonomia, de tal sorte que o art. 33, inciso III, da Lei de Licitações, não somente em consonância com sua literalidade, mas também com outros elementos hermenêuticos, deve ser antevisto sob o prisma de favorecer as pequenas empresas. 4. Qualificação técnica que deverá ser avaliada pelo somatório de um consórcio, e não pela participação de cada empresa. A norma involucrada no art. 33, inciso III, da Lei n. 8.666/93 tem por móvel incentivar a maior competitividade no certame licitatório. Esta a sua teleologia. Favorecer as pequenas empresas para que supram suas incapacidades com o consórcio colmata o princípio da isonomia na sua vertente material, regulando, nas suas exatas diferenças, a conduta daqueles que pretendem disputar a licitação. 5. O edital do certame admite, no item 9 (fl. 62 dos autos), a participação de consórcios, afirmando no item 9.3 que: "Apresentar os documentos exigidos nos itens 4.1.1 a 7.1.5 deste Edital, por cada consorciado, admitindo-se, para efeito de qualificação técnica, o somatório dos quantitativos de cada consorciada, e, para efeito de qualificação econômico-financeira, o somatório dos valores de cada consorciada, na proporção de sua respectiva proporção". Ora, se o texto do edital é nítido ao asseverar a possibilidade de somatório da qualificação técnica, na hipótese de consórcio, entremostra-se indubitável não prosperar o entendimento declinado no acórdão recorrido. 6. Parecer do Ministério Público Federal, fl. 408 dos autos, "Fica, assim, evidenciado que a decisão recorrida negou vigência a dispositivos da Lei n. 8.666/93 e em ponto absolutamente crucial, expressamente estabelecido pelo legislador ordinário para garantir a finalidade social e econômica da norma – qual seja o incentivo dado a que pequenas e médias empresas consorciadas unam esforços para participarem do concurso licitatório público, para assim habilitarem-se à execução dos serviços concedidos – todavia obscurecidos pelo julgado, ante o conteúdo de claríssima redação das disposições do art. 33, inciso III, da Lei n. 8.666/93. Recurso especial conhecido e provido" (STJ, REsp 710.534/RS, 2ª T., Rel. Min. Humberto Martins, v. u., j. 17-10-2006; DJ, 15 maio 2007, p. 261).

Seção III
DOS REGISTROS CADASTRAIS

Art. 34. Para os fins desta Lei, os órgãos e entidades da Administração Pública que realizem frequentemente licitações manterão registros cadastrais para efeito de habilitação, na forma regulamentar, válidos por, no máximo, um ano.

§ 1º O registro cadastral deverá ser amplamente divulgado e deverá estar permanentemente aberto aos interessados, obrigando-se a unidade por ele responsável a proceder, no mínimo anualmente, através da imprensa oficial e de jornal diário, a chamamento público para a atualização dos registros existentes e para o ingresso de novos interessados.

§ 2º É facultado às unidades administrativas utilizarem-se de registros cadastrais de outros órgãos ou entidades da Administração Pública.

Comentários

Sidney Bittencourt assevera que "O Registro Cadastral, nada mais é do que uma habilitação prévia. As vantagens do Registro Cadastral são enormes. Para a Administração, é a simplificação da atividade da Administração Pública. Para os particulares, é a possibilidade de comprovação de requisitos sem os riscos da licitação. A apresentação de documentos com vícios numa licitação acarreta a exclusão. No cadastramento não, podendo a Administração permitir a correção dos vícios sem problemas" (*Licitação passo a passo*, cit., p. 101).

Art. 35. Ao requerer inscrição no cadastro, ou atualização deste, a qualquer tempo, o interessado fornecerá os elementos necessários à satisfação das exigências do art. 27 desta Lei.

Comentários

Qualquer interessado em participar de alguma licitação poderá fazer seu cadastro em uma entidade integrante da Administração Pública, desde que preencha os requisitos do art. 27 desta lei. Esse cadastro corresponde a uma habilitação parcial do interessado.

Art. 36. Os inscritos serão classificados por categorias, tendo-se em vista sua especialização, subdivididas em grupos, segundo a qualificação técnica e econômica avaliada pelos elementos constantes da documentação relacionada nos arts. 30 e 31 desta Lei.

§ 1º Aos inscritos será fornecido certificado, renovável sempre que atualizarem o registro.

§ 2º A atuação do licitante no cumprimento de obrigações assumidas será anotada no respectivo registro cadastral.

Comentários

A Administração Pública, terminando de fazer a inscrição de todos os interessados que se apresentaram para requerer o cadastro, os classificará por categorias, de acordo com sua especialização, e dentro dessas categorias formará grupos, também, tendo em vista a qualificação técnica e econômica de cada um, sempre com base nos elementos constantes da documentação apresentada.

Aos inscritos serão fornecidos certificados, que poderão ser renováveis quando o registro for atualizado.

A possibilidade de utilização desse cadastro por outros órgãos, que não aquele em que o interessado se cadastrou, é uma oportunidade que se apresenta aos licitantes, e uma forma de a Administração ganhar tempo para obter dados sobre alguma especialização da qual tenha necessidade.

Art. 37. A qualquer tempo poderá ser alterado, suspenso ou cancelado o registro do inscrito que deixar de satisfazer as exigências do art. 27 desta Lei, ou as estabelecidas para classificação cadastral.

Comentários

Sendo o registro cadastral válido por um ano, decorrido esse período, deve ser ele revisto. Sua revisão é possível, também, a qualquer tempo, quando o interessado deixar de preencher os requisitos exigidos. Nesse caso, o registro poderá ser alterado, suspenso ou cancelado pela Administração.

Seção IV
DO PROCEDIMENTO E JULGAMENTO

Art. 38. O procedimento da licitação será iniciado com a abertura de processo administrativo, devidamente autuado, protocolado e numerado, contendo a autorização respectiva, a indicação sucinta de seu objeto e do recurso próprio para a despesa, e ao qual serão juntados oportunamente:

I – edital ou convite e respectivos anexos, quando for o caso;

II – comprovante das publicações do edital resumido, na forma do art. 21 desta Lei, ou da entrega do convite;

III – ato de designação da comissão de licitação, do leiloeiro administrativo ou oficial, ou do responsável pelo convite;

IV – original das propostas e dos documentos que as instruírem;

V – atas, relatórios e deliberações da Comissão Julgadora;

VI – pareceres técnicos ou jurídicos emitidos sobre a licitação, dispensa ou inexigibilidade;

VII – atos de adjudicação do objeto da licitação e da sua homologação;

VIII – recursos eventualmente apresentados pelos licitantes e respectivas manifestações e decisões;

IX – despacho de anulação ou de revogação da licitação, quando for o caso, fundamentado circunstanciadamente;

X – termo de contrato ou instrumento equivalente, conforme o caso;

XI – outros comprovantes de publicações;

XII – demais documentos relativos à licitação.

Parágrafo único. As minutas de editais de licitação, bem como as dos contratos, acordos, convênios ou ajustes devem ser previamente examinadas e aprovadas por assessoria jurídica da Administração.

Comentários

Segundo o magistério de Hely Lopes Meirelles, "O procedimento da licitação inicia-se na repartição interessada com a abertura de processo em que a autoridade competente determina sua realização, define seu objeto e indica os recursos hábeis para a despesa. Essa é a fase interna da licitação, à qual se segue a fase externa, que se desenvolve através dos seguintes atos, nesta sequência: edital ou convite de convocação dos interessados, recebimento da documentação e propostas, habilitação dos licitantes, julgamento das propostas, adjudicação e homologação" (*Licitação e contrato administrativo*, cit., p. 259).

Jurisprudência

ADMINISTRATIVO. LICITAÇÃO. PRAZO. CONTAGEM. DIA DO INÍCIO. EXCLUSÃO. No procedimento de licitação os prazos contam-se excluindo-se o dia de seu início (Lei 8.666/93, art. 110) (STJ, MS 6049/DF, 1ª Seção, j. 13-10-1999, Rel. Min. Humberto Gomes de Barros).

ADMINISTRATIVO. LICITAÇÃO. PRAZO. CONTAGEM. DIA DO INÍCIO. A contagem dos prazos, no procedimento licitatório, despreza o dia do início (Lei 8.666/93, art. 110) (STJ, REsp 193.849/ SP, 1ª T., j. 21-10-1999, Rel. Min. Humberto Gomes de Barros).

Art. 39. Sempre que o valor estimado para uma licitação ou para um conjunto de licitações simultâneas ou sucessivas for superior a 100 (cem) vezes o limite previsto no art. 23, I, *c*, desta Lei, o processo licitatório será iniciado, obrigatoriamente, com uma audiência pública concedida pela autoridade responsável com antecedência mínima de 15 (quinze) dias úteis da data prevista para a publicação do edital, e divulgada, com a antecedência mínima de 10 (dez) dias úteis de sua realização, pelos mesmos meios previstos para a publicidade da licitação, à qual terão acesso e direito a todas as informações pertinentes e a se manifestar todos os interessados.

Parágrafo único. Para os fins deste artigo, consideram-se licitações simultâneas aquelas com objetos similares e com realização prevista para intervalos não superiores a 30 (trinta) dias, e licitações sucessivas aquelas em que, também com objetos similares, o edital subsequente tenha uma data anterior a 120 (cento e vinte) dias após o término do contrato resultante da licitação antecedente.

Comentários

O Edital é o documento fundamental da licitação.

Celso Antônio Bandeira de Mello define-o como sendo "o ato por cujo meio a Administração faz público seu propósito de licitar um objeto determinado, estabelece os requisitos exigidos dos proponentes e das propostas, regula os termos segundo os quais os avaliará e fixa as cláusulas do eventual contrato a ser travado" (*Curso de direito administrativo*, cit., p. 326).

Sendo o edital instrumento de convocação obrigatório que contém as regras fundamentais para a abertura do processo licitatório, deve obedecer às regras de conduta que servirão tanto para a Administração como para os licitantes. Além de ele definir o objeto de maneira precisa, e com exatidão as cláusulas do futuro contrato, o edital é o primeiro ato do processo licitatório, pois, além de sua função normativa, tem a função de instrumento de divulgação.

A lei estabelece que, quando o valor estimado para a licitação ou para o conjunto de licitações simultâneas ou sucessivas for maior que 100 vezes o limite estabelecido, a publicação do edital será precedida de uma audiência pública. Essa audiência deverá ser realizada com antecedência mínima de 15 dias úteis da data prevista para essa publicação, e divulgada 10 dias antes de sua realização. A ela poderão comparecer, participar e manifestar-se, obtendo as informações pertinentes, todos os interessados.

José Cretella Júnior observa que "O legislador define textualmente as licitações simultâneas ou sucessivas como aquelas com objetos semelhantes, sendo as simultâneas aquelas com realização prevista para intervalos não superiores a trinta dias, e licitações sucessivas aquelas em que o edital subsequente tenha uma data anterior a cento e vinte dias após o término das obrigações previstas na licitação precedente" (*Das licitações públicas*, cit., p. 278).

Jurisprudência

LICITAÇÃO – Inabilitação da impetrante pela Comissão Julgadora, por falta de juntada de documentos previstos no edital – Artigo 41 da Lei 8.666/93 – O edital tem efeito vinculante às partes – Constitui-se no documento fundamental da licitação – É a sua "lei interna" – Abaixo da legislação pertinente à matéria, é o edital que estabelece as regras específicas de cada licitação – A administração fica estritamente vinculada às normas e condições nele estabelecidas, das quais não pode se afastar – Segurança denegada – Recurso não provido (TJSP, Ap. Cív. 94.601-5- São Paulo, 8ª C. de D. Público, j. 27-10-1999, Rel. Des. Toledo Silva, v. u.).

Art. 40. O edital conterá no preâmbulo o número de ordem em série anual, o nome da repartição interessada e de seu setor, a modalidade, o regime de execução e o tipo de licitação, a menção de que será regida por esta Lei, o local, dia e hora para recebimento da documentação e proposta, bem como para início da abertura dos envelopes, e indicará, obrigatoriamente, o seguinte:

I – objeto da licitação, em descrição sucinta e clara;

II – prazo e condições para assinatura do contrato ou retirada dos instrumentos, como previsto no art. 64 desta Lei, para execução do contrato e para entrega do objeto da licitação;

III – sanções para o caso de inadimplemento;

IV – local onde poderá ser examinado e adquirido o projeto básico;

V – se há projeto executivo disponível na data da publicação do edital de licitação e o local onde possa ser examinado e adquirido;

VI – condições para participação na licitação, em conformidade com os arts. 27 a 31 desta Lei, e forma de apresentação das propostas;

VII – critério para julgamento, com disposições claras e parâmetros objetivos;

VIII – locais, horários e códigos de acesso dos meios de comunicação à distância em que serão fornecidos elementos, informações e esclarecimentos relativos à licitação e às condições para atendimento das obrigações necessárias ao cumprimento de seu objeto;

IX – condições equivalentes de pagamento entre empresas brasileiras e estrangeiras, no caso de licitações internacionais;

X – o critério de aceitabilidade dos preços unitário e global, conforme o caso, permitida a fixação de preços máximos e vedados à fixação de preços mínimos, critérios estatísticos ou faixas de variação em relação a preços de referência, ressalvado o disposto nos §§ 1º e 2º do art. 48;

XI – critério de reajuste, que deverá retratar a variação efetiva do custo de produção, admitida a adoção de índices específicos ou setoriais, desde a data prevista para apresentação da proposta, ou do orçamento a que essa proposta se referir, até a data do adimplemento de cada parcela;

XII – (*Vetado*.)

XIII – limites para pagamento de instalação e mobilização para execução de obras ou serviços que serão obrigatoriamente previstos em separado das demais parcelas, etapas ou tarefas;

XIV – condições de pagamento, prevendo:

a) prazo de pagamento, não superior a trinta dias, contado a partir da data final do período de adimplemento de cada parcela;

b) cronograma de desembolso máximo por período, em conformidade com a disponibilidade de recursos financeiros;

c) critério de atualização financeira dos valores a serem pagos, desde a data final do período de adimplemento de cada parcela até a data do efetivo pagamento;

d) compensações financeiras e penalizações, por eventuais atrasos, e descontos, por eventuais antecipações de pagamentos;

e) exigência de seguros, quando for o caso;

XV – instruções e normas para os recursos previstos nesta Lei;

XVI – condições de recebimento do objeto da licitação;

XVII – outras indicações específicas ou peculiares da licitação.

§ 1º O original do edital deverá ser datado, rubricado em todas as folhas e assinado pela autoridade que o expedir, permanecendo no processo de licitação, e dele extraindo-se cópias integrais ou resumidas, para sua divulgação e fornecimento aos interessados.

§ 2º Constituem anexos do edital, dele fazendo parte integrante:

I – o projeto básico e/ou executivo, com todas as suas partes, desenhos, especificações e outros complementos;

II – orçamento estimado em planilhas de quantitativos e preços unitários;

III – a minuta do contrato a ser firmado entre a Administração e o licitante vencedor;

IV – as especificações complementares e as normas de execução pertinentes à licitação.

§ 3º Para efeito do disposto nesta Lei, considera-se como adimplemento da obrigação contratual a prestação do serviço, a realização da obra, a entrega do bem ou de parcela destes, bem como qualquer outro evento contratual a cuja ocorrência esteja vinculada a emissão de documento de cobrança.

§ 4º Nas compras para entrega imediata, assim entendidas aquelas com prazo de entrega até trinta dias da data prevista para apresentação da proposta, poderão ser dispensados:

I – o disposto no inciso XI deste artigo;

II – a atualização financeira a que se refere a alínea *c* do inciso XIV deste artigo, correspondente ao período compreendido entre as datas do adimplemento e a prevista para o pagamento, desde que não superior a quinze dias.

Comentários

A concorrência, a tomada de preços, o concurso e o leilão são modalidades de licitação que exigem a obrigatoriedade da elaboração do edital.

Entende Hely Lopes Meirelles que "nada se pode exigir, ou decidir, além ou aquém do edital". Esse o motivo da importância e cuidados que devem ser tomados quando da elaboração de um edital de licitação. Carlos Ari Sundfeld, ao tecer comentários acerca do edital, preleciona: "Cumpre ao edital definir o objeto da disputa com precisão e clareza e sem especificações excessivas ou desnecessárias. A exigência de precisão deriva, de um lado, da necessidade de o licitante saber a natureza e dimensão exata da prestação a que se obrigará, e de outro, da impossibilidade lógica de, em certame competitivo, confrontar coisas distintas; e, por fim, do perigo das contratações inespecíficas, propiciadoras de conluios de toda ordem" (*Licitação e contrato administrativo*, cit.).

O objeto da licitação deve ser descrito no edital convocatório de forma sucinta e clara, não podendo ensejar dúvidas quanto ao atendimento das exigências nele contidas. Vale observar que é possível que o edital apresente algum erro material (de digitação, por exemplo) que não implique em sua nulidade ou na anulação ou invalidação de todo o procedimento licitatório. Equívocos materiais ou de digitação podem ser relevados desde que não acarretem prejuízo à apresentação das propostas. Aplicável, no caso, a regra *"pas de nullité sans grief"*, ou seja, se o erro não prejudicar a formulação de propostas pelos licitantes, não há que se falar em anulação ou invalidação da licitação.

O edital deverá conter no seu bojo todas as regras procedimentares que irão disciplinar a licitação aberta.

O art. 40 dispõe acerca do conteúdo do edital. Se houver omissão de um desses dados, a licitação poderá ser invalidada desde que seja comprovado o prejuízo de algum possível concorrente que não pôde participar da licitação por causa dessa falha.

Vale anotar que o inciso X desse artigo teve sua redação alterada pela Lei n. 9.648/98. Antes, a lei vedava, sem qualquer ressalva, a adoção de preços mínimos; atualmente é permitida a fixação de preços máximos referentemente aos critérios de aceitabilidade; por outro lado, a fixação de preços mínimos, embora vedada, em regra, admite as exceções referentes aos parágrafos do art. 48.

Na realidade, a alteração consubstancia-se em um retrocesso que contraria a tentativa de modernização das normas reguladoras das compras públicas. A fixação de preços máximos veio retirar a possibilidade de real concorrência entre os participantes, porque os preços indicados como máximos acabam sendo aqueles que servirão como preços-base.

Jurisprudência

Licitação – Edital – Publicado o edital, não pode o mesmo ser modificado, sob pena de ser cancelada a licitação e se estabelecer novas normas através de outro edital (TFR, Ap. MS 87.260-DF, Rel. Min. Flaquer Scartezzini, DJU, 18 set. 1986, p. 16972).

A discricionariedade no julgamento da licitação é limitada, sendo lícito, porém, a Administração dar o exato sentido das proposições e dos valores constantes do edital (TFR, Ap. MS 100.308-CE, Rel. Min. Carlos Madeira, DJU, 23 maio 1985, p. 7875).

Licitação – Propostas – Julgamento objetivo – Adequação ao tipo de licitação e atendimento ao interesse público – Impossibilidade, por essa razão, da fixação em lei ou na doutrina de critério único de julgamento – Desnivelamento inocorrente – Recurso não provido (Ap. Cív. 142.215-1-São Paulo – Apelante: Transliquid Transportes Rodoviários Ltda.; Apelado: Superintendente do Departamento de Estradas de Rodagem do Estado – DER).

LICITAÇÃO – Concorrência pública – Edital cujas cláusulas exigem dos licitantes requisitos irrazoáveis e desproporcionais entre os meios aplicados e os fins pretendidos – Inadmissibilidade – Observância do princípio da proporcionalidade (TJPI, MS 97.001032-0, Tribunal Pleno, j. 14-5-1998, Rel. Des. Magalhães da Costa).

ADMINISTRATIVO. LICITAÇÃO. CONCORRÊNCIA. EDITAL. REQUISITOS. HABILITAÇÃO. Não atendendo aos requisitos exigidos no edital, ocorre a inabilitação em processo licitatório de concorrência. Segurança denegada (STJ, MS 5829/ES, 1ª Seção, j. 10-2-1999, Rel. Min. Garcia Vieira).

ADMINISTRATIVO – LICITAÇÃO – EDITAL – LEGALIDADE – MONOPÓLIO. Disposição editalícia que impõe pontuação negativa por quantidade de outorga de serviços explorados pelas proponentes não padece de ilegalidade e tem por objetivo evitar o monopólio. Segurança denegada (STJ, MS 5763/DF, 1ª Seção, j. 26-5-1999, Rel. Min. Garcia Vieira).

ADMINISTRATIVO. LICITAÇÃO. RECURSO ESPECIAL. NULIDADE. CONTRATO DE CONCESSÃO. 1. Pretensão do Ministério Público Federal de anular, por via de Ação Civil Pública, leilão de Concessão, Arrendamento e Venda de Bens de Pequeno Valor da Malha Sul (SR 5 e SR 6) da RFFSA (Edital n. PND/A-08/96 (RFFSA), realizado pela Bolsa de Valores do Rio de Janeiro, em 13.12.96. 2. Alegação, no REsp, de ser nulo o referido Edital por inexistência de prévio projeto básico, de ser necessário o edital fixar, desde logo, a tarifa do serviço público em números concretos; o edital indicar expressamente o responsável pelo ônus das desapropriações necessárias à execução do serviço; e de inexistir, no Edital, a exigência de publicação de demonstrações financeiras periódicas da concessionária. 3. Homenagem ao acórdão recorrido pela concordância integral aos seus fundamentos, no sentido de que: a) o requisito da exigência do projeto básico está preenchido com a apresentação das metas e suas especificações, tudo a ser cumprido pela vencedora do leilão, conforme registra o Edital, pelo que está o âmbito da liberdade de escolha da administração, eliminando-se a possibilidade de decisões arbitrárias ou nocivas ao interesse público e desacertadas com a finalidade da concessão, tudo a demonstrar inexistência de prejuízo e, consequentemente, de ilicitude; b) não há necessidade de fixação no edital do valor fixo da tarifa, por se tratar de serviço a ser explorado que se vincula a atividade econômica que há de ser desenvolvida de acordo com o humor do mercado, pelo que basta haver obediência ao controle a ser exercido pelo poder concedente quanto aos limites estabelecidos para apurar o quantum *tarifário;* c) a cláusula 9.1, inciso XVIII, do edital é suficiente para se antever quem será o responsável pelo ônus das desapropriações, cumprindo-se o exigido pelos arts. 29, VIII, e 31, VI, da Lei n. 8.987/95; d) a exigência do art. 23, XIV, da Lei n. 8.987/95, referente à publicação de demonstrações financeiras periódicas da concessionária, está contida na cláusula 12ª, § 6º, do contrato de concessão a ser celebrado. 4. Fundamentos e conclusões do acórdão que se têm como jurídicos e que devem ser mantidos. Interpretação das cláusulas do edital que estão de acordo com os ditames da legislação a respeito. 5. Recurso especial parcialmente conhecido e, nessa parte, não pro-*

vido *(STJ, REsp 773.665/RS, 1ª T., j. 19-9-2006, Rel. Min. José Delgado*, DJ, *19 out. 2006, p. 249).*

ADMINISTRATIVO. LICITAÇÃO. EDITAL. OUTORGA DE CANAL DE RÁDIO FM. CORREÇÃO MONETÁRIA DO PREÇO. NULIDADE REJEITADA. *1. Inexiste ilegalidade em item de edital de convocação que determina a correção monetária da proposta vencedora a partir da data de assinatura do contrato de permissão. 2. O art. 40 da Lei 8.666/93 não é exauriente no tocante aos requisitos do edital, podendo-se incluir outras exigências de acordo com a necessidade do certame, desde que respeitados os princípios que regem a Administração Pública. 3. Não utilizado o recurso administrativo previsto no art. 41 desse diploma legal, o afastamento da regra quebraria o princípio de vinculação ao edital e geraria clara situação de injustiça com aqueles que foram derrotados no processo licitatório. 4. Precedente da 1ª Turma em caso similar: REsp 846.367/ RS, Rel. Min. José Delgado, DJU de 16-11-2006. 5. Recurso especial não provido (STJ, REsp 101.950-3/SC, 2ª T., j. 4-11-2008, Rel. Min. Castro Meira*, DJe, *16 dez. 2008).*

Art. 41. A Administração não pode descumprir as normas e condições do edital, ao qual se acha estritamente vinculada.

§ 1º Qualquer cidadão é parte legítima para impugnar edital de licitação por irregularidade na aplicação desta Lei, devendo protocolar o pedido até 5 (cinco) dias úteis antes da data fixada para a abertura dos envelopes de habilitação, devendo a Administração julgar e responder à impugnação em até 3 (três) dias úteis, sem prejuízo da faculdade prevista no § 1º do art. 113.

§ 2º Decairá do direito de impugnar os termos do edital de licitação perante a Administração o licitante que não o fizer até o segundo dia útil que anteceder a abertura dos envelopes de habilitação em concorrência, a abertura dos envelopes com as propostas em convite, tomada de preços ou concurso, ou a realização de leilão, as falhas ou irregularidades que viciariam esse edital, hipótese em que tal comunicação não terá efeito de recurso.

§ 3º A impugnação feita tempestivamente pelo licitante não o impedirá de participar do processo licitatório até o trânsito em julgado da decisão a ela pertinente.

§ 4º A inabilitação do licitante importa preclusão do seu direito de participar das fases subsequentes.

Comentários

Como já foi dito no comentário do artigo anterior, o edital vincula o procedimento da Administração às regras estabelecidas, visto que só serão válidos os atos administrativos praticados em conformidade com as normas nele estabelecidas. Qualquer descumprimento a essas normas pela Administração Pública acarretará a invalidação do procedimento licitatório ou a nulidade dos atos que infringiram o edital. Muitas vezes a nulidade de um ato no processo licitatório pode não apenas prejudicar todo o processo, como também obrigar o reinício da licitação.

Qualquer cidadão poderá impugnar o edital alegando irregularidade na aplicação da lei dentro do prazo por ela estipulado. Perderá o direito de impugnar os termos do edital da licitação o licitante que não o fizer no prazo estabelecido por essa lei. Em sendo tempestiva a impugnação, o licitante poderá participar da licitação até o seu trânsito em julgado.

Jurisprudência

Concorrência Pública – Anulação – Pretensão por interessado na licitação – Falta, porém, de participação naquela e de protesto contra o edital viciado – Ilegitimidade "ad causam" – Extinção do processo sem julgamento do mérito decretada – Sentença confirmada – Recurso improvido.

Ementa oficial: Concorrência pública. Anulação. Postulação por quem, interessado na licitação, dela não participou nem protestou contra o edital viciado. Ilegitimidade ativa "ad causam" e extinção do processo sem julgamento de mérito. Sentença confirmada. Apelo desprovido.

Decai do direito de pugnar pela anulação da concorrência pública e, portanto, não reúne legitimidade ativa aquele que, à primeira leitura do edital, e entendendo-o discriminatório, não o tenha impugnado ou protestado, procurando invalidar cláusulas viciadas (TJSC, Ap. 31.585, 4ª C., j. 20-2-1992, Rel. Des. Alcides Aguiar, RT, 692/137).

RECURSO EM MANDADO DE SEGURANÇA. PROCESSUAL CIVIL E ADMINISTRATIVO. SITUAÇÃO FÁTICA COMPLEXA NÃO DEMONSTRADA. DILAÇÃO PROBATÓRIA. INADEQUAÇÃO DA VIA ELEITA. LICITAÇÃO. CARTA DE CORRESPONSABILIDADE TÉCNICA ALTERADA INDEVIDAMENTE. REVOGAÇÃO PELA ADMINISTRAÇÃO DA DECISÃO HOMOLOGATÓRIA EM FACE DA AUSÊNCIA DE REQUISITO PREVIAMENTE EXIGIDO PELO EDITAL. ARGUMENTOS DESARRAZOADOS. RECURSO DESPROVIDO. I – O mandado de segurança pressupõe a existência de direito líquido e certo, apoiado em fatos incontroversos, e não em fatos complexos que reclamam a produção e cotejo de provas. II – Os argumentos expendidos pela Recorrente revelam a completa falta de possibilidade jurídica do pedido do presente recurso. O certame licitatório ao ser realizado deve apresentar completa vinculação ao demandado no edital, de forma que é vedada a exclusão de exigência editalícia, sob pena de ferir preceitos legais inerentes à licitação, conforme dispõe a Lei n. 8.666, de 21 de junho de 1993. III – Recurso conhecido, porém, desprovido (STJ, ROMS 10491/SC, 2ª T., Rel. Min. Laurita Vaz, j. 5-3-2002).

ADMINISTRATIVO. RECURSO ESPECIAL EM MANDADO DE SEGURANÇA. LICITAÇÃO. ALEGADA VIOLAÇÃO DO ART. 41 DA LEI 8.666/93. NÃO OCORRÊNCIA. SESSÃO PÚBLICA DE RECEBIMENTO DOS ENVELOPES. ATRASO NÃO VERIFICADO. DOUTRINA. PRECEDENTE. DESPROVIMENTO. 1. A Administração Pública não pode descumprir as normas legais tampouco as condições editalícias, tendo em vista o princípio da vinculação ao instrumento convocatório (Lei 8.666/93, art. 41). 2. A recorrida não violou o edital, tampouco a regra constante do art. 41 da Lei 8.666/93, porquanto compareceu à sessão pública de recebimento de envelopes às 8h31min, ou seja, dentro do prazo de tolerância (cinco minutos) concedido pela própria comissão licitante. Com efeito, não houve atraso que justificasse o não recebimento da documentação e da proposta. 3. Rigorismos formais extremos e exigências inúteis não podem conduzir a interpretação contrária à finalidade da lei, notadamente em se tratando de concorrência pública, do tipo menor preço, na qual a existência de vários interessados é benéfica, na exata medida em que facilita a escolha da proposta efetivamente mais vantajosa (Lei 8.666/93, art. 3º). 4. Recurso especial desprovido (STJ, REsp 797.179/MT, 1ª T., j. 19-10-2006, Rel. Min. Denise Arruda, DJ, 7 nov. 2006, p. 253).

ADMINISTRATIVO. RECURSO ESPECIAL EM MANDADO DE SEGURANÇA. LICITAÇÃO. ALEGADA VIOLAÇÃO DOS ARTS. 28, III, E 41 DA LEI 8.666/93. NÃO OCORRÊNCIA. HABILITAÇÃO JURÍDICA COMPROVADA. ATENDIMENTO DA FINALIDADE LEGAL. DOUTRINA. PRECEDENTES. DESPROVIMENTO. 1. A Lei 8.666/93 exige, para a demonstração da habilitação jurídica de sociedade empresária, a apresentação do ato constitutivo, estatuto ou contrato social em vigor, devidamente registrado (art. 28, III). 2. A recorrida apresentou o contrato social original e certidão simplificada expedida pela Junta Comercial, devidamente autenticada, contendo todos os elementos necessários à análise de sua idoneidade jurídica (nome empresarial, data do arquivamento do ato constitutivo e do início das atividades, objeto social detalhado, capital social integralizado e administradores). 3. Inexiste violação da lei ou do instrumento convocatório, porquanto a recorrida demonstrou sua capacidade jurídica e atendeu, satisfatoriamente, à finalidade da regra positivada no art. 28, III, da Lei 8.666/93. 4. A Administração Pública não pode descumprir as normas legais, tampouco as condições editalícias, tendo em vista o princípio da vinculação ao instrumento convocatório (Lei 8.666/93, art. 41). Contudo, rigorismos formais extremos e exigências inúteis não podem conduzir a interpretação contrária à finalidade da lei, notadamente em se tratando de concorrência pública, do tipo menor preço, na qual a existência de vários interessados é benéfica, na exata medida em que facilita a escolha da proposta efetivamente mais vantajosa (Lei 8.666/93, art. 3º). 5. Recurso especial desprovido (STJ, REsp 797.170/MT 1ª T., j. 17-10-2006, Rel. Min. Denise Arruda, DJ, 7 nov. 2006, p. 252).

*ADMINISTRATIVO. LICITAÇÃO. APRESENTAÇÃO DE GA-
RANTIA ANTES DA HABILITAÇÃO EM TOMADA DE PREÇO.
IMPOSSIBILIDADE. 1. Tem-se aqui caso em que edital de licitação
exigia a apresentação de garantia em até cinco dias da data da
abertura da licitação. 2. De acordo com o art. 31, inc. III, da Lei n.
8.666/93, a apresentação de garantia é requisito para que o licitante seja considerado qualificado no aspecto financeiro-econômico.
Como se sabe, a apresentação das qualificações insere-se na fase de
habilitação, na esteira do art. 27 daquele mesmo diploma normativo,
motivo pelo qual a exigência de garantia antes do referido período
é ilegal. 3. Não ajuda à Administração sustentar que o edital é lei
entre as partes e que a decisão que aplica os dispositivos antes mencionados viola o art. 41 da Lei n. 8.666/93, pois, se é verdade que o
edital vincula o Poder Público, não é menos verdade que a lei também
o faz, em grau ainda mais elevado. 4. Recurso especial não provido
(STJ, 2ª T., REsp 101.810-7/DF, Rel. Min. Mauro Campbell Marques,
v. u., j. 26-5-2009;* DJe, *12 jun. 2009).*

*ADMINISTRATIVO. MANDADO DE SEGURANÇA. LICITA-
ÇÃO. POSSÍVEL OCORRÊNCIA DE FRAUDE. SOBRESTAMENTO
DO PROCEDIMENTO LICITATÓRIO PELA AUTORIDADE COA-
TORA. PEDIDO DE CONCESSÃO DA SEGURANÇA PARA DAR
CONTINUIDADE AO PROCESSO. CONCLUSÃO DO CERTAME.
PERDA DO OBJETO. 1. Trata-se de mandado de segurança impetra-
do por Rádio Cultural de Vitória Ltda. contra ato do Ministro de
Estado das Comunicações que suspendeu a Concorrência n. 080/2001-
SSR/MC, referente à outorga de permissão de serviço de radiodifusão
sonora em frequência modulada em Escada/PE, por suspeitas de
violação do envelopes das propostas, o que configuraria fraude à licitação. Defende a impetrante que, por questões de celeridade e
economia, bastaria que a Administração excluísse a licitante vitoriosa (Estúdios Reunidos Ltda.) – sob a qual pende a alegação de crime
de licitação –, dando continuidade ao certame com a convalidação
dos demais atos administrativos praticados pela Comissão Especial
de Licitação, inclusive com a homologação e a adjudicação do objeto para a licitante segunda colocada (a impetrante). 2. Nas informações prestadas, a autoridade impetrada relata que, após a abertura*

das propostas de preços das proponentes classificadas na fase anterior da licitação, a ora impetrante ofereceu representação para impugnar a habilitação da concorrente Estúdios Reunidos Ltda., o que deu ensejo à decisão do Ministro de Estado das Comunicações que determinou o sobrestamento da Concorrência n. 080/2001, bem como o início dos trabalhos da Comissão de Sindicância nomeada pela Portaria SE/MC n. 266, de 26 de outubro de 2007. Diante da realização de laudo pericial pelo Instituto de Criminalística da Polícia Federal, constatou-se a fraude no envelope contendo a Proposta de preço da Licitante Estúdios Reunidos Ltda. Em sequência, o Secretário Executivo do Ministério das Comunicações acolheu pedido apresentado pela Advocacia-Geral da União no sentido de determinar a instauração de procedimento para aplicação de penalidade administrativa, mantendo o sobrestamento da licitação até a conclusão daquele processo administrativo disciplinar. A autoridade impetrada defendeu, ainda, a legalidade do ato impugnado (sobrestamento da Concorrência n. 080/2001), asseverando que (a) não é possível deferir o pedido de desistência da licitante Estúdios Reunidos Ltda. que, nos termos do art. 43, § 6º, da Lei 8.666/93, somente pode ocorrer até a fase de habilitação, salvo por motivo justo superveniente à apresentação da proposta, ainda mais quando havia ao tempo da apresentação do pedido de desistência, suspeita de fraude na proposta de preço da licitante; (b) acatar a pretensão do impetrante significa, além da violação ao direito de defesa que deve ser concedido à licitante Estúdios Reunidos Ltda. causar uma verdadeira celeuma processualística, pois se for homologada a licitação e adjudicado seu objeto e, ao final, se concluir pela inocência daquela licitante, a homologação da licitação seria anulada. 3. Em 13 de agosto de 2009, a impetrante Rádio Cultural de Vitória Ltda. apresenta petição informando que, na data de 22 de dezembro de 2008, a autoridade impetrada acolheu o parecer da Consultoria Jurídica para desclassificar a licitante Estúdios Reunidos Ltda., determinando, por conseguinte, o prosseguimento da concorrência de outorga para execução de serviço de radiodifusão sonora. Ato contínuo, o Presidente da Comissão Especial de Licitação concluiu o certame, declarando a impetrante Rádio Cultural de Vitória Ltda. como vencedora para a localidade de Escada/PE (decisão publicada em 3 de abril de 2009). 4. Desta forma, considerando que o objeto do presente mandamus *é justamente tornar sem efeito a decisão que determinou o sobrestamento do procedimento licitatório, resta prejudicada a impetração. 5. Por derradeiro, não há como acolher o pedido de fls. 163/164 de se impor ao Ministro de Estado das Comunicações o prazo de 30 dias para homologar o resultado da licitação 080/2001-SSR/MC, para a localidade de Escada. 6. Com efeito, conforme orientação consolidada nesta Corte, afasta-se da apreciação do Poder Judiciário o controle do mérito dos atos administrativos – conveniência e oportunidade –, excepcionada apenas a hipótese de ato praticado por autoridade incompetente ou com inobservância de formalidade essencial, ou ainda quando contrariar o princípio a razoabilidade, o que, a toda evidência, não ocorre na hipótese dos autos. 7. Não restou demonstrada a desídia ou demora injustificada na solução do caso, descabendo a referência à omissão na conduta da autoridade apontada coatora, porquanto, constatada a gravidade das irregularidades investigadas, foram tomadas todas as providências cabíveis, o que justifica o atraso no encerramento do processo licitatório. 8. Nesse sentido, não compete ao Poder Judiciário analisar o mérito do ato administrativo, a fim de se determinar ao Ministro de Estado das Comunicações a imediata homologação do objeto da Concorrência n. 080/2001-SSR/MC. 9. Mandado de segurança extinto, sem resolução do mérito (STJ, 1ª Seção, MS 13742/DF, Rel. Min. Mauro Campbell Marques, v. u., j.* 9-9-2009, DJe, *21 set. 2009).*

ADMINISTRATIVO. LICITAÇÃO. HOMOLOGAÇÃO. INTERESSE PROCESSUAL. EXISTÊNCIA. PRECEDENTE DA CORTE ESPECIAL. 1. Trata-se de controvérsia sobre interesse processual na impugnação de incidente (acolhimento de recurso contra a inabilitação de concorrente) após o fim de certame. 2. A Corte Especial do STJ entende que "a superveniente adjudicação não importa na perda de objeto do mandado de segurança, pois se o certame está eivado de nulidades, estas também contaminam a adjudicação e posterior celebração do contrato" (AgRg na SS 2.370/PE, Rel. Min. Ari Pargendler, Corte Especial, DJe 23.9.2011). No mesmo sentido: REsp 1.128.271/AM, Rel. Min. Castro Meira, Segunda Turma, DJe 25.11.2009; e REsp 1.059.501/MG, Rel. Min. Mauro Campbell Marques, Segunda Turma, DJe 10.9.2009. 3. A decisão recorrida aprecia a matéria de fundo, razão pela qual fica prejudicada a alegação relacionada com o conhecimento do Recurso Especial pela alínea "c". 4. Agravo Regimental não provido (STJ, AgRg no AREsp 141597/MA, 2ª T., j. 23-10-2012, Rel. Min. Herman Benjamin, DJe *31-10-2012).*

ADMINISTRATIVO. CONCURSO PÚBLICO. NOMEAÇÃO TARDIA POR DECISÃO JUDICIAL. VENCIMENTOS PRETÉRITOS DESCABIDOS. ORIENTAÇÃO FIXADA PELA CORTE ESPECIAL. 1. Trata-se, originariamente, de ação declaratória de nulidade de ato administrativo, com pedido cumulado de indenização por danos material e moral, na qual se discute a possibilidade de conferir ao recorrido o ingresso nos quadros da carreira de técnico em eletrônica na empresa recorrente, haja vista a sua aprovação em concurso público, aberto pela empresa, que recusa a formação de técnico em informática para o cargo em apreço. 2. A solução integral da controvérsia, com fundamento suficiente, não caracteriza ofensa ao art. 535 do CPC. 3. A Petrobras alega ofensa ao art. 41 da Lei 8.666/1993, mas este diploma normativo estabelece normas gerais sobre Licitações e Contratos Administrativos. Desse modo, a ausência de pertinência temática entre o acórdão recorrido e o dispositivo legal tido como violado faz incidir o óbice contido na Súmula 284/STF. 4. O Tribunal a quo *concluiu que o candidato comprovou formação acadêmica de acordo com as normas editalícias. Rever tal entendimento implica reexame do contexto fático-probatório dos autos, o que é vedado em Recurso Especial ante o disposto na Súmula 7/STJ. 5. "Se a nomeação foi decorrente de sentença judicial, o retardamento não configura preterição ou ato ilegítimo da Administração Pública a justificar uma contrapartida indenizatória" (EREsp 1.117.974/RS, Rel. Ministra Eliana Calmon, Rel. p/ Acórdão Ministro Teori Albino Zavascki, Corte Especial, DJe 19.12.2011). 6. Recurso Especial parcialmente provido para afastar a condenação em indenização (STJ, REsp 1345963/RJ, 2ª T., j. 18-10-2012, Rel. Min. Herman Benjamin,* DJe *5-11-2012).*

Art. 42. Nas concorrências de âmbito internacional, o edital deverá ajustar-se às diretrizes da política monetária e do comércio exterior e atender às exigências dos órgãos competentes.

§ 1º Quando for permitido ao licitante estrangeiro cotar preço em moeda estrangeira, igualmente o poderá fazer o licitante brasileiro.

§ 2º O pagamento feito ao licitante brasileiro eventualmente contratado em virtude da licitação de que trata o parágrafo anterior será efetuado em moeda brasileira, à taxa de câmbio vigente no dia útil imediatamente anterior à data do efetivo pagamento.

§ 3º As garantias de pagamento ao licitante brasileiro serão equivalentes àquelas oferecidas ao licitante estrangeiro.

§ 4º Para fins de julgamento da licitação, as propostas apresentadas por licitantes estrangeiros serão acrescidas dos gravames consequentes dos mesmos tributos que oneram exclusivamente os licitantes brasileiros quanto à operação final de venda.

§ 5º Para a realização de obras, prestação de serviços ou aquisição de bens com recursos provenientes de financiamento ou doação oriundos de agência oficial de cooperação estrangeira ou organismo financeiro multilateral de que o Brasil seja parte, poderão ser admitidas, na respectiva licitação, as condições decorrentes de acordos, protocolos, convenções ou tratados internacionais, aprovados pelo Congresso Nacional, bem como as normas e procedimentos daquelas entidades, inclusive quanto ao critério de seleção da proposta mais vantajosa para a Administração, o qual poderá contemplar, além do preço, outros fatores de avaliação, desde que por elas exigidos para a obtenção do financiamento ou da doação, e que também não conflitem com o princípio do julgamento objetivo e sejam objeto de despacho motivado do órgão executor do contrato, despacho esse ratificado pela autoridade imediatamente superior.

§ 6º As cotações de todos os licitantes serão para entrega no mesmo local de destino.

Comentários

Marçal Justen Filho, ao comentar este dispositivo, assinala: "Quando a licitação for aberta à participação de empresas sediadas no estrangeiro, poderão produzir efeitos que ultrapassem os limites do órgão contratante da Administração Pública... As regras do edital deverão ser adequadas à legislação pertinente. Se, por exemplo, a execução da contratação acarretar importação vedada pela legislação, o edital será inválido". E continua: "Mesmo que as propostas sejam formuladas em moeda estrangeira, o contratante estabelecido no Brasil receberá pagamento em moeda nacional. A Lei determina que a contratação seja efetivada em moeda nacional, mas os reajustes se farão segundo a variação cambial. Ou seja, os valores da proposta, formulada em moeda estrangeira, serão convertidos para moeda nacional, segundo o câmbio vigente no último dia útil anterior" (*Comentários à lei de licitações*, cit., p. 261-2).

A Administração Pública deverá levar em conta, quando se tratar de licitação de âmbito internacional, as normas de direito internacional, respeitando no edital os tratados e convenções de comércio exterior, ajustando as cláusulas do edital à política governamental vigente na época da abertura do processo licitatório.

O art. 5º da Lei n. 10.184, de 12 de fevereiro de 2001 (anterior Medida Provisória originária n. 1.574, de 12-5-1997, com última reedição sob n. 2.111-49, de 26-1-2001), que dispõe sobre a concessão de financiamento vinculado à exportação de bens ou serviços nacionais, alterou o art. 5º da Lei n. 8.032, de 12 de abril de 1990, e estabeleceu que, para a importação de matérias-primas, produtos intermediários e componentes destinados à fabricação, no País, de máquinas e equipamentos a serem fornecidos no mercado interno, em decorrência de licitação internacional, poderá ser aplicado o regime aduaneiro especial, de que trata o inciso II do art. 78 do Decreto-lei n. 37, de 18 de novembro de 1966, contra pagamento em moeda conversível proveniente de financiamento concedido por instituição financeira internacional, da qual o Brasil participe, ou por entidade governamental estrangeira, ou, ainda, pelo Banco Nacional de Desenvolvimento Econômico e Social – BNDES, com recursos captados no exterior.

O Decreto n. 4.373, de 12 de setembro de 2002, que promulgou o Acordo entre o Governo da República Federativa do Brasil e o

Governo da República Francesa sobre o Projeto de Construção de uma Ponte sobre o Rio Oiapoque, propõe, em seu art. 3º, a abertura de edital de licitação internacional de obra pública contendo a definição das obras a serem executadas e o processo de escolha das empresas executantes.

Jurisprudência

Mandado de segurança – Licitação – Convite – Compra de material escolar – Inabilitação por desatendimento ao requisito da marca e da procedência do produto cotado – Inadmissibilidade – Comprovado que o material é da produção da concorrente – Descabimento de desclassificação da licitante vencedora por falha técnica não comprovável na estreita via do mandamus – Ausência de prova pré-constituída – Segurança parcialmente concedida – Recursos improvidos (TJSP, Ap. Cív. 89.793-5, 7ª C. de D. Público, j. 9-10-2000, Rel. Des. Jovino de Sylos Neto, v. u., JTJ, 237/91).

LICITAÇÃO – Concorrência pública – Exclusão de concorrente – Descumprimento do edital – Cláusula que prevê a tolerância de pequenos desvios nos critérios de avaliação pela comissão julgadora – Reinterpretação do edital negando validade a tal cláusula por ferir os critérios objetivos do certame – Inadmissibilidade – Cláusula legal com arrimo no artigo 42, § 5º, da Lei Federal n. 8.666/93 – Hipótese em que não foram desatendidos os requisitos substanciais da concorrência – Cabimento da análise pelo Judiciário do juízo de valor administrativo na hipótese de ato vinculado – Manutenção da habilitação do concorrente até o julgamento de apelação interposta em ação mandamental, em tese mal indeferida – Ação procedente (TJSP, MC 309.370.5/9-São Paulo, 8ª C. de D. Público, j. 16-4-2003, Rel. Des. José Santana, v. u., JTJ, 269/456).

Medida cautelar. Concorrência Pública Internacional. Exclusão de concorrente, por motivos que não afetam sua capacidade técnica e financeira para executar o contrato licitado. O "juízo de valor" emitido pela Administração na avaliação do "desvio tolerável" no cumprimento dos requisitos do edital (art. 42, § 5º, da Lei Fed.

8.666/93) é vinculado à afetação da "capacidade da proponente executar o contrato (item 4.18 do Edital) e, por isso, susceptível de apreciação pelo Poder Judiciário que, em ocorrendo violação de direito do concorrente, restabelece a segurança jurídica da concorrência – e não o contrário". Hipótese que justifica a concessão de medida cautelar para manter a habilitação do concorrente, até o julgamento de apelação interposta em ação mandamental, em tese mal indeferida liminarmente. Ação cautelar procedente (TJSP, MC 309.370.5/9, 8ª C. de D. Público, j. 16-4-2003, Rel. Des. José Santana, v. u., JTJ, 269/456).

Art. 43. A licitação será processada e julgada com observância dos seguintes procedimentos:

I – abertura dos envelopes contendo a documentação relativa à habilitação dos concorrentes, e sua apreciação;

II – devolução dos envelopes fechados aos concorrentes inabilitados, contendo as respectivas propostas, desde que não tenha havido recurso ou após sua denegação;

III – abertura dos envelopes contendo as propostas dos concorrentes habilitados, desde que transcorrido o prazo sem interposição de recurso, ou tenha havido desistência expressa, ou após o julgamento dos recursos interpostos;

IV – verificação da conformidade de cada proposta com os requisitos do edital e, conforme o caso, com os preços correntes no mercado ou fixados por órgão oficial competente, ou ainda com os constantes do sistema de registro de preços, os quais deverão ser devidamente registrados na ata de julgamento, promovendo-se a desclassificação das propostas desconformes ou incompatíveis;

V – julgamento e classificação das propostas de acordo com os critérios de avaliação constantes do edital;

VI – deliberação da autoridade competente quanto à homologação e adjudicação do objeto da licitação.

§ 1º A abertura dos envelopes contendo a documentação para habilitação e as propostas será realizada sempre em ato público previamente designado, do qual se lavrará ata circunstanciada, assinada pelos licitantes presentes e pela Comissão.

§ 2º Todos os documentos e propostas serão rubricados pelos licitantes presentes e pela Comissão.

§ 3º É facultada à Comissão ou autoridade superior, em qualquer fase da licitação, a promoção de diligência destinada a esclarecer ou a complementar a instrução do processo, vedada a inclusão posterior de documento ou informação que deveria constar originariamente da proposta.

§ 4º O disposto neste artigo aplica-se à concorrência e, no que couber, ao concurso, ao leilão, à tomada de preços e ao convite.

§ 5º Ultrapassada a fase de habilitação dos concorrentes (incisos I e II) e abertas as propostas (inciso III), não cabe desclassificá-los por motivo relacionado com a habilitação, salvo em razão de fatos supervenientes ou só conhecidos após o julgamento.

§ 6º Após a fase de habilitação, não cabe desistência de proposta, salvo por motivo justo decorrente de fato superveniente e aceito pela Comissão.

Comentários

Segundo Hely Lopes Meirelles, "habilitação ou qualificação é o ato pelo qual o órgão competente (geralmente o julgador da licitação, mas pode ser também a Comissão de Julgamento do registro cadastral, quando existente na repartição interessada), examinada a documentação, manifesta-se sobre os requisitos pessoais dos licitantes, habilitando-os ou inabilitando-os. Habilitado ou qualificado é o proponente que demonstrou possuir os requisitos mínimos da capacidade jurídica, capacidade técnica, idoneidade econômico-financeira e regularidade fiscal, pedidos no edital; inabilitado ou desqualificado é o que, ao contrário, não logrou fazê-lo" (*Licitação e contrato administrativo*, cit., p. 268).

Para o citado mestre, a fase de habilitação é distinta e estanque da de julgamento, visando-se naquela, exclusivamente, à pessoa do proponente e nesta, ao aspecto formal e ao conteúdo da proposta.

Uma vez encerrada a fase de habilitação, aos inabilitados, excluídos do certame, devolvem-se seus envelopes "proposta", intactos, sendo que não mais participam dos atos seguintes (art. 41, § 4º).

Cabível dessa decisão de inabilitação recurso com efeito suspensivo, conforme estabelecido na Lei n. 8.666/93 (art. 109, § 2º).

Assim, somente passarão à seguinte os licitantes habilitados.

Hely Lopes Meirelles comenta, também, acerca da discussão antes havida em doutrina acerca da possibilidade de reexame da habilitação pelo conhecimento de fatos supervenientes ao julgamento dessa fase, aceitando, "com Marcelo da Silva, a viabilidade desse reexame. A lei consagrou essa possibilidade, pondo fim à discussão (art. 43, § 5º). O que se admite é a reapreciação da documentação, para qualquer fim, no julgamento das propostas" (*Licitação e contrato administrativo*, cit., p. 269).

Ensina, ainda, o mestre, que a "habilitação é realizada em oportunidades diversas e por sistemas diferentes para cada modalidade de licitação: na concorrência faz-se após a abertura da licitação, em fase preliminar à do julgamento; na tomada de preços é anterior à instauração do procedimento licitatório e genérica, porque depende da inscrição do interessado no registro cadastral; no convite é feita *a priori* pelo próprio órgão licitante, que escolhe e convoca aqueles que julga capacitados e idôneos para executar o objeto da licitação; no concurso é facultativa; no leilão é desnecessária, por se tratar de alienação de bens de entrega imediata e pagamento à vista. Mas em todas as modalidades de licitação, a habilitação consistirá na verificação e reconhecimento da habilitação jurídica, da regularidade fiscal, da qualificação técnica e da qualificação econômico-financeira, levando-se em consideração, ainda, em casos especiais, a real disponibilidade financeira e real capacidade operativa dos proponentes.

Habilitação jurídica, antes denominada capacidade jurídica, é a aptidão efetiva para exercer direitos e contrair obrigações, com responsabilidade absoluta ou relativa por seus atos. A capacidade jurídica é decorrência da personalidade jurídica, que é a qualidade inerente a todo ser humano (pessoa física) e atribuída a certas criaturas da lei (pessoas jurídicas) para exercer direitos e contrair obrigações. Assim toda pessoa física ou jurídica tem personalidade jurídica, mas pode não ter capacidade jurídica, ou tê-la limitada, como ocorre com os menores e interditos. Essa capacidade, para fins da habilitação em licitação pública, 'deverá ser plena, do ponto de vista administrativo, isto é, ainda que regulada por normas do Direito Privado, há que atender também às do Direito Público'. Consoante esclarece Marcelo da Silva, observando que 'o declarado inidôneo por punição administrativa, embora possa regularmente exercer os atos da vida civil, considera-se incapacitado para contratar com a Administração'.

Como corolário da personalidade, a capacidade jurídica prova-se, em princípio, pela cédula de identidade ou carteira profissional (pessoa física), pela lei que a instituiu (pessoa jurídica de Direito Público, estatal ou autárquica, também denominada pessoa administrativa) ou pelo registro na repartição competente (pessoa jurídica de Direito Privado), a saber: Junta Comercial (sociedades comerciais e firmas individuais) e Registro Civil das Pessoas Jurídicas (sociedades e associações civis), ou, onde este não exista, Cartório de Registro de Títulos e Documentos. Todavia, para a comprovação da capacidade jurídica plena a Administração poderá exigir outros documentos, tais como atas de constituição e alteração das pessoas jurídicas, seus estatutos e modificações subsequentes, bem como autorizações especiais, quando for o caso, e outros documentos assemelhados e pertinentes" (*Licitação e contrato administrativo*, cit., p. 268-9).

O atendimento das exigências do Fisco (quitação ou discussão dos tributos pelo contribuinte) é o que se denomina regularidade fiscal.

Observa Hely Lopes Meirelles que "essa regularidade refere-se não só à inscrição no cadastro de contribuintes federal (CPF ou CGC), como, também, nos cadastros estadual e municipal, se houver, relativos ao domicílio ou sede do licitante. No caso de cadastro municipal, a inscrição refere-se ao imposto sobre serviços, motivo pelo qual a lei exige que deve ser pertinente ao ramo de atividade do licitante e compatível com o objeto contratual (art. 29, II). A lei exige, ainda, em cumprimento à determinação constitucional, prova de regularidade com o sistema de Seguridade Social e o Fundo de Garantia do Tempo de Serviço (FGTS), demonstrando cumprimento dos encargos sociais instituídos por lei (CF, art. 195, § 3º, e Lei 8.666/93, art. 29, IV)" (*Licitação e contrato administrativo*, cit., p. 269).

Necessário consignar que o Certificado de Regularidade Jurídico-Fiscal (CRJF), instituído pelo Decreto Federal n. 84.701, de 13 de maio de 1980, é documento que, como seu próprio nome indica, comprova a regularidade da capacidade jurídica e da situação fiscal do concorrente perante as Fazendas federal, estadual e municipal, e que dispensa a apresentação de qualquer outro documento para esse fim.

Já o conjunto de requisitos profissionais, que o licitante deve reunir para a execução do objeto da licitação, é o que se denomina *qualificação técnica*. Segundo Hely Lopes Meirelles, pode ser ela "genérica, específica e operativa" (*Licitação e contrato administrativo*, cit., p. 270).

Ainda como afirma o mencionado mestre, é o registro profissional que comprova a capacidade técnica genérica; o atestado de desempenho anterior e a existência de aparelhamento e pessoal adequados para executar o objeto da licitação comprovam a capacidade técnica específica; a operativa, a seu turno, é provada pela demonstração da disponibilidade desses recursos materiais e humanos adequados, essenciais à execução.

Dispõe o art. 30, inciso II, da Lei n. 8.666/93, que as máquinas e equipamentos não necessitam estar disponíveis no momento da apresentação das propostas, porém hão de estar durante a realização do objeto da licitação.

Comenta, ainda, o saudoso Hely Lopes Meirelles que "Exigir essa disponibilidade antes do tempo é afastar pretendentes, que não teriam condições de manter equipamentos ociosos, devido ao seu alto custo. Para a comprovação da disponibilidade basta que o licitante apresente relação explícita do maquinário exigido e declaração formal de sua disponibilidade, com os elementos que a justifiquem. São vedadas as exigências de propriedade e localização prévia e o proponente fica sujeito às penas cabíveis, que podem chegar até a declaração de inidoneidade (Lei 8.666/93, arts. 30, § 6º, e 87, IV)" (*Licitação e contrato administrativo*, cit., p. 270).

Nas licitações relativas a obras e serviços, a capacidade técnico-profissional deve ser comprovada com a demonstração de que o licitante possui, na data da licitação, em seu quadro permanente, profissional de nível superior detentor de Atestado de Responsabilidade Técnica (ART) expedido pela respectiva entidade profissional.

São vedadas as exigências de quantidades mínimas ou prazos máximos.

Com relação à capacidade técnico-operacional, cada entidade licitante pode estabelecer, em cada caso, as exigências indispensáveis à garantia do cumprimento das obrigações, desde que essas exigências sejam pertinentes e compatíveis com o objeto da licitação.

A Lei n. 8.666/93 também introduziu, como inovação, a possibilidade de exigência da metodologia de execução no caso de obras, serviços e compras de grande vulto e de alta complexidade técnica, sendo que a respectiva avaliação, considerados unicamente critérios objetivos, nos termos do § 8º do art. 30, deverá anteceder a análise dos preços para efeito de sua aceitação.

O § 9º do referido dispositivo legal indica que a lei entende como de alta complexidade técnica aquela licitação que abrange alta especialização, como fator de extrema relevância para garantir a execução do objeto a ser contratado, ou que possa comprometer a continuidade da prestação de serviços públicos essenciais.

Hely Lopes Meirelles entende que "qualificação econômico--financeira é a capacidade para satisfazer os encargos econômicos decorrentes do contrato.

Comprova-se a capacidade econômico-financeira pelo balanço patrimonial e demonstrações contábeis do último exercício, por certidão negativa de falência ou concordata e por prestação de garantia real ou fidejussória, desde que limitada a 1% (um por cento) do valor estimado da contratação (art. 31, III).

A Administração pode ainda fixar o capital mínimo para os interessados participarem da licitação, desde que não exceda a 10% (dez por cento) do valor estimado da contratação, assim como exigir outros elementos comprobatórios da capacidade financeira, tais como atestados de idoneidade de estabelecimentos bancários com os quais a empresa transacione e relação dos compromissos assumidos pelo licitante que possam comprometer a sua saúde econômico-financeira.

O essencial é que a Administração não estabeleça exigências descabidas na espécie, nem fixe mínimos de idoneidade financeira desproporcionais ao objeto do certame a fim de não afastar os interessados de reduzida capacidade financeira, que não é absoluta, mas relativa a cada licitação. Desde que o interessado tenha capacidade financeira real para a execução do objeto daquela licitação, pode concorrer em igualdade de condições com os de maior capital ou faturamento, circunstância que será aferida por critérios objetivos previstos no edital (art. 31, §§ 1º e 5º)" (*Licitação e contrato administrativo*, cit., p. 271-2).

Ensina, ainda, referido autor que "homologação é o ato de controle pelo qual a autoridade superior confirma o julgamento das propostas e, consequentemente, confere eficácia à adjudicação. A homologação é feita, geralmente, pela autoridade competente para autorizar a despesa, mas poderá sê-lo por qualquer outra indicada no edital, no regulamento ou na lei, após o transcurso do prazo para recurso (contra a adjudicação ou a classificação) e a decisão dos que forem interpostos" (*Licitação e contrato administrativo*, cit., p. 279).

Para o tão citado mestre, "Adjudicação é o ato pelo qual se atribui ao vencedor o objeto da licitação para a subsequente efetivação do contrato. São efeitos jurídicos da adjudicação: a) a aquisição do direito de contratar com a Administração nos termos em que o adjudicatário venceu a licitação; b) a vinculação do adjudicatário a todos os encargos estabelecidos no edital e aos prometidos na proposta; c) a sujeição do adjudicatário às penalidades previstas no edital e normas legais pertinentes se não assinar o contrato no prazo e condições estabelecidas; d) o impedimento de a Administração contratar o objeto licitado com outrem; e) a liberação dos licitantes vencidos de todos os encargos da licitação e o direito de retirarem os documentos e levantarem as garantias oferecidas, salvo se obrigados a aguardar a efetivação do contrato por disposição do edital ou norma legal" (*Licitação e contrato administrativo*, cit., p. 278-9).

José Cretella Júnior preleciona que, "conforme o princípio da publicidade, que informa os vários atos praticados durante as fases em que se desdobra o procedimento licitatório, a abertura dos dois envelopes, o que encerra a documentação para habilitação e o que contém as propostas, será sempre pública, em data previamente marcada, lavrando-se ata circunstanciada, lida e assinada pelos licitantes presentes e pela Comissão de Licitação.

Todos os documentos e propostas, sem exceção, sob pena de nulidade, deverão ser rubricados pelos presentes ao ato público e pela Comissão licitante" (*Das licitações públicas*, cit., p. 290).

A lei proíbe expressamente a posterior inserção de documentos ou informes nos autos da licitação. Entretanto, a Comissão Licitante pode promover diligências para esclarecimentos a qualquer tempo.

Após a abertura das propostas, na fase de habilitação dos concorrentes, não pode a Comissão Licitante desclassificar os interessados, nem o licitante poderá desistir de sua proposta, a não ser que apresente um motivo justo e de fácil comprovação.

Jurisprudência

Mandado de Segurança – Pressuposto – Direito subjetivo – Interesse legítimo – Critérios distintivos – Doutrina – Licitação, direito à adjudicação – Adjudicar não é contratar – O vencedor da Concorrência, em hipótese onde sua proposta reponta, segundo os critérios do edital, a um só tempo como a mais vantajosa e a mais satisfatória, tem direito à adjudicação e não apenas legítimo interesse – Recurso extraordinário não conhecido (STF, RE 0107552-DF, 2ª T., j. 28-4-1987, Rel. Min. Francisco Rezek, DJU, 5 jun. 1987, p. 11115).

ADMINISTRATIVO – LICITAÇÃO – REVOGAÇÃO APÓS ADJUDICAÇÃO. 1. No procedimento licitatório, a homologação é o ato declaratório pelo qual a Administração diz que o melhor concorrente foi o indicado em primeiro lugar, constituindo-se a adjudicação na certeza de que será contratado aquele indicado na homologação. 2. Após a adjudicação, o compromisso da Administração pode ser rompido pela ocorrência de fatos supervenientes, anulando o certame se descobertas ilicitudes ou revogando-o por razões de conveniência e oportunidade. 3. Na anulação não há direito algum para o ganhador da licitação; na revogação, diferentemente, pode ser a Administração condenada a ressarcir o primeiro colocado pelas despesas realizadas. 4. Mandado de segurança denegado (STJ, MS 12.047/DF, 1ª Seção, j. 28-3-2007, Rel. Min. Eliana Calmon, DJ, 16 abr. 2007, p. 154).

Art. 44. No julgamento das propostas, a Comissão levará em consideração os critérios objetivos definidos no edital ou convite, os quais não devem contrariar as normas e princípios estabelecidos por esta Lei.

§ 1º É vedada a utilização de qualquer elemento, critério ou fator sigiloso, secreto, subjetivo ou reservado que possa ainda que indiretamente elidir o princípio da igualdade entre os licitantes.

§ 2º Não se considerará qualquer oferta de vantagem não prevista no edital ou no convite, inclusive financiamentos subsidiados ou a fundo perdido, nem preço ou vantagem baseada nas ofertas dos demais licitantes.

§ 3º Não se admitirá proposta que apresente preços global ou unitários simbólicos, irrisórios ou de valor zero, incompatíveis com os preços dos insumos e salários de mercado, acrescidos dos respectivos encargos, ainda que o ato convocatório da licitação não tenha estabelecido limites mínimos, exceto quando se referirem a materiais e instalações de propriedade do próprio licitante, para os quais ele renuncie a parcela ou à totalidade da remuneração.

§ 4º O disposto no parágrafo anterior se aplica também às propostas que incluam mão de obra estrangeira ou importações de qualquer natureza.

Comentários

Nas palavras de Luiz Alberto Blanchet, "As duas situações previstas pelo art. 48 da lei de licitações não são as únicas a acarretarem a desclassificação das propostas. Também nas hipóteses às quais aludem os §§ 3º e 4º do artigo 44, devem as propostas ser desclassificadas. Não se pode, ademais, olvidar que em outras situações, nas quais a proposta redunda em inobservância de lei ou de princípio jurídico, deve ela igualmente ser desclassificada.

Assim, as hipóteses em que as propostas devem ser desclassificadas são as seguintes:

– não atendimento das condições estabelecidas no instrumento convocatório;

– preços excessivos ou manifestamente inexequíveis;

– preços globais ou unitários simbólicos, irrisórios ou de valor zero, incompatíveis com os preços dos insumos e salários de mercado, acrescidos dos encargos (levando-se em consideração também as condições dos mercados dos países de origem dos proponentes estrangeiros);

– inobservância de lei ou princípio jurídico, na própria proposta, ou como consequência da execução do futuro contrato" (*Licitação – o edital à luz da nova lei*, 2. ed., 1994, p. 270).

O julgamento das propostas, segundo o Prof. Celso Antônio Bandeira de Mello, "começa por um exame de suas admissibilidades, pois as propostas devem atender a certos requisitos, sem o que não poderão sequer ser tomadas em consideração. Devem ser desclassificadas" (*Curso de direito administrativo*, cit., p. 338).

As propostas, para ser apreciadas, precisam revelar-se concretas e revestir-se de seriedade e firmeza.

Adilson Abreu Dallari acrescenta a esses caracteres o seguinte: "a estrita conformidade com as cláusulas do instrumento de abertura" (*Aspectos jurídicos da licitação*, Saraiva, 1997, p. 94). As propostas devem, então, estar perfeitamente ajustadas às condições do edital.

Serão desclassificadas todas as propostas que não estejam de acordo com esses princípios.

Aquelas que não forem desclassificadas serão levadas a julgamento de acordo com o tipo de licitação adotado no edital. Portanto, a partir da classificação das propostas admitidas, eleger-se-á a mais vantajosa, à luz dos fatores consignados no edital.

A regra geral é a do julgamento pelo menor preço, e portanto a proposta mais vantajosa será a da oferta menor.

Hely Lopes Meirelles ressalta que "A licitação de menor preço é a comum; os demais tipos atendem a casos especiais da Administração. É usual na contratação de obras singelas, de serviços que dispensam especialização, na compra de materiais ou gêneros padronizados, porque, nesses casos, o que a Administração procura é simplesmente a vantagem econômica. Daí por que, nesse tipo, o fator decisivo é o menor preço, por mínima que seja a diferença" (*Licitação e contrato administrativo*, cit., p. 273).

Em qualquer tipo de licitação, salvo a de menor preço, o critério de julgamento deve estar bem fixado no edital, estabelecendo-se as bases do julgamento, visando a atender ao princípio do julgamento objetivo, afastando assim ao máximo o subjetivismo no julgamento. "É vedada a utilização de qualquer elemento, critério ou fator sigiloso, secreto, subjetivo ou reservado, capaz de comprometer a igualdade dos disputantes" (Celso Antônio Bandeira de Mello, *Curso de direito administrativo*, 6. ed., Malheiros Ed., p. 340).

Jurisprudência

Licitação. Dedução, para efeito de classificação no julgamento, em favor apenas de fornecedores estabelecidos no Distrito Federal. Ocorrência de discriminação vedada pela parte inicial do inc. I do art. 9º da Constituição, o qual diz respeito tanto a pessoas físicas quanto a pessoas jurídicas. Representação que se julga procedente, declarando-se a inconstitucionalidade do Decreto 6.824, de 22-6-82, do Exmo. Sr. Governador do Distrito Federal (STF, Repr. 1.201-DF, j. 10-4-1983, Rel. Min. Moreira Alves – Representante: Procurador-Geral da República; Representado: Governador do Distrito Federal).

ADMINISTRATIVO – LICITAÇÃO – PROPOSTA FINANCEIRA – AUSÊNCIA DE ASSINATURA – INVALIDADE. A proposta financeira é o documento mais importante da licitação, por representar o compromisso em realizar os pagamentos. Estando ela sem assinatura, não possui valor probante, sendo inexistente. Segurança denegada (STJ, MS 6105/DF, 1ª Seção, j. 25-8-1999, Rel. Min. Garcia Vieira).

Art. 45. O julgamento das propostas será objetivo, devendo a Comissão de licitação ou o responsável pelo convite realizá-lo em conformidade com os tipos de licitação, os critérios previamente estabelecidos no ato convocatório e de acordo com os fatores exclusivamente nele referidos, de maneira a possibilitar sua aferição pelos licitantes e pelos órgãos de controle.

§ 1º Para os efeitos deste artigo, constituem tipos de licitação, exceto na modalidade *concurso*:

I – a de menor preço – quando o critério de seleção da proposta mais vantajosa para a Administração determinar que será vencedor o licitante que apresentar a proposta de acordo com as especificações do edital ou convite e ofertar o menor preço;

II – a de melhor técnica;

III – a de técnica e preço;

IV – a de maior lance ou oferta – nos casos de alienação de bens ou concessão de direito real de uso.

§ 2º No caso de empate entre duas ou mais propostas, e após obedecido o disposto no § 2º do art. 3º desta Lei, a classificação se fará, obrigatoriamente, por sorteio, em ato público, para o qual todos os licitantes serão convocados, vedado qualquer outro processo.

§ 3º No caso da licitação do tipo *menor preço*, entre os licitantes considerados qualificados a classificação se dará pela ordem crescente dos preços propostos, prevalecendo, no caso de empate, exclusivamente o critério previsto no parágrafo anterior.

§ 4º Para contratação de bens e serviços de informática, a Administração observará o disposto no art. 3º da Lei n. 8.248, de 23 de outubro de 1991, levando em conta os fatores especificados em seu § 2º e adotando obrigatoriamente o tipo de licitação *técnica e preço*, permitido o emprego de outro tipo de licitação nos casos indicados em Decreto do Poder Executivo.

§ 5º É vedada a utilização de outros tipos de licitação não previstos neste artigo.

§ 6º Na hipótese prevista no art. 23, § 7º, serão selecionadas tantas propostas quantas necessárias até que se atinja a quantidade demandada na licitação.

Comentários

Ensina Luiz Alberto Blanchet: "O tratamento dispensado pela nova lei às situações de empate é totalmente insólito e bastante peculiar. No mesmo artigo em que veda o estabelecimento de preferências, prevê exceções (art. 3º, § 2º). Estas exceções destinam-se a eliminar o impasse criado pelas propostas empatadas. Esta norma antecede a aplicação daquela contida no art. 45, § 2º, que prevê como última solução a decisão mediante sorteio" (*Licitação*, cit., p. 210).

Oportuna, outrossim, a lição de Antonio Roque Citadini: "A legislação estabeleceu o sorteio como forma final de decisão da disputa licitatória, quando ocorrer empate entre os interessados, que não tiver sido resolvido pela preferência indicada no artigo 3º, § 2º, desta lei. Qualquer outro critério, ainda que previsto em edital, está vedado pelo artigo 45, § 2º, devendo o sorteio entre os participantes que empataram ocorrer em ato público, sob pena de nulidade da decisão. Impede-se, com esta disposição legal, a criação de qualquer outro mecanismo de desempate, evitando-se o protecionismo para um ou outro participante, o que poderia ocorrer se se pudesse indicar outra forma de desempate, que não o sorteio. Fica assim, igualmente proibida a antiga prática de alguns administradores, que na ocorrência de um empate entre os proponentes, decidiam por critérios já utilizados na fase de habilitação, diferenciando os proponentes por uma indevida 'desclassificação'.

É bom afirmar que concluída a fase inicial de credenciamento para o certame, todos estarão habilitados de forma igual, sem classificação, não podendo o Poder Público retornar ao julgamento que já realizou, posto que este não se presta para a classificação das propostas, mas, sim, para o credenciamento dos interessados, os quais terão sua proposta julgada na fase final da licitação" (*Comentários e jurisprudência sobre a lei de licitações públicas*, p. 359).

A Administração, por força do art. 45, no próprio edital de convocação, deve dispor sobre fatores e critérios para decisão do certame, devendo ser observado o tipo de licitação previsto: de menor preço, de melhor técnica, técnica e preço e maior lance ou oferta.

O § 6º do art. 45 foi introduzido pela Lei n. 9.648/98, para a compra de bens de natureza divisível, possibilitando a seleção de tantas propostas quantas necessárias ao alcance da quantidade demandada.

No tocante à impetração de mandado de segurança contra atos administrativos praticados em licitações, necessário tecer algumas considerações sobre a respectiva competência. Se o ato impugnado pela via mandamental foi praticado no exercício de função federal delegada pela União, a competência é da Justiça Federal. Todavia, nos demais casos, a competência é da Justiça dos Estados ou do Distrito Federal, mais precisamente das Varas das Fazendas Públicas.

Jurisprudência

*PROCESSUAL CIVIL – AUSÊNCIA DE PREQUESTIO-
NAMENTO – LICITAÇÃO PÚBLICA – MANDADO DE SEGURAN-
ÇA. 1. Não houve prequestionamento dos artigos de lei considerados
violados, sequer implicitamente, eis que não houve apreciação de
tese jurídica relacionada à Lei n. 8.666/93, incidindo o óbice da
Súmula n. 282/STF. 2. Correta a decisão que entendeu não ser o
mandado de segurança instrumento processual adequado, em razão
da necessidade de maior dilação probatória, para se verificar a
inexequibilidade de preços apresentados em procedimentos licitatórios e a qualidade superior do produto da impetrante. 3. Agravo
regimental desprovido (STJ, AGA 157809/MG, 2ª T., j. 16-12-1999,
Rel. Min. Eliana Calmon).*

*CONFLITO DE COMPETÊNCIA – MANDADO DE SEGU-
RANÇA – ATO EXPEDIDO EM LICITAÇÃO REALIZADA PELA
ELETRONORTE – ATO DE GESTÃO – COMPETÊNCIA DA JUS-
TIÇA ESTADUAL. 1. A competência para conhecer de mandado de
segurança impetrado contra sociedade de economia mista somente
será da Justiça Federal quando o ato impugnado for expedido no
exercício de função federal delegada pela União. Precedentes. 2.
Conflito de competência conhecido para declarar a competência do
Juízo de Direito da 2ª Vara da Fazenda Pública de Brasília-DF, o
suscitante (STJ, CC 57.797/DF, 1ª Seção, j. 25-10-2006, Rel. Min.
Eliana Calmon,* DJ, *20 nov. 2006, p. 260).*

*CONFLITO DE COMPETÊNCIA. SOCIEDADE DE ECONO-
MIA MISTA FEDERAL. LICITAÇÃO. MANDADO DE SEGURANÇA.
COMPETÊNCIA DA JUSTIÇA FEDERAL. 1. A competência para o
julgamento de mandado de segurança é estabelecida em razão da
função ou da categoria funcional da autoridade indicada como coatora. No caso dos autos, a autoridade tida como coatora é o Chefe
da Superintendência de Suprimento da Companhia Hidrelétrica do
São Francisco – CHESF, sociedade de economia mista federal. 2.
"Ora, em se tratando de ato praticado em licitação promovida por
sociedade de economia mista federal, a autoridade que o pratica é
federal (e não estadual, distrital ou municipal). Ainda que houvesse*

dúvida sobre o cabimento da impetração ou sobre a natureza da autoridade ou do ato por ela praticado, a decisão a respeito não se comporta no âmbito do conflito de competência, devendo ser tomada pelo Juiz Federal (Súmula 60/TFR)" (CC n. 71843/PE, Rel. Min. Eliana Calmon, Rel. p/ acórdão Teori Albino Zavascki, DJe de 17-11-2008). 3. Conflito conhecido para declarar a competência do Juízo Federal da 9ª Vara da Seção Judiciária de Pernambuco, o suscitado (STJ, CC 98289/PE, 1ª Seção, j. 27-5-2009, Rel. Min. Castro Meira, DJ, 10 jun. 2009).

CONFLITO NEGATIVO DE COMPETÊNCIA. JUSTIÇA DO TRABALHO E JUSTIÇA ESTADUAL. DEMANDA PROPOSTA POR SOCIEDADE COOPERATIVA CONTRA INSTITUIÇÃO FINANCEIRA, OBJETIVANDO A DECLARAÇÃO DE NULIDADE DE ITENS DE EDITAL DE LICITAÇÃO. RELAÇÃO JURÍDICA LITIGIOSA DE NATUREZA EMINENTEMENTE CIVIL. COMPETÊNCIA DA JUSTIÇA ESTADUAL (STJ, CC 100715/RS, 1ª Seção, Rel. Min. Teori Albino Zavascki, j. 10-6-2009, DJe, 18 jun. 2009).

Art. 46. Os tipos de licitação *melhor técnica* ou *técnica e preço* serão utilizados exclusivamente para serviços de natureza predominantemente intelectual, em especial na elaboração de projetos, cálculos, fiscalização, supervisão e gerenciamento e de engenharia consultiva em geral e, em particular, para a elaboração de estudos técnicos preliminares e projetos básicos e executivos, ressalvado o disposto no § 4º do artigo anterior.

§ 1º Nas licitações do tipo *melhor técnica* será adotado o seguinte procedimento claramente explicitado no instrumento convocatório, o qual fixará o preço máximo que a Administração se propõe a pagar:

I – serão abertos os envelopes contendo as propostas técnicas exclusivamente dos licitantes previamente qualificados e feita então a avaliação e classificação destas propostas de acordo com os critérios pertinentes e adequados ao objeto licitado, definidos com clareza e objetividade no instrumento convocatório e que considerem a capacitação e a experiência do proponente, a qualidade técnica da proposta, compreendendo metodologia, organização, tecnologias e recursos materiais a serem utilizados nos trabalhos, e a qualificação das equipes técnicas a serem mobilizadas para a sua execução;

II – uma vez classificadas as propostas técnicas, proceder-se-á à abertura das propostas de preço dos licitantes que tenham atingido a valorização mínima estabelecida no instrumento convocatório e à negociação das condições propostas, com a proponente melhor classificada, com base nos orçamentos detalhados apresentados e respectivos preços unitários e tendo como referência o limite representado pela proposta de menor preço entre os licitantes que obtiveram a valorização mínima;

III – no caso de impasse na negociação anterior, procedimento idêntico será adotado, sucessivamente, com os demais proponentes, pela ordem de classificação, até a consecução de acordo para a contratação;

IV – as propostas de preços serão devolvidas intactas aos licitantes que não forem preliminarmente habilitados ou que não obtiverem a valorização mínima estabelecida para a proposta técnica.

§ 2º Nas licitações do tipo *técnica e preço* será adotado, adicionalmente ao inciso I do parágrafo anterior, o seguinte procedimento claramente explicitado no instrumento convocatório:

I – será feita a avaliação e a valorização das propostas de preços, de acordo com critérios objetivos preestabelecidos no instrumento convocatório;

II – a classificação dos proponentes far-se-á de acordo com a média ponderada das valorizações das propostas técnicas e de preço, de acordo com os pesos preestabelecidos no instrumento convocatório.

§ 3º Excepcionalmente, os tipos de licitação previstos neste artigo poderão ser adotados, por autorização expressa e mediante justificativa circunstanciada da maior autoridade da Administração promotora constante do ato convocatório, para fornecimento de bens e execução de obras ou prestação de serviços de grande vulto majoritariamente dependentes de tecnologia nitidamente sofisticada e de domínio restrito, atestado por autoridades técnicas de reconhecida qualificação, nos casos em que o objeto pretendido admitir soluções alternativas e variações de execução, com repercussões significativas sobre sua qualidade, produtividade, rendimento e durabilidade concretamente mensuráveis, e estas puderem ser adotadas à livre escolha dos licitantes, na conformidade dos critérios objetivamente fixados no ato convocatório.

§ 4º (*Vetado.*)

Comentários

Observa Marçal Justen Filho que "As licitações de melhor técnica e de técnica e preço foram reservadas para situações especialíssimas. A Lei não distinguiu os casos em que caberia a licitação de técnica e preço e aqueles onde se aplicaria a licitação de melhor preço. O diploma referiu-se ao cabimento indistinto de ambas as modalidades. Como regra, aplicam-se à contratação de serviços onde a atividade do particular seja predominantemente intelectual. São hipóteses onde há uma atuação peculiar e insubstituível do ser humano. Mas também será cabível sua adoção em outras espécies de contratações, de grande vulto e cuja execução dependa do domínio de tecnologia que não se encontre à disposição de profissionais comuns" (*Comentários à lei de licitações*, cit., p. 304).

Jurisprudência

"*Se, além do menor preço ditado pelo edital da licitação, a Administração exigiu a técnica necessária da empresa concorrente, especificamente quanto à peculiaridade e especialidade do serviço convocado, aliado ao interesse público, não há como reconhecer direito líquido e certo da concorrente que deixou de preencher tais requisitos. Mandado de segurança denegado*" (TJPR, MS 23/90-Curitiba, 1ª Vara da Fazenda Pública, Ac. 1.484, Rel. Des. Negi Calixto – Impetrante: Elicon Vigilância S/C Ltda.; Impetrado: Secretário de Estado da Cultura).

Art. 47. Nas licitações para a execução de obras e serviços, quando for adotada a modalidade de execução de em-

preitada por preço global, a Administração deverá fornecer obrigatoriamente, junto com o edital, todos os elementos e informações necessárias para que os licitantes possam elaborar suas propostas de preços com total e completo conhecimento do objeto da licitação.

Comentários

A Administração tem o dever, em qualquer caso e não só na hipótese da modalidade de execução de empreitada por preço global, de colocar no edital todas as informações necessárias para que os licitantes possam apresentar as suas propostas de acordo e com os cuidados exigidos ao caso.

Art. 48. Serão desclassificadas:

I – as propostas que não atendam às exigências do ato convocatório da licitação;

II – propostas com valor global superior ao limite estabelecido ou com preços manifestamente inexequíveis, assim considerados aqueles que não venham a ter demonstrada sua viabilidade através de documentação que comprove que os custos dos insumos são coerentes com os de mercado e que os coeficientes de produtividade são compatíveis com a execução do objeto do contrato, condições estas necessariamente especificadas no ato convocatório da licitação.

§ 1º Para os efeitos do disposto no inciso II deste artigo, consideram-se manifestamente inexequíveis, no caso de licitações de menor preço para obras e serviços de engenharia, as propostas cujos valores sejam inferiores a 70% (setenta por cento) do menor dos seguintes valores:

***a*) média aritmética dos valores das propostas superiores a 50% (cinquenta por cento) do valor orçado pela Administração, ou**

***b*) valor orçado pela Administração.**

§ 2º Dos licitantes classificados na forma do parágrafo anterior cujo valor global da proposta for inferior a 80% (oitenta por cento) do menor valor a que se referem as alíneas

a e *b*, será exigida, para a assinatura do contrato, prestação de garantia adicional, dentre as modalidades previstas no § 1º do art. 56, igual a diferença entre o valor resultante do parágrafo anterior e o valor da correspondente proposta.

§ 3º Quando todos os licitantes forem inabilitados ou todas as propostas forem desclassificadas, a Administração poderá fixar aos licitantes o prazo de 8 (oito) dias úteis para a apresentação de nova documentação ou de outras propostas escoimadas das causas referidas neste artigo, facultada, no caso de convite, a redução deste prazo para 3 (três) dias úteis.

Comentários

A Comissão de Licitação, ao desclassificar uma proposta, deverá justificar devidamente a impossibilidade de aceitá-la tendo em vista o descumprimento de requisitos do edital ou sua inexequibilidade diante das condições existentes.

Quando várias propostas forem desclassificadas, sua lista poderá ser publicada em um único julgamento, desde que todas tenham sido desclassificadas pelo mesmo ou pelos mesmos motivos.

Conforme lição de Marçal Justen Filho, "Em qualquer caso, a decisão de desclassificação exige plena, cumprida e satisfatória fundamentação. A Administração deve indicar, de modo explícito, os motivos pelos quais reputa inadmissível uma proposta. Não basta a simples alusão ao dispositivo violado ou fundante da desclassificação. A fundamentação não necessita ser longa, mas deve indicar, de modo concreto, o vício encontrado pela autoridade julgadora. É nula a decisão de desclassificação que simplesmente invoque, por exemplo, 'ofensa ao item do Edital etc.'. O licitante não pode ser constrangido a adivinhar o vício encontrado pela Administração. A fundamentação perfeita é imposta pelos princípios constitucionais da ampla defesa (art. 5º, LV) e da legalidade (art. 37, *caput*)" (*Comentários à lei de licitações*, cit., p. 314).

A Lei n. 9.648/98, ao introduzir os §§ 1º, 2º e 3º no art. 48, fixou dois critérios: o da média aritmética dos valores das propostas superiores a 50% do valor orçado pela Administração; e o do valor orçado pela Administração – ambos utilizados para que a Administração determine as propostas com preços inexequíveis, nas licitações do tipo menor preço e destinadas às obras e serviços de engenharia.

No antigo parágrafo único, substituído pelos mencionados parágrafos, o legislador objetivava economia de tempo e de gastos para a Administração, e permitia, se todas as propostas fossem desclassificadas, a fixação do prazo de 8 dias úteis para a apresentação de outras propostas que não apresentassem os defeitos que ensejaram as inabilitações.

Jurisprudência

LICITAÇÃO – Tomada de preços – Inabilitação de licitante – Possibilidade – Descumprimento das exigências estabelecidas no edital – Prova documental da qualificação técnica e econômico-financeira da impetrante – Ausência de impugnação prévia aos termos do edital – Caráter normativo e vinculante do estabelecido no edital aos licitantes e à Administração – Segurança denegada – Recurso não provido.

O edital é o instrumento através do qual a Administração leva ao conhecimento público a abertura da concorrência ou da tomada de preços, fixa as condições de sua realização e convoca os interessados para a apresentação de suas propostas. Vincula inteiramente a Administração e os proponentes às suas cláusulas – Nada se pode exigir ou decidir além ou aquém do edital, porque ele é a lei interna da concorrência (TJSP, Ap. Cív. 80.599-5-Mirassol, 8ª C. de D. Público, j. 30-6-1999, Rel. Des. Celso Bonilha).

LICITAÇÃO – Documentação exigida no edital – Não exibição – Desclassificação – Mandado de Segurança denegado – Recurso não provido (TJSP, Ap. Cív. 82.552-5-Pindamonhangaba, 2ª C. de D. Público, j. 9-8-1999, Rel. Des. Paulo Shintate, v. u.).

MANDADO DE SEGURANÇA – Licitação – Desclassificação de licitante – Não é ilegal a desclassificação de licitante que não atende exigência contida no edital de concorrência pública, no caso, relacionado com a comprovação prévia da capacidade operativa para a realização do objeto licitado (artigo 30, II, da Lei Federal n.

8.666/93) – *Revogação da licitação* – *Se constatar que a licitação atenta contra o interesse público, a Administração pode revogar a licitação a qualquer tempo (artigo 49,* caput, *da Lei n. 8.666/93) – Segurança denegada – Recurso improvido (TJSP, Ap. Cív. 75.832-5- São José dos Campos, 8ª C. de D. Público, j. 15-9-1999, Rel. Des. José Santana, v. u.).*

ADMINISTRATIVO – LICITAÇÃO – DESCLASSIFICAÇÃO – EMPRESA – SERVIDOR LICENCIADO – ÓRGÃO CONTRATANTE. Não pode participar de procedimento licitatório, a empresa que possuir, em seu quadro de pessoal, servidor ou dirigente do órgão ou entidade contratante ou responsável pela licitação (Lei n. 8.666/93, artigo 9º, inciso III). O fato de estar o servidor licenciado, à época do certame, não ilide a aplicação do referido preceito legal, eis que não deixa de ser funcionário o servidor em gozo de licença. Recurso improvido (STJ, REsp 254.115/SP, 1ª T., j. 20-6-2000, Rel. Min. Garcia Vieira).

Mandado de segurança. Concorrência. Edital. Exigência de certificados. Desclassificação da interessada. Legalidade. 1. A proponente que deixa de impugnar item específico do édito está inibida de fazê-lo judicialmente. 2. Incabível a intentante suprir exigência de "atestados" mediante apresentação de um só documento, atribuindo-lhe equivalência coletiva. 3. Inocorrência de violação de direito líquido e certo. 4. Conheceram da apelação e negaram-lhe provimento (TJSP, Ap. Cív. 115.269-5, 1ª C. de D. Público, j. 10-10-2000, Rel. Des. Demóstenes Braga, v. u., JTJ, 244/118).

Art. 49. A autoridade competente para a aprovação do procedimento somente poderá revogar a licitação por razões de interesse público decorrente de fato superveniente devidamente comprovado, pertinente e suficiente para justificar tal conduta, devendo anulá-la por ilegalidade, de ofício ou por provocação de terceiros, mediante parecer escrito e devidamente fundamentado.

§ 1º A anulação do procedimento licitatório por motivo de ilegalidade não gera obrigação de indenizar, ressalvado o disposto no parágrafo único do art. 59 desta Lei.

§ 2º A nulidade do procedimento licitatório induz à do contrato, ressalvado o disposto no parágrafo único do art. 59 desta Lei.

§ 3º No caso de desfazimento do processo licitatório, fica assegurado o contraditório e a ampla defesa.

§ 4º O disposto neste artigo e seus parágrafos aplica-se aos atos do procedimento de dispensa e de inexigibilidade de licitação.

Comentários

É lição de Hely Lopes Meirelles: "Anulação é a invalidação da licitação ou do julgamento por motivo de ilegalidade; revogação é a invalidação da licitação por interesse público. Anula-se o que é ilegítimo; revoga-se o que é legítimo mas inoportuno e inconveniente à Administração. Em ambos os casos a decisão deve ser justificada, para demonstrar a ocorrência do motivo e a lisura do Poder Público, sem o quê o ato anulatório ou revocatório será inoperante".

Em princípio, compete à autoridade superior anular o ato que autorizou ou determinou a licitação; porém cabe à Comissão a anulação quando a ilegalidade atinge o julgamento por ela proferido, em sede de reexame recursal.

A licitação pode ser anulada, no tocante à ilegalidade de seu procedimento, em qualquer fase e a qualquer tempo, antes da assinatura do contrato, desde que a Administração ou o Judiciário conclua pela infringência à lei ou ao edital. Imprescindível, no entanto, que essa ilegalidade seja constatada e demonstrada, para evitar invalidação ante o reconhecimento da falta de justa causa.

Acerca dos efeitos da anulação e da revogação, confira-se, ainda, a lição de Hely Lopes Meirelles:

"A anulação opera efeitos *ex tunc*, isto é, retroage às origens do ato anulado, porque, se este era ilegal, não produziu consequências jurídicas válidas, nem gerou direitos e obrigações entre as partes. Por isso mesmo, não sujeita a Administração a qualquer indenização, pois o Poder Público tem o dever de velar pela legitimidade de seus atos e corrigir as ilegalidades deparadas, invalidando o ato ilegítimo, para que outro se pratique regularmente. Ressalvam-se apenas os direitos de terceiros de boa-fé, que deverão ser indenizados dos eventuais prejuízos decorrentes da anulação.

Entretanto, se o despacho anulatório é nulo por falta de justa causa, caracteriza-se o desvio ou o abuso de poder, o que autoriza a parte prejudicada a obter, administrativa ou judicialmente, a declaração de sua nulidade, restabelecendo-se o ato ou procedimento anulado. Nessa hipótese, o prejudicado terá o direito de receber o objeto da licitação ou ser indenizado dos prejuízos sofridos em consequência da ilegal anulação da licitação ou de seu julgamento. Essa invalidação do ato anulatório tem sido admitida até mesmo em mandado de segurança, porque fere o direito líquido e certo do impetrante, qual seja, o de receber o objeto da licitação em que foi vencedor. Se, porém, o prejudicado preferir a indenização, deverá utilizar-se das vias ordinárias, visto que o *mandamus* não é adequado à reparação de danos.

Observamos que a anulação da licitação acarreta a nulidade do contrato (art. 49, § 2º).

Revogação: a revogação da licitação, como já vimos, assenta em motivos de oportunidade e conveniência administrativa. Por essa razão, ao contrário da anulação, que pode ser decretada pelo Judiciário, a revogação é privativa da Administração. São as conveniências do serviço que comandam a revogação e constituem a justa causa da decisão revocatória, que, por isso mesmo, precisa ser motivada, sob pena de se converter em ato arbitrário. E o arbitrário é incompatível com o Direito.

A revogação da licitação opera efeitos *ex nunc*, isto é, a partir da decisão revocatória, porque, até então, o ato ou procedimento revogado era eficaz e válido. Daí por que da revogação resulta para o Poder Público a obrigação de indenizar o adjudicatário prejudicado.

Diversamente do que ocorre com a anulação, que pode ser total ou parcial, não é possível a revogação de um simples ato do procedimento licitatório, como o julgamento, por exemplo. Ocorrendo motivo de interesse público que desaconselhe a contratação do objeto da licitação, é todo o procedimento que se revoga.

O licitante vencedor não pode impedir a revogação da licitação, mas pode exigir a indicação dos motivos pela Administração e, não os havendo, poderá obter judicialmente a anulação do ato revocatório, com o restabelecimento de seus direitos na licitação, quer recebendo o objeto que lhe fora adjudicado, quer obtendo a indenização correspondente. A derradeira observação é a de que a revogação da licitação só pode ser feita pela Administração interessada e não pelo órgão julgador das propostas" (*Licitação e contrato administrativo*, cit., p. 279-81).

Segundo Maria Lúcia Jordão Ortega, "com o novo estatuto, o poder discricionário da Administração foi limitado quanto à possibilidade de revogação da licitação. Sua faculdade ficou condicionada à ocorrência de fato superveniente que determine, em razão do interesse público a tutelar, a revogação do procedimento licitatório.

A lei exige que a revogação seja motivada, com o que a autoridade competente deverá apontar e comprovar a ocorrência de fato superveniente cujas consequências desaconselharam, em razão do interesse público envolvido, à celebração do contrato que daquele procedimento licitatório decorreria" (*Licitações à luz da Lei n. 8.666/93*, 1995, p. 161-2).

Vale lembrar que o art. 49, § 3º, da lei em discussão, exige, na hipótese de desfazimento da licitação, a observância aos princípios do contraditório e da ampla defesa, não sendo suficiente à Administração a mera indicação dos motivos que ensejaram a revogação ou a anulação. Indispensável seja possibilitada manifestação aos licitantes e produção de provas.

Jurisprudência

Inconstitucionalidade do decreto que anula licitação por falta do devido processo legal e garantia de ampla defesa. 1 – A exigência do devido processo legal e a garantia da ampla defesa são regras inquestionáveis do nosso direito, válidas tanto nos processos judiciais, quanto nos administrativos, sejam estes últimos sancionatórios ou não. 2 – Sendo imperativo de índole constitucional, o direito de plena defesa se aplica a todo e qualquer procedimento administrativo, inclusive, e em particular, à anulação ou revogação de procedimen-

to licitatório. 3 – É inconstitucional o decreto que anula licitação se não se instaurou o devido processo legal e nem se ofereceu a mais ampla oportunidade de defesa. Mandado de segurança. Ato judicial. Agravo de Instrumento. Incomprovado "periculum in mora". Ausência do pressuposto constitucional do direito líquido e certo. Denegação.

Pacífico é o entendimento manifestado por este órgão fracionado de que ausente o pressuposto constitucional do direito líquido e certo, denega-se a segurança. Segurança denegada (TJAC, MS 349/93-Rio Branco (AC 136), j. 27-9-1993, Rel. originário: Des. Jersey Pacheco Nunes; Relator designado para a lavratura do acórdão: Des. Miracele de Souza Lopes Borges – Impetrante: Construtora Norberto Odebrecht S/A.; Advogados: Cândido Rangel Dinamarco e outros; Impetrado: MM. Juiz de Direito da 3ª Vara Cível da Comarca de Rio Branco; Litisconsortes Passivos Necessários: Governo do Estado do Acre – COHAB-Acre e Sanacre; Advogado: Francisco Fernandes de Melo, Procurador-Geral do Estado).

ADMINISTRATIVO – LICITAÇÃO – NULIDADE DO JULGAMENTO – DESCONSTITUIÇÃO DA ADJUDICAÇÃO. Declarado nulo, por sentença, o julgamento de concorrência pública, desconstitui-se automaticamente o ato que – por efeito daquele julgamento – adjudicara a um dos licitantes o serviço público em disputa (STJ, ROMS 9343/SP, 1ª T., j. 11-3-1999, Rel. Min. Humberto Gomes de Barros).

DIREITO ADMINISTRATIVO – LICITAÇÃO – ANULAÇÃO – AUSÊNCIA DE CONTRADITÓRIO – IMPOSSIBILIDADE. A anulação ou revogação de processo licitatório deve ser precedida de oportunidade de defesa, exigindo-se plena justificação, sob pena de ferimento às garantias constitucionais da ampla defesa e do contraditório. Recursos providos (STJ, ROMS 9738/RJ, 1ª T., j. 20-4-1999, Rel. Min. Garcia Vieira).

PROCESSUAL CIVIL. MANDADO DE SEGURANÇA. LICITAÇÃO. REVOGAÇÃO. LICITANTE VENCEDOR. DIREITO À CONTRATAÇÃO. INEXISTÊNCIA.

– Os atos administrativos, a despeito de gozarem de presunção de legitimidade e autoexecutoriedade, podem ser anulados ou revo-

gados pela própria Administração, de ofício, quando eivados de ilegalidade, ou por motivo de conveniência, na preservação do interesse público.

– É incontroverso na doutrina e na jurisprudência que a adjudicação do objeto da licitação ao licitante vencedor confere mera expectativa de direito de contratar, submetendo-se ao juízo de conveniência e oportunidade da Administração Pública a celebração do negócio jurídico.

– A revogação de procedimento licitatório em razão da inexistência de suficientes recursos orçamentários, bem como em razão da inconveniência da aquisição de equipamentos sofisticados, não gera direito à contratação.

– Mandado de segurança denegado (STJ, MS 4513/DF, Corte Especial, j. 1º-8-2000, Rel. Min. Vicente Leal).

LICITAÇÃO – Anulação – Prescrição administrativa – Ocorrência – Prazo de cinco anos escoado – Impossibilidade de anulação do ato administrativo – Embargos rejeitados.

Ementa oficial:

Embargos Infringentes. Ato administrativo. Anulação de Licitação. Prescrição administrativa ocorrente. Embargos infringentes não recebidos (TJSP, Embargos Infringentes n. 49.391-5, 1ª C. de D. Público, j. 20-3-2001, Rel. Des. Scarance Fernandes, v. u., JTJ, 241/251).

PROCESSUAL CIVIL. ADMINISTRATIVO. RECURSO EM MANDADO DE SEGURANÇA. TOMADA DE PREÇO. REVOGAÇÃO. CONVENIÊNCIA E OPORTUNIDADE. ART. 49 DA LEI 8.666/1993. 1. Hipótese em que a GTA Projetos e Construções Ltda., em outro Mandado de Segurança, obteve ordem para que sua proposta na tomada de preços fosse aberta publicamente e analisado o seu conteúdo, incluindo-o no resultado da licitação (com a consequente renovação dos demais atos, caso classificada em primeiro lugar). Essa a razão da impetração do mandamus contra o juiz prolator da decisão, uma vez que a J C Grande Engenharia e Construções não teria participado daquele Mandado de Segurança. 2. Ocorre que, no curso do presente processo, a Empresa de Saneamento de Mato Grosso do Sul S.A. – Sanesul, responsável pela licitação, *trouxe aos autos notícia de que a tomada de preços de que trata este* writ *foi revogada, após competente processo administrativo, de acordo com o art. 49 da Lei 8.666/1993. 3. Dessa forma, não subsiste o interesse de agir nesse Mandado de Segurança que visava, em última análise, à execução do contrato firmado na tomada de preços em referência. Tampouco cabe analisar o acerto ou desacerto da revogação do certame, haja vista não ser esse o objeto do pedido (qual seja, anular a liminar favorável à GTA Projetos e Construções Ltda. e extinguir o Mandado de Segurança impetrado pela litisconsorte). 4. De toda sorte, caso a agravante tenha sofrido danos em razão da revogação do procedimento licitatório, deve buscar discuti-lo nas vias ordinárias. 5. Agravo Regimental não provido (STJ, AgRg no RMS 21406/MS, 2ª T., j. 22-9-2009, Rel. Min. Herman Benjamin).*

ADMINISTRATIVO E PROCESSUAL CIVIL. LICITAÇÃO. MANDADO DE SEGURANÇA. IMPUGNAÇÃO DE EDITAL. ILEGALIDADES. ADJUDICAÇÃO SUPERVENIENTE. PERDA DE OBJETO. NÃO CARACTERIZAÇÃO. 1. O mandado de segurança voltou-se contra ilegalidades que viciavam o edital do certame, motivo pelo qual superveniente adjudicação não dá ensejo à perda de objeto – pois é evidente que, se o procedimento licitatório é eivado de nulidades de pleno direito desde seu início, a adjudicação e a posterior celebração do contrato também o são (art. 49, § 2º, da Lei n. 8.666/93). 2. Entendimento diverso equivaleria a dizer que a própria Administração Pública, mesmo tendo dado causa às ilegalidades, pode convalidar administrativamente o procedimento, afastando-se a possibilidade de controle de arbitrariedades pelo Judiciário (malversação do art. 5º, inc. XXXV, da Constituição da República vigente). 3. Recurso especial não provido (STJ, REsp 105.950-1/MG, 2ª T., j. 18-8-2009, Rel. Min. Mauro Campbell Marques, DJe, 10 set. 2009).

PROCESSUAL CIVIL. ADMINISTRATIVO. MANDADO DE SEGURANÇA. LICITAÇÃO. PREGÃO. REVOGAÇÃO. CONVENIÊNCIA E OPORTUNIDADE. ART. 49, DA LEI 8.666/93. CONSUMAÇÃO DO CERTAME. SUPERVENIENTE CARÊNCIA DO INTERESSE DE AGIR. EXTINÇÃO DO FEITO SEM RESOLUÇÃO DE MÉRITO. 1. A conclusão de procedimento licitatório no iter *procedimental de Mandado de Segurança, por não lograr êxito a tentativa de paralisá-lo via deferimento de pleito liminar, enseja a extinção do* writ *por falta de interesse de agir superveniente (art. 267, VI, do CPC). Precedentes do STJ: RMS 23.208/PA, DJ 1-10-2007 e AgRg no REsp 726.031/MG, DJ 5-10-2006. 2. In casu, a Administração Pública do Estado do Rio Grande do Sul realizou Licitação, sob a forma de Pregão Presencial n. 005732-24.06/06/8, para fins de contratação de serviços de telefonia de longa distância nacional e de longa distância internacional, no qual sagrou-se vencedora a empresa Brasil Telecom, por ter ofertado o melhor preço, tendo sido adjudicado o objeto do certame, consoante se infere dos autos da MC 11.055/RS. 3.* Ad argumentandum tantum, *a pretensão veiculada no Mandado de Segurança* ab origine, *qual seja, suspensão dos efeitos do Pregão 047/SEREG/2005, com a consequente restauração e manutenção do Termo de Registro de Preços 066/2005, firmado entre a EMBRATEL e a Administração Pública do Estado do Rio Grande do Sul, não revela liquidez e certeza amparáveis na via mandamental. 4. A exegese do art. 49, da Lei 8.666/93, denota que a adjudicação do objeto da licitação ao vencedor confere mera expectativa de direito de contratar, sendo certo, ainda, que eventual celebração do negócio jurídico subsume-se ao juízo de conveniência e oportunidade da Administração Pública. Precedentes: RMS 23.402/PR, 2ª T., DJ 2-4-2008; MS 12.047/DF, 1ª Seção, DJ 16-4-2007 e MC 11.055/ RS, 1ª T., DJ 8-6-2006. 5.* In casu, *a revogação do Pregão nº 001/ SEREG/2005, no qual a empresa, ora Recorrente, se sagrara vencedora, decorreu da prevalência do interesse público, ante a constatação, após a realização do certame, de que o preço oferecido pela vencedora era superior ao praticado no mercado. 6. Recurso ordinário desprovido (STJ, 1ª T., RMS 22447/RS, j. 18-12-2008, Rel. Min. Luiz Fux,* DJe, *18 fev. 2009).*

RECURSO ORDINÁRIO EM MANDADO DE SEGURANÇA. ADMINISTRATIVO. LICITAÇÃO. MODALIDADE. PREGÃO ELETRÔNICO. REVOGAÇÃO. AUSÊNCIA DE COMPETITIVIDADE. POSSIBILIDADE. DEVIDO PROCESSO LEGAL. OBSERVÂNCIA. RECURSO DESPROVIDO. 1. Na hipótese dos autos, a Secretaria de Estado da Cultura instaurou pregão eletrônico para a aquisição de utilitários e eletrodomésticos. Após a habilitação das empresas licitantes, foi realizada a sessão pública de licitação, tendo sido classificadas as seguintes empresas: (a) Cibrel Comercial Brasileira de

Refrigeração Ltda. no Lote 1 – para a aquisição de móveis e equipamentos; (b) Kastelo Comércio de Manufaturados Ltda. no Lote 2 – para a aquisição de persianas. No entanto, o Governador do Estado do Paraná homologou apenas o Lote 1 e não aprovou o Lote 2, por entender que não houve competitividade neste último, tendo em vista a presença apenas de um único licitante. Determinou, a seguir, fosse aberta vista, pelo prazo de cinco dias, à empresa interessada, em respeito ao contraditório e à ampla defesa. Nesse contexto, a recorrente manifestou-se, requerendo a homologação do procedimento licitatório de que foi vencedora e, por conseguinte, sua contratação com o Estado. Todavia, seu pedido de reconsideração foi indeferido. Em seguida, foi revogado o Lote 2 do pregão eletrônico, com fundamento no art. 49 da Lei 8.666/93 e nas informações apresentadas pela Assessoria Jurídica da Casa Civil. 2. Não se configurou a alegada violação do devido processo legal, do contraditório e da ampla defesa. Isso, porque a revogação do pregão eletrônico ocorreu apenas após a manifestação da empresa que não obteve aprovação no certame. 3. Ainda que não tivesse sido respeitado o contraditório, o ato revogatório não estaria eivado de ilegalidade, porquanto a jurisprudência desta Corte de Justiça, nas hipóteses de revogação de licitação antes de sua homologação, faz ressalvas à aplicação do disposto no art. 49, § 3º, da Lei 8.666/93 ("no caso de desfazimento do processo licitatório, fica assegurado o contraditório e a ampla defesa"). Entende, nesse aspecto, que o contraditório e a ampla defesa somente são exigíveis quando o procedimento licitatório houver sido concluído. Assim, "a revogação da licitação, quando antecedente da homologação e adjudicação, é perfeitamente pertinente e não enseja contraditório. Só há contraditório antecedendo a revogação quando há direito adquirido das empresas concorrentes, o que só ocorre após a homologação e adjudicação do serviço licitado" (RMS 23.402/PR, 2ª Turma, Rel. Min. Eliana Calmon, DJe de 2-4-2008). 4. À Administração Pública, no âmbito de seu poder discricionário, é dado revogar o procedimento licitatório, por razões de interesse público. Todavia, ao Poder Judiciário compete apenas avaliar a legalidade do ato, de maneira que lhe é vedado adentrar o âmbito de sua discricionariedade, fazendo juízo a respeito da conveniência e oportunidade, bem como acerca da efetiva existência de interesse público. 5. A revogação do certame é ato administrativo, exigindo, portanto, a devida fundamentação e motivação (justo motivo para seu desfazimento), assim como o cumprimento das disposições legais. 6. O art. 49 da Lei de Licitações e Contratos Administrativos prevê a possibilidade de revogação do procedimento licitatório, em caso de interesse público, "decorrente de fato superveniente devidamente comprovado, pertinente e suficiente para justificar tal conduta". Por sua vez, o art. 18, caput, *do Decreto 3.555/2000, o qual regulamenta a modalidade de licitação denominada pregão, dispõe que "a autoridade competente para determinar a contratação poderá revogar a licitação em face de razões de interesse público, derivadas de fato superveniente devidamente comprovado, pertinente e suficiente para justificar tal conduta, devendo anulá-la por ilegalidade, de ofício ou por provocação de qualquer pessoa, mediante ato escrito e fundamentado". 7. No caso em exame, o Governador do Estado do Paraná revogou o pregão eletrônico, de forma fundamentada e com supedâneo nos referidos dispositivos legais e em parecer da Assessoria Jurídica da Casa Civil, entendendo pela ausência de competitividade no certame, na medida em que houve a participação efetiva de apenas uma empresa, o que impossibilitou a Administração Pública de analisar a melhor oferta e dar cumprimento ao princípio da proposta mais vantajosa. 8. A participação de um único licitante no procedimento licitatório configura falta de competitividade, o que autoriza a revogação do certame. Isso, porque uma das finalidades da licitação é a obtenção da melhor proposta, com mais vantagens e prestações menos onerosas para a Administração, em uma relação de custo-benefício, de modo que deve ser garantida, para tanto, a participação do maior número de competidores possíveis. 9. "Falta de competitividade que se vislumbra pela só participação de duas empresas, com ofertas em valor bem aproximado ao limite máximo estabelecido" (RMS 23.402/PR, 2ª Turma, Rel. Min. Eliana Calmon, DJe de 2-4-2008). 10. Marçal Justen Filho, ao comentar o art. 4º da Lei do Pregão (Lei 10.520/2002), afirma que "poderia reconhecer-se, no entanto, que o legislador não vislumbrou possível a hipótese de um número reduzido de sujeitos acorrerem para participar do pregão. Tal pressuposição decorreu da presunção de que o mercado disputaria acesamente a contratação,*

em vista de versar sobre bem ou serviço nele disponível. Portanto, imagina-se que haverá um grande número de interessados em participar da disputa. Se tal não ocorrer, a Administração deverá revisar a situação para reafirmar se existe efetivamente bem ou serviço comum. Dito de outro modo, o problema do número reduzido de participantes não é a ofensa a alguma vedação expressa à Lei, mas o surgimento de indício de que a modalidade de pregão é inaplicável e redundará em contratação pouco vantajosa para o interesse público. Deve investigar-se a divulgação adotada e questionar-se o motivo pelo qual fornecedores atuantes no mercado não demonstraram interesse em disputar o contrato" (in Pregão – Comentários à legislação do pregão comum e eletrônico, Dialética, 2003, p. 120).
11. Recurso ordinário desprovido (STJ, 1ª T., RMS 23.360/PR, j. 18-11-2008, Rel. Min. Denise Arruda, DJe, 17 dez. 2008).

ADMINISTRATIVO. PROCESSUAL CIVIL. RECURSOS ESPECIAIS. VIOLAÇÃO AO ART. 535 DO CPC. OMISSÃO. NÃO OCORRÊNCIA. MANDADO DE SEGURANÇA. LICITAÇÃO. MODALIDADE PREGÃO. HABILITAÇÃO DOS LICITANTES. DESCLASSIFICAÇÃO. RECURSO ADMINISTRATIVO NÃO CONHECIDO. PROCEDIMENTO LICITATÓRIO VICIADO. NULIDADE. ORDEM PARCIALMENTE CONCEDIDA. WRIT *IMPETRADO APÓS A ASSINATURA DO CONTRATO. POSSIBILIDADE. PRAZO DECADENCIAL NÃO EXAURIDO. EXTINÇÃO DO* MANDAMUS *SEM JULGAMENTO DO MÉRITO POR PERDA DO OBJETO. NÃO OCORRÊNCIA. RECURSOS NÃO PROVIDOS. 1. O reconhecimento da violação do art. 535 do CPC no Superior Tribunal de Justiça pressupõe, necessariamente, o concurso de três requisitos: (a) a concreta existência de omissão, contradição ou obscuridade no acórdão embargado; (b) o não suprimento do(s) vício(s) pelo Tribunal de origem, se provocado; (c) a alegação, em sede de recurso especial, da contrariedade ao referido dispositivo legal. 2. O termo inicial do prazo decadencial para a impetração de mandado de segurança coincide com o momento da ciência do ato impugnado pelo interessado, conforme preceitua o art. 23 da Lei 12.016/09. 3. Na hipótese em exame, o mandado de segurança foi impetrado em 30/12/09 contra ato do Secretário de Estado de Saúde do Maranhão e da Pregoeira da Comissão Permanente de Licitação que julgou procedente o recurso interposto pela licitante Toyota do Brasil Ltda. para habilitá-la e desclassificar a empresa Cauê Veículos Ltda., ocorrido em 10/12/09. Logo, não há falar em decadência. 4. Encontrando-se presentes as condições da ação, não há falar em extinção do processo sem julgamento do mérito (art. 267, VI, do CPC), mormente quando se evidencia a possibilidade jurídica do pedido, na medida em que, apesar de já ter havido a homologação e assinatura do contrato, os referidos atos encontram-se inquinados de vícios, por cerceamento de defesa. 5. A licitação, como qualquer outro procedimento administrativo, é suscetível de anulação, em caso de ilegalidade, e revogação, por razões de interesse público. Conforme estabelece o art. 49 da Lei 8.666/93, o procedimento licitatório poderá ser desfeito, em virtude da existência de vício no procedimento ou por razões de conveniência e oportunidade da Administração Pública. (Súmula 473/STF). 6. Verificada a ocorrência de alguma ilegalidade, o Poder Judiciário – uma vez provocado – ou a Administração Pública devem anular o procedimento licitatório. 7. Inquinado de vício o processo licitatório, viciado também se encontra o contrato dele advindo, devendo ser anulado. 8. Recursos especiais não providos (STJ, REsp 1228849/MA, 2ª T., j. 1º-9-2011, Rel. Min. Arnaldo Esteves Lima,* DJe *9-9-2011).*

ADMINISTRATIVO. LICITAÇÃO. HOMOLOGAÇÃO. INTERESSE PROCESSUAL. EXISTÊNCIA. PRECEDENTE DA CORTE ESPECIAL. 1. Trata-se de controvérsia sobre interesse processual na impugnação de incidente (acolhimento de recurso contra a inabilitação de concorrente) após o fim de certame. 2. A Corte Especial do STJ entende que "a superveniente adjudicação não importa na perda de objeto do mandado de segurança, pois se o certame está eivado de nulidades, estas também contaminam a adjudicação e posterior celebração do contrato" (AgRg na SS 2.370/PE, Rel. Min. Ari Pargendler, Corte Especial, DJe 23.9.2011). No mesmo sentido: REsp 1.128.271/AM, Rel. Min. Castro Meira, Segunda Turma, DJe 25.11.2009; e REsp 1.059.501/MG, Rel. Min. Mauro Campbell Marques, Segunda Turma, DJe 10.9.2009. 3. A decisão recorrida aprecia a matéria de fundo, razão pela qual fica prejudicada a alegação re-

*lacionada com o conhecimento do Recurso Especial pela alínea "c".
4. Agravo Regimental não provido (STJ, AgRg no AREsp 141597/MA, 2ª T., j. 23-10-2012, Rel. Min. Herman Benjamin, DJe 31-10-2012).*

Art. 50. A Administração não poderá celebrar o contrato com preterição da ordem de classificação das propostas ou com terceiros estranhos ao procedimento licitatório, sob pena de nulidade.

Comentários

Como diz Celso Antônio Bandeira de Mello, em seu *Curso de direito administrativo*, cit., p. 344: "A classificação tem o efeito jurídico de investir o primeiro colocado na situação de único proponente suscetível de, homologado o certame, receber a adjudicação do objeto licitado em vista do futuro contrato".

A Administração não poderá deixar de adjudicar o objeto e depois celebrar o contrato com o vencedor da licitação sob pena de nulidade.

Art. 51. A habilitação preliminar, a inscrição em registro cadastral, a sua alteração ou cancelamento, e as propostas serão processadas e julgadas por comissão permanente ou especial de, no mínimo, 3 (três) membros, sendo pelo menos 2 (dois) deles servidores qualificados pertencentes aos quadros permanentes dos órgãos da Administração responsáveis pela licitação.

§ 1º No caso de convite, a Comissão de licitação, excepcionalmente, nas pequenas unidades administrativas e em face da exiguidade de pessoal disponível, poderá ser substituída por servidor formalmente designado pela autoridade competente.

§ 2º A Comissão para julgamento dos pedidos de inscrição em registro cadastral, sua alteração ou cancelamento, será integrada por profissionais legalmente habilitados no caso de obras, serviços ou aquisição de equipamentos.

§ 3º Os membros das Comissões de licitação responderão solidariamente por todos os atos praticados pela Comissão,

salvo se posição individual divergente estiver devidamente fundamentada e registrada em ata lavrada na reunião em que tiver sido tomada a decisão.

§ 4º A investidura dos membros das Comissões permanentes não excederá a 1 (um) ano, vedada a recondução da totalidade de seus membros para a mesma comissão no período subsequente.

§ 5º No caso de concurso, o julgamento será feito por uma comissão especial integrada por pessoas de reputação ilibada e reconhecido conhecimento da matéria em exame, servidores públicos ou não.

Comentários

O número de membros da Comissão de Licitação é três, no mínimo, mas a lei não estabelece número máximo. Como regra, os componentes da Comissão de Licitação deverão ser servidores dos quadros permanentes da Administração, admitindo-se que possam integrar a Comissão terceiro ou terceiros detentores de conhecimento especial ao caso, em especial com capacitação técnica se o objeto licitado assim o exigir. Não pode a Administração designar para compor a Comissão de Licitação servidores completamente leigos para julgar o objeto da licitação. É por esse motivo que a Lei distingue entre Comissões permanentes e Comissões especiais, pois enquanto as atribuições das Comissões permanentes são genéricas, as Comissões especiais vão julgar as licitações que tenham requisitos especiais e exijam conhecimentos técnico-científicos.

Para a constituição da Comissão de Licitação, a lei não especifica o prazo, mas é claro que a comissão deverá estar instalada, se possível, antes da abertura do certame, não podendo, entretanto, ultrapassar a sua constituição e instalação a data prevista para apresentação das propostas. Os membros deverão ser designados antes de ser identificados os licitantes. Os membros da Comissão terão a sua investidura pelo prazo de 1 ano, cessando então a sua atuação mesmo que o certame não tenha sido finalizado, pois não é obrigatório que sejam os mesmos julgadores em todas as fases. A lei permite a recondução de alguns membros, mas não da sua totalidade. No julgamento, quando todos estiverem de acordo, eles responderão solidariamente por seus atos. Se um ou outro discordar, a sua discordância deverá ser expressa e fundamentada e deverá constar de ata.

Jurisprudência

LICITAÇÃO – Concorrência pública – Habilitação – Empresa concordatária – Possibilidade – Certames licitatórios extremamente formalistas e rigorosos – Benefício da concordata que é outorgado ao comerciante honesto, e que não traduz inidoneidade financeira – Recurso não provido. A adoção de certames licitatórios extremamente formalistas e rigorosos ocasiona prejuízo não só à administração pública, como também, à própria coletividade, pois afasta empresas interessadas na concorrência, diminuindo em muito a possibilidade de competição acirrada, dificultando sobremaneira a obtenção de serviços e preços mais convenientes na contratação (Ap. Cív. 2110.562-1-São Paulo, j. 21-6-1994, Rel. Des. Antonio Manssur – Recorrente: Juízo ex officio; Apelante: Municipalidade; Apelada: Vega Sopave S.A.).

Art. 52. O concurso a que se refere o § 4º do art. 22 desta Lei deve ser precedido de regulamento próprio, a ser obtido pelos interessados no local indicado no edital.

§ 1º O regulamento deverá indicar:

I – a qualificação exigida dos participantes;

II – as diretrizes e a forma de apresentação do trabalho;

III – as condições de realização do concurso e os prêmios a serem concedidos.

§ 2º Em se tratando de projeto, o vencedor deverá autorizar a Administração a executá-lo quando julgar conveniente.

Comentários

A modalidade de licitação destinada à escolha de trabalho técnico ou artístico, predominantemente de criação intelectual, segundo

Hely Lopes Meirelles, é o concurso. Seu regulamento estabelecerá as condições do trabalho a serem apresentadas. Aqui se encontra a diferença dessa modalidade de licitação em relação às demais. No concurso o licitante já apresenta o trabalho, que representa a proposta antecipadamente executada, enquanto nas outras modalidades os licitantes apresentam propostas de execução futura.

O regulamento deverá estabelecer as regras e exigências para o julgamento, o anonimato ou não na apresentação dos trabalhos, e, dependendo da natureza do concurso, poderá determinar o modo de avaliação. De qualquer modo o resultado deverá estar sujeito a critérios preestabelecidos, e determinar também os prêmios que serão outorgados aos vencedores. O regulamento deverá ainda ter ampla divulgação e publicidade. O concurso termina com a classificação dos trabalhos e com a entrega dos prêmios.

Art. 53. O leilão pode ser cometido a leiloeiro oficial ou a servidor designado pela Administração, procedendo-se na forma da legislação pertinente.

§ 1º Todo bem a ser leiloado será previamente avaliado pela Administração para fixação do preço mínimo de arrematação.

§ 2º Os bens arrematados serão pagos à vista ou no percentual estabelecido no edital, não inferior a 5% (cinco por cento), e, após a assinatura da respectiva ata lavrada no local do leilão, imediatamente entregues ao arrematante, o qual se obrigará ao pagamento do restante no prazo estipulado no edital de convocação, sob pena de perder em favor da Administração o valor já recolhido.

§ 3º Nos leilões internacionais, o pagamento da parcela à vista poderá ser feito em até vinte e quatro horas.

§ 4º O edital de leilão deve ser amplamente divulgado principalmente no município em que se realizará.

Comentários

O leilão é a modalidade de licitação na qual qualquer interessado pode ser licitante, não cabendo nenhuma exigência ou qualificação prévia. Essa modalidade serve para a venda de bens imóveis inservíveis, de produtos apreendidos por estarem ilegalmente no País, de bens móveis e semoventes. O essencial no leilão é que os bens a serem leiloados sejam previamente avaliados e postos à disposição dos interessados para exame. Ainda, o leilão deve ser precedido de ampla publicidade e sem exigências inúteis que possam prejudicar a aquisição tanto pelos maiores como pelos menores arrematantes.

Jurisprudência

LICITAÇÃO – Leilão de bens da Telesp – Condução por leiloeiro oficial – Discricionariedade da administração – Artigo 53 da Lei 8.666/93 – Recurso provido para denegar a segurança (TJSP, Ap. Cív. 94.423-5-São Paulo, 9ª C. de D. Público, j. 27-10-1999, Rel. Des. De Santi Ribeiro, v. u.).

Capítulo III
DOS CONTRATOS

Seção I
DISPOSIÇÕES PRELIMINARES

Art. 54. Os contratos administrativos de que trata esta Lei regulam-se pelas suas cláusulas e pelos preceitos de direito público, aplicando-se-lhes, supletivamente, os princípios da teoria geral dos contratos e as disposições de direito privado.

§ 1º Os contratos devem estabelecer com clareza e precisão as condições para sua execução, expressas em cláusulas que definam os direitos, obrigações e responsabilidades das partes, em conformidade com os termos da licitação e da proposta a que se vinculam.

§ 2º Os contratos decorrentes de dispensa ou de inexigibilidade de licitação devem atender aos termos do ato que os autorizou e da respectiva proposta.

Comentários

Ensina Hely Lopes Meirelles que "Contrato administrativo é o ajuste que a Administração Pública, agindo nessa qualidade, firma com particular ou outra entidade administrativa para a consecução de objetivos de interesse público, nas condições estabelecidas pela própria Administração.

Nessa conceituação enquadram-se os ajustes da Administração direta e da indireta, porque ambas podem firmar contratos com peculiaridades administrativas que os sujeitem aos preceitos do Direito Público" (*Licitação e contrato administrativo*, cit., p. 195-6).

Marçal Justen Filho comenta que "O contrato deverá retratar não apenas as regras constitucionais e legais. É imperioso que o contrato se harmonize perfeitamente com a disciplina veiculada no ato convocatório da licitação e com o contido na proposta formulada pelo particular. A harmonia entre o contrato e o instrumento convocatório da licitação é basilar do direito das licitações. Se fosse possível alterar as condições da licitação e (ou) das propostas, a licitação seria inútil. A descoincidência acarreta nulidade do contrato, sem prejuízo de responsabilização dos envolvidos. A aplicação dos princípios de direito privado (acerca de matéria contratual) far-se-á sempre supletivamente. Vale dizer, somente serão aplicáveis quando inexista solução emanada dos princípios de direito público e na medida em que a solução não seja incompatível com o regime de direito público" (*Comentários à lei de licitações*, cit., p. 346).

Mesmo que o contrato não tenha sido precedido de licitação em virtude de dispensa ou inexigibilidade desta, deverá atender às necessidades da Administração e especificar os encargos que a parte contratante assumirá, estabelecidos por levantamentos preliminares e pela proposta apresentada.

Jurisprudência

CONTRATO ADMINISTRATIVO – *Avença contratual distinta da proposta formulada pelo licitante vencedor do certame – Existência de cláusula estipulando o reajuste de parte do preço por taxa diária de fundo de investimento bancário – Ineficácia da estipulação por estar em desacordo com a proposta e com o termo de abertura e encerramento da licitação – Ineficácia da cláusula – Obrigação da licitante/contratada a restituir aos cofres públicos aquilo que indevidamente recebeu – Falhas na aplicação de revestimento asfáltico – Recurso improvido (TJSP, Ap. Cív. 34.103-5-Urupês, 2ª C. de D. Público, j. 23-11-1999, Rel. Des. Salles Abreu, v. u.).*

RECURSO ORDINÁRIO EM MANDADO DE SEGURANÇA. TOMADA DE PREÇOS. IMPETRAÇÃO QUE SE FUNDA EM PRETENSA INSUFICIÊNCIA TÉCNICA DA EMPRESA VENCEDORA. CONTRATO EM ANDAMENTO, COM DESEMPENHO SATISFATÓRIO. PREVALÊNCIA DO INTERESSE PÚBLICO. 1. Verificação de que a empresa vitoriosa na tomada de preços cumpriu integralmente o contrato, satisfazendo as obrigações adimplidas e, via de consequência, o interesse público, tendo-se passado mais de três anos desde a assinatura da avença, com a efetiva entrega dos equipamentos contratados, bem como a correta prestação de assistência técnica, refletindo, a situação, características de fato consumado. 2. Não é sensato, a essa altura, infligir prejuízo à recorrida, com fulcro em excessiva formalidade, ou mesmo, no rigor da lei, fazendo com que perca o tempo dedicado e o aproveitamento obtido. Tal acabaria por vulnerar o princípio da proporcionalidade, esvaziando, per se, *a pretensão aqui deduzida. 3. Argumentação da pretensão baseada em aspectos técnicos do edital, impróprios à estreiteza da via mandamental escolhida. 4. Não se pode perder de vista que a licitação é instrumento posto à disposição da Administração Pública para a seleção da proposta mais vantajosa. Portanto, selecionada esta e observadas as fases do procedimento, prescinde-se do puro e simples formalismo, invocado aqui para favorecer interesse particular, contrário à vocação pública que deve guiar a atividade do administrador. 5. Recurso não provido (STJ, ROMS 12210/SP, 1ª T., j. 19-2-2002, Rel. Min. José Delgado).*

Jurisprudência

LICITAÇÃO – Leilão – Locação de imóvel pertencente a autarquia federal – Terreno irregularmente ocupado por invasores – Fato impeditivo para a celebração do contrato – Devolução da importân-

cia paga que se impõe. Muito embora a parte autora também tivesse conhecimento, antes do leilão, da situação do bem licitado, que se encontrava invadido, não há justificativa para o procedimento adotado pela ré, que ofereceu à locação, sem qualquer ressalva no edital (f), terreno que se encontrava invadido e, o que é pior, somente tomou as medidas judiciais cabíveis para a retirada dos invasores três anos após receber garantias em dinheiro pelo contrato de locação. Destarte, não efetivada a locação e verificado que a Administração não agiu corretamente, nada mais razoável do que a devolução da importância paga pela apelante no dia do leilão (TRF, 2ª Região, 6ª T., j. 17-12-2003, Rel. Des. Federal Sérgio Schwaitzer, v. u., DJU, *6 fev.* 2004, RT, *825/406).*

PROCESSUAL CIVIL E ADMINISTRATIVO. RECURSO ESPECIAL. OFENSA AO ART. 535 DO CPC. INOCORRÊNCIA. VIOLAÇÃO AOS ARTS. 165 E 458 DO CPC. ALEGAÇÕES GENÉRICAS. INCIDÊNCIA DA SÚMULA N. 284 DO STF, POR ANALOGIA. CONTRATO ADMINISTRATIVO. MALVERSAÇÃO DOS ARTS. 333 DO CPC E 65 DA LEI N. 8.666/93. APLICAÇÃO DAS SÚMULAS N. 5 E 7 DESTA CORTE SUPERIOR. OFENSA AO ART. 54 DA LEI N. 8.666/93. INCIDÊNCIA DA SÚMULA N. 284 DO STF, POR ANALOGIA. *1. Trata-se, na origem, de ação de indenização ajuizada em face de atraso no início da execução de contrato administrativo celebrado entre a Cedae (recorrente) e a parte recorrida. O referido ajuste foi celebrado em 14.7.1998, mas, em razão da impossibilidade de a recorrida ter acesso ao terreno em que seriam realizadas as obras (por falta de pagamento das desapropriações), o prazo para início da execução do contrato foi sendo prorrogado. A ver da parte recorrida, esta prorrogação seria causa suficiente para dar ensejo ao reequilíbrio econômico-financeiro do contrato. O acórdão recorrido entendeu que havia conduta imputável unicamente à Administração Pública (Cedae, no caso), cabendo a indenização pelo atraso injustificado. 2. Nas razões recursais, a parte recorrente sustenta ter havido violação aos arts. 535 do Código de Processo Civil (CPC) – ao argumento de que o acórdão foi omisso sobre pontos relevantes da controvérsia –, 165 e 458 do CPC – porque o acórdão recorrido não foi fundamentado de forma clara –, 333 do CPC – uma vez que a parte recorrida não demonstrou os fatos cons-*

titutivos de seu direito – 65, inc. II, da Lei n. 8.666/93 – pois (i) não foi provada qualquer espécie de fato fundado na teoria da imprevisão que desse causa ao desequilíbrio econômico-contratual e (ii) existe cláusula contratual que impede reajuste de preços – e 54 da Lei n. 8.666/93 – ao fundamento de que, por se aplicar o regime dos contratos administrativos, público por essência, não haveria direito ao reequilíbrio no caso concreto. 3. Em primeiro lugar, é de se destacar que os órgãos julgadores não estão obrigados a examinar todas as teses levantadas pelo jurisdicionado durante um processo judicial, bastando que as decisões proferidas estejam devida e coerentemente fundamentadas, em obediência ao que determina o art. 93, inc. IX, da Constituição da República vigente. Isto não caracteriza ofensa ao art. 535 do CPC. Precedentes. 4. Em segundo lugar, não se pode conhecer da apontada violação aos arts. 165 e 458 do CPC pois as alegações que fundamentaram a pretensa ofensa são genéricas, sem discriminação dos pontos efetivamente omissos, contraditórios ou obscuros ou sobre os quais tenha ocorrido erro material. Incide, no caso, a Súmula n. 284 do Supremo Tribunal Federal, por analogia. 5. Em terceiro lugar, para analisar eventual ofensa ao art. 333 do CPC, a fim de apurar se a parte autora, ora recorrida, desincumbiu-se do ônus probatório referentes aos fatos constitutivos do direito que invocou, inclusive contrariando os aportes desta natureza feitos pela origem, seria imperiosa a revisitação do conjunto fático-probatório, o que é vedado a esta Corte Superior por sua Súmula n. 7. 6. Em quarto lugar, e da mesma forma, incidem as Súmulas n. 5 e 7 do Superior Tribunal de Justiça em relação aos argumentos de que (i) não foi provada qualquer espécie de fato fundado na teoria da imprevisão que desse causa ao desequilíbrio econômico-contratual e (ii) existe cláusula contratual que impede reajuste de preços, uma vez que seria necessário o revolvimento das provas carreadas aos autos, bem como a análise do contrato. 7. Em quinto lugar, aplica-se a Súmula n. 284 do STF, por analogia, à alegada malversação do art. 54 da Lei n. 8.666/93, a considerar que a leitura atenta do acórdão recorrido faz constatar, sem maiores dificuldades, que houve o cuidado de afastar a lógica do Direito Privado da espécie. 8. Recurso especial parcialmente conhecido e, nesta parte, não provido (STJ,

REsp 1272646/RJ, 2ª T., j. 3-11-2011, Rel. Min. Mauro Campbell Marques, DJe *11-11-2011*).

Art. 55. São cláusulas necessárias em todo contrato as que estabeleçam:

I – o objeto e seus elementos característicos;

II – o regime de execução ou a forma de fornecimento;

III – o preço e as condições de pagamento, os critérios, data-base e periodicidade do reajustamento de preços, os critérios de atualização monetária entre a data do adimplemento das obrigações e a do efetivo pagamento;

IV – os prazos de início de etapas de execução, de conclusão, de entrega, de observação e de recebimento definitivo, conforme o caso;

V – o crédito pelo qual correrá a despesa, com a indicação da classificação funcional programática e da categoria econômica;

VI – as garantias oferecidas para assegurar sua plena execução, quando exigidas;

VII – os direitos e as responsabilidades das partes, as penalidades cabíveis e os valores das multas;

VIII – os casos de rescisão;

IX – o reconhecimento dos direitos da Administração, em caso de rescisão administrativa prevista no art. 77 desta Lei;

X – as condições de importação, a data e a taxa de câmbio para conversão, quando for o caso;

XI – a vinculação ao edital de licitação ou ao termo que a dispensou ou a inexigiu, ao convite e à proposta do licitante vencedor;

XII – a legislação aplicável à execução do contrato e especialmente aos casos omissos;

XIII – a obrigação do contratado de manter, durante toda a execução do contrato, em compatibilidade com as obrigações por ele assumidas, todas as condições de habilitação e qualificação exigidas na licitação.

§ 1º (*Vetado.*)

§ 2º Nos contratos celebrados pela Administração Pública com pessoas físicas ou jurídicas, inclusive aquelas domiciliadas no estrangeiro, deverá constar necessariamente cláusula que declare competente o foro da sede da Administração para dirimir qualquer questão contratual, salvo o disposto no § 6º do art. 32 desta Lei.

§ 3º No ato da liquidação da despesa, os serviços de contabilidade comunicarão, aos órgãos incumbidos da arrecadação e fiscalização de tributos da União, Estado ou Município, as características e os valores pagos, segundo o disposto no art. 63 da Lei n. 4.320, de 17 de março de 1964.

Comentários

O art. 55 enumera todas as cláusulas que devem fazer parte dos contratos, uma vez que a sua não inclusão acarretará nulidade nos contratos celebrados com a Administração. Todas as cláusulas obrigatórias no contrato administrativo têm como objetivo principal o interesse público e devem fazer parte do instrumento convocatório.

Na lição de Hely Lopes Meirelles lemos que "O conteúdo do contrato há de ser basicamente o do edital e o da proposta aceita pela Administração. Sendo o edital a matriz do contrato, este não pode divergir daquele, sob pena de nulidade do ajuste ou da cláusula discrepante.

Nem seria compreensível que a Administração formulasse o seu desejo no edital e contratasse em condições diversas do pedido na licitação" (*Licitação e contrato administrativo*, cit., p. 208).

Jurisprudência

PROCESSUAL CIVIL E ADMINISTRATIVO. OFENSA AO ART. 535 DO CPC. NÃO CARACTERIZAÇÃO. CONTRATO ADMINISTRATIVO. TERMO INICIAL DE CORREÇÃO MONETÁRIA. VIOLAÇÃO AOS ARTS. 40, INC. XIV, E 55, INC. III, DA LEI N. 8.666/93. CLÁUSULA NÃO ESCRITA. SÚMULA N. 43 DESTA CORTE SUPERIOR. JUROS DE MORA. ILÍCITO CONTRATUAL. DATA DA

CITAÇÃO. 1. Os órgãos julgadores não estão obrigados a examinar todas as teses levantadas durante um processo judicial, bastando que as decisões proferidas estejam devida e coerentemente fundamentadas, em obediência ao que determina o art. 93, inc. IX, da Lei Maior. Isso não caracteriza ofensa ao art. 535, inc. II, do CPC. Neste sentido, existem diversos precedentes desta Corte. 2. A cláusula específica de previsão do pagamento, no caso, viola o que preveem os arts. 40 e 55 da Lei n. 8.666/93. 3. Por um lado, o art. 40, inc. XIV, determina que o "prazo de pagamento não [pode ser] superior a trinta dias, contado a partir da data final do período de adimplemento de cada parcela" (com adaptações). 4. Ora, quando a Administração Pública diz que pagará em até trinta dias contados da data da apresentação de faturas, a consequência necessária é que o pagamento ocorrerá depois de trinta dias da data do adimplemento de cada parcela – que, segundo o art. 73 da Lei n. 8.666/93, se dá após a medição (inc. I). 5. Por outro lado, o art. 55, inc. III, daquele mesmo diploma normativo determina que a correção monetária correrá "entre a data do adimplemento das obrigações e a do efetivo pagamento", o que reforça que a data-base deve ser a do adimplemento da obrigação (que ocorre com a medição) e não a data de apresentação de faturas. 6. Portanto, a cláusula a que faz referência a instância ordinária para pautar seu entendimento é ilegal e deve ser considerada não escrita para fins de correção monetária, chamando a aplicação da Súmula n. 43 desta Corte Superior, segundo a qual "incide correção monetária sobre dívida por ato ilícito a partir da data do efetivo prejuízo". 7. É pacífico o entendimento desta Corte Superior no sentido de que os ilícitos contratuais dão ensejo à incidência de juros moratórios contados da data da citação. Precedentes. 8. Recurso especial parcialmente provido (STJ, 2ª T., REsp 1079522/SC, j. 25-11-2008, Rel. Min. Mauro Campbell Marques, DJe, *17 dez. 2008).*

ADMINISTRATIVO. CONTRATO ADMINISTRATIVO. PAGAMENTO DE FATURAS. ILEGALIDADE DA PORTARIA 227/95, QUE CONDICIONA O PAGAMENTO À COMPROVAÇÃO DA REGULARIDADE FISCAL DA EMPRESA CONTRATADA. MATÉRIA PACIFICADA. 1. Discute-se nos presentes autos a legalidade da Portaria n. 227/95, que prevê a retenção de pagamento de valores referentes a parcela executada de contrato administrativo, na hipótese em que não comprovada a regularidade fiscal da contratada. 2. A pretensão recursal destoa da jurisprudência dominante nesta Corte no sentido da ilegalidade da retenção ao pagamento devido a fornecedor em situação de irregularidade perante o Fisco, por extrapolar as normas previstas nos arts. 55 e 87 da Lei 8.666/93. Precedentes: REsp 633432/ MG, rel. Ministro Luiz Fux, DJ 20/6/2005; AgRg no REsp 1048984/ DF, rel. Ministro Castro Meira, Segunda Turma, DJe 10/9/2009; RMS 24953/CE, rel. Ministro Castro Meira, Segunda Turma, DJe 17/03/2008. 3. Agravo regimental não provido (STJ, AgRg no REsp 1313659/RR, 2ª T., j. 23-10-2012, Rel. Min. Mauro Campbell Marques, DJe 6-11-2012).

ADMINISTRATIVO. AÇÃO CIVIL PÚBLICA. LICITAÇÃO. CONTRATO DE CONCESSÃO DE SERVIÇO PÚBLICO. EXPLORAÇÃO ECONÔMICA DAS ATIVIDADES INERENTES AOS CEMITÉRIOS. EXIGÊNCIA EDITALÍCIA. CAPITAL SOCIAL MÍNIMO ESCRITURADO. ART. 55, VI E XIII DA LEI N. 8.666/93. SANEAMENTO POSTERIOR. NULIDADE DO CONTRATO NÃO DECRETADA. PRINCÍPIO DA CONTINUIDADE DO SERVIÇO PÚBLICO. 1. Os princípios que norteiam os atos da Administração Pública, quando em confronto, indicam deva prevalecer aquele que mais se coaduna com o da razoabilidade. 2. No balanceamento dos interesses em jogo, entre anular o contrato firmado para a prestação de serviços de recuperação e modernização das instalações físicas, construção de ossuários, cinzários, crematório e adoção de medidas administrativas e operacionais, para a ampliação da vida útil dos 06 (seis) cemitérios pertencentes ao Governo do Distrito Federal, ou admitir o saneamento de uma irregularidade contratual, para possibilitar a continuidade dos referidos serviços, in casu, essenciais à população, a última opção conspira em prol do interesse público. 3. Ação Civil Pública ajuizada pelo Ministério Público do Distrito Federal e dos Territórios objetivando a decretação de nulidade do contrato celebrado com a empresa vencedora da Licitação realizada pela Companhia Urbanizadora da Nova Capital do Brasil – NOVACAP para a Concessão de Serviços Públicos precedido de Obra Pública sobre imóvel do Distrito Federal n. 01/2002 (administração dos cemitérios do DF), ao argumento de que a inobservância do *capital social mínimo exigido do edital de licitação, não configura mera irregularidade, ao revés, constitui vício grave capaz de nulificar o Contrato Administrativo, mercê de violar o disposto no art. 55, incisos VI e XIII, da Lei 8.666/93. 4. O princípio da legalidade convive com os cânones da segurança jurídica e do interesse público, por isso que a eventual colidência de princípios não implica dizer que um deles restará anulado pelo outro, mas, ao revés, que um deles será privilegiado em detrimento do outro, à luz das especificidades do caso concreto, mantendo-se, ambos, íntegros em sua validade. 5. Outrossim, convém ressaltar que a eventual paralisação na execução do contrato de que trata a presente demanda, relacionados à prestação de serviços realizada pelos 06 (seis) cemitérios pertencentes ao Governo do Distrito Federal, coadjuvado pela impossibilidade de o ente público assumir, de forma direta, a prestação dos referidos serviços, em razão da desmobilização da infraestrutura estatal, após a conclusão do procedimento licitatório* in foco, *poderá ensejar a descontinuidade dos serviços prestados pela empresa licitante, em completa afronta ao princípio da continuidade dos serviços públicos essenciais. 6.* In casu, *merece destaque as situações fáticas assentadas pelo Tribunal* a quo, *insindicáveis nesta Corte, assim sintetizadas: (a) o procedimento licitatório, realizado pela Companhia Urbanizadora da Nova Capital do Brasil – NOVACAP, teve como vencedor o Consórcio DCB, formado pelas empresas Dinâmica – Administração, Serviços e Obras Ltda.; Contil – Construção e Incorporação de Imóveis Ltda.; e Brasília Empresa de Serviços Técnicos Ltda, o qual, antes da assinatura do contrato administrativo, valendo-se de permissivo legal, constituiu a empresa denominada Campo da Esperança Serviços Ltda.; (b) o Consórcio DCB, vencedor do procedimento licitatório* sub examine, *comprovou todos os requisitos para participação no certame, inclusive, a exigência do capital mínimo, de R$ 1.438.868,00 (um milhão, quatrocentos e trinta e oito mil, oitocentos e sessenta e oito reais); (c) a empresa Campo da Esperança Serviços Ltda., criada para substituir o consórcio vencedor do certame, inobstante obrigada ao cumprimento das exigências editalícias nos mesmos moldes do vencedor, mormente no que se refere ao valor do capital mínimo, foi constituída, inicialmente, com capital de R$ 10.000,00 (dez mil reais), o qual foi majorado para R$ 300.000,00* *(trezentos mil reais), mediante alteração dos seus atos constitutivos, e, posteriormente, ampliado para R$ 1.500.000,00 (um milhão e quinhentos mil reais), em razão do cumprimento da decisão proferida pelo Juízo de Direito da Vara da Fazenda Pública do Distrito Federal, com supedâneo no art. 798 do CPC, consoante se verifica da decisão de fls. 334/344. 7. Deveras, o Ministério Público Federal, na qualidade de* custos legis, *destacou que: "o princípio da continuidade dos serviços públicos admite o saneamento de uma irregularidade contratual, no intuito de atingir o interesse público. Correta a decisão do Tribunal* a quo *que entendeu possível a correção posterior de uma exigência prevista no edital de licitação (capital social mínimo de empresa) para preservar o bem comum dos administrados". (fl. 662) 8. Recurso Especial desprovido (STJ, REsp 950489/DF, 1ª T., j. 3-2-2011, Rel. Min. Luiz Fux,* DJe *23-2-2012).*

PROCESSUAL CIVIL E ADMINISTRATIVO. EMBARGOS DE DIVERGÊNCIA NO RECURSO ESPECIAL. CONTRATOS DE EMPREITADA. AUSÊNCIA DE PREVISÃO DO PRAZO PARA PAGAMENTO DOS SERVIÇOS. CORREÇÃO MONETÁRIA. TERMO INICIAL. MEDIÇÃO DAS OBRAS. 1. Embargos de divergência pelos quais se busca dirimir o dissenso pretoriano quanto ao termo inicial para a incidência da correção monetária em contratos administrativos de obra pública, firmados em 1990 e 1992, em que não há cláusula estipulando o prazo para o pagamento dos serviços. 2. Acórdão embargado no sentido de que a correção monetária deve incidir após o 30 (trigésimo) dia da medição até o efetivo pagamento, nos termos dos arts. 55, III, da Lei 8.666/1993, enquanto que o acórdão paradigma assentou que o termo inicial da referida atualização é primeiro dia útil do mês subsequente à medição, consoante os artigos 952 e 960 do CC/16. 3. Em se tratando de contratos administrativos firmados antes do advento da Lei 8.666/93, nos quais não há cláusula prevendo prazo para pagamento, deve ser aplicada a norma contida nos artigos 952 do CC, segundo a qual: "Salvo disposição especial deste Código e não tendo sido ajustada época para o pagamento, o credor pode exigi-lo imediatamente". 4. Isto quer dizer que nas hipóteses em que inexiste cláusula contratual que estipule data para o efetivo pagamento, a correção monetária deve incidir imediatamente após a medição, posto que é a partir deste momento que a Administração Pública afere a regular realização dos serviços prestados e a obrigação, por conseguinte, se torna exigível para o contratado. 5. No caso dos autos, considerando que, assim como ocorreu no acórdão paradigma, a recorrente requer que o termo inicial da atualização seja o primeiro dia útil do mês subsequente à medição, o provimento há de ser nesse sentido. 6. Embargos de divergência provido (STJ, EREsp 968835/SC, 1ª Seção, j. 14-11-2012, Rel. Min. Benedito Gonçalves, DJe 21-11-2012).

Art. 56. A critério da autoridade competente, em cada caso, e desde que prevista no instrumento convocatório, poderá ser exigida prestação de garantia nas contratações de obras, serviços e compras.

§ 1º Caberá ao contratado optar por uma das seguintes modalidades de garantia:

I – caução em dinheiro ou em títulos da dívida pública, devendo estes ter sido emitidos sob a forma escritural, mediante registro em sistema centralizado de liquidação e de custódia autorizado pelo Banco Central do Brasil e avaliados pelos seus valores econômicos, conforme definido pelo Ministério da Fazenda;

II – seguro-garantia;

III – fiança bancária.

§ 2º A garantia a que se refere o *caput* deste artigo não excederá a 5% (cinco por cento) do valor do contrato e terá seu valor atualizado nas mesmas condições daquele, ressalvado o previsto no § 3º deste artigo.

§ 3º Para obras, serviços e fornecimentos de grande vulto envolvendo alta complexidade técnica e riscos financeiros consideráveis, demonstrados através de parecer tecnicamente aprovado pela autoridade competente, o limite de garantia previsto no parágrafo anterior poderá ser elevado para até 10% (dez por cento) do valor do contrato.

§ 4º A garantia prestada pelo contratado será liberada ou restituída após a execução do contrato e, quando em dinheiro, atualizada monetariamente.

§ 5º Nos casos de contratos que importem na entrega de bens pela Administração, dos quais o contratado ficará depositário, ao valor da garantia deverá ser acrescido o valor desses bens.

Comentários

A Administração tem a discricionariedade para estabelecer ou não garantia, podendo exigi-la somente nos casos em que ela se faça necessária, e quando não houver riscos de lesão aos interesses públicos. A exigência da garantia solicitada já deverá constar do edital, podendo, de acordo com a lei, ficar à escolha do licitante a modalidade de garantia.

O prazo de validade da garantia deverá coincidir com o prazo da execução do contrato, e esta deverá ser liberada ou restituída no final do contrato. Se esta tiver sido em dinheiro, este deverá ser devolvido com seu valor atualizado.

Jurisprudência

Licitação – Caução – Prestação mediante fiança bancária – Admissibilidade – Exigência de caução em dinheiro que não foi realizada no ato de convocação da concorrência – Recurso não provido.

Se a lei, em sentido estrito, permite que o licitante preste a fiança bancária, em substituição a caução em dinheiro, por óbvio, ilegal a exigência da Municipalidade, que não aceitou a fiança bancária. Ademais, aquilo que não consta do edital não pode ser exigido posteriormente do licitante vencedor (Ap. Cív. n. 181.637-1-São Paulo, j. 4-2-1993, Rel. Melo Colombi – Apelante: Municipalidade; Apelada: Construcap CCPS Engenharia e Comércio S.A. – RTJ, 144/89).

Art. 57. A duração dos contratos regidos por esta Lei ficará adstrita à vigência dos respectivos créditos orçamentários, exceto quanto aos relativos:

I – aos projetos cujos produtos estejam contemplados nas metas estabelecidas no Plano Plurianual, os quais poderão ser prorrogados se houver interesse da Administração e desde que isso tenha sido previsto no ato convocatório;

II – a prestação de serviços a serem executados de forma contínua, que poderão ter a sua duração prorrogada por iguais e sucessivos períodos com vistas à obtenção de preços e condições mais vantajosas para a Administração, limitada a sessenta meses;

III – (*Vetado.*)

IV – ao aluguel de equipamentos e à utilização de programas de informática, podendo a duração estender-se pelo prazo de até 48 (quarenta e oito) meses após o início da vigência do contrato.

§ 1º Os prazos de início de etapas de execução, de conclusão e de entrega admitem prorrogação, mantidas as demais cláusulas do contrato e assegurada a manutenção de seu equilíbrio econômico-financeiro, desde que ocorra algum dos seguintes motivos, devidamente autuados em processo:

I – alteração do projeto ou especificações, pela Administração;

II – superveniência de fato excepcional ou imprevisível, estranho à vontade das partes, que altere fundamentalmente as condições de execução do contrato;

III – interrupção da execução do contrato ou diminuição do ritmo de trabalho por ordem e no interesse da Administração;

IV – aumento das quantidades inicialmente previstas no contrato, nos limites permitidos por esta Lei;

V – impedimento de execução do contrato por fato ou ato de terceiro reconhecido pela Administração em documento contemporâneo à sua ocorrência;

VI – omissão ou atraso de providências a cargo da Administração, inclusive quanto aos pagamentos previstos de que resulte, diretamente, impedimento ou retardamento na execução do contrato, sem prejuízo das sanções legais aplicáveis aos responsáveis.

§ 2º Toda prorrogação de prazo deverá ser justificada por escrito e previamente autorizada pela autoridade competente para celebrar o contrato.

§ 3º É vedado o contrato com prazo de vigência indeterminado.

§ 4º Em caráter excepcional, devidamente justificado e mediante autorização da autoridade superior, o prazo de que trata o inciso II do *caput* deste artigo poderá ser prorrogado em até doze meses.

Comentários

Ao comentar esse dispositivo, Marçal Justen Filho ressalta a diversidade de matérias por ele tratadas, fazendo menção à distinção entre a questão da duração dos contratos e a da prorrogação dos prazos neles previstos para execução das prestações.

No tocante ao prazo de validade dos contratos há que se destacar aqueles de execução imediata (ex.: compra e venda, à vista, de um imóvel) e os de execução por etapas (ex.: execução de uma obra de engenharia). Nos primeiros, o prazo de vigência restringe-se àquele em que é concretizada a prestação devida. Nos segundos, o lapso de vigência não pode ficar adstrito a regras ou limites inflexíveis, pois o tempo para a execução das etapas pode variar de obra a obra.

O aspecto importante neste artigo é que ele estabelece como regra geral para os contratos administrativos que seus prazos de validade não podem ultrapassar os limites de vigência dos respectivos créditos orçamentários.

Marçal Justen Filho, também com propriedade, assevera que o Estado não haveria como cumprir suas funções "se essa regra fosse aplicada de modo restrito", já que "Existem obras e encargos cuja execução não pode ser completada no decurso de um único exercício. Aliás, a maior parte dos encargos estatais de relevo são de execução mais demorada. Nenhum Estado pode administrar a coisa pública tendo em vista o curto prazo. Por isso, o art. 57 admite exceções à regra" (*Comentários à lei de licitações*, cit., p. 363).

A excepcionar essa regra geral, estão os incisos I, II e IV do *caput* desse art. 57.

O inciso II teve sua redação alterada pela Medida Provisória n. 1.500, de 7 de junho de 1996, que posteriormente converteu-se na

Lei n. 9.648/98, possibilitando a ocorrência de várias renovações, por iguais e sucessivos períodos, desde que até 60 meses (a redação original previa a extensão da duração dos contratos de prestação de serviços com característica de execução continuada uma única vez, ao consignar a expressão "por igual período").

O § 4º do art. 57, a seu turno, foi acrescido pela Medida Provisória n. 1.081, de 28 de julho de 1995, que, renovada por medidas posteriores, converteu-se na já citada Lei n. 9.648/98. Permite esse parágrafo que, nas contratações para prestação de serviços a serem executados de forma contínua, em caráter excepcional, desde que devidamente justificado e mediante autorização superior, o limite de 60 meses fixado no inciso II seja prorrogado por até 12 meses.

A vigência dos contratos decorrentes do Sistema de Registro de Preços (SRP), prevista na Ata de Registro de Preços, deve obedecer ao disposto neste art. 57, inclusive quanto à prorrogação, na hipótese em que a proposta continuar a se mostrar mais vantajosa à Administração Pública (§ 4º).

Jurisprudência

ADMINISTRATIVO – MANDADO DE SEGURANÇA – SERVIÇOS DE TRANSPORTES MUNICIPAIS – EXPIRAÇÃO DO PRAZO DE CONTRATO ADMINISTRATIVO – NOVA LICITAÇÃO.

Se o contrato administrativo de exploração de serviços de transporte chegou a termo pode e deve o Município realizar licitação para delegar o serviço ao vencedor do certame, sem que haja direito líquido e certo do contraente anterior a ser protegido por mandado de segurança.

Denegação da ação mandamental.

Improvimento do recurso (STJ, ROMS 9835/SE, 1ª T., j. 2-12-1999, Rel. Min. Francisco Falcão).

ADMINISTRATIVO. PROCESSO ADMINISTRATIVO. IRREGULARIDADES NA INSTAURAÇÃO. INOCORRÊNCIA. AMPLA DEFESA RESPEITADA. LICITAÇÃO. PRORROGAÇÃO CONTRATUAL. INOVAÇÃO DAS CONDIÇÕES ORIGINAIS. AUSÊNCIA DE LICITA-

ÇÃO. NULIDADE. 1. Sem a demonstração objetiva da prática de atos concretos que indiquem o contrário, não se pode afirmar a parcialidade da Comissão que presidiu o processo administrativo. 2. A exemplo do que ocorre no processo judicial, também no processo administrativo a decisão que, motivadamente, indefere a produção de provas, tidas por dispensáveis em face do objeto da investigação, não configura cerceamento de defesa. 3. Prorrogar contrato é prolongar o prazo original de sua vigência com o mesmo contratado e nas mesmas condições. Termo aditivo a contrato administrativo que fixa novo período de prestação de serviço mas mediante novas condições, não previstas no contrato original, introduzidas mediante negociação superveniente à licitação, constitui, não uma simples prorrogação de prazo, mas um novo contrato. Nas circunstâncias do caso, considerada sobretudo a especificidade do objeto contratual (que não é de simples prestação de serviços), o Termo Aditivo representou uma contratação sob condições financeiras inéditas, não enquadrável na exceção prevista no art. 57, II da Lei 8.666/93 e por isso mesmo nula por violação às normas do processo licitatório. 4. Recurso ordinário a que se nega provimento (STJ, 1ª T., RMS 24118/PR, j. 11-11-2008, Rel. Min. Teori Albino Zavascki, DJe, 15 dez. 2008).

ADMINISTRATIVO. CONTRATO. EFETIVA PRESTAÇÃO DOS SERVIÇOS. PROVA. PRETENSÃO DE REEXAME. SÚMULA 7/STJ. OBRIGAÇÃO DO ENTE PÚBLICO EFETUAR O PAGAMENTO PELOS SERVIÇOS EFETIVAMENTE PRESTADOS. VEDAÇÃO AO LOCUPLETAMENTO ILÍCITO. 1. Não há como afastar a incidência da Súmula 7/STJ, porquanto para aferir a ausência dos requisitos legais a aplicação do inciso VI, § 1º, do art. 57 da Lei n. 8.666/1993, é necessário exceder os fundamentos colacionados no acórdão vergastado, por demandar incursão no contexto fático-probatório dos autos, defeso em recurso especial. 2. Nos termos da jurisprudência desta Corte, eventual irregularidade contratual não deixa o município isento da obrigação de indenizar o contratado por serviços efetivamente prestados, sob pena de significar confisco ou locupletamento ilícito. Agravo regimental improvido (STJ, AgRg no REsp 1235085/RJ, 2ª T., j. 17-3-2011, Rel. Min. Humberto Martins, DJe 29-3-2011).

Art. 58. O regime jurídico dos contratos administrativos instituído por esta Lei confere à Administração, em relação a eles, a prerrogativa de:

I – modificá-los, unilateralmente, para melhor adequação às finalidades de interesse público, respeitados os direitos do contratado;

II – rescindi-los, unilateralmente, nos casos especificados no inciso I do art. 79 desta Lei;

III – fiscalizar-lhes a execução;

IV – aplicar sanções motivadas pela inexecução total ou parcial do ajuste;

V – nos casos de serviços essenciais, ocupar provisoriamente bens móveis, imóveis, pessoal e serviços vinculados ao objeto do contrato, na hipótese da necessidade de acautelar apuração administrativa de faltas contratuais pelo contratado, bem como na hipótese de rescisão do contrato administrativo.

§ 1º As cláusulas econômico-financeiras e monetárias dos contratos administrativos não poderão ser alteradas sem prévia concordância do contratado.

§ 2º Na hipótese do inciso I deste artigo, as cláusulas econômico-financeiras do contrato deverão ser revistas para que se mantenha o equilíbrio contratual.

Jurisprudência

Contrato Administrativo – Alteração de cláusula financeira – Inadmissibilidade – Modificação que implica em rompimento com o critério remuneratório no contrato convencionado (RJTJSP 104/98).

Constitucional – Administrativo – Contrato de Concessão de serviço público – Exclusividade – Alteração unilateral pela Administração de cláusula regulamentar da concessão – Impossibilidade – O contrato de concessão da Administração com terceiros, para a realização de serviço público, constitui ajuste de Direito Administrativo bilateral e oneroso, inalterável unilateralmente, especialmente em relação a cláusulas que ocasionem manifesto prejuízo ao concessionário. A concessão de serviço público, nos termos da legis-

lação pertinente, só é alterável, com dano ao concessionário, se observado o devido processo legal, em que se assegure ampla defesa ao contratante prejudicado (RMS 1.603-1-TO, DJU, Seção I, 29 mar. 1993, p. 5218).

LICITAÇÃO – Contrato – Alteração – Adjudicação à empresa vencedora de obra diversa, em outro local – Ilegalidade flagrante por desvio de poder, de finalidade e de objeto da obra pública – Violação, ademais, do direito dos licitantes vencidos, ante a ausência de nova licitação – Nulidade da contratação e devolução aos cofres públicos das importâncias decorrentes da ilegalidade – Recurso provido para esse fim. Não é dado ao administrador alterar o objeto de contrato administrativo já assinado, optando por obra diversa daquela que foi descrita no edital, sem ferir os direitos dos demais licitantes, enfim, sem realizar nova licitação (TJSP, Ap. Cív. 30.898-5-Guarulhos, 2ª C. de D. Público, j. 31-8-1999, Rel. Des. Aloísio de Toledo, JTJ, 228/81).

Art. 59. A declaração de nulidade do contrato administrativo opera retroativamente impedindo os efeitos jurídicos que ele, ordinariamente, deveria produzir, além de desconstituir os já produzidos.

Parágrafo único. A nulidade não exonera a Administração do dever de indenizar o contratado pelo que este houver executado até a data em que ela for declarada e por outros prejuízos regularmente comprovados, contanto que não lhe seja imputável, promovendo-se a responsabilidade de quem lhe deu causa.

Comentários

Marçal Justen Filho comenta que "Em uma primeira aproximação, o art. 59 parece consagrar a teoria das nulidades segundo sua configuração tradicional do direito privado. No direito privado, afirma--se que o ato nulo não produz efeitos. Uma vez revelada a ocorrência da nulidade, deve repor-se a situação no estado anterior. Para esse fim, deverão ser desfeitas todas as alterações fundadas na existência do ato, alterações essas cuja manutenção dependeria da validade do ato. Como a declaração de nulidade opera retroativamente (*ex tunc*), todos os eventos ocorridos após e em função do ato viciado deverão ser desfeitos" (*Comentários à lei de licitações*, cit., p. 376).

Ao declarar a nulidade de uma licitação ou de um contrato, a Administração Pública tem o dever de indenizar pelas perdas e danos que porventura o interessado tenha sofrido. Pela teoria da responsabilidade civil do Estado, ainda que nulo o ato, a Administração deve indenizar não só pelos trabalhos já executados, mas também pelo proveito que deveria obter se o contrato não tivesse sido anulado. A indenização devida (desde que não tenha sido o contratado a dar causa determinante dessa anulação) deverá ser fixada de comum acordo entre a Administração e o contratado. A Administração deverá indenizá-lo integralmente. Já é firmado pela jurisprudência que, se resultar prejuízo desse pagamento à Administração, caberá a ação regressiva contra o funcionário que tenha agido com dolo ou culpa (cf. art. 37, § 6º, da CF).

Jurisprudência

LICITAÇÃO – Área pública, remanescente de desapropriação – Alienação – Convite aos proprietários lindeiros – Nulidade alegada por cabível a investidura ou a concorrência – Defeituosa descrição do imóvel no edital, que levou à inabilitação da impetrante, real lindeira – Vícios inocorrentes – Ordem denegada – Recurso não provido (Ap. Cív. 208.602-1-São Paulo – Apelante: ESSO Brasileira de Petróleo Ltda.; Apelado: Secretário dos Negócios Jurídicos do Município).

Ementa oficial: Administrativo – Alienação de área pública, remanescente de desapropriação. Convite aos proprietários lindeiros – Alegação de nulidade, por cabível a investidura ou a concorrência, bem assim de defeituosa descrição do imóvel no edital, o que levou à inabilitação da impetrante, real lindeira – Vícios inocorrentes – Mandado de segurança denegado – Recurso improvido (TJSP, j. 17-5-1994, Rel. Des. J. Roberto Bedran).

RESPONSABILIDADE CIVIL DA ADMINISTRAÇÃO – Contrato anulado pela Administração por vícios do processo de licitação

– *Dever do Estado de indenizar a contratada pelo que houver executado – Aplicabilidade do parágrafo único do artigo 59 da Lei n. 8.666/93 – Recursos não providos (TJSP, Ap. Cív. 135.959-5-São Paulo, 6ª C. de D. Público, j. 18-10-1999, Rel. Des. Coimbra Schmidt, v. u.).*

AÇÃO POPULAR – Contratação de advogado para a defesa pessoal de Prefeito – Prefeito afastado do cargo – Incompetência – Interesse particular e exclusivo do corréu – Violação do princípio da impessoalidade – Sentença de procedência mantida – Contrato administrativo anulado – Interposição de recurso oficial, nos termos do art. 475, II, do CPC – Recurso não provido (TJSP, 3ª C. de D. Público, j. 5-8-2003, Rel. Des. Magalhães Coelho, v. u., JTJ, 272/187).

MINISTÉRIO PÚBLICO – Legitimidade para a propositura de ação civil pública visando à defesa do patrimônio público – Anulação de contratos por vício da licitação (prática de atos de improbidade administrativa) – Inteligência e aplicação dos arts. 129, III, e 128, § 5º, da Constituição da República c/c a Lei Fed. 8.525/93, art. 25, IV, "b"; Lei Fed. 8.429/92, arts. 1º, 5º, 7º e 17, e Lei Compl. Est. 734/96.

Matéria processual – Julgamento antecipado da causa – Produção generalizada de provas – Descabimento – Matéria exclusivamente de direito (TJSP, 2ª C. de D. Público, j. 11-2-2003, Rel. Des. Alves Bevilácqua, v. u., JTJ, 272/187).

ADMINISTRATIVO – AÇÃO DE COBRANÇA – PRESTAÇÃO DE SERVIÇOS DE PUBLICIDADE – NULIDADE DO CONTRATO ADMINISTRATIVO POR AUSÊNCIA DE LICITAÇÃO – ART. 59, PARÁGRAFO ÚNICO, DA LEI 8.666/93. 1. Segundo a jurisprudência desta Corte, embora o contrato administrativo cuja nulidade tenha sido declarada não produza efeitos, a teor do art. 59 da Lei 8.666/93, não está desonerada a Administração de indenizar o contratado pelos serviços prestados ou pelos prejuízos decorrentes da administração, desde que comprovados, ressalvada a hipótese de má-fé ou de ter o contratado concorrido para a nulidade. 2. Procedência da ação de cobrança que se mantém. 3. Recurso especial improvido (STJ, REsp 928.315/MA, Rel. Min. Eliana Calmon, v. u., j. 12-6-2007, DJ, 29 jun. 2007, p. 573).

ADMINISTRATIVO. CONTRATO ADMINISTRATIVO. FUNÇÕES EXCLUSIVAS DO ESTADO. FALTA DE PREQUESTIONAMENTO. SÚMULA 211/STJ. REVISÃO. PROVAS. NÃO CABIMENTO. HONORÁRIOS ADVOCATÍCIOS. IRRISÓRIOS. EXORBITANTES. NÃO OCORRÊNCIA. REVISÃO. NÃO CABIMENTO. SÚMULA 07/STJ. 1. A tese ventilada pelo recorrente quanto à nulidade do contrato administrativo, por força de suposta delegação de atividades estatais exclusivas, não foi prequestionada no acórdão recorrido, o que torna tal matéria impassível de apreciação. Inteligência da Súmula 211/STJ: "Inadmissível recurso especial quanto à questão que, a despeito da oposição de embargos declaratórios, não foi apreciada pelo tribunal a quo". 2. O juízo a quo foi enfático ao enunciar que o recorrente não logrou demonstrar a quitação integral de todos os serviços prestados pela empresa, até o momento da declaração de nulidade, o que torna inadmissível o recurso especial, diante da impossibilidade de revolvimento do conjunto fático-probatório da demanda, a fim de se aferir se tais serviços foram efetivamente pagos pelo Estado de Sergipe. Inteligência da Súmula 07/STJ: "A pretensão de simples reexame de prova não enseja recurso especial". 3. Assentado pelo juízo a quo que o contratado executou os serviços avençados, até a data em que a nulidade foi declarada, é de se imputar à Administração Pública o dever de indenizar por todos os prejuízos que tenha o particular sofrido, nos termos do que dispõe o art. 59, parágrafo único, da Lei n. 8.666/93. Precedentes. 4. Somente admite-se a revisão do valor da verba honorária, em recurso especial, quando a quantia arbitrada mostra-se manifestamente excessiva ou irrisória, o que não se verifica no caso concreto. Inteligência da Súmula 07/STJ: "A pretensão de simples reexame de prova não enseja recurso especial". Precedentes. 5. Agravo regimental não provido (STJ, AgRg no AREsp 5219/SE, 2ª T., j. 19-5-2011, Rel. Min. Castro Meira, DJe 2-6-2011).

ADMINISTRATIVO. LICITAÇÃO. ANULAÇÃO DE PRIMEIRO CERTAME. IMPETRAÇÃO CONTRA ATO DE ANULAÇÃO. FINALIZAÇÃO DO CERTAME SUBSEQUENTE. AUSÊNCIA DE PERDA DO INTERESSE RECURSAL. PRECEDENTE DA CORTE ESPE-

CIAL. DEVOLUÇÃO DA CONTROVÉRSIA. ART. 515, § 3º, DO CPC. IMPOSSÍVEL. PRECEDENTES DO STF E DO STJ. 1. Cuida-se de recurso ordinário interposto contra acórdão que denegou a segurança em pleito que visava combater a anulação administrativa de um primeiro certame, substituído por segunda licitação realizada para aquisição do mesmo objeto. O Tribunal de origem consignou que a adjudicação do segundo certame esvaziou o interesse recursal do impetrante e extinguiu o writ, *sem apreciação do mérito. 2. No caso em tela, a primeira licitação foi anulada pela Administração, com base em vícios insanáveis; o impetrante insurgiu-se, e foi paralisada a segunda licitação até a apreciação da impetração que, todavia, foi suspensa em procedimento específico perante o Superior Tribunal de Justiça (AgRg na SS 2.256/PR, Rel. Min. Cesar Asfor Rocha, Corte Especial, julgado em 5.11.2008, DJe 24.11.2008). Após a suspensão da segurança, a tramitação administrativa da segunda licitação prosseguiu, tendo sido o resultado atingido, bem como adjudicado o objeto. 3. A Corte Especial do STJ acordou que "a superveniente adjudicação não importa na perda de objeto do mandado de segurança, pois se o certame está eivado de nulidades, estas também contaminam a adjudicação e posterior celebração do contrato" (AgRg na SS 2.370/PE, Rel. Min. Ari Pargendler, Corte Especial, DJe 23.9.2011). No mesmo sentido: REsp 1.128.271/AM, Rel. Min. Castro Meira, Segunda Turma, DJe 25.11.2009; e REsp 1.059.501/MG, Rel. Min. Mauro Campbell Marques, Segunda Turma, DJe 10.9.2009. 4. Superada a perda do objeto, devem os autos retornar ao Tribunal, para que este aprecie o mérito da controvérsia: legalidade, ou não, da anulação do primeiro certame. Porém, o mérito não pode ser examinado com base no art. 515, § 3º, do Código de Processo Civil, sob pena de supressão de instância, conforme indicado pelo Pretório Excelso: RE 621.473/DF, Rel. Min. Marco Aurélio, Primeira Turma, julgado em 23.11.2010, publicado no DJe em 23.3.2011, Ementário vol. 2.487-02, p. 255, LEXSTF v. 33, n. 388, 2011, pp. 418-424. No mesmo sentido: AgRg no RMS 34.197/GO, Rel. Min. Humberto Martins, Segunda Turma, DJe 11.11.2011; e RMS 33.739/BA, Rel. Min. Mauro Campbell Marques, Segunda Turma, DJe 14.9.2011. Agravo*

regimental improvido (STJ, AgRg no RMS 37803/PR, 2ª T., j. 26-6-2012, Rel. Min. Humberto Martins, DJe 29-6-2012).
AÇÃO CIVIL PÚBLICA E AÇÃO DE COBRANÇA. LICITAÇÃO. NULIDADE. CONCORRÊNCIA DO PARTICULAR. OBRA EFETIVAMENTE ENTREGUE CONFORME AS ESPECIFICAÇÕES DO EDITAL. INDENIZAÇÃO. ENRIQUECIMENTO SEM CAUSA. POSSIBILIDADE. INTERPRETAÇÃO DO ARTIGO 49 DO DECRETO--LEI 2.300/86 (ATUAL ART. 59 DA LEI 8.666/93). 1. Argumenta a autarquia federal que o artigo 49 do Decreto-Lei 2.300/86 (atualmente artigo 59 da Lei 8.666/93) "estabelece como condição para o dever de indenizar o contratado a não imputabilidade da irregularidade que motivou a nulidade do contrato firmado com a Administração", o que não ocorreu no caso em que foi constatada a participação da contratada na nulidade contratual em virtude de superfaturamento da obra. 2. O caput *da regra geral estabelece, para todos os casos de nulidade do contrato administrativo, o retorno ao estado anterior à avença (Art. 49. A declaração de nulidade do contrato administrativo opera retroativamente, impedindo os efeitos jurídicos que ele, ordinariamente, deveria produzir, além de desconstituir os já produzidos) exatamente como ocorre no direito privado (art. 182 do CC/02). O parágrafo único protege o contratante de boa-fé que iniciou a execução do contrato, merecedor, portanto de proteção especial à sua conduta (A nulidade não exonera a Administração do dever de indenizar o contratado, pelo que este houver executado até a data em que ela for declarada, contanto que não lhe seja imputável, promovendo-se a responsabilidade de quem lhe deu causa). 3. Em relação ao contratado de má-fé, não lhe é retirada a posição normal de quem sofre com a declaração de invalidade do contrato – retorno ao estado anterior, prevista no* caput *do artigo 49 do Decreto-Lei 2.300/86. Esse retorno faz-se com a recolocação das partes no estado anterior ao contrato, o que por vezes se mostra impossível, jurídica ou materialmente, como ocorre nos autos (obra pública), pelo que as partes deverão ter seu patrimônio restituído em nível equivalente ao momento anterior, no caso, pelo custo básico do que foi produzido, sem qualquer margem de lucro. 4. Recurso especial não*

provido (STJ, REsp 1153337/AC, 2ª T., j. 15-5-2012, Rel. Min. Castro Meira, DJe 24-5-2012).

Seção II
DA FORMALIZAÇÃO DOS CONTRATOS

Art. 60. Os contratos e seus aditamentos serão lavrados nas repartições interessadas, as quais manterão arquivo cronológico dos seus autógrafos e registro sistemático do seu extrato, salvo os relativos a direitos reais sobre imóveis, que se formalizam por instrumento lavrado em cartório de notas, de tudo juntando-se cópia no processo que lhe deu origem.

Parágrafo único. É nulo e de nenhum efeito o contrato verbal com a Administração, salvo o de pequenas compras de pronto pagamento, assim entendidas aquelas de valor não superior a 5% (cinco por cento) do limite estabelecido no art. 23, II, *a*, desta Lei, feitas em regime de adiantamento.

Comentários

A Administração deverá sempre formalizar os contratos na forma escrita e lavrados nas repartições interessadas, arquivados em ordem cronológica, com registro de seu extrato. A ausência de contrato firmado na forma escrita acarreta sua nulidade, e, em consequência, produzirá nenhum efeito, a não ser os excetuados pela própria lei.

Jurisprudência

LICITAÇÃO – Nulidade – Caracterização – Contrato de prestação de serviços firmados verbalmente – Inadmissibilidade – Violação à Lei 8.666/93.

Ementa oficial: É nula a realização de licitação para dar aparência de legalidade a contratos de prestação de serviços que teriam sido firmados verbalmente em violação às normas da Lei 8.666/93. Não havendo prova inequívoca da prestação dos serviços, é de ser determinada a restituição do valor recebido dos cofres públicos.

LICITAÇÃO – Nulidade – Caracterização – Certame que não descreve suficientemente o objeto do serviço a ser realizado e cujas propostas superam o preço de mercado.

Ementa oficial: É nula a licitação que não descreve suficientemente o objeto do serviço a ser realizado e cujas propostas superam o preço de mercado. Hipótese em que a execução do contrato foi autorizada sem que tivesse concluído o processo de licitação, tendo os documentos sido elaborados posteriormente.

AÇÃO POPULAR – Ato administrativo lesivo ao patrimônio público – Caracterização – Licitação – Proposta do licitante que supera o preço de mercado – Inexistência de demonstração da realização dos serviços – Inadmissibilidade – Restituição do preço pela Municipalidade que se impõe.

Ementa oficial: Comprovando que a proposta do licitante supera o preço de mercado e não tendo prova de quais os serviços foram, efetivamente, realizados, é cabível a condenação, em ação popular, à restituição do preço pago. O fato de o licitante ter recebido o preço em ação de consignação em pagamento movida pelo ente público não obsta a devolução na ação popular, já que naquela não houve apreciação da existência, validade e cumprimento do contrato de prestação de serviços (TJRS, 2ª C. Cív., Ap. 70003048154, j. 24-4-2002, Rel. Des. Maria Isabel de Azevedo Souza).

ADMINISTRATIVO. CONTRATO VERBAL. AUSÊNCIA DE LICITAÇÃO. AÇÃO DE COBRANÇA JULGADA IMPROCEDENTE. BOA-FÉ AFASTADA PELA INSTÂNCIA ORDINÁRIA. APLICAÇÃO DO ART. 60, PARÁGRAFO ÚNICO, DA LEI DE LICITAÇÕES. I – Consta do acórdão recorrido inexistir boa-fé na atitude da empresa agravante, de contratar com o serviço público sem licitação e por meio de contrato verbal. Eis o trecho nele transcrito: "(...) não há elementos que autorizem o conhecimento da boa-fé da Autora, uma vez que estava ciente de que as contratações deveriam ser precedidas de licitação, pelo que se dessume da prova testemunhal, ou pelo menos de justificativa prévia e escrita de dispensa ou possibilidade de licitação, em face do disposto no art. 26 da Lei de Licitações" (fls. 506). II – Assim sendo, na esteira da jurisprudência desta colenda Corte, ante a única interpretação possível do disposto no artigo 60, parágrafo único, da Lei de Licitações, "é nulo o contrato administrativo verbal" e, ainda que assim não fosse, é nulo, "pois vai de encontro às regras e princípios constitucionais, notadamente a legalidade, a moralidade, a impessoalidade, a publicidade, além de macular a finalidade da licitação, deixando de concretizar, em última análise, o interesse público". A propósito, confira-se, dentre outros: REsp 545.471/PR, Primeira Turma, DJ de 19.09.2005. III – Outrossim, é de se relevar não ser cognoscível o recurso especial, relativamente à matéria contida no art. 59, parágrafo único, da Lei n. 8.666/93, haja vista não ter sido objeto de julgamento pelo acórdão a quo, *inexistindo, portanto, o prequestionamento. IV – Agravo regimental improvido (STJ, AgRg no REsp 915.697/PR, 1ª T., Rel. Min. Francisco Falcão, v. u., j. 3-5-2007,* DJ, *24 maio 2007, p. 338).*

Art. 61. Todo contrato deve mencionar os nomes das partes e os de seus representantes, a finalidade, o ato que autorizou a sua lavratura, o número do processo da licitação, da dispensa ou da inexigibilidade, a sujeição dos contratantes às normas desta Lei e às cláusulas contratuais.

Parágrafo único. A publicação resumida do instrumento de contrato ou de seus aditamentos na imprensa oficial, que é condição indispensável para sua eficácia, será providenciada pela Administração até o quinto dia útil do mês seguinte ao de sua assinatura, para ocorrer no prazo de 20 (vinte) dias daquela data, qualquer que seja o seu valor, ainda que sem ônus, ressalvado o disposto no art. 26 desta Lei.

Comentários

O contrato deve conter todos os dados que permitam verificar o nome das partes e de seus representantes, a finalidade e a prova de que foram cumpridas as exigências legais. É exigência também que seja publicado o termo do contrato, ainda que resumidamente, para que tenha eficácia jurídica. A lei ainda estabelece o prazo da publicação até o quinto dia útil do mês seguinte ao de sua assinatura.

Art. 62. O instrumento de contrato é obrigatório nos casos de concorrência e de tomada de preços, bem como nas dispensas e inexigibilidades cujos preços estejam compreendidos nos limites destas duas modalidades de licitação, e facultativo nos demais em que a Administração puder substituí-lo por outros instrumentos hábeis, tais como carta-contrato, nota de empenho de despesa, autorização de compra ou ordem de execução de serviço.

§ 1º A minuta do futuro contrato integrará sempre o edital ou ato convocatório da licitação.

§ 2º Em carta-contrato, nota de empenho de despesa, autorização de compra, ordem de execução de serviço ou outros instrumentos hábeis aplica-se, no que couber, o disposto no art. 55 desta Lei.

§ 3º Aplica-se o disposto nos arts. 55 e 58 a 61 desta Lei e demais normas gerais, no que couber:

I – aos contratos de seguro, de financiamento, de locação em que o Poder Público seja locatário, e aos demais cujo conteúdo seja regido, predominantemente, por norma de direito privado;

II – aos contratos em que a Administração for parte como usuária de serviço público.

§ 4º É dispensável o *termo de contrato* e facultada a substituição prevista neste artigo, a critério da Administração e independentemente de seu valor, nos casos de compra com entrega imediata e integral dos bens adquiridos, dos quais não resultem obrigações futuras, inclusive assistência técnica.

Comentários

O instrumento do contrato é obrigatório somente para os casos de concorrência e de tomada de preços, sendo facultativo para as outras modalidades. A dispensa desse instrumento é importante quando existir contratação direta. Pode ser dispensado o termo do contrato em outros casos quando tiver havido licitação, pois no edital de convocação estarão previstas as cláusulas do negócio, ainda mais que o esboço do contrato administrativo deve acompanhar o edital de convocação.

Art. 63. É permitido a qualquer licitante o conhecimento dos termos do contrato e do respectivo processo licitatório e, a qualquer interessado, a obtenção de cópia autenticada, mediante o pagamento dos emolumentos devidos.

Comentários

Marçal Justen Filho adverte que "A Lei presume que os licitantes derrotados têm interesse em fiscalizar a correção da atividade administrativa. Refere-se expressamente a eles e permite que tenham amplo acesso ao conteúdo da contratação. Conhecedores mais profundos das minúcias da lei e do instrumento convocatório aperceber-se-ão facilmente de qualquer desvio. Não se exige que o licitante indique o motivo que o leva a consultar os documentos. Sua condição de licitante é suficiente para autorizar pleno acesso aos documentos. Qualquer terceiro também pode obter cópia autenticada do contrato, arcando com os custos" (*Comentários à lei de licitações*, cit., p. 388).

Art. 64. A Administração convocará regularmente o interessado para assinar o termo de contrato, aceitar ou retirar o instrumento equivalente, dentro do prazo e condições estabelecidos, sob pena de decair o direito à contratação, sem prejuízo das sanções previstas no art. 81 desta Lei.

§ 1º O prazo de convocação poderá ser prorrogado uma vez, por igual período, quando solicitado pela parte durante o seu transcurso e desde que ocorra motivo justificado aceito pela Administração.

§ 2º É facultado à Administração, quando o convocado não assinar o termo de contrato ou não aceitar ou retirar o instrumento equivalente no prazo e condições estabelecidos, convocar os licitantes remanescentes, na ordem de classificação, para fazê-lo em igual prazo e nas mesmas condições propostas pelo primeiro classificado, inclusive quanto aos preços atualizados de conformidade com o ato convocatório, ou revogar a licitação independentemente da cominação prevista no art. 81 desta Lei.

§ 3º Decorridos 60 (sessenta) dias da data da entrega das propostas, sem convocação para a contratação, ficam os licitantes liberados dos compromissos assumidos.

Comentários

A Administração, ao encerrar o procedimento licitatório, deverá convocar o vencedor para firmar o contrato. Essa convocação é feita de acordo com o previsto no ato convocatório, ou, se este for omisso, por comunicado escrito entregue ao interessado para que este compareça dentro de um determinado prazo (geralmente 5 dias). Se o interessado não puder comparecer, esse prazo poderá ser prorrogado uma vez, desde que por motivo justificado. Se o vencedor da licitação não comparecer para assinar o termo do contrato, ou não aceitar, ou opuser-se a firmar o contrato, a Administração poderá convocar outro licitante remanescente pela ordem de classificação. O interessado que, sem motivo justificado, não comparecer no prazo da convocação ficará sujeito às sanções previstas no art. 81 desta Lei.

Se a Administração não convocar os interessados para a contratação até 60 dias da entrega das propostas, estes ficarão liberados dos compromissos assumidos.

Seção III
DA ALTERAÇÃO DOS CONTRATOS

Art. 65. Os contratos regidos por esta Lei poderão ser alterados, com as devidas justificativas, nos seguintes casos:

I – unilateralmente pela Administração:

a) **quando houver modificação do projeto ou das especificações, para melhor adequação técnica aos seus objetivos;**

b) **quando necessária a modificação do valor contratual em decorrência de acréscimo ou diminuição quantitativa de seu objeto, nos limites permitidos por esta Lei;**

II – por acordo das partes:

a) **quando conveniente a substituição da garantia de execução;**

b) **quando necessária a modificação do regime de execução da obra ou serviço, bem como do modo de fornecimento, em face de verificação técnica da inaplicabilidade dos termos contratuais originários;**

c) quando necessária a modificação da forma de pagamento, por imposição de circunstâncias supervenientes, mantido o valor inicial atualizado, vedada a antecipação do pagamento, com relação ao cronograma financeiro fixado, sem a correspondente contraprestação de fornecimento de bens ou execução de obra ou serviço;

d) para restabelecer a relação que as partes pactuaram inicialmente entre os encargos do contratado e a retribuição da Administração para a justa remuneração da obra, serviço ou fornecimento, objetivando a manutenção do equilíbrio econômico-financeiro inicial do contrato, na hipótese de sobrevirem fatos imprevisíveis, ou previsíveis porém de consequências incalculáveis, retardadores ou impeditivos da execução do ajustado, ou ainda, em caso de força maior, caso fortuito ou fato do príncipe, configurando álea econômica extraordinária e extracontratual.

§ 1º O contratado fica obrigado a aceitar, nas mesmas condições contratuais, os acréscimos ou supressões que se fizerem nas obras, serviços ou compras, até 25% (vinte e cinco por cento) do valor inicial atualizado do contrato, e, no caso particular de reforma de edifício ou de equipamento, até o limite de 50% (cinquenta por cento) para os seus acréscimos.

§ 2º Nenhum acréscimo ou supressão poderá exceder os limites estabelecidos no parágrafo anterior, salvo:

I – (*Vetado.*)

II – as supressões resultantes de acordo celebrado entre os contratantes.

§ 3º Se no contrato não houverem sido contemplados preços unitários para obras ou serviços, esses serão fixados mediante acordo entre as partes, respeitados os limites estabelecidos no § 1º deste artigo.

§ 4º No caso de supressão de obras, bens ou serviços, se o contratado já houver adquirido os materiais e posto no local dos trabalhos, estes deverão ser pagos pela Administração pelos custos de aquisição regularmente comprovados e monetariamente corrigidos, podendo caber indenização por outros danos eventualmente decorrentes da supressão, desde que regularmente comprovados.

§ 5º Quaisquer tributos ou encargos legais criados, alterados ou extintos, bem como a superveniência de disposições legais, quando ocorridas após a data da apresentação da proposta, de comprovada repercussão nos preços contratados, implicarão a revisão destes para mais ou para menos, conforme o caso.

§ 6º Em havendo alteração unilateral do contrato que aumente os encargos do contratado, a Administração deverá restabelecer, por aditamento, o equilíbrio econômico-financeiro inicial.

§ 7º (*Vetado.*)

§ 8º A variação do valor contratual para fazer face ao reajuste de preços previsto no próprio contrato, as atualizações, compensações ou penalizações financeiras decorrentes das condições de pagamento nele previstas, bem como o empenho de dotações orçamentárias suplementares até o limite do seu valor corrigido, não caracterizam alteração do mesmo, podendo ser registrados por simples apostila, dispensando a celebração de aditamento.

Comentários

O contrato administrativo poderá ser alterado unilateralmente com as devidas justificativas nos casos do inciso I do art. 65, alíneas *a* e *b*, e por acordo entre as partes nos casos do inciso II, alíneas *a* a *d*.

Marçal Justen Filho, a respeito, comenta: "como princípio geral, não se admite que a modificação do contrato, ainda que por mútuo acordo entre as partes, importe alteração radical ou acarrete frustração aos princípios da obrigatoriedade da licitação e isonomia. Se a modificação configurar-se como uma forma de punição ao contratado, para agravar ou tornar mais onerosas as condições de execução, haverá desvio de finalidade. A Administração pode tornar mais graves as condições de execução, desde que isso represente benefícios para o interesse público; não pode tornar mais severas as condições de execução apenas (ou precipuamente) para prejudicar ou punir o contratado" (*Comentários à lei de licitações*, cit., p. 394).

A alteração unilateral só poderá recair nas cláusulas do contrato que dizem respeito ao valor contratual ou naquelas acerca do objeto para melhor adequá-las aos seus objetivos, sempre visando o interesse público. Nota-se, portanto, que a Administração não pode impor alteração como e quando lhe aprouver. Só nos casos já citados e sempre amplamente justificada a necessidade de alteração é que o contrato pode ser modificado.

A lei ainda prevê indenização pelas perdas e danos sofridos por parte do contratado quando a alteração unilateral acarretar prejuízos a ele. A jurisprudência reconhece sempre o seu cabimento e já se definiu pacificamente nesse sentido.

É comentário de Antonio Roque Citadini: "Obedecidos os percentuais estabelecidos pelo § 1º, os contratos poderão ser alterados pelo acréscimo ou diminuição dos quantitativos – alteração que deverá ser aceita pela parte que executa – e deverá ser igualmente motivada. Assim, a Administração poderá, obedecidas as mesmas condições gerais do contrato, promover acréscimo ou redução de até 25% (vinte e cinco por cento) do valor inicial atualizado da avença, no caso de obras, serviços ou compras. Para os casos de reforma de edifício ou de equipamento, este limite poderá chegar até a 50% (cinquenta por cento). Note-se que até 6 de fevereiro de 1998, início da vigência da Medida Provisória n. 1.531-15, tais percentuais eram limites máximos, que não podiam ser ultrapassados. Desde aquela data permite-se que mediante acordo entre as partes haja supressão além daqueles limites" (*Comentários e jurisprudência sobre a lei de licitações públicas*, p. 430).

Conforme o art. 12 do Decreto n. 3.931, de 19 de setembro de 2001, a Ata de Registro de Preços, relativa ao Sistema de Registro de Preços (SRP), poderá sofrer alterações, desde que observadas as disposições deste art. 65.

Jurisprudência

Contrato – Alteração – Ementa – Concessão de serviço de transporte coletivo. Alteração unilateral de cláusula econômica do contrato e correspondente reajuste das tarifas de remuneração. Possibilidade. Ausência de inconstitucionalidade da Lei Municipal 5.153/91 do Município de Campos-RJ.

É lícito ao poder concedente alterar, unilateralmente, as cláusulas objetivas do serviço e até agravar os encargos ou as obrigações do concessionário, desde que reajuste a remuneração estipulada, evitando a quebra do equilíbrio econômico-financeiro do contrato. A Lei 5.153/91 do Município de Campos-RJ não é inconstitucional, posto que, embora imponha a gratuidade nos transportes coletivos de servidores municipais que indica, acobertou esse ônus com o aumento concreto do itinerário concedido às linhas de ônibus do município, bem como com o reajuste das tarifas. Recurso a que se nega provimento. Decisão indiscrepante (STJ, RMS 3.161-6-RJ (93.0015407-9), j. 15-9-1993, Rel. Min. Demócrito Reinaldo – Recorrente: Sindicato das Empresas de Transporte de Passageiros de Campos; Origem: Tribunal de Justiça do Rio de Janeiro; Impetrado: Prefeito Municipal de Campos dos Goytacazes; Recorrido: Município de Campos dos Goytacazes-RJ).

Administrativo. Empreiteira. Contrato para a realização de obras públicas. Atraso no pagamento das faturas – Correção monetária. Incidência, mesmo nos contratos celebrados sem previsão, em face da desvalorização da moeda pela inflação. Recurso provido (RSTJ, 3/473).

ADMINISTRATIVO. LICITAÇÃO E CONTRATO. AUMENTO DE CARGA TRIBUTÁRIA (ALÍQUOTA DE CONTRIBUIÇÃO PREVIDENCIÁRIA). LEI ANTERIOR À ABERTURA DO CERTAME. APLICAÇÃO DO ART. 65, INC. II, ALÍNEA "D", E § 5º DA LEI N. 8.666/93. IMPOSSIBILIDADE. 1. No caso, o início das licitações ocorreu em 2000, com homologação da proposta vencedora no mesmo ano, e o diploma normativo que majorou a alíquota das contribuições previdenciárias foi a Lei n. 9.876, de 1999. 2. Portanto, se o agravamento dos encargos tributários foi anterior à própria abertura do certame, não há que se falar em aplicação do art. 65, inc. II, alínea "d", da Lei n. 8.666/93, uma vez que não há imprevisibilidade do fato e de suas consequências, pois, para tanto, é necessário que a situação seja futura, nunca atual ou pretérita (daí o uso do verbo "sobrevier"). 3. Também não cabe a aplicação do § 5º do art. 65 da Lei de Licitações e Contratos porque, na hipótese em exame, o tributo não foi criado, alterado ou extinto depois da apresentação

da proposta, mas sim antes da própria publicação do edital. 4. Recurso especial provido (STJ, 2ª T., REsp 686.343/MG, Rel. Min. Mauro Campbell Marques, j. 18-8-2009, DJe, 10 set. 2009).
PROCESSUAL CIVIL. AGRAVO REGIMENTAL. ARTIGO 65, INCISO II, "D", LEI 8.666/1993. PREQUESTIONAMENTO AUSÊNCIA. DISSÍDIO COLETIVO. AUMENTO SALARIAL. FATO PREVISÍVEL. ADITAMENTO CONTRATUAL. IMPOSSIBILIDADE. 1. O Tribunal a quo não emitiu juízo de valor acerca do artigo 65, inciso II, "d", da Lei 8.666/1993, no que tange à possibilidade de reajustamento de contrato administrativo por ônus decorrente de fato previsível, mas de consequência incalculável. Incidência da Súmula 211/STJ. 2. Ademais, ainda que se admitisse o prequestionamento implícito da matéria federal tida por violada, o recurso não prospera. Isso porque prevalece nesta Corte Superior o entendimento de que o dissídio coletivo que provoca aumento salarial é fato previsível, afastando-se a hipótese de aplicação do art. 65, II, "d", da Lei 8.666/93. 3. Agravo regimental não provido (STJ, AgRg no AREsp 132095/SP, 2ªT., j. 21-6-2012, Rel. Min. Castro Meira, DJe 2-8-2012).

Seção IV
DA EXECUÇÃO DOS CONTRATOS

Art. 66. O contrato deverá ser executado fielmente pelas partes, de acordo com as cláusulas avençadas e as normas desta Lei, respondendo cada uma pelas consequências de sua inexecução total ou parcial.

Comentários

Toshio Mukai, comentando o art. 66, escreve: "Embora as partes tenham correspondentes obrigações de cumprir fielmente o pactuado, (...) o inadimplemento contratual, nas estipulações privadas, enseja a aplicação do art. 1.092 do Código Civil (*exceptio non adimpleti contractus*), isto é, do princípio segundo o qual, se uma parte não cumpre sua obrigação contratual, a outra parte tem o direito legítimo de não cumprir a sua. Pois bem. Nos contratos administrativos, enquanto o Poder Público pode invocar a *exceptio* contra o particular contratado faltoso, o mesmo não era dado fazê-lo a este contra aquele, em razão do princípio da continuidade do serviço público. Essa orientação, modernamente, só vale em relação aos contratos que dizem respeito à prestação direta de serviços públicos à comunidade. Cabe ressaltar que os artigos do Código Civil aqui mencionados pertencem ao de 1916, que correspondem aos arts. 476 e 477 do Código de 2002.

Assim, 'a inexecução do contrato pelo cocontratante faculta à Administração aplicar as penalidades contratuais (sanções) ou, conforme a gravidade da falta, promover a rescisão administrativa (ato unilateral) ou a rescisão judicial', mas, 'se a inexecução do contrato couber à Administração, a outra parte poderá reclamar, na via administrativa ou na judicial, o cumprimento das obrigações (prestações vencidas, ou mesmo das vincendas, sob as cominações de direito) ou, ainda, a indenização do dano' (Cf. Caio Tácito, *Direito Administrativo*, p. 295)" (Toshio Mukai, *Novo estatuto jurídico das licitações*, cit., p. 99).

Art. 67. A execução do contrato deverá ser acompanhada e fiscalizada por um representante da Administração especialmente designado, permitida a contratação de terceiros para assisti-lo e subsidiá-lo de informações pertinentes a essa atribuição.

§ 1º O representante da Administração anotará em registro próprio todas as ocorrências relacionadas com a execução do contrato, determinando o que for necessário à regularização das faltas ou defeitos observados.

§ 2º As decisões e providências que ultrapassarem a competência do representante deverão ser solicitadas a seus superiores em tempo hábil para adoção das medidas convenientes.

Comentários

A Administração deverá designar um agente seu, um representante para fiscalizar a execução do contrato.

É um dever da Administração verificar a regularidade do desenvolvimento da atividade pelo contratante. É claro que só será aplicada essa regra de fiscalização quando a sequência da execução puder ocultar defeitos na execução, o que acontecerá geralmente em obras de engenharia. Nesses casos o representante designado deverá ser um especialista do ramo. A Administração poderá ainda contratar terceiros para essa função fiscalizadora.

> **Art. 68. O contratado deverá manter preposto, aceito pela Administração, no local da obra ou serviço, para representá-lo na execução do contrato.**

Comentários

O contratado também indicará um representante para a Administração, de modo que será o elo para a comunicação da Administração com o particular. Esse preposto terá poderes para receber notificações e comunicações e não poderá eximir-se, com a alegação de não ter poderes para tal. A Administração poderá recusar o preposto indicado, pois está implícito na regra que este deverá ser aceito por aquela.

> **Art. 69. O contratado é obrigado a reparar, corrigir, remover, reconstruir ou substituir, às suas expensas, no total ou em parte, o objeto do contrato em que se verificarem vícios, defeitos ou incorreções resultantes da execução ou de materiais empregados.**

Comentários

Quando surgir um defeito na execução de um contrato e este for imputado ao contratado, ele terá o dever de eliminá-lo a suas expensas.

> **Art. 70. O contratado é responsável pelos danos causados diretamente à Administração ou a terceiros, decorrentes de sua culpa ou dolo na execução do contrato, não excluindo ou reduzindo essa responsabilidade a fiscalização ou o acompanhamento pelo órgão interessado.**

Comentários

Marçal Justen Filho observa que "O exercício pela Administração da fiscalização ou acompanhamento não elimina nem reduz a responsabilidade civil do particular. Cabe a este desenvolver suas atividades com zelo e perícia, evitando provocar danos de qualquer natureza a terceiro. O particular responde em nome próprio pela sua conduta. A atividade de fiscalização desenvolvida pela Administração Pública não transfere a ela a responsabilidade pelos danos provocados pela conduta do particular. Não há, em princípio, relação de causalidade entre a fiscalização estatal e o dano sofrido por terceiro" (*Comentários à lei de licitações*, cit., p. 413).

Nos termos desse art. 70, a responsabilidade civil das empresas particulares que contratam com a Administração Pública direta ou indireta reveste-se de natureza subjetiva.

A Lei n. 8.987, de 13 de fevereiro de 1995, denominada Lei das Concessões Públicas, igualmente se reporta à responsabilidade civil subjetiva, manifestada por imprudência, negligência e imperícia, ao dispor, em seu art. 31, parágrafo único, que as contratações feitas pela concessionária serão regidas pelas disposições de direito privado.

Resta claro que, à luz da legislação vigente, "o empreiteiro atua como particular, sem qualquer prerrogativa pública", conforme entendimento de Maria Sylvia Zanella Di Pietro, em sua obra *Direito administrativo* (22. ed., Atlas, 2009, p. 331).

Ressalta-se, ainda, ser viável inferir do disposto no art. 175 da Constituição Federal, que reza incumbir "ao Poder Público, na forma da lei, diretamente ou sob regime de concessão ou permissão, sempre através de licitação, a prestação de serviços públicos", que o empreiteiro, mero prestador de serviços, não recebe nenhuma delegação de serviço público.

Some-se a isso que, ante as disposições contidas no art. 37, § 6º, da Constituição Federal, bem como nesse art. 70 da Lei n. 8.666/93 e art. 31, parágrafo único, da Lei n. 8.987/95, não é possível a aplicação do art. 927 do Código Civil – que é norma geral e infraconstitucional – como forma de caracterizar a responsabilidade objetiva do empreiteiro, já que a responsabilidade subjetiva deste deriva de comando constitucional. A solução advém de uma simples aplicação de hierarquia das normas.

Nessa linha de considerações, não há como negar a natureza subjetiva da responsabilidade civil que assumem as empresas particulares contratadas pela Administração Pública para executar obra ou serviço público.

Art. 71. O contratado é responsável pelos encargos trabalhistas, previdenciários, fiscais e comerciais resultantes da execução do contrato.

§ 1º A inadimplência do contratado, com referência aos encargos trabalhistas, fiscais e comerciais não transfere à Administração Pública a responsabilidade por seu pagamento, nem poderá onerar o objeto do contrato ou restringir a regularização e o uso das obras e edificações, inclusive perante o registro de imóveis.

§ 2º A Administração Pública responde solidariamente com o contratado pelos encargos previdenciários resultantes da execução do contrato, nos termos do art. 31 da Lei n. 8.212, de 24 de julho de 1991.

§ 3º (*Vetado*.)

Comentários

O contratado é responsável pelos encargos de natureza trabalhista, previdenciária, fiscal e comercial, que devem estar previstos na proposta apresentada. Se, eventualmente, surgirem encargos e imprevistos durante a vigência do contrato, permanecerá o contratado responsável por eles, podendo, no entanto, haver uma repactuação com vistas a restabelecer o equilíbrio econômico-financeiro do contrato.

Comenta Antonio Roque Citadini: "... em relação às dívidas previdenciárias, importante registrar a alteração que trouxe a Lei n. 9.032/95, dando nova redação aos §§ 1º e 2º do artigo 71, sendo de ressaltar, em especial que, a partir de 29-4-1995, nos contratos que vier a celebrar, a Administração Pública passará a ter responsabilidade solidária com o contratado" (*Comentários e jurisprudência sobre a lei de licitações públicas,* cit., p. 449).

Jurisprudência

ADMINISTRATIVO. CONTRATO ADMINISTRATIVO DE PRESTAÇÃO DE SERVIÇO. ESTADO. RESPONSABILIDADE PELO PAGAMENTO DOS ENCARGOS. IMPOSSIBILIDADE. ART. 71, § 1º, DA LEI N. 8.666/93. CONSTITUCIONALIDADE. RETENÇÃO DE VERBAS DEVIDAS PELO PARTICULAR. LEGITIMIDADE. 1. O STF, ao concluir, por maioria, pela constitucionalidade do art. 71, § 1º, da Lei 8.666/93 na ACD 16/DF, entendeu que a mera inadimplência do contratado não poderia transferir à Administração Pública a responsabilidade pelo pagamento dos encargos, mas reconheceu que isso não significaria que eventual omissão da Administração Pública, na obrigação de fiscalizar as obrigações do contratado, não viesse a gerar essa responsabilidade. 2. Nesse contexto, se a Administração pode arcar com as obrigações trabalhistas tidas como não cumpridas quando incorre em culpa in vigilando (mesmo que subsidiariamente, a fim de proteger o empregado, bem como não ferir os princípios da moralidade e da vedação do enriquecimento sem causa), é legítimo pensar que ela adote medidas acauteladoras do erário, retendo o pagamento de verbas devidas a particular que, a priori, teria dado causa ao sangramento de dinheiro público. Precedente. 3. Recurso especial provido (STJ, REsp 1241862/RS, 2ª T., j. 28-6-2011, Rel. Min. Mauro Campbell Marques, DJe 3-8-2011).

Art. 72. O contratado, na execução do contrato, sem prejuízo das responsabilidades contratuais e legais, poderá subcontratar partes da obra, serviço ou fornecimento, até o limite admitido, em cada caso, pela Administração.

Comentários

Toda a questão da subcontratação deverá já estar definida no edital. A Administração, ao permiti-la, e determinar toda a sua extensão, estudará caso a caso e estabelecerá os termos e limites dela.

A subcontratação não autorizará o subcontratado a demandar contra a Administração, porque o vínculo a ser estabelecido será com o contratante e nunca com a Administração.

Art. 73. Executado o contrato, o seu objeto será recebido:

I – em se tratando de obras e serviços:

a) provisoriamente, pelo responsável por seu acompanhamento e fiscalização, mediante termo circunstanciado, assinado pelas partes em até 15 (quinze) dias da comunicação escrita do contratado;

b) definitivamente, por servidor ou comissão designada pela autoridade competente, mediante termo circunstanciado, assinado pelas partes, após o decurso do prazo de observação, ou vistoria que comprove a adequação do objeto aos termos contratuais, observado o disposto no art. 69 desta Lei;

II – em se tratando de compras ou de locação de equipamentos:

a) provisoriamente, para efeito de posterior verificação da conformidade do material com a especificação;

b) definitivamente, após a verificação da qualidade e quantidade do material e consequente aceitação.

§ 1º Nos casos de aquisição de equipamentos de grande vulto, o recebimento far-se-á mediante termo circunstanciado e, nos demais, mediante recibo.

§ 2º O recebimento provisório ou definitivo não exclui a responsabilidade civil pela solidez e segurança da obra ou do serviço, nem ético-profissional pela perfeita execução do contrato, dentro dos limites estabelecidos pela lei ou pelo contrato.

§ 3º O prazo a que se refere a alínea *b* do inciso I deste artigo não poderá ser superior a 90 (noventa) dias, salvo em casos excepcionais, devidamente justificados e previstos no edital.

§ 4º Na hipótese de o termo circunstanciado ou a verificação a que se refere este artigo não serem, respectivamente, lavrado ou procedida dentro dos prazos fixados, reputar-se-ão como realizados, desde que comunicados à Administração nos 15 (quinze) dias anteriores à exaustão dos mesmos.

Comentários

Para que a Administração possa examinar o objeto do contrato e reconheça que foi executado em conformidade com os termos acordados, haverá um recebimento provisório, que consiste somente na transferência do bem, sem implicar quitação, mas já, a partir desse recebimento, fica a Administração responsável por qualquer deterioração ou perda do objeto.

O recebimento provisório deverá ser bem documentado por ambas as partes. Após o exame e a verificação necessária, a Administração expressará sua aceitação ou, se encontrar algum defeito, sua rejeição, devolvendo ao contratante para que corrija ou substitua a coisa defeituosa.

Estando em termos o objeto do contrato, a Administração o receberá definitivamente, mediante termo circunstanciado assinado pelas duas partes.

Se a Administração não se manifestar depois do recebimento provisório no prazo já estabelecido no ato convocatório, o contratante deverá provocá-la nos 15 dias anteriores ao término do prazo, para, então, presumir que a aceitação é definitiva.

Art. 74. Poderá ser dispensado o recebimento provisório nos seguintes casos:

I – gêneros perecíveis e alimentação preparada;

II – serviços profissionais;

III – obras e serviços de valor até o previsto no art. 23, II, *a*, desta Lei, desde que não se componham de aparelhos, equipamentos e instalações sujeitos à verificação de funcionamento e produtividade.

Parágrafo único. Nos casos deste artigo, o recebimento será feito mediante recibo.

Comentários

A lei dispensa o recebimento provisório nos casos em que os bens são de utilização imediata, como na hipótese de gêneros alimentícios, alimentação preparada, bens perecíveis, serviços profissionais e também em obras e serviços de pouco valor.

Todos esses bens serão recebidos contra recibo, que deverá trazer o maior número de informações necessárias à comprovação do recebimento.

> **Art. 75. Salvo disposições em contrário constantes do edital, do convite ou de ato normativo, os ensaios, testes e demais provas exigidos por normas técnicas oficiais para a boa execução do objeto do contrato correm por conta do contratado.**

Comentários

De acordo com ensinamento de Marçal Justen Filho, em seu livro já citado, "Os custos atinentes a controle de qualidade são de responsabilidade do particular. Mesmo quando caiba à Administração escolher os testes que serão realizados ou a instituição que os promoverá, o particular arcará com o custo respectivo. A regra se justifica inclusive por circunstância prática. Se coubesse à Administração desembolsar tais valores, acabaria ocorrendo uma inviabilidade de sua efetivação. A Administração dependeria da liberação orçamentária de verbas. A carência, temporária ou permanente, de recursos para tais exames poderia constituir obstáculo ao controle de qualidade. A regra é supletiva. Poderá ser afastada pela Administração, se assim reputar mais adequado" (p. 423).

Jurisprudência

Licitação – Concorrência Pública – Entrega da mercadoria pelo preço atual de mercado e não pelo avençado – Alteração de tabelamento e consequente aumento repentino de preços alegados – Previsibilidade do fato e possibilidade de tempestiva desistência da concorrência – Recurso não provido (TJMS, Ap. Cív. 172.959-1-São Paulo – Apelante: Nutril Nutrimentos Industriais Ltda.; Apelado: Diretor Técnico da Divisão de Supervisão e Apoio às Escolas Técnicas Estaduais da Secretaria da Educação do Estado – RT, *708/150).*

Art. 76. A Administração rejeitará, no todo ou em parte, obra, serviço ou fornecimento executado em desacordo com o contrato.

Comentários

Já no art. 76 a Administração tem o dever de verificar a obra, serviço ou fornecimento e rejeitá-los. A Administração não pode receber um objeto que não esteja conforme o avençado. O contratado tem o dever de corrigir os defeitos a suas expensas. O agente administrativo que porventura receber uma prestação defeituosa poderá sofrer sanção.

Seção V
DA INEXECUÇÃO E DA RESCISÃO DOS CONTRATOS

Art. 77. A inexecução total ou parcial do contrato enseja a sua rescisão, com as consequências contratuais e as previstas em lei ou regulamento.

Comentários

É lição de Caio Tácito que "A inexecução do contrato pelo cocontratante faculta à Administração aplicar as penalidades contratuais (sanções) ou, conforme a gravidade da falta, promover a rescisão administrativa (ato unilateral) ou a rescisão judicial", mas, "se a inexecução do contrato couber à Administração, a outra parte poderá reclamar, na via administrativa ou judicial, o cumprimento das obrigações (prestações vencidas, ou mesmo das vincendas, sob as cominações de direito) ou, ainda, a indenização do dano" (*Contrato administrativo*, cit., 1975, p. 295).

Art. 78. Constituem motivo para rescisão do contrato:
I – o não cumprimento de cláusulas contratuais, especificações, projetos ou prazos;
II – o cumprimento irregular de cláusulas contratuais, especificações, projetos e prazos;

III – a lentidão do seu cumprimento, levando a Administração a comprovar a impossibilidade da conclusão da obra, do serviço ou do fornecimento, nos prazos estipulados;

IV – o atraso injustificado no início da obra, serviço ou fornecimento;

V – a paralisação da obra, do serviço ou do fornecimento, sem justa causa e prévia comunicação à Administração;

VI – a subcontratação total ou parcial do seu objeto, a associação do contratado com outrem, a cessão ou transferência, total ou parcial, bem como a fusão, cisão ou incorporação, não admitidas no edital e no contrato;

VII – o desatendimento das determinações regulares da autoridade designada para acompanhar e fiscalizar a sua execução, assim como as de seus superiores;

VIII – o cometimento reiterado de faltas na sua execução, anotadas na forma do § 1º do art. 67 desta Lei;

IX – a decretação de falência ou a instauração de insolvência civil;

X – a dissolução da sociedade ou o falecimento do contratado;

XI – a alteração social ou a modificação da finalidade ou da estrutura da empresa, que prejudique a execução do contrato;

XII – razões de interesse público, de alta relevância e amplo conhecimento, justificadas e determinadas pela máxima autoridade da esfera administrativa a que está subordinado o contratante e exaradas no processo administrativo a que se refere o contrato;

XIII – a supressão, por parte da Administração, de obras, serviços ou compras, acarretando modificação no valor inicial do contrato além do limite permitido no § 1º do art. 65 desta Lei;

XIV – a suspensão de sua execução, por ordem escrita da Administração, por prazo superior a 120 (cento e vinte) dias, salvo em caso de calamidade pública, grave perturbação da ordem interna ou guerra, ou ainda por repetidas suspensões que totalizem o mesmo prazo, independentemente do pagamento obrigatório de indenizações pelas sucessivas e contratualmente imprevistas desmobilizações e mobilizações e outras previstas, assegurado ao contratado, nesses casos, o direito de optar pela suspensão do cumprimento das obrigações assumidas até que seja normalizada a situação;

XV – o atraso superior a 90 (noventa) dias dos pagamentos devidos pela Administração decorrentes de obras, serviços ou fornecimento, ou parcelas destes, já recebidos ou executados, salvo em caso de calamidade pública, grave perturbação da ordem interna ou guerra, assegurado ao contratado o direito de optar pela suspensão do cumprimento de suas obrigações até que seja normalizada a situação;

XVI – a não liberação, por parte da Administração, de área, local ou objeto para execução de obra, serviço ou fornecimento, nos prazos contratuais, bem como das fontes de materiais naturais especificadas no projeto;

XVII – a ocorrência de caso fortuito ou de força maior, regularmente comprovada, impeditiva da execução do contrato;

XVIII – descumprimento do disposto no inciso V do art. 27, sem prejuízo das sanções penais cabíveis.

Parágrafo único. Os casos de rescisão contratual serão formalmente motivados nos autos do processo, assegurado o contraditório e a ampla defesa.

Comentários

Todas as vezes que a Administração pretender a rescisão do contrato deverá ter como base um dos motivos explicitados neste artigo. E, de acordo com seu parágrafo único, quando a Administração rescindir o contrato, deverá apontar o motivo causador da rescisão nos autos do processo e assegurar à parte contrária o contraditório e sua ampla defesa.

Jurisprudência

RECURSOS ESPECIAIS. MANDADO DE SEGURANÇA. CONTRATO ADMINISTRATIVO DE PRESTAÇÃO DE SERVIÇOS FI-

NANCEIROS E OUTRAS AVENÇAS. RESCISÃO DO CONTRATO POR INTERESSE PÚBLICO (ART. 78, INCISO XII, DA LEI N. 8.666/1993). DESNECESSIDADE DE PRÉVIO PROCEDIMENTO ADMINISTRATIVO. CELEBRAÇÃO DE NOVO CONTRATO COM OUTRA INSTITUIÇÃO FINANCEIRA. *Independente de prévio procedimento administrativo a rescisão unilateral do contrato pela administração pública, vinculada, especificamente, a "razões de interesse público, de alta relevância e amplo conhecimento, justificadas e determinadas pela máxima autoridade da esfera administrativa a que está subordinado o contratante e exaradas no processo administrativo a que se refere o contrato" (art. 78, inciso XII, da Lei n. 8.666/1993). Recursos especiais providos para denegar a segurança (STJ, REsp 1223306/PR, 2ª T., j. 8-11-2011, Rel. Min. Mauro Campbell Marques*, DJe 2-12-2011).

MEDIDA CAUTELAR. RESCISÃO UNILATERAL DE CONTRATO ADMINISTRATIVO. ART. 78, XII, DA LEI N. 8.666/93. INEXISTÊNCIA DE RECURSO ESPECIAL ADMITIDO. NÃO CONFIGURAÇÃO DE SITUAÇÃO EXCEPCIONAL. AUSÊNCIA DE PLAUSIBILIDADE NAS ALEGAÇÕES. *1. Encontra-se pendente de admissibilidade o recurso especial ao qual busca-se emprestar efeito suspensivo. Não é possível atribuir efeito suspensivo a recurso especial cujo exame de admissibilidade deve ser realizado previamente pelo Tribunal de origem, pelo teor das Súmulas 634 e 635 do STF. Precedentes: AgRg na MC 16.520/SP, Rel. Min. Herman Benjamin, Segunda Turma, DJe 23.4.2010; MC 15.859/RJ, Rel. Min. Denise Arruda, Primeira Turma, DJe 10.12.2009; AgRg na MC 14.623/MT, Rel. Min. Sidnei Beneti, Terceira Turma, julgado em 16.10.2008, DJe 28.10.2008 e AgRg no AgRg na MC 12.383/SP, Rel. Min. Teori Albino Zavascki, julgado em 17.5.2007, DJ 4.6.2007. 2. Inexistente a plausibilidade das alegações, já que a Lei n. 8.666/93 fixa a possibilidade de a administração pública rescindir unilateralmente contrato administrativo pelo advento de evidenciado interesse público, nos termos do art. 78, XII. O Tribunal de origem justificou a existência do referido interesse, bem como a ocorrência dos rigores formais para efetivação do distrato. Precedente: RMS 27.759/SP, Rel. Min. Humberto Martins, Segunda Turma, julgado em 14.9.2010, DJe 24.9.2010. 3. No caso de rescisão unilateral por motivado interesse público, assiste direito ao particular em ser indenizado pelos danos eventuais, que devem ser perseguidos em ação judicial específica, o que não é o caso dos autos. Por decorrência lógica, não é possível frear a rescisão com base em risco de difícil reparação, já que o potencial e eventual reparação é respaldada legalmente, pela Lei n. 8.666/93. Medida cautelar improcedente (STJ, MC 15686/RS, 2ª T., j. 10-5-2011, Rel. Min. Humberto Martins, DJe 16-5-2011).*

PROCESSUAL CIVIL E ADMINISTRATIVO. AGRAVO REGIMENTAL NO AGRAVO EM RECURSO ESPECIAL. MANDADO DE SEGURANÇA. CONTRATO ADMINISTRATIVO. FALÊNCIA DA SOCIEDADE EMPRESÁRIA CONTRATADA. RESCISÃO UNILATERAL PELA ADMINISTRAÇÃO PÚBLICA. CONTROVÉRSIA A RESPEITO DA NECESSIDADE DE INSTAURAÇÃO DE PROCEDIMENTO ADMINISTRATIVO EM OBSERVÂNCIA AOS PRINCÍPIOS CONSTITUCIONAIS DO CONTRADITÓRIO E DA AMPLA DEFESA. ARTIGOS 78, IX, E 79, I, DA LEI N. 8.666/1993. MATÉRIA CONSTITUCIONAL. *1. A União pretende admissão de recurso especial que interpôs contra acórdão proferido pelo TRF da 1ª Região, segundo o qual, no caso, a rescisão do contrato administrativo, em razão da falência da sociedade empresária contratada, dependeria da instauração de procedimento administrativo no qual fosse assegurado o contraditório e a ampla defesa, uma vez que a sentença de falência havia autorizado a continuidade da atividade empresarial e a inadimplência da administração pública seria uma das causas da falência. Alega-se violação dos artigos 78, inciso IX, e 79, inciso I, da Lei n. 8.666/1993, por considerar que, em caso de falência da contratada, a administração pode rescindir, automática e unilateralmente, o contrato administrativo. 2. Não obstante a argumentação recursal, o fato é que o Tribunal de origem externou o entendimento de que a rescisão contratual decorrente da falência deveria observância aos princípios constitucionais do contraditório e a ampla defesa. E, conquanto esses princípios sejam expressos na redação do parágrafo único do art. 78 da Lei n. 8.666/1993, não há como o Superior Tribunal de Justiça, em sede de recurso especial, ingressar no mérito da pretensão recursal, uma vez que necessária seria a manifestação sobre matéria constitucional. 3. Agravo regimental não provido (STJ, AgRg no AREsp 67366/DF, 1ª T., j. 28-8-2012, Rel. Min. Benedito Gonçalves, DJe 4-9-2012).*

Art. 79. A rescisão do contrato poderá ser:

I – determinada por ato unilateral e escrito da Administração, nos casos enumerados nos incisos I a XII e XVII do artigo anterior;

II – amigável, por acordo entre as partes, reduzida a termo no processo da licitação, desde que haja conveniência para a Administração;

III – judicial, nos termos da legislação;

IV – (*Vetado.*)

§ 1º A rescisão administrativa ou amigável deverá ser precedida de autorização escrita e fundamentada da autoridade competente.

§ 2º Quando a rescisão ocorrer com base nos incisos XII a XVII do artigo anterior, sem que haja culpa do contratado, será este ressarcido dos prejuízos regularmente comprovados que houver sofrido, tendo ainda direito a:

I – devolução de garantia;

II – pagamentos devidos pela execução do contrato até a data da rescisão;

III – pagamento do custo da desmobilização.

§ 3º (*Vetado.*)

§ 4º (*Vetado.*)

§ 5º Ocorrendo impedimento, paralisação ou sustação do contrato, o cronograma de execução será prorrogado automaticamente por igual tempo.

Comentários

De acordo com Hely Lopes Meirelles, "Rescisão é o desfazimento do contrato durante sua execução por inadimplência de uma das partes, pela superveniência de eventos que impeçam ou tornem inconveniente o prosseguimento do ajuste ou pela ocorrência de fatos que acarretem seu rompimento de pleno direito" (*Licitação e contrato administrativo*, cit., p. 228).

O art. 79 prevê três formas de rescisão: administrativa, amigável e judicial.

A rescisão administrativa é a efetivada por ato próprio e unilateral da Administração e a amigável, por acordo entre as partes, geralmente quando não há culpa pelo inadimplemento, mas visa atender o interesse público. Essas duas formas de rescisão deverão ser precedidas de autorização escrita e fundamentada da autoridade competente. Sempre será dada oportunidade de defesa à parte inconformada.

A rescisão judicial é a decretada pelo Poder Judiciário em ação proposta pela parte que tiver direito à extinção do contrato. Quando houver rescisão sem culpa do contratado este terá direito à indenização, conforme estabelecido no § 2º.

O § 5º já prevê a possibilidade de ampliação de prazo contratual quando não tiver havido prejuízo ao interesse público.

Jurisprudência

PROCESSUAL CIVIL E ADMINISTRATIVO. EMBARGOS DE DECLARAÇÃO. VÍCIOS PREVISTOS NO ART. 535 DO CPC INEXISTENTES. NECESSIDADE DE COMPLEMENTAÇÃO DO VOTO A FIM DE APRIMORÁ-LO, MAS SEM CONFERIR EFEITOS MODIFICATIVOS (PROCESSUAL CIVIL E ADMINISTRATIVO. CONTRATO ADMINISTRATIVO DE OBRA PÚBLICA. NOVA CASA DE DETENÇÃO DO CARANDIRU. PRELIMINAR DE CARÊNCIA DA AÇÃO AFASTADA. CONDIÇÕES DA AÇÃO AFERIDAS POSITIVAMENTE IN STATUS ASSERTIONIS. CONTINÊNCIA. TESE PREJUDICADA. OFENSA A DIVERSOS DISPOSITIVOS DE MATRIZ CONSTITUCIONAL. RECURSO ESPECIAL. VIA INADEQUADA. DISCUSSÃO DE FATOS E DE CLÁUSULA CONTRATUAL. INCIDÊNCIA DAS SÚMULAS N. 5 E 7 DESTA CORTE SUPERIOR. OFENSA A SÚMULAS DO TCU E DO STF. EXTENSÃO DO CONCEITO DE "LEI FEDERAL" PARA FINS DE INTERPOSIÇÃO DO RECURSO ESPECIAL. OFENSA À LEI ESTADUAL N. 8.524/93, CARACTERIZAÇÃO DE FORÇA MAIOR E ILEGALIDADE DA MULTA COBRADA. DISCUSSÃO QUE NÃO ESBARRA NAS SÚMULAS N. 5 E 7 DO STJ E NA SÚMULA N. 280 DO STF, ESTA POR

ANALOGIA. FATOS QUE, ALÉM DE NOTÓRIOS, FORAM BEM DESCRITOS PELO ACÓRDÃO COMBATIDO. MULTA CONTRATUAL VS. APLICAÇÃO DA LEI N. 8.666/93. PRINCÍPIO DA LEGALIDADE. ART. 79, § 2º, DA LEI DE LICITAÇÕES E CONTRATOS. PREJUÍZOS QUE PRECISAM SER COMPROVADOS). 1. Em razão de a rescisão do contrato ter ocorrido já na vigência da lei de regência nova (Lei n. 8.666/93), com motivos que remontam a fatos acontecidos depois de sua vigência (diversas rebeliões tornaram a acontecer depois do massacre de outubro/1992), e considerando os princípios da irretroatividade das leis e da aplicação imediata dos diplomas normativos (lembre-se que se trata de contrato administrativo, no qual o ajuste entre as partes não dispensa a observância de normas legais), há atração do que dispõe o art. 79, § 2º, da Lei n. 8.666/93, ou seja, como asseverado no REsp 1.112.895/SP, o consórcio recorrido fará jus, além dos prejuízos que comprovar (ou que eventualmente já tenham sido comprovados junto à Administração), à devolução de eventuais garantias, aos pagamentos devidos pela execução do contrato até a data da rescisão e ao pagamento do custo da desmobilização. 2. Embora o art. 121 da Lei n. 8.666/93 disponha que "[o] disposto nesta Lei não se aplica às licitações instauradas e aos contratos assinados anteriormente à sua vigência, ressalvado o disposto no art. 57, nos parágrafos 1º, 2º e 8º do art. 65, no inciso XV do art. 78, bem assim o disposto no 'caput' do art. 5º, com relação ao pagamento das obrigações na ordem cronológica, podendo esta ser observada, no prazo de noventa dias contados da vigência desta Lei, separadamente para as obrigações relativas aos contratos regidos por legislação anterior à Lei n. 8.666, de 21 de junho de 1993", trata-se de dispositivo que deve ser lido em sua correta extensão. 3. Óbvio que não se pode pretender, por exemplo, que os dispositivos que regulam as formalidades dos editais e dos contratos na Lei n. 8.666/93 sirvam de parâmetro para anular um contrato celebrado antes da entrada em vigor do referido diploma. V., p. ex., REsp 202.430/SP, Rel. Min. José Arnaldo da Fonseca, Quinta Turma, DJU 18.10.1999. 4. Mas é possível compreender que, tendo ocorrido os motivos que ensejaram a rescisão, bem a própria rescisão, depois de 1993, aplica-se a Lei n. 8.666/93. 5. É que a rescisão legal dos contratos administrativos será sempre regida pela lei em vigor na data do acontecimento que a en-

sejou, e não na data em que o contrato foi firmado. Por se tratar de contratos administrativos, evidente que o regime jurídico de suas vicissitudes (aditivos e rescisões, e.g.) será o da lei em vigor, e não o da lei anterior. 6. É essa, pois, a extensão do art. 121 da Lei de Licitações e Contratos vigente: os requisitos de existência, validade e eficácia serão os da lei anterior. Mas o regime das vicissitudes contratuais, como ocorre com a sistemática da rescisão, este será o da lei nova, se os fatos remontarem à sua época. 7. Lembre-se, ainda, que a Lei n. 8.666/93 é expressa quanto à sua aplicabilidade às sociedades de economia mista (art. 1º, p. ún.), mesmo aquelas que desempenham atividade econômica, até a edição da lei a que faz referência o art. 173, § 1º, inc. III, da Constituição da República (c/c os arts. 22, inc. XXVII, e 37, inc. XXI, também da Lei Maior). 8. Embora a questão esteja em discussão no Supremo Tribunal Federal, já existem pelo menos dois votos no sentido da aplicabilidade da Lei n. 8.666/93, justamente pela aparente lacuna normativa que existe no sistema jurídico no que tange às sociedades de economia mista que exercem atividade econômica. Precedente divulgado no Inf. STF n. 522/2008. 9. Mesmo que assim não fosse, o art. 69, § 2º, do Decreto-lei n. 2.300/86, quando trata das parcelas devidas ao particular quando a rescisão ocorre por razões de interesse público, tem previsão idêntica ao art. 79, § 2º, da Lei n. 8.666/93. 10. Como dito anteriormente, e considerando os fatos que subjazem à presente demanda, creio ser possível entender que a não construção de uma nova casa de detenção, com rescisão do contrato por parte da Administração, deveu-se exclusivamente a fortes razões de interesse público, o que enseja a incidência do art. 69, § 2º, do Decreto-lei n. 2.300/86. 11. Adiante-se que o Decreto-lei n. 2.300/86, embora voltado inicialmente à Administração Pública federal, centralizada e autárquica (art. 1º), incide aos contratos firmados por sociedade de economia mista estadual (como na espécie), na medida do que dispõem seus arts. 85 e 86. 12. Não é possível, pois, cogitar de aplicação de legislação estadual, mas de correta interpretação e incidência de diplomas normativos infraconstitucionais federais – firmada, portanto, a competência desta Corte Superior. 13. Em relação à suposta inexequibilidade do acórdão por impossibilidade de comprovação dos prejuízos sofridos, tem-se ponto que diz respeito exclusivamente à liquidação, e não propria-

mente às questões de mérito que foram enfrentadas nestes autos. 14. Entretanto, apenas para aclarar a situação, consta informação nos autos do REsp 710.078/SP no sentido de que já teria ocorrida a apuração administrativa dos prejuízos sofridos pela parte embargante. 15. Evidente que, em fase de liquidação, é possível que a parte interessada venha a produzir outras provas que demonstrem a insuficiência do que foi apurado administrativamente. No entanto, essa controvérsia não merece discussão a esta altura. 16. Mesmo que assim não fosse, custa a crer que uma empresa do porte da embargante não possua documentos que comprovem a sua atuação na hipótese. O simples fato de o complexo prisional antigo ter sido demolido não significa dizer que seja impossível a demonstração dos prejuízos que a parte embargante suportou, por exemplo, com a iniciação de um canteiro de obras, com a compra de materiais etc. 17. A rigor, esta questão nem precisaria ser analisada em sede de embargos de declaração, uma vez que não consubstancia erro material, omissão, contradição ou obscuridade. 18. No que tange à sita ofensa ao princípio da segurança jurídica, é importante salientar esta Corte Superior não está obrigada a analisar todos os argumentos levantados pelos jurisdicionados durante um processo judicial, bastando que profira decisões fundamentadas e claras, a teor do que dispõe o art. 93, inc. IX, da Constituição da República vigente. 19. É notório que, com a presente alegação, a parte pretende provocar reavaliação de juízo de mérito, conferindo efeitos infringentes, sem que tenha ocorrido no julgado combatido qualquer dos vícios elencados no art. 535 do Código de Processo Civil – CPC. 20. Evidente que o princípio da segurança jurídica tem sede constitucional, motivo pelo qual a análise de sua eventual violação em sede de embargos de declaração em recurso especial, sob pena de usurpação da competência do Supremo Tribunal Federal. 21. Mas, não fosse isso bastante, não custa firmar aqui que a aplicação do princípio da legalidade tem como um de seus pilares o resguardo da própria segurança jurídica. Assim sendo, a alegação da parte embargante enfoca apenas um dos diversos aspectos que incorporam o mencionado princípio – logicamente aquele que mais lhe favorece. 22. A complexidade da causa e os efeitos do parcial provimento do especial impõem que a origem, mais próxima dos fatos, apure os ônus sucumbenciais na fase de liquidação. 23. Todos os

Embargos de declaração acolhidos sem efeito Modificativo (STJ, EDcl no REsp 1112895/SP, 2ª T., j. 13-4-2012, Rel. Min. Mauro Campbell Marques, DJe 19-5-2012).
ADMINISTRATIVO. RECURSO ESPECIAL. CONTRATO ADMINISTRATIVO. RESCISÃO UNILATERAL POR PARTE DA ADMINISTRAÇÃO. LUCROS CESSANTES. NÃO CABIMENTO NA ESPÉCIE. 1. Discute-se o cabimento de lucros cessantes por contrato administrativo rescindido unilateralmente pela Administração Pública. 2. Nas razões recursais, a parte recorrente sustenta ter havido violação aos arts. 69, inc. I, § 2º, do Decreto-lei n. 2.300/86, 79, § 2º, da Lei n. 8.666/93, 1.059 do Código Civil de 1916 e 402 do novo Código Civil, ao argumento de que são devidos lucros cessantes. 3. A parte recorrente não tem direito aos lucros cessantes, a teor de que a ausência de qualquer início de projeto aquático impede que se tenha em consideração expectativa razoável de lucro. 4. Recurso especial não provido (STJ, REsp 1255413/DF, 2ª T., j. 8-11-2011, Rel. Min. Mauro Campbell Marques, DJe 5-12-2011).

Art. 80. A rescisão de que trata o inciso I do artigo anterior acarreta as seguintes consequências, sem prejuízo das sanções previstas nesta Lei:

I – assunção imediata do objeto do contrato, no estado e local em que se encontrar, por ato próprio da Administração;

II – ocupação e utilização do local, instalações, equipamentos, material e pessoal empregados na execução do contrato, necessários à sua continuidade, na forma do inciso V do art. 58 desta Lei;

III – execução da garantia contratual, para ressarcimento da Administração, e dos valores das multas e indenizações a ela devidos;

IV – retenção dos créditos decorrentes do contrato até o limite dos prejuízos causados à Administração.

§ 1º A aplicação das medidas previstas nos incisos I e II deste artigo fica a critério da Administração, que poderá dar continuidade à obra ou ao serviço por execução direta ou indireta.

§ 2º É permitido à Administração, no caso de concordata do contratado, manter o contrato, podendo assumir o controle de determinadas atividades de serviços essenciais.

§ 3º Na hipótese do inciso II deste artigo, o ato deverá ser precedido de autorização expressa do Ministro de Estado competente, ou Secretário Estadual ou Municipal, conforme o caso.

§ 4º A rescisão de que trata o inciso IV do artigo anterior permite à Administração, a seu critério, aplicar a medida prevista no inciso I deste artigo.

Comentários

Toshio Mukai comenta o art. 80 do modo seguinte: "O art. 80, tal como disciplinava o Decreto-Lei n. 2.300/86, dispõe regras que consubstanciam cláusulas de privilégio da Administração, nos contratos administrativos, sempre relacionadas com a hipótese de rescisão por via administrativa, determinada pela Administração (casos enumerados nos incisos I a XIII do art. 78). O § 1º dá a alternativa, à Administração, de dar continuidade à obra ou ao serviço por execução direta ou indireta; o § 2º permite à Administração, no caso de concordata do contratado, manter o contrato, assumindo o controle de determinadas atividades necessárias à sua execução; o § 3º exige a autorização expressa do ministro de Estado ou secretário estadual ou municipal para a aplicação do inciso II do artigo, ou seja, da 'ocupação e utilização do local, instalações, equipamentos, material e pessoal empregados na execução do contrato'.

Esta última disposição, à evidência, é inconstitucional, já que não cabe à lei federal fixar competências de agentes estaduais e/ou municipais" (*Novo estatuto jurídico das licitações e contratos públicos*, cit., p. 105).

Capítulo IV
DAS SANÇÕES ADMINISTRATIVAS E DA TUTELA JUDICIAL

Seção I
DAS DISPOSIÇÕES GERAIS

Art. 81. A recusa injustificada do adjudicatário em assinar o contrato, aceitar ou retirar o instrumento equivalente, dentro do prazo estabelecido pela Administração, caracteriza o descumprimento total da obrigação assumida, sujeitando-o às penalidades legalmente estabelecidas.

Parágrafo único. O disposto neste artigo não se aplica aos licitantes convocados nos termos do art. 64, § 2º, desta Lei, que não aceitarem a contratação, nas mesmas condições propostas pelo primeiro adjudicatário, inclusive quanto ao prazo e preço.

Comentários

Este artigo prevê a possibilidade de o licitante vencedor se recusar a assinar o contrato dentro do prazo estabelecido pela Administração sem motivo justificado. A recusa do particular vencedor da licitação equivale a inadimplemento do dever imposto quando se habilitou e apresentou sua proposta, e por esse motivo sujeita-o às sanções previstas na lei.

Na hipótese de ser convocado um outro licitante que não tenha sido o vencedor para assinar o contrato em idênticas condições da proposta vencedora, o particular poderá recusar-se a fazê-lo sem que fique sujeito às penalidades previstas.

Jurisprudência

Ação de improbidade administrativa – Prescrição – Artigo 23, I, da Lei n. 8.429/92 – Danos patrimoniais ao Erário – Imprescritibilidade – Artigo 37, § 5º, da CF – Legitimidade ativa do Ministério Público – Artigo 17 da Lei 8.429/92 e artigo 129, III, da Constituição Federal – Recurso provido para afastar a prescrição (TJSP, AgI 289.298-5-6-00-São Paulo, 8ª C. de D. Público, j. 4-12-2002, Rel. Des. Toledo Silva, v. u., JTJ, 263/351).

Art. 82. Os agentes administrativos que praticarem atos em desacordo com os preceitos desta Lei ou visando a frustrar os objetivos da licitação sujeitam-se às sanções previstas nesta Lei e nos regulamentos próprios, sem prejuízo das responsabilidades civil e criminal que seu ato ensejar.

Comentários

O agente administrativo também, assim como o licitante, está sujeito às penalidades previstas nesta lei quando agir em desacordo com as regras por ela estabelecidas, ou frustrar de algum modo os efeitos da licitação, causando prejuízo aos interesses públicos. Além das penalidades e sanções previstas pela Lei n. 8.666, o agente administrativo sujeita-se a ser responsabilizado civil e criminalmente pelos atos praticados.

> **Art. 83.** Os crimes definidos nesta Lei, ainda que simplesmente tentados, sujeitam os seus autores, quando servidores públicos, além das sanções penais, à perda do cargo, emprego, função ou mandato eletivo.

Comentários

Neste artigo, o legislador, preocupado em condenar os atos indevidos dos servidores públicos, quando responsáveis pela licitação ou pelo contrato administrativo, ameaça com a perda do cargo, emprego, função e até do mandato eletivo.

É claro que o servidor deverá ser condenado, pois essa perda será além das sanções penais.

> **Art. 84.** Considera-se servidor público, para os fins desta Lei, aquele que exerce, mesmo que transitoriamente ou sem remuneração, cargo, função ou emprego público.
>
> § 1º Equipara-se a servidor público, para os fins desta Lei, quem exerce cargo, emprego ou função em entidade paraestatal, assim consideradas, além das fundações, empresas públicas e sociedades de economia mista, as demais entidades sob controle, direto ou indireto, do Poder Público.
>
> § 2º A pena imposta será acrescida da terça parte, quando os autores dos crimes previstos nesta Lei forem ocupantes de cargo em comissão ou de função de confiança em órgão da Administração direta, autarquia, empresa pública, sociedade de economia mista, fundação pública, ou outra entidade controlada direta ou indiretamente pelo Poder Público.

Comentários

Neste artigo o legislador adotou o conceito amplo de servidor público como é usado para fins penais. Ainda que eventualmente investida da função de agente do Estado, a pessoa deverá observar os deveres e os princípios inerentes à função pública.

Art. 85. As infrações penais previstas nesta Lei pertinem às licitações e aos contratos celebrados pela União, Estados, Distrito Federal, Municípios, e respectivas autarquias, empresas públicas, sociedades de economia mista, fundações públicas, e quaisquer outras entidades sob seu controle direto ou indireto.

Comentários

Somente as infrações praticadas no decorrer de uma licitação e nos contratos celebrados após a licitação com a Administração Pública é que estão sujeitas à repressão prevista nesta Lei.

Seção II
DAS SANÇÕES ADMINISTRATIVAS

Art. 86. O atraso injustificado na execução do contrato sujeitará o contratado à multa de mora, na forma prevista no instrumento convocatório ou no contrato.

§ 1º A multa a que alude este artigo não impede que a Administração rescinda unilateralmente o contrato e aplique as outras sanções previstas nesta Lei.

§ 2º A multa, aplicada após regular processo administrativo, será descontada da garantia do respectivo contratado.

§ 3º Se a multa for de valor superior ao valor da garantia prestada, além da perda desta, responderá o contratado pela sua diferença, a qual será descontada dos pagamentos eventualmente devidos pela Administração ou ainda, quando for o caso, cobrada judicialmente.

Comentários

Toshio Mukai comenta: "O art. 86 prevê a pena de multa de mora para o atraso injustificado na execução do contrato, que deverá estar fixado no instrumento convocatório.

Portanto, só terá cabimento a cominação dessa penalidade se o atraso não puder ser convenientemente justificado. Não o sendo, a Administração poderá, após regular processo administrativo, aplicar a multa aludida e, ainda, rescindir unilateralmente o contrato, lançando mão das demais sanções previstas pela Lei.

O § 2º do artigo dispõe que 'a multa, aplicada após regular processo administrativo, será descontada da garantia do respectivo contratado', mas se for de valor superior ao valor da garantia prestada, além da perda desta, responderá o contratado pela sua diferença, que será descontada dos pagamentos eventualmente devidos pela Administração ou, ainda, quando for o caso, cobradas judicialmente.

Merece comentário a exigência de regular processo administrativo para a aplicação da multa. De difícil aceitação era a então aplicação discricionária da multa (art. 72, Dec.-lei 2.300/86). Temos agora respeitados os princípios constitucionais da ampla defesa e do contraditório" (*Novo estatuto jurídico das licitações e contratos públicos*, cit., p. 108).

Art. 87. Pela inexecução total ou parcial do contrato a Administração poderá, garantida a prévia defesa, aplicar ao contratado as seguintes sanções:

I – advertência;

II – multa, na forma prevista no instrumento convocatório ou no contrato;

III – suspensão temporária de participação em licitação e impedimento de contratar com a Administração, por prazo não superior a 2 (dois) anos;

IV – declaração de inidoneidade para licitar ou contratar com a Administração Pública enquanto perdurarem os motivos determinantes da punição ou até que seja pro-

movida a reabilitação perante a própria autoridade que aplicou a penalidade, que será concedida sempre que o contratado ressarcir a Administração pelos prejuízos resultantes e após decorrido o prazo da sanção aplicada com base no inciso anterior.

§ 1º Se a multa aplicada for superior ao valor da garantia prestada, além da perda desta, responderá o contratado pela sua diferença, que será descontada dos pagamentos eventualmente devidos pela Administração ou cobrada judicialmente.

§ 2º As sanções previstas nos incisos I, III e IV deste artigo poderão ser aplicadas juntamente com a do inciso II, facultada a defesa prévia do interessado, no respectivo processo, no prazo de 5 (cinco) dias úteis.

§ 3º A sanção estabelecida no inciso IV deste artigo é de competência exclusiva do Ministro de Estado, do Secretário Estadual ou Municipal, conforme o caso, facultada a defesa do interessado no respectivo processo, no prazo de 10 (dez) dias da abertura de vista, podendo a reabilitação ser requerida após 2 (dois) anos de sua aplicação.

Comentários

Comentando as sanções administrativas, Celso Antônio Bandeira de Mello assevera: "a teor do art. 87, a inexecução total ou parcial do contrato expõe o contratado, garantida sempre a prévia defesa, a sofrer as sanções administrativas de a) advertência; b) multa, nos termos do instrumento convocatório; c) suspensão temporária de participar de licitação e impedimento de contratar com a Administração por até dois anos e d) declaração de inidoneidade para contratar ou licitar enquanto perdurarem os motivos que a determinaram ou até sua reabilitação, que será concedida sempre que ressarcir a Administração pelos prejuízos que lhe haja causado e tenham transcorrido dois anos da aplicação da sanção" (*Curso de direito administrativo*, cit., p. 362).

Jurisprudência

CONTRATO ADMINISTRATIVO – *Sanção administrativa de inidoneidade para licitar e contratar – Legitimidade de sua imposição discricionária no próprio procedimento licitatório, observado o direito à ampla defesa* – Art. 87, § 3º, da Lei n. 8.666, de 1993.

INIDONEIDADE PARA LICITAR E CONTRATAR – *Art. 87, IV, da Lei n. 8.666, de 1993 – Sanção administrativa só passível de pedido de reconsideração e não de recurso administrativo em sentido estrito aplicada pelo Presidente do Tribunal de Justiça – Interposição, porém, deste e não daquele – Princípio da fungibilidade recursal inaplicável à espécie.*

PEDIDO DE RECONSIDERAÇÃO – *Art. 109, inc. III, da Lei n. 8.666, de 1993 – Início do prazo – Seus reflexos na contagem do prazo para controle jurisdicional por mandado de segurança* – Art. 18 da Lei n. 1.533, de 1951.

MANDADO DE SEGURANÇA – *Início do prazo para impetração a contar da ciência pessoal da decisão ao contratado e não da publicação pela imprensa oficial – Conhecimento pela tese oposta – Voto vencido.*

MANDADO DE SEGURANÇA – *Inexistência de direito líquido e certo ao cancelamento da sanção administrativa – Denegação da segurança* (TJSP, MS 54.003-0/4-São Paulo, Órgão Especial, j. 2-6-1999, Rel. Des. Alvaro Lazzarini).

ADMINISTRATIVO. RECURSO ORDINÁRIO EM MANDADO DE SEGURANÇA. LICITAÇÃO. INADIMPLEMENTO CONTRATUAL. SANÇÃO. *1. Não fere direito líquido e certo da parte a aplicação da sanção prevista no art. 87, III, da Lei n. 8.666/93 quando o vencedor da licitação viola o contrato celebrado sem haver justificativa para tanto. 2. Recurso ordinário improvido* (STJ, RMS 21.723/ RN, 2ª T., j. 13-10-2006, Rel. Min. João Otávio de Noronha, DJ, 13 out. 2006, p. 294).

MANDADO DE SEGURANÇA. PREGÃO. SUSPENSÃO TEMPORÁRIA. PENALIDADE. NÃO APRESENTAÇÃO DE DOCUMENTOS PARA A HABILITAÇÃO. DESCLASSIFICAÇÃO. *I – Conforme expressa disposição editalícia, o não envio da documentação no prazo exigido de 24 horas não gera como penalidade a suspensão temporária do direito de licitar e contratar com a Administração Pública, mas apenas a desclassificação do interessado da referida modalidade de licitação. II – Não houve recusa por parte da Recorrente em fornecer as informações suficientes, tampouco foram estas inadequadamente fornecidas, pelo que resta injustificável a aplicação da penalidade de suspensão temporária. III – A declaração falsa relativa ao cumprimento dos requisitos de habilitação sujeitará o licitante às sanções previstas na legislação pertinente e,* in casu, *na exclusão do certame. IV – Recurso Ordinário provido (STJ, RMS 23.088/PR, 1ª T., Rel. Min. Francisco Falcão, v. u., j. 19-4-2007, DJ, 24 maio 2007, p. 310).*

ADMINISTRATIVO. AÇÃO CIVIL PÚBLICA. IMPROBIDADE. INDISPONIBILIDADE DE BENS. PEDIDO LIMINAR. INEXISTÊNCIA DE REQUISITOS. INCIDÊNCIA DA SÚMULA 7/STJ. SUSPENSÃO DE PARTICIPAÇÃO EM LICITAÇÃO. PROIBIÇÃO DE CONTRATAÇÃO COM O PODER PÚBLICO E DE RECEBIMENTO DE QUALQUER PAGAMENTO DA ADMINISTRAÇÃO. NECESSIDADE DE REVISÃO DO MATERIAL PROBATÓRIO DOS AUTOS. IMPOSSIBILIDADE EM RECURSO ESPECIAL. 1. Cuidam os autos de Ação Civil Pública proposta com o fito de combater atos de improbidade administrativa por dano ao Erário do Estado de Goiás, praticados em procedimento licitatório para fornecimento de medicamentos. 2. O Juízo de 1º grau determinou, liminarmente, a indisponibilidade dos bens dos réus, proibindo-os de celebrar contrato com o Estado de Goiás e receber qualquer pagamento, até o final do processo. 3. O Tribunal de Justiça reformou tal decisão não somente por inexistir prova cabal ou de fundados indícios da ocorrência das irregularidades noticiadas pelo Ministério Público, mas também por ter sido comprovada a saúde financeira e a regularidade fiscal da empresa. Assim, concluir de forma diversa in casu *demanda análise das provas carreadas aos autos, o que é inviável nesta instância especial. Aplicação da Súmula 7/STJ. Precedente similar julgado pelo Min. Hamilton Carvalhido, AgRg no Resp 1.200.115/GO, na Primeira Turma, DJe 10/12/2010. 4. A Corte local entendeu também pela não incidência da suspensão de participação em licitação, de proibição de contratação com o Poder Público e de recebimento de qualquer* quantia da administração. Tal decisão foi tomada não apenas porque essas penas aplicadas antecipadamente prejudicam o regular exercício do contraditório e da ampla defesa, mas também em razão de ter-se demonstrado nos autos que um dos réus é credor, na Secretaria de Estado da Saúde, de vultosa quantia, relativa a contratos outros de produtos já fornecidos. Ademais, a falta de pagamento poderia comprometer seu normal funcionamento e provocar lesão grave de difícil reparação à empresa e a seus funcionários. Assim, a revisão de tal entendimento igualmente depende do exame do contexto probatório, vedado pela Súmula 7/STJ. 5. Recurso Especial não conhecido (STJ, REsp 1206554/GO, 2ª T., j. 15-3-2011, Rel. Min. Herman Benjamin, DJe 25-4-2011).

ADMINISTRATIVO. MANDADO DE SEGURANÇA. DECLARAÇÃO DE INIDONEIDADE DE EMPRESA LICITANTE. PROCEDIMENTO. DEFESA FINAL. CERCEAMENTO. ART. 87, IV E § 3º, DA LEI N. 8.666/93. 1. O mandado de segurança foi impetrado contra a aplicação da pena de inidoneidade para licitar e contratar com o Poder Público, por suposta ocorrência de fraude em Pregão Eletrônico, junto ao respectivo Ministério. 2. O artigo 87, § 3º, da Lei n. 8.666/93 dispõe ser do Ministro de Estado, do Secretário Estadual ou Municipal, conforme o caso, a competência para a aplicação da pena de inidoneidade prevista no inciso IV do referido dispositivo, facultada a defesa do interessado no respectivo processo, no prazo de dez dias. 3. O processo iniciou-se em decorrência de representação de empresa concorrente perante o pregoeiro, que, após adotar as providências cabíveis, determinou a remessa dos autos ao Coordenador Geral de Compras e Contratos, órgão vinculado à Subsecretaria de Assuntos Administrativos (SAA). 4. Após a instrução processual e realização de diligências junto aos órgãos integrantes da Subsecretaria de Assuntos Administrativos (SAA) e Subsecretaria de Planejamento e Orçamento, os autos foram conclusos ao Subsecretário de Assuntos Administrativos Substituto, que sugeriu ao Ministro de Estado a aplicação da pena de inidoneidade. 5. Durante todo o trâmite, a empresa impetrante foi notificada apenas para apresentar resposta à representação inicial da empresa concorrente; depois, perante o pregoeiro e, por último, quanto à defesa prevista no § 2º do art. 87, com prazo de 5 dias, por determinação do Subse-

cretário de Assuntos Administrativos Substituto. 6. A ausência de abertura de prazo para oferecimento de defesa final sobre a possível aplicação da pena de inidoneidade, consoante a determinação expressa contida no artigo 87, § 3º, da Lei de Licitações, acarreta a nulidade a partir desse momento processual, não logrando êxito a pretensão de nulidade ab initio. *Precedente. Desse modo, fica prejudicado o exame das demais alegações relativas à ilegalidade do ato coator. 7. Segurança concedida em parte (STJ, MS 17431/DF, 1ª Seção, j. 26-9-2012, Rel. Min. Castro Meira,* DJe *3-10-2012).*

ADMINISTRATIVO. INEXECUÇÃO PARCIAL DE CONTRATO. PENALIDADES. ART. 87 DA LEI 8.666/1993. MULTA E PROIBIÇÃO DE CONTRATAR COM A ADMINISTRAÇÃO DURANTE TRINTA DIAS. POSSIBILIDADE DE APLICAÇÃO CONCOMITANTE SEM IMPLICAR EXCESSO DE PUNIÇÃO. INTELIGÊNCIA DO § 2º DO REFERIDO ARTIGO. PROPORCIONALIDADE E RAZOABILIDADE. REEXAME DO CONTEXTO FÁTICO-PROBATÓRIO DOS AUTOS E DE CLÁUSULAS CONTRATUAIS. IMPOSSIBILIDADE. INCIDÊNCIA DAS SÚMULAS 5 E 7/STJ. 1. Colhe-se dos autos que, em razão de inexecução parcial de contrato administrativo, aplicou- -se à agravante penalidade de multa (art. 87, II, da Lei 8.666/1993) e impedimento temporário de contratar/licitar com a Administração (art. 87, III, da Lei 8.666/1993). 2. O § 2º do art. 87 da Lei 8.666/1993 prevê expressamente a possibilidade de aplicação conjunta das sanções previstas no caput *do referido artigo. Assim não merece guarida a tese da agravante de que " houve excesso de punição." 3. Percebe-se que o Tribunal local formou sua convicção com base no contexto fático-probatório dos autos e nas cláusulas do contrato estabelecido entre a agravante e o agravado. Logo infirmar o entendimento empossado no acórdão recorrido esbarra nos óbices das Súmulas 5 e 7/STJ. 4. Agravo Regimental não provido (STJ, AgRg no AREsp 138201/RS, 2ª T., j. 4-10-2012, Rel. Min. Herman Benjamin,* DJe *10-10-2012).*

ADMINISTRATIVO. LICITAÇÃO. HABILITAÇÃO SOMENTE DA MATRIZ. REALIZAÇÃO DO CONTRATO POR FILIAL. IMPOSSIBILIDADE. DESCUMPRIMENTO DO CONTRATO. SANÇÕES. PROPORCIONALIDADE. ADMINISTRAÇÃO X ADMINISTRAÇÃO

PÚBLICA. DISTINÇÃO. AUSÊNCIA. 1. Cuida-se, na origem, de mandado de segurança impetrado pela Petrobras Distribuidora S/A contra ato do Presidente do Tribunal de Contas do Estado de São Paulo, o qual, após rescindir o contrato celebrado entre as partes, para a aquisição de 140.000 litros de gasolina comum, com fornecimento parcelado em dozes meses, aplicou sanções de pagamento de multa, no valor de R$ 72.600,00 e de impedimento de licitar e contratar com o Tribunal de Contas do Estado de São Paulo, pelo prazo de um ano. 2. Inicialmente, cabe destacar que é incontroverso nos autos que a Petrobras Distribuidora S/A, que participara da licitação com documentação da matriz, ao arrepio do que exigia o contrato, forneceu combustível por meio de sua filial sediada no Estado de São Paulo, a quem era devedora do ICMS. 3. Por sua vez, o artigo 87 da Lei n. 8.666/93 prevê expressamente entre as sanções para o descumpridor do acordo a multa, a suspensão temporária de participação em licitação e o impedimento de contratar com a Administração, por prazo não superior a 2 (dois) anos. 4. Na mesma linha, fixa o art. 7º da Lei n. 10.520/2002. 5. Ademais, o § 2º do artigo 87 da Lei de Licitações permite a aplicação conjunta das citadas sanções, desde que facultada a defesa prévia do interessado, no respectivo processo no prazo de cinco dias úteis. 6. Da mesma forma, o Item 12.2 do edital referente ao contrato em questão estabelece a aplicação das sanções estipuladas nas Leis n. 10.520/02 e n. 8.666/93, bem como na Resolução n. 5/93 do Tribunal de Contas do Estado de São Paulo ao inadimplente. 7. Já o mencionado contrato dispunha na Cláusula Oitava sobre a possibilidade de aplicação ao contratado, diante da inexecução total ou parcial do ajuste, de qualquer das sanções previstas na Lei de Licitações, a juízo fundamentado da prefeitura, de acordo com a gravidade da infração. 8. Nesse contexto, não obstante as diversas advertências efetuadas pelo Tribunal de Contas no sentido de que não poderia a recorrente cometer as irregularidades que motivaram as sanções, esta não cuidou para que a unidade responsável pela execução do contrato apresentasse previamente a documentação que atestasse a observância das normas da licitação e das cláusulas contratadas, de modo que não há que se falar em desproporcionalidade da pena aplicada, sobretudo diante da comprovação das condutas imputadas à recorrente, o que autoriza a *aplicação da multa e da sanção de impedimento de contratar com a Administração pelo prazo de um ano, tudo para bem melhor atender ao interesse público. 9. Note-se, ainda, que esta Corte já apontou pela insuficiência da comprovação da regularidade fiscal da matriz e pela necessidade de a filial comprovar tal regularidade se a esta incumbir o cumprimento do objeto da licitação. Precedente. 10. Por fim, não é demais destacar que neste Tribunal já se pontuou a ausência de distinção entre os termos Administração e Administração Pública, razão pela qual a sanção de impedimento de contratar estende-se a qualquer órgão ou entidade daquela. Precedentes. 11. Recurso ordinário não provido (STJ, RMS 32628/SP, 2ªT., j. 6-9-2011, Rel. Min. Mauro Campbell Marques,* DJe *14-9-2011).*

Art. 88. As sanções previstas nos incisos III e IV do artigo anterior poderão também ser aplicadas às empresas ou aos profissionais que, em razão dos contratos regidos por esta Lei:

I – tenham sofrido condenação definitiva por praticarem, por meios dolosos, fraude fiscal no recolhimento de quaisquer tributos;

II – tenham praticado atos ilícitos visando a frustrar os objetivos da licitação;

III – demonstrem não possuir idoneidade para contratar com a Administração em virtude de atos ilícitos praticados.

Comentários

Aqui a lei estende a possibilidade de imposição das penas de suspensão temporária de participação em licitação, impedimento de contratar pelo prazo de 2 anos com a Administração, e de declaração de inidoneidade para licitar ou para contratar com a Administração enquanto perdurarem os motivos determinantes da punição ou até reabilitação, às empresas ou profissionais condenados, por sentença trânsita em julgado, por fraude fiscal, ou que tenham praticado atos ilícitos visando frustrar licitação, ou ainda que sejam tidos como inidôneos em virtude de ilicitude praticada.

Jurisprudência

ADMINISTRATIVO E PROCESSUAL CIVIL. ERRO NA PUBLICAÇÃO DO ACÓRDÃO RECORRIDO. NOME DO ADVOGADO GRAFADO DE MANEIRA INCORRETA. POSSIBILIDADE DE IDENTIFICAÇÃO DO FEITO. LICITAÇÃO. PENA DE INIDONEIDADE. SANÇÃO APLICADA À EMPRESA ANTES DA CELEBRAÇÃO DO CONTRATO. 1. Não se deve declarar a nulidade de intimação na qual há apenas uma ligeira imperfeição no nome do advogado – troca de somente uma letra – e é possível identificar o feito pelo exato nome das partes e número do processo. Precedentes. 2. Os ora recorrentes alegam contrariedade aos arts. 87, IV, e 88, da Lei n. 8.666/93, visto que a pena de declaração de inidoneidade para licitar seria prevista apenas para os que tenham vínculo contratual com a Administração, e não para os licitantes que participam ou participaram de licitações, mas não foram contratados. 3. Da expressão "em razão dos contratos regidos por esta Lei" constante do art. 88, caput, *da Lei n. 8.666/93 não se infere que a aplicação das sanções encontra-se restrita aos concorrentes que lograram sucesso na licitação e efetivamente celebraram o contrato administrativo, mas, ao contrário, engloba toda e qualquer empresa que tenha agido de forma ilegítima com o escopo de tornar-se vencedora de certame que, em última análise, culminaria em um contrato submetido à referida lei. 4. A adoção do posicionamento propugnado pelos ora recorrentes ocasionaria situações à beira do absurdo, destituídas de qualquer rastro de lógica e em completo descompasso com o princípio da moralidade. 5. A Administração Pública ver-se-ia tolhida de seu poder-dever de sancionar concorrente de licitação cujos expedientes ilícitos foram descobertos antes da contratação; isto é, a eficiência do Poder Público em averiguar fraudes nos certames acabaria por gerar uma conjuntura na qual nenhuma punição seria imposta, autorizando-se que licitantes sabidamente desonestos pudessem participar indefinidamente de inúmeros certames sem que lhes fosse aplicada qualquer sanção tão somente porque não chegaram a ser contratados. 6. É inconcebível a tese de que a Lei n. 8.666/93 reservaria punições somente aos licitantes contratados e toleraria fraudes e atos ilícitos promovidos por participantes que não se sagraram vencedores do certame, ainda que tenham dolosamente empreendido artifícios, que, se não frustraram a competição por completo, atentaram de forma extremamente reprovável contra a Administração Pública e, em última análise, contra o interesse público da coletividade. 7. Recurso especial não provido (STJ, REsp 1192775/SP, 2ª T., j. 18-11-2010, Rel. Min. Castro Meira, DJe 1º-12-2010).*

Seção III
DOS CRIMES E DAS PENAS

Art. 89. Dispensar ou inexigir licitação fora das hipóteses previstas em lei, ou deixar de observar as formalidades pertinentes à dispensa ou à inexigibilidade:

Pena – detenção, de 3 (três) a 5 (cinco) anos, e multa.

Parágrafo único. Na mesma pena incorre aquele que, tendo comprovadamente concorrido para a consumação da ilegalidade, beneficiou-se da dispensa ou inexigibilidade ilegal, para celebrar contrato com o Poder Público.

Comentários

Ao dispensar ou não exigir o processo licitatório fora das hipóteses previstas nesta lei, o agente administrativo incorre nesse crime e fica sujeito às penalidades cabíveis. De acordo com o parágrafo único, aquele que se beneficiar dessa dispensa também incorrerá na mesma pena.

Cumpre observar que as sanções aos crimes licitatórios restringem-se à multa e à detenção, inexistindo previsão de penas alternativas, sequer para os crimes de menor potencial ofensivo.

Jurisprudência

LOTEAMENTO – Irregularidade – Empreendimento de habitação popular realizado pela própria municipalidade – Interesse público manifesto – Desburocratização – Artigo 53-A da Lei Fede-

ral n. 6.766/79, com redação da Lei Federal n. 9.785/99 – Denúncia rejeitada.

LICITAÇÃO – Inexigibilidade – Hipótese de loteamento – Empreendimento de habitação popular feito pela municipalidade – Área escolhida pelo Legislativo como mais adequada, considerada a sua topografia – Denúncia rejeitada (TJSP, Denúncia n. 261.939-3-Nhandeara, 2ª C. Crim., j. 12-6-2000, Rel. Des. Silva Pinto, v. u., JTJ, *240/359).*

CRIME CONTRA A ADMINISTRAÇÃO PÚBLICA – Licitação – Inexigibilidade – Simples festividade de caráter não permanente, que se destina a promover um dos produtos do Município – Fato que não é indispensável para a satisfação das necessidades da coletividade – Inteligência do art. 89, caput, *da Lei 8.666/93 (TJSP, 5ª C. Crim., Apn 231.243-3/0, j. 5-12-2002, Rel. Des. Gomes de Amorim,* RT, *812/536).*

HABEAS CORPUS. DENÚNCIA. ART. 89 DA LEI N. 8.666/93. SECRETÁRIO DE SAÚDE INTERINO. ORDENADOR DE DESPESA. DETERMINAÇÃO DE COMPRA DE MEDICAMENTO PELA SECRETARIA DE SAÚDE DO DISTRITO FEDERAL, DEPOIS DE CONCLUÍDO PROCESSO ADMINISTRATIVO. FORNECEDOR NÃO EXCLUSIVO DO REMÉDIO. DECLARAÇÃO ILEGAL DE INEXIGIBILIDADE DE LICITAÇÃO. AÇÃO PENAL. FALTA DE JUSTA CAUSA. AUSÊNCIA DE QUALQUER ELEMENTO INDICIÁRIO. TRANCAMENTO. *1. O regular exercício da ação penal – que já traz consigo uma agressão ao* status dignitatis *do acusado – exige um lastro probatório mínimo para subsidiar a acusação. Não basta mera afirmação de ter havido uma conduta criminosa. A denúncia deve, ainda, apontar elementos, mínimos que sejam, capazes de respaldar o início da persecução criminal, sob pena de subversão do dever estatal em inaceitável arbítrio. Faltando o requisito indiciário do fato alegadamente criminoso, falta justa causa para a ação penal. Precedentes do STJ e do STF. 2. Ordem concedida para trancar a ação penal em tela somente em relação ao ora Paciente, tendo em vista a ausência de elementos probatórios mínimos, os quais, se e quando verificados, poderão subsidiar nova denúncia, nos termos do art. 43, parágrafo único, do Código de Processo Penal (STJ, HC*

65.501/DF, 5ª T., j. 27-2-2007, Rel. Min. Laurita Vaz, DJ, 29 jun. 2007, p. 673).
Habeas corpus *(cabimento). Matéria de prova (distinção). Serviços de advocacia (contratação). Licitação (dispensa). Lei n. 8.666/93, art. 89 (não enquadramento). Denúncia (inépcia). Ação penal (extinção). 1. Determina a norma (constitucional e infraconstitucional) que se conceda* habeas corpus *sempre que alguém esteja sofrendo ou se ache ameaçado de sofrer violência ou coação; trata-se de dar proteção à liberdade de ir, ficar e vir, liberdade induvidosamente possível em todo o seu alcance. 2. Assim, não procedem censuras a que nele se faça exame de provas. Quando fundado, por exemplo, na alegação de inépcia da denúncia e falta de justa causa, impõe-se sejam as provas verificadas. 3. No caso, formalmente, falta aptidão à denúncia, que não logrou enquadrar a indicada conduta na incriminada ação consistente em "dispensar ou inexigir licitação fora das hipóteses previstas em lei". A denúncia há de conter "a exposição do fato criminoso, com todas as suas circunstâncias". 4. Tratando-se de contrato em que se levou em conta a confiança e considerando-se ainda a natureza do serviço a ser prestado, justifica-se a dispensa de* licitação. *5.* Habeas corpus *concedido, determinando-se a extinção da ação penal (STJ, HC 40.762/PR, 6ª T., j. 6-6-2006, Rel. Min. Nilson Naves, DJ, 16 out. 2006, p. 432).*

CRIMINAL. HC. *ART. 89 DA LEI N. 8.666/93. PREFEITO. CONTRATAÇÃO DE ESCRITÓRIO DE ADVOCACIA PARA DEFESA DO ENTE PÚBLICO EM CAUSAS TRIBUTÁRIAS. SINGULARIDADE DO SERVIÇO E NOTÓRIA ESPECIALIZAÇÃO RECONHECIDAS. CONDENAÇÃO CRIMINAL, MANTIDA PELO TRIBUNAL* A QUO, *BASEADA EM CONDENAÇÃO EM AÇÃO CIVIL PÚBLICA, REFORMADA PELA MESMA CORTE ESTADUAL. AUSÊNCIA DE INTENÇÃO DE FRAUDAR A LEI. INEXISTÊNCIA DE PREJUÍZO AO ERÁRIO. HIPÓTESE DE INEXIGIBILIDADE DE LICITAÇÃO. AUSÊNCIA DAS FORMALIDADES LEGAIS. IRRELEVÂNCIA. CONSTRANGIMENTO ILEGAL EVIDENCIADO. TRANCAMENTO DA AÇÃO PENAL DETERMINADO. ORDEM CONCEDIDA. ANÁLISE DOS DEMAIS PEDIDOS PREJUDICADA. Hipótese em que o paciente foi condenado pela prática do delito previsto no art. 89, da Lei n. 8.666/93, por ter celebrado, na condição de prefeito do Município de Palmeira D'Oeste/SP e sem as formalidades legais para a declaração da inexigibilidade de licitação, contrato com escritório de advocacia para a defesa do ente público em causas tributárias. Ação penal ajuizada com base em condenação sofrida pelo paciente e o escritório de advocacia contratado em ação civil pública ajuizada pelo Ministério Público, a qual, todavia, foi julgada improcedente pelo Tribunal* a quo *em julgamento do recurso de apelação interposto pela defesa, restando condenada em honorários a Fazenda do Estado. Na esfera criminal restou reconhecida pelo Magistrado a hipótese de inexigibilidade de licitação, levando-se a efeito a condenação ante a ausência das formalidades legais para a declaração da desnecessidade do procedimento licitatório. Na esfera cível, o Tribunal* a quo *entendeu pela ausência de intenção de fraudar a lei por parte do paciente, bem como pela inexistência de qualquer dano ao erário, notadamente em razão do êxito da atuação do escritório de advocacia em grau recursal, impondo à Fazenda do Estado a obrigação de pagar à municipalidade as diferenças retidas de ICMS. Tais fundamentos, trazidos para a esfera penal, tornam atípica a conduta do paciente, não havendo falar-se na prática do delito previsto no art. 89 da Lei n. 8.666/93, que para sua configuração exige, além da ocorrência de prejuízo ao erário, a presença de dolo específico na conduta do agente, a qual é penalmente irrelevante se presentes os pressupostos para a contratação direta. Precedentes da Corte Especial do STJ. Deve ser anulado o acórdão impugnado e trancada a ação penal instaurada contra o paciente, ante a atipicidade da conduta por ele praticada, decorrente da ausência de dolo específico e de inexistência de dano ao erário, bem como diante da presença da hipótese de inexigibilidade de licitação, reconhecida pelo próprio Juízo criminal. Ordem concedida, nos termos do voto do Relator, restando prejudicada a análise dos demais pedidos (STJ, HC 53.103/SP, 5ª T., j. 19-9-2006, Rel. Min. Gilson Dipp, DJ, 16 out. 2006, p. 393).*

PROCESSUAL PENAL. CRIME EM PROCESSO DE LICITAÇÃO. LEI 8.666/93. PROGRAMA FUNDESCOLA. SUJEIÇÃO AO CONTROLE DO TRIBUNAL DE CONTAS DA UNIÃO. VERBA NÃO INCORPORADA AO PATRIMÔNIO MUNICIPAL. COMPETÊNCIA

DA JUSTIÇA FEDERAL. ORDEM CONCEDIDA. 1. Na linha do entendimento inserto nos enunciados n. 208 e 209 da Súmula deste STJ, compete à Justiça Federal processar e julgar crimes de desvio de verbas oriundas de órgãos federais, sujeitas ao controle do Tribunal de Contas da União e não incorporadas ao patrimônio do Município. 2. Sendo o Programa FUNDESCOLA vinculado ao Fundo Nacional de Desenvolvimento da Educação – FNDE, eventual fraude em processos licitatórios para sua implementação deverá ser examinada pela Justiça Federal. 3. Ordem concedida. Processo anulado ab initio, no tocante aos atos decisórios (STJ, HC 62.998/RO, 5ª T., j. 15-2-2007, Rel. Min. Arnaldo Esteves Lima, DJ, 12 mar. 2007, p. 282).

HABEAS CORPUS. PROCESSUAL PENAL. CRIME TIPIFICADO NO ART. 89 DA LEI N. 8.666/93. INEXIGIBILIDADE DE LICITAÇÃO FORA DAS HIPÓTESES PREVISTAS EM LEI OU INOBSERVÂNCIA DAS FORMALIDADES PERTINENTES À DISPENSA DO CERTAME LICITATÓRIO. ALEGAÇÃO DE VIOLAÇÃO AO PRINCÍPIO DA INDIVISIBILIDADE DA AÇÃO PENAL. INOCORRÊNCIA. AÇÃO PENAL PÚBLICA INCONDICIONADA. TRANCAMENTO DA AÇÃO PENAL. AUSÊNCIA DE JUSTA CAUSA NÃO EVIDENCIADA DE PLANO. DENÚNCIA QUE DESCREVE, DE FORMA INDIVIDUALIZADA, A PARTICIPAÇÃO DO ACUSADO. *1. Aplica-se à ação pública incondicionada o princípio da divisibilidade, pois é facultado ao órgão acusatório processar apenas um dos ofensores, optando, assim, por coletar mais evidências para, posteriormente, processar os demais ou eventuais infratores. Precedentes do STJ. 2. A denúncia, na presente hipótese, encontra-se em perfeita conformidade ao disposto no art. 41, do Código de Processo Penal, tendo sido formal e objetivamente demonstrados os fatos supostamente criminosos, com todas as suas circunstâncias, bem como o possível envolvimento dos pacientes nos delitos em tese. 3. Ordem denegada (STJ, HC 35.084/DF, 5ª T., j. 5-9-2006, Rel. Min. Laurita Vaz, DJ, 30 out. 2006, p. 338).*

PROCESSUAL PENAL – CRIME PREVISTO NO ARTIGO 89 DA LEI 8.666/93 – EXECUÇÃO DE CONCURSOS PÚBLICOS – TAXAS DE INSCRIÇÃO – RECURSOS PÚBLICOS. LICITAÇÃO. O FATO NARRADO NA DENÚNCIA NÃO CONSTITUI O CRIME PRE-

VISTO NO ARTIGO 89 DA LEI N. 8.666/93. NENHUM DINHEIRO PÚBLICO ESTEVE EM JOGO, PORTANTO, DISPENSADA A LICITAÇÃO, CONFORME ARTIGO 24, INCISO II, C/C O ARTIGO 23, INCISO II, ALÍNEA "A", DA LEI N. 8.666/93. ACUSAÇÃO IMPROCEDENTE (STJ, Corte Especial, Inq 152/DF (Inquérito), j. 28-9-1995, Rel. Min. Garcia Vieira, DJ, 24 jun. 1996, p. 22694; RSTJ, 85/17).

RECURSO ESPECIAL. PENAL. LEI DE LICITAÇÕES. CRIME DE DISPENSA OU INEXIGIBILIDADE DE LICITAÇÃO FORA DAS HIPÓTESES LEGAIS. NULIDADE DO ACÓRDÃO QUE NÃO ABRIU VISTA PARA A DEFESA SE MANIFESTAR ACERCA DO PARECER DO MINISTÉRIO PÚBLICO ESTADUAL COMO CUSTOS LEGIS. *INVERSÃO PROCESSUAL NÃO CONFIGURADA. CRIME IMPOSSÍVEL POR ABSOLUTA IMPROPRIEDADE DO OBJETO. INSTITUTO QUE NÃO INCIDE NA HIPÓTESE. SUJEITO ATIVO DO CRIME DO ART. 89 DA LEI DE LICITAÇÕES. PREFEITO QUE CONTRATOU SEM LICITAÇÃO SOBRE BEM QUE DETINHA A POSSE E A RESPONSABILIDADE. POSSIBILIDADE. RECURSO DESPROVIDO. 1. Não existe inversão processual quando o Ministério Público, após as alegações finais da Acusação e da Defesa, agindo como* custos legis, *manifesta-se pela condenação do Réu nos termos da denúncia, mormente em se considerando que o parecer não vincula a decisão proferida pelo órgão julgador e não acrescentou argumentação nova não debatida pelas partes. 2. Não se trata de crime impossível, por absoluta impropriedade do objeto, não incidindo o art. 17 do Código Penal na hipótese. Primeiro, não se trata de crime tentado. Segundo, "a absoluta impropriedade do objeto" refere-se à impossibilidade de o agente consumar o crime e ofender o bem jurídico que o art. 89 da Lei n. 8.666/93 visa proteger, isto é, a moralidade administrativa. Restou comprovado que o resultado lesivo foi alcançado, tendo em vista que o Réu contratou sem licitação. 3. Insurge-se o Recorrente, ora Prefeito, contra a responsabilização pelo crime previsto no art. 89,* caput, *da Lei n. 8.666/93, alegando que a propriedade do bem pertence ao Estado do Paraná. Ocorre que restou comprovado que a posse, a administração e a responsabilidade sobre o bem contratado pertence ao Município, tanto que o Réu procedeu à transferência a terceiros. O sujeito ativo do crime previsto no* caput *desse artigo é o administrador que dispensa ou inexige licitação ou* não obedece ao procedimento legal pertinente à dispensa ou à inexigibilidade. Assim, a conduta do Recorrente se subsume ao tipo legal. 4. Recurso desprovido (STJ, 5ª T., REsp 724.859/PR, Rel. Min. Laurita Vaz, 10-9-2009, DJe, 28 set. 2009).

PENAL. HABEAS CORPUS. *DISPENSA DE LICITAÇÃO FORA DAS HIPÓTESES LEGAIS. DOSIMETRIA DA PENA. FUNDAMENTAÇÃO. INSUFICIENTE. PENA-BASE. EXASPERAÇÃO. CIRCUNSTÂNCIAS JUDICIAIS. INTEGRANTES DO TIPO. CAUSAS DE AUMENTO. QUANTIDADE EXCESSIVA. PRECEDENTES. 1 – Se da simples leitura da sentença condenatória exsurge a existência de flagrante ilegalidade na dosimetria da pena, revelando-se despicienda a análise do conjunto probatório, afigura-se adequada a via do* habeas corpus *para sanar as indigitadas ilegalidades. 2 – A pena deve ser fixada com fundamentação concreta e vinculada, em observância ao princípio do livre convencimento fundamentado. Assim, não pode a reprimenda ser estabelecida acima do mínimo legal com supedâneo em integrantes do próprio tipo penal. 3 – A condição de agente político (Prefeito Municipal) é elementar do tipo penal descrito no* caput *do art. 89 da Lei 8.666/93, não podendo, portanto, ser sopesada como circunstância judicial desfavorável. 4 – O aumento a ser aplicado em decorrência do reconhecimento do crime continuado deve ser estabelecido em razão do número de infrações praticadas. 5. Ordem concedida, parcialmente (STJ, 6ª T., HC 108.989/PR, j. 28-10-2008, Rel. Min. Og Fernandes, DJ, 17 nov. 2008).*

PENAL E PROCESSUAL PENAL. HABEAS CORPUS. *ART. 89, CAPUT, DA LEI 8.666/93. TRANCAMENTO DA AÇÃO PENAL. AUTORIA. NECESSIDADE DE EXAME DE PROVAS. INADEQUAÇÃO DA VIA ELEITA. ALEGADA AUSÊNCIA DE JUSTA CAUSA. INOCORRÊNCIA. ALTERAÇÃO DA CAPITULAÇÃO JURÍDICA CONFERIDA PELA DENÚNCIA. HIPÓTESE DE* EMENDATIO LIBELLI. *ART. 383 DO CPP. AUSÊNCIA DE PREJUÍZO À DEFESA. 1 – A alegação do paciente de que não teria responsabilidade quanto ao ato de dispensa ilegal de licitação, sendo que a denúncia o aponta como o ordenador da despesa efetuada, é matéria, à toda evidência, inerente ao próprio mérito da ação penal, inviável, portanto, de ser apreciada nos limites estreitos do* writ, *pois inadmissível o exame de provas no espectro processual do* habeas corpus, *ação constitucional que pressupõe para seu manejo uma ilegalidade ou abuso de poder tão flagrante que pode ser demonstrada de plano (RHC 88.139/MG, Primeira Turma, Rel. Min. Carlos Britto, DJU de 17-11-2006). II – De outro lado, calha acentuar a presença de justa causa para a instauração da* persecutio criminis in judicio, *pois, na espécie, a denúncia vem embasada em vasta documentação oriunda de procedimento de prestação de contas, no qual foram apontadas irregularidades na aplicação de verbas públicas transferidas da União ao Município, mediante Convênio, firmado pelo chefe do executivo local com o Ministério da Saúde, nas quais se incluem a contratação de serviços e aquisição de bens sem licitação. III – O réu se defende dos fatos que são descritos na peça acusatória e não da capitulação jurídica dada na denúncia (Precedentes). IV – Assim sendo, a adequação típica pode ser alterada tanto pela sentença quanto em segundo grau, via* emendatio libelli. *V – Inviável, nesta fase processual, a pretendida desclassificação da capitulação jurídica conferida pela denúncia, do art. 89, caput, da Lei 8.666/93 para o art. 1º, inciso XI, do Decreto-Lei 201/67, baseada na alegação genérica de prejuízo à defesa, se, no caso, o rito processual adotado pelo juízo singular foi o do Decreto-Lei 201/67. Ordem denegada (STJ, 5ª T., HC 109.019/PE, j. 17-3-2009, Rel. Min. Felix Fischer, DJ, 27 abr. 2009).*

PROCESSO PENAL. RECURSO EM HABEAS CORPUS. *ARTIGO 89 DA LEI 8.666/93. CONTRATAÇÃO DE SERVIÇOS ADVOCATÍCIOS SEM LICITAÇÃO. PEDIDO DE TRANCAMENTO DO INQUÉRITO POLICIAL AO ARGUMENTO DE ATIPICIDADE DA CONDUTA. CONTRATO* INTUITO PERSONAE. *NATUREZA DA ATIVIDADE. ATIPICIDADE DA CONDUTA. RECURSO PROVIDO. 1. No caso, formalmente, falta aptidão à denúncia, que não logrou enquadrar a indicada conduta na incriminada ação consistente em "dispensar ou inexigir licitação fora das hipóteses previstas em lei". A denúncia há de conter "a exposição do fato criminoso, com todas as suas circunstâncias". 2. Tratando-se de contrato em que se levou em conta a confiança e considerando-se ainda a natureza do serviço a ser prestado, justifica-se a dispensa de licitação. 3. Recurso provido (STJ, 6ª T., RHC 21.909/ MG, j. 4-12-2008, Rel. Min. Jane Silva, DJe, 19 dez. 2008).*

Art. 90. Frustrar ou fraudar, mediante ajuste, combinação ou qualquer outro expediente, o caráter competitivo do procedimento licitatório, com o intuito de obter, para si ou para outrem, vantagem decorrente da adjudicação do objeto da licitação:

Pena – detenção, de 2 (dois) a 4 (quatro) anos, e multa.

Comentários

Este crime é doloso porque o agente quer produzir o resultado. Destaca José Cretella Júnior, em sua obra *Das licitações públicas*, o pioneirismo do reconhecimento, por uma lei de licitações, de que tipifica crime qualquer ato ou fato que obste, dificulte ou frustre uma licitação.

As sanções penais previstas nesta lei objetivam impedir comportamentos relacionados às licitações e contratos administrativos de alguma forma reprovados.

Jurisprudência

COAUTORIA – Crimes de responsabilidade funcional – Artigo 1º do Decreto-Lei n. 201/67 – Possibilidade do concurso – Preliminar rejeitada.

PREFEITO MUNICIPAL – Procedimento licitatório – Fraude – Homologação por aquela autoridade, que não constitui simples providência burocrática – Responsabilidade por todos os efeitos e consequências da adjudicação, inclusive penais – Inépcia da denúncia inocorrente – Ação penal procedente.

PREFEITO MUNICIPAL – Crime de responsabilidade – Descumprimento de lei municipal – Inconstitucionalidade alegada como defesa – Inadmissibilidade – Necessidade do prévio pronunciamento pelo Poder Judiciário – Ação penal procedente.

Foge da alçada do Poder Executivo o julgamento da moralidade, legitimidade ou legalidade das leis, sendo este função constitucional e legal da exclusiva competência do Poder Judiciário.

PREFEITO MUNICIPAL – Crime de responsabilidade – Decreto--Lei Federal n. 201/67, artigo 1º, inciso XIV – Absorção pelo de fraude no procedimento licitatório, por ser de maior gravidade – Possibilidade, no entanto, de eventual reparação civil, a ser reclamada em Juízo.

PENA – Agravamento – Crimes de responsabilidade e fraude a procedimento licitatório – Decreto-Lei Federal n. 201/67, artigo 1º, inciso XIV, e Lei Federal n. 8.666/93, artigo 90 – Agravante da alínea g do inciso II do artigo 61 do Código Penal – Inaplicabilidade – Cargo que é elementar do tipo.

PENA – Substituição da privativa de liberdade por restritiva de direitos – Inaplicabilidade – Motivos dos crimes, circunstâncias que os rodearam e consequências dos mesmos considerados.

Ação Penal n. 226.482-3 – Jacupiranga – Autora: Justiça Pública – Réus: Josuel Volpini (Prefeito Municipal de Jacupiranga) e Larry Sanches (TJSP, 1ª C. Crim., j. 27-11-2000, Rel. Andrade Cavalcanti, v. u., JTJ, 239/382).

CRIMINAL. HC. FRAUDE EM LICITAÇÃO. DESVIO DE RENDA PÚBLICA. APLICAÇÃO DO DECRETO-LEI 201/67 E ART. 90 DA LEI N. 8.666/93. ALEGAÇÃO DE OCORRÊNCIA DE BIS IN IDEM NÃO CONFIGURADA. CONFLITO DE NORMAS. INOCORRÊNCIA. AUSÊNCIA DE DOLO. IMPROPRIEDADE DO WRIT. ORDEM DENEGADA. *I – Evidenciada a prática,* in tese, *de dois crimes diversos, correta a aplicação de duas sanções cumulativas, não incorrendo, a decisão vergastada, em* bis in idem, *já que os dispositivos relacionados tutelam bens jurídicos diferentes. II – A Lei de Licitações substituiu o art. 335 do Código Penal na tipificação da fraude, sendo que a adequação da conduta a um ou outro tipo depende do momento em que aquela foi cometida, antes ou depois da vigência da Lei n. 8.666, em 21/06/1993. III – O habeas corpus é meio impróprio para exame de alegações que ensejam a análise de material fático-probatório, como a aduzida culpa por negligência ou imperícia ou a inocorrência de quaisquer desvios de bens ou rendas do Município de Imbé/RS, em proveito próprio ou alheio, assim como a inaplicabilidade do art. 90 da Lei n. 8.666/93, pois seria necessária imprópria análise das condutas dos pacientes em face às suas condições de adquirentes, ou não, dos bens pertencentes ao Estado. IV – Ordem denegada (STJ, HC 11.840/RS, 5ª T., j. 11-9-2001, Rel. Min. Gilson Dipp,* DJ, *22 out. 2001, p. 336).*

RECURSO ORDINÁRIO EM HABEAS CORPUS. EMPREGO IRREGULAR DE VERBAS PÚBLICAS. APLICAÇÃO DO PRINCÍPIO DA CONSUNÇÃO. IMPOSSIBILIDADE. 1. O princípio da consunção pode ser aplicado quando um delito serve como fase preparatória ou de execução para um crime mais grave, restando absorvido por este. 2. Na hipótese vertente, não se observa que o crime previsto no art. 315 do Código Penal possa absorver crimes mais graves como os tipificados nos arts. 89 e 90 da Lei n. 8.666/93, bem como os descritos nos arts. 288 e 299, parágrafo único, ambos do Código Penal, sendo, pois, inaplicável o princípio da consunção. 3. Recurso desprovido (STJ, RHC 10.870/SE, 5ª T., j. 17-2-2005, Rel. Min. Laurita Vaz, DJ, 14 mar. 2005, p. 382).

HABEAS CORPUS. EX-PREFEITO. AÇÃO PENAL. CRIMES DOS ARTS. 1º, INCISOS I E XIV, DO DECRETO-LEI N. 201/67, E 90, DA LEI N. 8.666/93, SUPOSTAMENTE COMETIDOS NO EXERCÍCIO DO CARGO. COMPETÊNCIA DO TRIBUNAL DE JUSTIÇA. APLICABILIDADE DO § 1º DO ART. 84 DO CPP, COM A REDAÇÃO DADA PELA LEI N. 10.628/2002. CORRÉUS. REUNIÃO DE PROCESSOS. ART. 78, INCISO III, DO CPP. 1. A Lei n. 10.628/2002, que alterou a redação do art. 84 do Código de Processo Penal, a despeito de ser objeto de impugnação na ADIn n. 2.797, está em pleno vigor, enquanto não ultimado o julgamento da referida ação direta de inconstitucionalidade, conforme entendimento esposado pelo próprio Supremo Tribunal Federal. Precedente da Corte Especial do STJ. 2. A teor do disposto no § 1º do art. 84 do Código de Processo Penal, prevalece a competência do Tribunal de Justiça do Estado para processar e julgar ex-Prefeito em ação penal por delitos relacionados com atos administrativos praticados no exercício do cargo. 3. Restando induvidosa a prorrogação do foro privilegiado, os demais corréus devem ser também processados perante a Corte Estadual, mantendo-se a unidade de processos, consoante dispõe o art. 78, inciso II, do Código de Processo Penal, litteris: *"no concurso de jurisdições de diversas categorias, predominará a de maior graduação". 4. Ordem concedida para reconhecer a competência do Tribunal de Justiça do Estado de Minas Gerais para processar e julgar o ora Paciente, estendendo-se os efeitos da decisão aos corréus Eduardo Dias Pereira da Silva e Raimundo José Lima Mendes (STJ, RHC*

10.870/SE, 5ª T., j. 17-2-2005, Rel. Min. Laurita Vaz, DJ, 14 mar. 2005, p. 382).

PENAL. PROCESSUAL. FRAUDE EM LICITAÇÃO. CRIME COMETIDO CONTRA INTERESSES DA UNIÃO. COMPETÊNCIA DA JUSTIÇA FEDERAL. INÉPCIA DA DENÚNCIA. PRINCÍPIO DA INDIVISIBILIDADE DA AÇÃO PENAL. "HABEAS CORPUS" SUBSTITUTIVO. 1. Cabe à Justiça Federal processar e julgar crime que atinge interesses da União, que se endividou externamente para a obtenção dos recursos financeiros e se responsabilizou pela sua fiel aplicação. 2. Crime plurissubjetivo é aquele que exige, para a realização do tipo penal, a participação de dois ou mais agentes, todos tendendo a um fim único. 3. Fere o princípio da indivisibilidade da ação penal a denúncia que, não obstante a narração com minúcias da participação de diversas pessoas para a prática do crime plurissubjetivo, imputa-o apenas a uma delas. 4. "Habeas corpus" conhecido; pedido deferido (STJ, RHC 10.870/SE, 5ª T., j. 17-2-2005, Rel. Min. Laurita Vaz, DJ, 14 mar. 2005, p. 382).

PROCESSUAL PENAL. AGRAVO REGIMENTAL NO AGRAVO DE INSTRUMENTO INTERPOSTO CONTRA DECISÃO QUE NEGOU SEGUIMENTO AO RECURSO ESPECIAL. PREFEITO DENUNCIADO POR SUPOSTA PRÁTICA DO CRIME PREVISTO NO ART. 90 DA LEI DE LICITAÇÕES (FRUSTRAR OU FRAUDAR, MEDIANTE AJUSTE,COMBINAÇÃO OU QUALQUER OUTRO EXPEDIENTE, O CARÁTER COMPETITIVO DO PROCEDIMENTO LICITATÓRIO, COM O INTUITO DE OBTER, PARA SI OU PARA OUTREM, VANTAGEM DECORRENTE DA ADJUDICAÇÃO DO OBJETO DA LICITAÇÃO). ART. 619 DO CPP. INOCORRÊNCIA DE OMISSÃO. INÉPCIA DA DENÚNCIA NÃO CARACTERIZADA. PREENCHIMENTO DOS REQUISITOS DO ART. 41 DO CPP. AGRAVO REGIMENTAL DESPROVIDO. 1. Inexistindo qualquer fundamento no recurso de agravo regimental para afastar as razões consideradas no julgado agravado, deve ser mantida a decisão por seus próprios fundamentos. 2. Não há violação do art. 619 do CPP quando, da simples leitura das razões dos embargos de declaração opostos, verifica-se que o embargante, sob o pretexto de que o acórdão embargado teria incorrido em omissão, tem o nítido propósito de obter o reexame da matéria versada nos autos, na busca de decisão que lhe seja favorável. 3. A exordial acusatória descreveu precisa e objetivamente o fato delituoso, com a narração de todos os elementos essenciais e circunstanciais, inclusive explicitando o favorecimento que teria ocorrido à empresa beneficiada com a frustração do caráter competitivo do procedimento licitatório em razão da escolha de modalidade diversa da exigida pela legislação e da falta de publicidade do certame, permitindo, assim, ao agravante, o exercício da mais ampla defesa assegurada no ordenamento constitucional, o que afasta a alegada ofensa do art. 41 do CPP. 4. Basta à caracterização do delito tipificado no artigo 90 da Lei 8.666/93 que o agente frustre ou fraude o caráter competitivo da licitação, mediante ajuste, combinação ou qualquer outro expediente, com o intuito de obter vantagem decorrente da adjudicação do objeto do certame, vantagem essa que pode ser para si ou para outrem. 5. As demais questões, como a prova do dolo subjetivo do acusado, por demandarem exame aprofundado de provas, não pode ser apreciada em Recurso Especial (Súmula 7/STJ). 6. Agravo Regimental improvido (STJ, AgRg no Ag 983.730/RS, 5ª T., j. 26-3-2009, Rel. Min. Napoleão Nunes Maia Filho, DJ, 4 maio 2009).

PROCESSUAL PENAL. HABEAS CORPUS. ART. 90 DA LEI 8.666/93. FRAUDE EM LICITAÇÕES PÚBLICAS. PRISÃO PREVENTIVA. REVOGAÇÃO SUPERVENIENTE. PEDIDO PREJUDICADO. INCOMPETÊNCIA DA JUSTIÇA ESTADUAL. RECURSOS DE ORIGEM FEDERAL REPASSADOS AOS MUNICÍPIOS MEDIANTE CONVÊNIOS. INTERESSE DA UNIÃO. COMPETÊNCIA DA JUSTIÇA FEDERAL. ENUNCIADO DA SÚMULA N. 208/STJ. CRIMES CONEXOS DE COMPETÊNCIA ESTADUAL. ENUNCIADO DA SÚMULA N. 122/STJ. *I – Resta sem objeto o presente writ, no que concerne à análise dos fundamentos da prisão cautelar, tendo em vista a revogação da custódia preventiva pelo Juízo de primeiro grau. II – A competência da Justiça Federal, expressa no art. 109, IV, da Lex Fundamentalis, restringe-se às hipóteses em que as infrações penais são perpetradas em detrimento de bens, serviços ou interesses da União, ou de suas autarquias ou empresas públicas. III – Na espécie, a paciente é acusada de fraudar licitações públicas realizadas com recursos de origem federal, oriundos de convênios firmados entre os Municípios envolvidos e órgãos e autarquias federais (MEC/FNDE). IV – Incide, no caso, a* ratio *que ensejou o Enunciado da Súmula n. 208/STJ, o qual determina a competência da Justiça Federal para o processamento do feito. V – O fato da exordial acusatória também imputar à paciente e aos demais denunciados crimes afetos à competência da Justiça Estadual não afasta, em razão da conexão, a competência do Juízo Federal (Enunciado da Súmula 122/STJ: "Compete à Justiça Federal o processo e julgamento unificado dos crimes conexos de competência federal e estadual, não se aplicando a regra do art. 78, II, 'a', do Código de Processo Penal"). Ordem parcialmente conhecida, e nesta parte, concedida para declarar a nulidade de todos os atos decisórios proferidos na ação penal, desde o recebimento da denúncia, devendo as peças serem remetidas ao Juízo federal competente (STJ, 5ª T., HC 97457/PE, Rel. Min. Felix Fischer, j. 2-6-2009, DJe, 3 ago. 2009).*

HABEAS CORPUS. *PACIENTE DENUNCIADO POR FORMAÇÃO DE QUADRILHA, FALSIFICAÇÃO DE PAPÉIS E DOCUMENTOS PÚBLICOS E FRAUDES A LICITAÇÕES PÚBLICAS (ARTIGOS 288, 293, § 1º, INCISO I, E 297, C/C ARTIGO 71, TODOS DO CÓDIGO PENAL E ARTIGO 90 DA LEI 8.666/93). TRANCAMENTO DA AÇÃO PENAL. INÉPCIA DA DENÚNCIA NÃO EVIDENCIADA. CONDUTA QUE SE SUBSUME, EM TESE, AOS TIPOS PENAIS INDICADOS NA EXORDIAL ACUSATÓRIA. DESCRIÇÃO DOS FATOS DE FORMA A VIABILIZAR O PLENO EXERCÍCIO DO DIREITO DE DEFESA. PRECEDENTES DO STJ. PARECER DO MPF PELA DENEGAÇÃO DA ORDEM. ORDEM DENEGADA. 1. O trancamento da Ação Penal por inépcia da denúncia só pode ser acolhido quando sua deficiência impedir a compreensão da acusação e, consequentemente, a defesa dos réus, o que não se verifica na hipótese dos autos. 2. A denúncia atende aos requisitos elencados no art. 41 do CPP, pois contém a exposição clara dos fatos tidos como delituosos, a qualificação do acusado e a classificação dos crimes, de maneira a permitir a articulação defensiva. 3. Dentre os crimes narrados na exordial acusatória, destacam-se a fraude, a licitação, a posse, o uso e a guarda de documentos públicos, a falsificação de documentos públicos e particulares e exercício ilegal da profissão, sempre motivados pelas possibilidades de apropriação ilícita de recursos públicos. A organização criminosa, integrada pelos denunciados, dividia-se em três cédulas bem definidas, que atuavam através da manipulação de diversas pessoas jurídicas, sendo o paciente o líder de uma dessas facções. 4. Tem se admitido a denúncia genérica, em casos de crimes com vários agentes e condutas ou que, por sua própria natureza, devem ser praticados em concurso, quando não se puder, de pronto, pormenorizar as ações de cada um dos envolvidos, sob pena de inviabilizar a acusação. O importante é que fatos sejam narrados de forma suficientemente clara, possibilitando o amplo exercício do direito de defesa, pois os acusados se defendem dos fatos e não da tipificação feita pelo Ministério Público. 5. Parecer ministerial pela denegação da ordem. 6. Ordem denegada competente (STJ, 5ª T., HC 113.476/PE, Rel. Min. Napoleão Nunes Maia Filho, j. 19-3-2009, DJe, 27 abr. 2009).*

HABEAS CORPUS. *FRAUDE À LICITAÇÃO (ART. 90 DA LEI 8.666/93). ALEGAÇÃO DE NULIDADE DA AÇÃO PENAL SOB O FUNDAMENTO DE QUE A DENÚNCIA E A CONDENAÇÃO FORAM BASEADAS APENAS EM DADOS COLHIDOS EM DENÚNCIA ANÔNIMA. AUSÊNCIA DE COMPROVAÇÃO DA TESE SUSTENTADA. INVIABILIDADE DE DILAÇÃO PROBATÓRIA EM* HC. *CONDENAÇÃO SUSTENTADA POR VASTO ACERVO PROBATÓRIO. PARECER DO MPF PELA DENEGAÇÃO DO* WRIT. *ORDEM DENEGADA. 1. A assertiva de que correspondência apócrifa fundamentou, com exclusividade, toda a persecução criminal, bem como a condenação, em verdade, não restou comprovada; ao contrário, ao que se tem dos autos, o ilustre representante do* Parquet, *legitimado para averiguar a regularidade dos contratos administrativos, ao tomar conhecimento da comunicação anônima e confirmar parte do que foi noticiado na internet, solicitou cópia do Procedimento Administrativo referente ao pregão sob suspeita. Assim, somente após verificada a existência de elementos mínimos, a partir de todos esses dados informativos colhidos de forma idônea, determinou a instauração da investigação criminal. 2. Por outro lado, o édito condenatório restou fundado em vasto acervo probatório, composto pelo depoimento de testemunhas e dos réus, por informações prestadas pela Superintendência do INCRA, por cópia do Procedimento Administrativo e por outros documentos citados 3. Não comprovado, de plano, pelos documentos constantes nos autos, que o inquérito foi iniciado com base apenas em denúncia anônima e sendo inviável ampla dilação probatória em HC, não há como dar azo à irresignação. Precedentes do STJ. 4. Ordem denegada, em conformidade com o parecer ministerial (STJ, HC 191797/PA, 5ª T., j. 21-6-2011, Rel. Min. Napoleão Nunes Maia Filho,* DJe *1º-8-2011).*

Art. 91. Patrocinar, direta ou indiretamente, interesse privado perante a Administração, dando causa à instauração de licitação ou à celebração de contrato, cuja invalidação vier a ser decretada pelo Poder Judiciário:

Pena – detenção, de 6 (seis) meses a 2 (dois) anos, e multa.

Comentários

Neste crime o sujeito ativo é o servidor público, que patrocina o interesse privado em detrimento do interesse público, que constitui o objetivo da Administração e, por delegação, o seu.

Art. 92. Admitir, possibilitar ou dar causa a qualquer modificação ou vantagem, inclusive prorrogação contratual, em favor do adjudicatário, durante a execução dos contratos celebrados com o Poder Público, sem autorização em lei, no ato convocatório da licitação ou nos respectivos instrumentos contratuais, ou, ainda, pagar fatura com preterição da ordem cronológica de sua exigibilidade, observado o disposto no art. 121 desta Lei.

Pena – detenção, de 2 (dois) a 4 (quatro) anos, e multa.

Parágrafo único. Incide na mesma pena o contratado que, tendo comprovadamente concorrido para a consumação da ilegalidade, obtém vantagem indevida ou se beneficia, injustamente, das modificações ou prorrogações contratuais.

Comentários

Este crime, também, é do servidor público, mas o contratado, se obtiver vantagem com as modificações e prorrogações contratuais, incorre na mesma pena. É claro que o contratado deverá ter conhecimento de que as modificações ou prorrogações foram feitas sem autorização da lei e não constaram do ato convocatório.

Jurisprudência

PENAL E PROCESSUAL PENAL. RECURSO ESPECIAL. ART. 92, CAPUT E PARÁGRAFO ÚNICO, DA LEI N. 8.666/93. COMPETÊNCIA PARA PROCESSAR E JULGAR AÇÃO CONTRA EX-PREFEITO. ART. 84, § 1º, DO CPP. LEI N. 10.628/2002. TIPO SUBJETIVO. REEXAME DO MATERIAL COGNITIVO. SÚMULA N. 07/STJ. I – Tendo em vista que a ADI 2.797, na qual se questiona a constitucionalidade da Lei n. 10.628/2002, que alterou o art. 84 do CPP, encontra-se pendente de julgamento, sendo indeferida a providência cautelar que buscava a suspensão de sua eficácia, deve tal lei ser tida por constitucional (Precedentes do Pretório Excelso e do STJ). II – O tipo subjetivo no injusto do art. 92 da Lei n. 8.666/93 se esgota no dolo, sendo despiciendo qualquer outro elemento subjetivo diverso. III – Na via do recurso especial é incabível o reexame e cotejo do material cognitivo para ver atendida a pretensão recursal (Súmula n. 07-STJ). Recurso especial de Fidelcino Tolentino parcialmente conhecido e, neste ponto, desprovido. Recurso especial de Devair Bortolato desprovido (STJ, REsp 702.628/ PR, 5ª T., j. 2-8-2005, Rel. Min. Felix Fischer, DJ, 5 set. 2005, p. 471).

Art. 93. Impedir, perturbar ou fraudar a realização de qualquer ato de procedimento licitatório.

Pena – detenção, de 6 (seis) meses a 2 (dois) anos, e multa.

Comentários

Este crime pode ser praticado por qualquer pessoa, inclusive pelo próprio servidor público, que pode usar de artifício para obstar algum ato da licitação.

Jurisprudência

CRIMINAL. AÇÃO PENAL ORIGINÁRIA. FRAUDE À LICITAÇÃO. OCORRÊNCIA DA PRESCRIÇÃO DA PRETENSÃO PUNITIVA. EXTINÇÃO DA PUNIBILIDADE. EXTRAVIO DE DOCUMENTOS. DESRESPEITO AO PROCEDIMENTO DA LC 75/93. DISPENSABILIDADE DE PROCEDIMENTO INVESTIGATÓRIO. ATOS INVESTIGATÓRIOS PRATICADOS PELO MINISTÉRIO PÚBLICO. POSSIBILIDADE. PARCIALIDADE DOS MEMBROS DA COMISSÃO DO INQUÉRITO ADMINISTRATIVO, ANIMOSIDADE E MOTIVAÇÃO POLÍTICA DA ACUSAÇÃO NÃO COMPROVADAS. OFENSA AO PRINCÍPIO DO PROMOTOR NATURAL. INOCORRÊNCIA. INÉPCIA DA DENÚNCIA. FALHAS NÃO VISLUMBRADAS. IMPROCEDÊNCIA DA ACUSAÇÃO, NA FORMA DE JULGAMENTO ANTECIPADO DA LIDE, INOCORRENTE. EVENTUAL DÚVIDA QUE BENEFICIA A ACUSAÇÃO, NESTA FASE PROCESSUAL. PROVA DA MATERIALIDADE. INDÍCIOS DE AUTORIA. ELEMENTOS SUFICIENTES PARA CARACTERIZAR A SUPOSTA PRÁTICA DO CRIME DE EXTRAVIO DE DOCUMENTOS. DENÚNCIA REJEITADA QUANTO AO CRIME DA LEI DE LICITAÇÕES, PELA PRESCRIÇÃO, E RECEBIDA QUANTO AO DELITO DE EXTRAVIO DE DOCUMENTOS. REMESSA DOS AUTOS AO MINISTÉRIO PÚBLICO. MANIFESTAÇÃO SOBRE A SUSPENSÃO CONDICIONAL DO PROCESSO. Hipótese em que a denúncia trata da suposta prática dos crimes de fraude à licitação e extravio de documentos, cometidos, em tese, por Procurador Regional da República no exercício da função de Procurador-Chefe da Procuradoria da República no Estado do Amapá. Transcorridos mais de 04 anos entre os fatos e a presente data, a teor do art. 109, inciso V, do Código Penal, resta extinta a punibilidade do acusado pela prescrição da pretensão punitiva, no tocante ao crime previsto no art. 93 da Lei de Licitações. Rejeição da peça acusatória, na parte relativa ao delito de fraude à licitação, nos termos do art. 43, inciso II, do Código de Processo Penal. O oferecimento da denúncia não está adstrito a prévio procedimento investigatório, o qual constitui peça meramente informativa, como ocorre com o inquérito policial. Precedentes desta Corte. O entendimento consolidado desta Corte é no sentido de que são válidos, em princípio, os atos investigatórios realizados pelo Ministério Público. A interpretação sistêmica da Constituição e a aplicação dos poderes implícitos do Ministério Público conduzem à preservação dos poderes investigatórios deste Órgão, independentemente da investigação policial. Além da investigação policial, o Ministério Público pode se valer de outros elementos de convencimento, como diligências complementares a sindicâncias ou auditorias desenvolvidas por outros órgãos, peças de informação, bem como inquéritos civis que evidenciem, além dos fatos que lhe são próprios, a ocorrência, também, de crimes. O Supremo Tribunal Federal decidiu que a vedação dirigida ao Ministério Público é quanto a presidir e realizar inquérito policial. Não há como acolher as alegações referentes à apontada parcialidade dos membros da Comissão de Inquérito, e ao fato de que as acusações teriam motivação política e teriam sido imputadas em clima de animosidade, pois a defesa do acusado não logrou comprovar tais afirmações, limitando- -se a aduzi-las de forma isolada. A apontada ofensa ao Princípio do Promotor Natural, com base no argumento de que o Procurador- -Geral da República teria designado Subprocurador-Geral para oferecer a denúncia, retirando do membro do Parquet *a possibilidade de isentar o acusado das imputações a partir da análise do caderno investigatório, mostra-se desvinculada de qualquer fato concreto a ensejar a conclusão de que a designação de Subprocurador-Geral ocorreu em detrimento do princípio do promotor natural e do princípio da independência funcional dos membros do* Parquet. *Precedente do STJ e do STF. Eventual inépcia da denúncia só pode ser acolhida quando demonstrada inequívoca deficiência a impedir a compreensão da acusação, em flagrante prejuízo à defesa do acusado, o que não se vislumbra* in casu. *Rejeitando-se as alegações concernentes à regularidade formal da peça pórtica, passa-se ao exame sobre se seria o caso de eventual conclusão sobre a improcedência da acusação, na forma do julgamento antecipado da lide. A improcedência só pode ser reconhecida quando evidenciada, estreme de dúvidas, a inviabilidade da instauração do processo, quando for possível afirmar-se, sem necessidade de formação de culpa, que a acusação não procede. Na decisão final, a dúvida beneficia o réu e, nesta fase de recebimento da exordial, a dúvida beneficia a acusação. Sobressaem suficientes indícios de autoria com relação à conduta imputada ao acusado, sendo que as alegações de sua defesa preliminar ficam restritas a meras suposições, em função da inexistência de elementos aptos a alicerçarem, inequivocamente, os seus argumentos. Denúncia rejeitada quanto ao crime do art. 93 da Lei n. 8.666/93, com base no inciso II do art. 43 do Código de Processo Penal, e recebida quanto ao delito do art. 314 do Código Penal, determinando a abertura de vista ao Ministério Público Federal, a fim de que se manifeste a respeito da suspensão condicional do processo, em observância ao art. 89 da Lei n. 9.099/95 (STF, Corte especial, Apn 345/AP, Rel. Min. Gilson Dipp, j. 20-4-2005,* DJ, *26 set. 2005, p. 159).*

Art. 94. Devassar o sigilo de proposta apresentada em procedimento licitatório, ou proporcionar a terceiro o ensejo de devassá-lo:

Pena – detenção, de 2 (dois) a 3 (três) anos, e multa.

Comentários

Este crime só existe se houver quebra de sigilo de proposta já entregue e sob a guarda da Administração, ou se alguém proporcionar a um terceiro a possibilidade da quebra do sigilo de proposta também sob a guarda da Administração.

Art. 95. Afastar ou procurar afastar licitante, por meio de violência, grave ameaça, fraude ou oferecimento de vantagem de qualquer tipo:

Pena – detenção, de 2 (dois) a 4 (quatro) anos, e multa, além da pena correspondente à violência.

Parágrafo único. Incorre na mesma pena quem se abstém ou desiste de licitar, em razão da vantagem oferecida.

Comentários

O sujeito ativo deste crime é qualquer pessoa que, por meio de violência, grave ameaça ou fraude, elimina um licitante da participação do processo licitatório. Já quanto ao oferecimento de vantagem, este deve ser material e capaz de demover o licitante da participação na licitação. No mesmo crime incorre aquele que deixa de participar em razão da vantagem obtida.

Art. 96. Fraudar, em prejuízo da Fazenda Pública, licitação instaurada para aquisição ou venda de bens ou mercadorias, ou contrato dela decorrente:

I – elevando arbitrariamente os preços;

II – vendendo, como verdadeira ou perfeita, mercadoria falsificada ou deteriorada;

III – entregando uma mercadoria por outra;

IV – alterando substância, qualidade ou quantidade da mercadoria fornecida;

V – tornando, por qualquer modo, injustamente, mais onerosa a proposta ou a execução do contrato:

Pena – detenção, de 3 (três) a 6 (seis) anos, e multa.

Comentários

Neste crime o sujeito ativo é o contratante, cuja proposta foi vencedora no processo licitatório e que procura, por meio fraudulento, entregar mercadoria não condizente com a que colocou na proposta e que levou a Administração a supor que era a proposta mais vantajosa.

ADMINISTRATIVO. MANDADO DE SEGURANÇA. LICITAÇÃO. FRAUDE CONFIGURADA. APLICAÇÃO DA PENA DE INIDONEIDADE PARA CONTRATAR COM A ADMINISTRAÇÃO PÚBLICA FEDERAL. ATO DA CONTROLADORIA GERAL DA UNIÃO. COMPETÊNCIA DO MINISTRO DE ESTADO DO CONTROLE E DA TRANSPARÊNCIA. ALEGAÇÕES DE NULIDADES NO PROCESSO ADMINISTRATIVO QUE CULMINOU NA APLICAÇÃO DA PENALIDADE AFASTADA. PROCEDIMENTO REGULAR. 1. Hipótese em que se pretende a concessão da segurança para que se reconheça a ocorrência de nulidades no processo administrativo disciplinar que culminou na aplicação da pena de inidoneidade para contratar com a Administração Pública Federal. 2. O Ministro de Estado do Controle e da Transparência é autoridade responsável para determinar a instauração do feito disciplinar em epígrafe, em razão do disposto no art. 84, inciso VI, alínea "a", da Constituição da República combinado com os artigos 18, § 4º, da Lei n. 10.683/2003 e 2º, inciso I, e 4º, § 3º, do Decreto n. 5.480/2005. 3. A regularidade do processo administrativo disciplinar deve ser apreciada pelo Poder Judiciário sob o enfoque dos princípios da ampla defesa, do devido processo legal e do contraditório, sendo-lhe vedado incursionar no chamado mérito administrativo. 4. Nesse contexto, denota-se que o procedimento administrativo disciplinar não padece de nenhuma vicissitude, pois, embora não exatamente da forma como desejava, foi assegurado à impetrante o direito ao exercício da ampla defesa e do contraditório, bem como observado o devido processo legal, sendo que a aplicação da pena foi tomada com fundamento em uma série de provas trazidas aos autos, inclusive nas defesas apresentadas pelas partes, as quais, no entender da autoridade administrativa, demonstraram suficientemente que a empresa impetrante utilizou-se de artifícios ilícitos no curso do Pregão Eletrônico n. 18, de 2006, do Ministério dos Transportes, tendo mantido tratativas com a empresa Brasília Soluções Inteligentes Ltda. com o objetivo de fraudar a licitude do certame. 5. Pelo confronto das provas trazidas aos autos, não se constata a inobservância dos aspectos relacionados à regularidade formal do processo disciplinar, que atendeu aos ditames legais. 6. Segurança denegada (STF, 1ª Seção, MS 14134/DF, Rel. Min. Benedito Gonçalves, j. 26-8-2009, DJ, *4 set. 2009).*

Art. 97. Admitir à licitação ou celebrar contrato com empresa ou profissional declarado inidôneo:

Pena – detenção, de 6 (seis) meses a 2 (dois) anos, e multa.

Parágrafo único. Incide na mesma pena aquele que, declarado inidôneo, venha a licitar ou a contratar com a Administração.

Comentários

O servidor público que celebra contrato sabendo tratar-se de licitante inidôneo e, mesmo assim, permite sua participação, incorre nas penas desse crime.

Art. 98. Obstar, impedir ou dificultar, injustamente, a inscrição de qualquer interessado nos registros cadastrais ou promover indevidamente a alteração, suspensão ou cancelamento de registro do inscrito:
  Pena – detenção, de 6 (seis) meses a 2 (dois) anos, e multa.

Comentários

Neste caso é também necessário que o servidor público tenha a intenção de prejudicar a Administração ou de obter vantagem para si ou para outrem.

Art. 99. A pena de multa cominada nos arts. 89 a 98 desta Lei consiste no pagamento de quantia fixada na sentença e calculada em índices percentuais, cuja base corresponderá ao valor da vantagem efetivamente obtida ou potencialmente auferível pelo agente.

§ 1º Os índices a que se refere este artigo não poderão ser inferiores a 2% (dois por cento), nem superiores a 5% (cinco por cento) do valor do contrato licitado ou celebrado com dispensa ou inexigibilidade de licitação.

§ 2º O produto da arrecadação da multa reverterá, conforme o caso, à Fazenda Federal, Distrital, Estadual ou Municipal.

Comentários

A multa será calculada sobre o valor da vantagem realmente auferida ou que deveria ser auferida.

Seção IV
DO PROCESSO E DO PROCEDIMENTO JUDICIAL

Art. 100. Os crimes definidos nesta Lei são de ação penal pública incondicionada, cabendo ao Ministério Público promovê-la.

Art. 101. Qualquer pessoa poderá provocar, para os efeitos desta Lei, a iniciativa do Ministério Público, fornecendo-lhe, por escrito, informações sobre o fato e sua autoria, bem como as circunstâncias em que se deu a ocorrência.

Parágrafo único. Quando a comunicação for verbal, mandará a autoridade reduzi-la a termo, assinado pelo apresentante e por duas testemunhas.

Comentários

Qualquer pessoa poderá provocar a iniciativa do Ministério Público apresentando informações sobre os fatos acontecidos e sua autoria.

A ação penal, nos crimes licitatórios, é de exclusiva iniciativa do Ministério Público, sendo que a ação penal privada subsidiária da pública é autorizada, tão somente, na hipótese de omissão do referido titular.

Art. 102. Quando em autos ou documentos de que conhecerem, os magistrados, os membros dos Tribunais ou Conselhos de Contas ou os titulares dos órgãos integrantes do sistema de controle interno de qualquer dos Poderes, verificarem a existência dos crimes definidos nesta Lei remeterão ao Ministério Público as cópias e os documentos necessários ao oferecimento da denúncia.

Art. 103. Será admitida ação penal privada subsidiária da pública, se esta não for ajuizada no prazo legal, aplicando-se, no que couber, o disposto nos arts. 29 e 30 do Código de Processo Penal.

Comentários

A lei admite o ajuizamento de ação privada subsidiária da pública no caso de esta não ser ajuizada no prazo previsto em lei.

Art. 104. Recebida a denúncia e citado o réu, terá este o prazo de 10 (dez) dias para apresentação de defesa escrita, contado da data do seu interrogatório, podendo juntar documentos, arrolar as testemunhas que tiver, em número não superior a 5 (cinco), e indicar as demais provas que pretenda produzir.

Art. 105. Ouvidas as testemunhas da acusação e da defesa e praticadas as diligências instrutórias deferidas ou ordenadas pelo juiz, abrir-se-á, sucessivamente, o prazo de 5 (cinco) dias a cada parte para alegações finais.

Art. 106. Decorrido esse prazo, e conclusos os autos dentro de 24 (vinte e quatro) horas, terá o juiz 10 (dez) dias para proferir a sentença.

Art. 107. Da sentença cabe apelação, interponível no prazo de 5 (cinco) dias.

Art. 108. No processamento e julgamento das infrações penais definidas nesta Lei, assim como nos recursos e nas execuções que lhes digam respeito, aplicar-se-ão, subsidiariamente, o Código de Processo Penal e a Lei de Execução Penal.

Comentários

Os arts. 104, 105, 106 e 107 estabelecem o rito sumaríssimo para todos os crimes tipificados nesta lei. Já o art. 108 manda aplicar subsidiariamente o Código de Processo Penal e a Lei de Execução Penal no que couber.

O processo instaurado para a apuração da prática de crimes licitatórios é praticamente igual àquele contido no Código de Processo Penal, salvo com relação ao prazo de 10 dias para o oferecimento de defesa prévia pelo acusado.

Possível, também, a aplicação, às licitações e aos contratos administrativos, da Lei de Improbidade Administrativa – Lei Federal n. 8.429/92 –, toda vez que ao servidor público seja imputado recebimento de vantagem patrimonial que caracterize enriquecimento ilícito.

RECURSO ORDINÁRIO EM HABEAS CORPUS. *PROCESSUAL PENAL. DISPENSA DE LICITAÇÃO FORA DAS HIPÓTESES LEGAIS. PARECER TÉCNICO FIRMADO PELO ACUSADO QUE RECOMENDA A DISPENSA DE LICITAÇÃO. PARTICIPAÇÃO NA CONDUTA TÍPICA SUFICIENTEMENTE DEMONSTRADA PELA DENÚNCIA. INÉPCIA. INEXISTÊNCIA. AUSÊNCIA DE JUSTA CAUSA NÃO EVIDENCIADA DE PLANO. NECESSIDADE DE ANÁLISE DO CONJUNTO FÁTICO-PROBATÓRIO. IMPOSSIBILIDADE DE TRANCAMENTO DA AÇÃO PENAL. RECURSO DESPROVIDO. 1. Não se pode taxar de inepta a denúncia que, em total conformidade com o disposto no art. 41 do Código de Processo Penal, assegura o contraditório e a ampla defesa, e demonstra, ainda que com elementos mínimos, o fato supostamente criminoso, bem como o possível envolvimento do acusado no delito em tese, de forma suficiente para a deflagração da ação penal. Precedentes do Superior Tribunal de Justiça. 2. O parecer técnico firmado pela acusada, além de opinar sobre a necessidade e conveniência de se contratar o serviço, recomenda a dispensa de licitação com base no inciso XIII do art. 24 da Lei n. 8.666/93, o que impede reconhecer, de plano, sem a necessidade de exame valorativo do conjunto fático ou probatório, a atipicidade do fato imputado à Recorrente. 3. Descabe na presente via analisar a existência da associação da Recorrente com os demais acusados para, com unidade de desígnios, dispensar e inexigir licitação fora das hipótese previstas em lei. Quando a versão de inocência apresentada é contraposta por elementos indiciários apresentados pela acusação, o confronto de versões para o mesmo fato deve ser solucionado por meio da instrução criminal, garantidos o devido processo legal, o contraditório e a ampla defesa. 4. Recurso desprovido (STJ, 5ª T., RHC 22992/DF, j. 18-6-2009, Rel. Min. Laurita Vaz,* DJe, *3 ago. 2009).*

Capítulo V
DOS RECURSOS ADMINISTRATIVOS

Art. 109. Dos atos da Administração decorrentes da aplicação desta Lei cabem:

I – recurso, no prazo de 5 (cinco) dias úteis a contar da intimação do ato ou da lavratura da ata, nos casos de:

a) habilitação ou inabilitação do licitante;

b) julgamento das propostas;

c) anulação ou revogação da licitação;

d) indeferimento do pedido de inscrição em registro cadastral, sua alteração ou cancelamento;

e) rescisão do contrato, a que se refere o inciso I do art. 79 desta Lei;

f) aplicação das penas de advertência, suspensão temporária ou de multa;

II – representação, no prazo de 5 (cinco) dias úteis da intimação da decisão relacionada com o objeto da licitação ou do contrato, de que não caiba recurso hierárquico;

III – pedido de reconsideração, de decisão de Ministro de Estado, ou Secretário Estadual ou Municipal, conforme o caso, na hipótese do § 4º do art. 87 desta Lei, no prazo de 10 (dez) dias úteis da intimação do ato.

§ 1º A intimação dos atos referidos no inciso I, alíneas *a*, *b*, *c* e *e*, deste artigo, excluídos os relativos a advertência e multa de mora, e no inciso III, será feita mediante publicação na imprensa oficial, salvo, para os casos previstos nas alíneas *a* e *b*, se presentes os prepostos dos licitantes no ato em que foi adotada a decisão, quando poderá ser feita por comunicação direta aos interessados e lavrada em ata.

§ 2º O recurso previsto nas alíneas *a* e *b* do inciso I deste artigo terá efeito suspensivo, podendo a autoridade competente, motivadamente e presentes razões de interesse público, atribuir ao recurso interposto eficácia suspensiva aos demais recursos.

§ 3º Interposto, o recurso será comunicado aos demais licitantes, que poderão impugná-lo no prazo de 5 (cinco) dias úteis.

§ 4º O recurso será dirigido à autoridade superior, por intermédio da que praticou o ato recorrido, a qual poderá reconsiderar sua decisão, no prazo de 5 (cinco) dias úteis, ou, nesse mesmo prazo, fazê-lo subir, devidamente informado, devendo, neste caso, a decisão ser proferida dentro do prazo de 5 (cinco) dias úteis, contado do recebimento do recurso, sob pena de responsabilidade.

§ 5º Nenhum prazo de recurso, representação ou pedido de reconsideração se inicia ou corre sem que os autos do processo estejam com vista franqueada ao interessado.

§ 6º Em se tratando de licitações efetuadas na modalidade de carta convite os prazos estabelecidos nos incisos I e II e no § 3º deste artigo serão de 2 (dois) dias úteis.

Comentários

Dos atos da Administração caberá recurso fundamentado, dirigido à autoridade superior àquela que praticou o ato recorrido. A autoridade que decidiu poderá reconsiderar a sua decisão no prazo de 5 dias úteis, ou, se não o fizer, deverá encaminhar o recurso à autoridade superior, no mesmo prazo, devidamente informado.

Todos os recursos administrativos permitem correção dos atos praticados pela Administração, quer pela própria autoridade que o praticou, quer pela autoridade hierarquicamente superior.

Ao receber o recurso, a autoridade deverá imediatamente indicar os efeitos em que é recebido e, também, determinar a audiência dos interessados, que poderão manifestar-se no prazo de 5 dias.

De acordo com esta lei, qualquer recurso, desde que existam razões de interesse público, poderá ser recebido em ambos os efeitos, devolutivo e suspensivo.

A lei determina, outrossim, que o prazo do recurso ou da reconsideração só poderá ser iniciado quando os autos do processo estiverem com vista franqueada aos interessados.

Jurisprudência

PROCESSUAL CIVIL. EMBARGOS DE DECLARAÇÃO. LICITAÇÃO. SANÇÃO APLICADA. INTIMAÇÃO PESSOAL.

INEXISTÊNCIA DE OMISSÃO OU CONTRADIÇÃO. 1. Solução da controvérsia que se encontra no art. 75, § 1º, do Decreto-lei n. 2.300/86, que determina a intimação através do Diário Oficial da União exceto em alguns casos, dentre os quais se inclui a multa (hipótese dos autos). 2. Embora não expressamente mencionado o artigo de lei, a solução dada foi consentânea com seu conteúdo. 3. Inexistência de omissão ou contradição. 4. Embargos de declaração rejeitados (STJ, EDREsp 18712/RJ, 2ª T., j. 15-2-2000, Rel. Min. Eliana Calmon).

MANDADO DE SEGURANÇA. ADMINISTRATIVO. EXPLORAÇÃO DO SERVIÇO DE RADIODIFUSÃO SONORA. CONCORRÊNCIA PÚBLICA. HABILITAÇÃO DESCONSTITUÍDA. RECURSO ADMINISTRATIVO HIERÁRQUICO. PRAZO. AFIRMAÇÃO DE INTEMPESTIVIDADE. CONHECIMENTO NEGADO. LEI 8.666/93 (ARTS. 109, I, § 5º, E 110). LEI 9.648/98. EDITAL 021/SFO/MC. 1. Nenhum prazo de recurso administrativo inicia-se ou corre sem que os autos do processo estejam com vista franqueada ao interessado (art. 109, § 5º, Lei 8.666/93). Se a Administração, por deliberação interna corporis *obstaculiza o conhecimento direto do processo, dificultada a ampla defesa, consubstanciado motivo extraordinário, assegura-se a contagem do prazo a partir da franquia. Sem prejuízo da regra geral excluindo o dia do início e incluindo-se o do vencimento (art. 110, Lei ref.). 2. Descogitada a prescrição ou a decadência na via judicial eleita (art. 18, Lei 1.533/51) e afastada a preclusão na via administrativa, afirmada a tempestividade, edifica-se o direito líquido e certo do administrado recorrer hierarquicamente à autoridade competente, assegurado o processamento e decisão. 3. Segurança concedida (STJ, MS 6048/DF, 1ª Seção, j. 10-4-2000, Rel. Min. Milton Luiz Pereira).*

CAPÍTULO VI
DAS DISPOSIÇÕES FINAIS E TRANSITÓRIAS

Art. 110. Na contagem dos prazos estabelecidos nesta Lei, excluir-se-á o dia do início e incluir-se-á o do vencimento,

e considerar-se-ão os dias consecutivos, exceto quando for explicitamente disposto em contrário.

Parágrafo único. Só se iniciam e vencem os prazos referidos neste artigo em dia de expediente no órgão ou na entidade.

Comentários

Este artigo estabelece, como anteriormente, que na contagem dos prazos seja excluído o dia do início e incluído o do vencimento. Contar-se-ão os dias consecutivamente, salvo se houver disposição em contrário.

O parágrafo único dispõe que os prazos a que se refere o *caput* do artigo só terão início ou vencimento em dias de expediente no órgão ou entidade.

Jurisprudência

Vide jurisprudência ao art. 38.

Art. 111. A Administração só poderá contratar, pagar, premiar ou receber projeto ou serviço técnico especializado desde que o autor ceda os direitos patrimoniais a ele relativos e a Administração possa utilizá-lo de acordo com o previsto no regulamento de concurso ou no ajuste para sua elaboração.

Parágrafo único. Quando o projeto referir-se a obra imaterial de caráter tecnológico, insuscetível de privilégio, a cessão dos direitos incluirá o fornecimento de todos os dados, documentos e elementos de informação pertinentes à tecnologia de concepção, desenvolvimento, fixação em suporte físico de qualquer natureza e aplicação da obra.

Comentários

Toshio Mukai, ao comentar esse dispositivo, observa que "A administração somente poderá *pagar, premiar, contratar ou receber*;

eis aqui as inovações do artigo, projeto ou serviço técnico especializado desde que o autor ceda os direitos patrimoniais a ele relativos, podendo, assim, utilizá-lo de acordo com o previsto no regulamento de concurso ou no ajuste para sua elaboração.

A norma, como já tivemos oportunidade de nos manifestar nos comentários ao anterior Estatuto, é absolutamente necessária, tendo em vista que a Lei 5.988/73, em seu art. 6º, X e XI, protegia os projetos e esboços de engenharia e arquitetura, assim como as obras plásticas e de arte aplicada que resultarem daqueles.

Tendo então o autor daqueles projetos exclusividade na sua divulgação e utilização, era natural que a administração, ao contratar o projeto, pagá-lo ou premiá-lo, tivesse a cessão desses direitos autorais.

O parágrafo único complementa o *caput*, determinando que 'quando o projeto disser respeito a obra imaterial, de caráter tecnológico, insuscetível de privilégio, a cessão dos direitos incluirá o fornecimento de todos os dados, documentos e elementos de informação pertinentes à tecnologia de concepção, desenvolvimento, fixação em suporte físico de qualquer natureza e aplicação da obra'.

A disposição é decorrência natural da característica das obras imateriais, onde os dados da concepção e demais elementos, se não forem cedidos a quem delas irá utilizar-se, impedirão que se dê efetividade às suas finalidades" (*Novo estatuto jurídico das licitações e contratos públicos*, cit., p. 121-2).

Art. 112. Quando o objeto do contrato interessar a mais de uma entidade pública, caberá ao órgão contratante, perante a entidade interessada, responder pela sua boa execução, fiscalização e pagamento.

§ 1º Os consórcios públicos poderão realizar licitação da qual, nos termos do edital, decorram contratos administrativos celebrados por órgãos ou entidades dos entes da Federação consorciados.

§ 2º É facultado à entidade interessada o acompanhamento da licitação e da execução do contrato.

Comentários

Se várias entidades administrativas estiverem interessadas em um determinado projeto, uma delas promoverá a licitação e firmará o contrato. Os consórcios públicos também poderão realizar licitação, da qual decorram contratos administrativos celebrados por órgãos ou entidades dos entes da Federação consorciados, conforme previsto no edital. Poderá a entidade interessada acompanhar a execução do contrato, não devendo, no entanto, intervir sobre a execução.

Art. 113. O controle das despesas decorrentes dos contratos e demais instrumentos regidos por esta Lei será feito pelo Tribunal de Contas competente, na forma da legislação pertinente, ficando os órgãos interessados da Administração responsáveis pela demonstração da legalidade e regularidade da despesa e execução, nos termos da Constituição e sem prejuízo do sistema de controle interno nela previsto.

§ 1º Qualquer licitante, contratado ou pessoa física ou jurídica poderá representar ao Tribunal de Contas ou aos órgãos integrantes do sistema de controle interno contra irregularidades na aplicação desta Lei, para os fins do disposto neste artigo.

§ 2º Os Tribunais de Contas e os órgãos integrantes do sistema de controle interno poderão solicitar para exame, até o dia útil imediatamente anterior à data de recebimento das propostas, cópia do edital de licitação já publicado, obrigando-se os órgãos ou entidades da Administração interessada à adoção de medidas corretivas pertinentes que, em função desse exame, lhes forem determinadas.

Comentários

Todas as despesas provenientes dos contratos administrativos são submetidas à fiscalização do Tribunal de Contas. De acordo com o art. 70 da Constituição Federal, a fiscalização será da legalidade, legitimidade, economicidade, aplicação das subvenções e renúncia de receitas.

Art. 114. O sistema instituído nesta Lei não impede a pré-qualificação de licitantes nas concorrências, a ser procedida sempre que o objeto da licitação recomende análise mais detida da qualificação técnica dos interessados.

§ 1º A adoção do procedimento de pré-qualificação será feita mediante proposta da autoridade competente, aprovada pela imediatamente superior.

§ 2º Na pré-qualificação serão observadas as exigências desta Lei relativas à concorrência, à convocação dos interessados, ao procedimento e à análise da documentação.

Comentários

Comenta Marçal Justen Filho que "A pré-qualificação consiste em dissociar a fase de habilitação do restante do procedimento da concorrência. A Administração institui exigências especiais e excepcionalmente severas como requisito da participação em futura concorrência. Essas exigências envolvem a idoneidade financeira e a capacitação técnica, além dos requisitos comuns da capacidade jurídica e da regularidade fiscal. Instaura-se um procedimento seletivo preliminar destinado a verificar o preenchimento de tais requisitos.

Os licitantes que preencherem os requisitos previstos serão considerados pré-habilitados para a concorrência. Somente eles estarão legitimados a participar da concorrência. Serão convocados para apresentar suas propostas em data futura a ser definida" (*Comentários à lei de licitações*, cit., p. 521).

Art. 115. Os órgãos da Administração poderão expedir normas relativas aos procedimentos operacionais a serem observados na execução das licitações, no âmbito de sua competência, observadas as disposições desta Lei.

Parágrafo único. As normas a que se refere este artigo, após aprovação da autoridade competente, deverão ser publicadas na imprensa oficial.

Comentários

A Administração poderá expedir normas para a realização das contratações, desde que segundo os princípios estabelecidos nesta lei e sujeitas à aprovação de autoridade competente.

Art. 116. Aplicam-se as disposições desta Lei, no que couber, aos convênios, acordos, ajustes e outros instrumentos congêneres celebrados por órgãos e entidades da Administração.

§ 1º A celebração de convênio, acordo ou ajuste pelos órgãos ou entidades da Administração Pública depende de prévia aprovação de competente plano de trabalho proposto pela organização interessada, o qual deverá conter, no mínimo, as seguintes informações:

I – identificação do objeto a ser executado;

II – metas a serem atingidas;

III – etapas ou fases de execução;

IV – plano de aplicação dos recursos financeiros;

V – cronograma de desembolso;

VI – previsão de início e fim da execução do objeto, bem assim da conclusão das etapas ou fases programadas;

VII – se o ajuste compreender obra ou serviço de engenharia, comprovação de que os recursos próprios para complementar a execução do objeto estão devidamente assegurados, salvo se o custo total do empreendimento recair sobre a entidade ou órgão descentralizador.

§ 2º Assinado o convênio, a entidade ou órgão repassador dará ciência do mesmo à Assembleia Legislativa ou à Câmara Municipal respectiva.

§ 3º As parcelas do convênio serão liberadas em estrita conformidade com o plano de aplicação aprovado, exceto nos casos a seguir, em que as mesmas ficarão retidas até o saneamento das impropriedades ocorrentes:

I – quando não tiver havido comprovação da boa e regular aplicação da parcela anteriormente recebida, na forma da legislação aplicável, inclusive mediante procedimentos de fiscalização local, realizados periodicamente pela entidade ou órgão descentralizador dos recursos ou pelo

órgão competente do sistema de controle interno da Administração Pública;

II – quando verificado desvio da finalidade na aplicação dos recursos, atrasos não justificados no cumprimento das etapas ou fases programadas, práticas atentatórias aos princípios fundamentais de Administração Pública nas contratações e demais atos praticados na execução do convênio, ou o inadimplemento do executor com relação a outras cláusulas conveniais básicas;

III – quando o executor deixar de adotar as medidas saneadoras apontadas pelo partícipe repassador dos recursos ou por integrantes do respectivo sistema de controle interno.

§ 4º Os saldos de convênio, enquanto não utilizados, serão obrigatoriamente aplicados em cadernetas de poupança de instituição financeira oficial se a previsão de seu uso for igual ou superior a um mês, ou em fundo de aplicação financeira de curto prazo ou operação de mercado aberto lastreada em títulos da dívida pública, quando a utilização dos mesmos verificar-se em prazos menores que um mês.

§ 5º As receitas financeiras auferidas na forma do parágrafo anterior serão obrigatoriamente computadas a crédito do convênio e aplicadas, exclusivamente, no objeto de sua finalidade, devendo constar de demonstrativo específico que integrará as prestações de contas do ajuste.

§ 6º Quando da conclusão, denúncia, rescisão ou extinção do convênio, acordo ou ajuste, os saldos financeiros remanescentes, inclusive os provenientes das receitas obtidas das aplicações financeiras realizadas, serão devolvidos à entidade ou órgão repassador dos recursos, no prazo improrrogável de 30 (trinta) dias do evento, sob pena da imediata instauração de tomada de contas especial do responsável, providenciada pela autoridade competente do órgão ou entidade titular dos recursos.

Comentários

Marçal Justen Filho alerta que "A maior parte das normas contidas nesse artigo escapam ao direito administrativo. Podem ser englobadas no direito financeiro. Tais normas destinam-se precipuamente a disciplinar os convênios de que participar a União, visando regrar as transferências de recursos para outras entidades federativas. Caberá às demais entidades políticas disciplinar os convênios e ajustes de que participem" (*Comentários à lei de licitações,* cit., p. 524).

Art. 117. As obras, serviços, compras e alienações realizadas pelos órgãos dos Poderes Legislativo e Judiciário e do Tribunal de Contas regem-se pelas normas desta Lei, no que couber, nas três esferas administrativas.

Comentários

Neste artigo o legislador refere-se à atividade administrativa do Estado, que pode ser exercida tanto pelo Poder Executivo como também pelos outros Poderes estatais, desde que aplicados as regras e os princípios contidos nesta lei.

Art. 118. Os Estados, o Distrito Federal, os Municípios e as entidades da Administração indireta deverão adaptar suas normas sobre licitações e contratos ao disposto nesta Lei.

Comentários

Todas as entidades da Federação estão obrigadas a adaptar suas normas sobre licitações e contratos aos termos desta lei.

Art. 119. As sociedades de economia mista, empresas e fundações públicas e demais entidades controladas direta ou indiretamente pela União e pelas entidades referidas no artigo anterior editarão regulamentos próprios devidamente publicados, ficando sujeitas às disposições desta Lei.

Parágrafo único. Os regulamentos a que se refere este artigo, no âmbito da Administração Pública, após aprovados pela autoridade de nível superior a que estiverem vinculados

os respectivos órgãos, sociedades e entidades, deverão ser publicados na imprensa oficial.

Comentários

As entidades integrantes da Administração indireta também estarão sujeitas aos princípios fundamentais emanados nesta lei, podendo editar regulamentos próprios, desde que aprovados pela autoridade de nível superior a que estiverem vinculadas.

Art. 120. Os valores fixados por esta Lei, poderão ser anualmente revistos pelo Poder Executivo Federal, que os fará publicar no *Diário Oficial da União*, observando como limite superior a variação geral dos preços do mercado, no período.

Comentários

A redação deste artigo, alterada pela Lei n. 9.648/98, estabeleceu periodicidade anual para a revisão de preços pelo Poder Executivo Federal, desde que obedecidos, como parâmetro superior, os preços de mercado.

Para Antonio Roque Citadini, "tal redação faz a lei aproximar-se de uma norma preocupada em limpar a cultura inflacionária, com permissão de reajustes continuados e utilização de indexadores nem sempre confiáveis, já que, por vezes, era manipulado por interesses de política econômica" (*Comentários e jurisprudência sobre a lei de licitações públicas*, cit., p. 536).

Art. 121. O disposto nesta Lei não se aplica às licitações instauradas e aos contratos assinados anteriormente a sua vigência, ressalvado o disposto no art. 57, nos §§ 1º, 2º e 8º do art. 65, no inciso XV do art. 78, bem assim o disposto no *caput* do art. 5º, com relação ao pagamento das obrigações na ordem cronológica, podendo esta ser observada, no prazo de 90 (noventa) dias contados da vigência desta Lei,

separadamente para as obrigações relativas aos contratos regidos por legislação anterior à Lei n. 8.666, de 21 de junho de 1993.

Parágrafo único. Os contratos relativos a imóveis do patrimônio da União continuam a reger-se pelas disposições do Decreto-lei n. 9.760, de 5 de setembro de 1946, com suas alterações, e os relativos a operações de crédito interno ou externo celebrados pela União ou a concessão de garantia do Tesouro Nacional continuam regidos pela legislação pertinente, aplicando-se esta Lei, no que couber.

Comentários

De acordo com os comentários de Toshio Mukai, em seu livro já citado, "O art. 121 dispõe sobre a aplicação intertemporal da lei, deixando claro que esta não se aplica às licitações instauradas e aos contratos assinados anteriormente à sua vigência, ressalvado o disposto no art. 57, nos §§ 1º, 2º e 8º do art. 65, no inciso XV do art. 78, bem assim o disposto no *caput* do art. 5º, com relação ao pagamento das obrigações na ordem cronológica, podendo esta ser observada, no prazo de noventa dias contados da vigência desta lei, separadamente para as obrigações relativas aos contratos regidos pela legislação brasileira". E, continua o jurista: "O parágrafo único do art. 121 mantém as disposições do anterior estatuto no tocante aos contratos relativos a imóveis do patrimônio da União e às operações de crédito interno ou externo celebrados pela União ou concessão de garantia do Tesouro Nacional" (*Novo estatuto jurídico das licitações*, cit., p. 126).

Art. 122. Nas concessões de linhas aéreas, observar-se-á procedimento licitatório específico, a ser estabelecido no Código Brasileiro de Aeronáutica.

Comentários

Este dispositivo trata especialmente das concessões de linhas aéreas que devem seguir o procedimento licitatório determinado pelo art. 175 da Constituição Federal e estabelecido pelo Código Brasileiro de Aeronáutica.

Art. 123. Em suas licitações e contratações administrativas, as repartições sediadas no exterior observarão as peculiaridades locais e os princípios básicos desta Lei, na forma de regulamentação específica.

Comentários

Este artigo estabelece que as repartições sediadas no exterior deverão adequar o processo licitatório e contratações administrativas às peculiaridades locais, obedecendo sempre aos princípios básicos desta lei.

Art. 124. Aplicam-se às licitações e aos contratos para permissão ou concessão de serviços públicos os dispositivos desta Lei que não conflitem com a legislação específica sobre o assunto.

Parágrafo único. As exigências contidas nos incisos II a IV do § 2º do art. 7º serão dispensadas nas licitações para concessão de serviços com execução prévia de obras em que não foram previstos desembolsos por parte da Administração Pública concedente.

Comentários

A lei, aqui, submete os contratos administrativos de permissão e de concessão de serviços públicos aos seus dispositivos, desde que não haja incompatibilidade em sua aplicação.

Marçal Justen Filho observa que a edição da Lei n. 8.987, de 1995, não trouxe prejuízo às considerações feitas neste dispositivo legal e que as normas desta Lei n. 8.666, de 1993, "deverão ser interpretadas como regime jurídico geral" (*Comentários à lei de licitações e contratos administrativos,* 10. ed., Dialética, 2004, p. 644*)*.

O parágrafo único deste art. 124 foi introduzido pela Lei n. 8.883, de 1994, que alterou alguns dispositivos da Lei n. 8.666, de 1993.

Art. 125. Esta Lei entra em vigor na data de sua publicação.

Art. 126. Revogam-se as disposições em contrário, especialmente os Decretos-leis ns. 2.300, de 21 de novembro de 1986, 2.348, de 24 de julho de 1987, 2.360, de 16 de setembro de 1987, a Lei n. 8.220, de 4 de setembro de 1991, e o art. 83 da Lei n. 5.194, de 24 de dezembro de 1966.

Brasília, 21 de junho de 1993; 172º da Independência e 105º da República.

ITAMAR FRANCO
Rubens Ricupero
Romildo Canhim

LEI N. 8.429, DE 2 DE JUNHO DE 1992*

Dispõe sobre as sanções aplicáveis aos agentes públicos nos casos de enriquecimento ilícito no exercício de mandato, cargo, emprego ou função na administração pública direta, indireta ou fundacional a dá outras providências.

O Presidente da República

Faço saber que o Congresso Nacional decreta e eu sanciono a seguinte Lei:

Capítulo I
DAS DISPOSIÇÕES GERAIS

Art. 1º Os atos de improbidade praticados por qualquer agente público, servidor ou não, contra a administração direta, indireta ou fundacional de qualquer dos Poderes da União, dos Estados, do Distrito Federal, dos Municípios, de Território, de empresa incorporada ao patrimônio público ou de entidade para cuja criação ou custeio o erário haja concorrido ou concorra com mais de 50% (cinquenta por cento) do patrimônio ou da receita anual, serão punidos na forma desta Lei.

Parágrafo único. Estão também sujeitos às penalidades desta Lei os atos de improbidade praticados contra o patrimônio de entidade que receba subvenção, benefício ou incentivo, fiscal ou creditício, de órgão público bem como daquelas para cuja criação ou custeio o erário haja concorrido ou concorra com menos de 50% (cinquenta

---

* Publicada no *Diário Oficial da União* de 3 de junho de 1992.

por cento) do patrimônio ou da receita anual, limitando-se, nestes casos, a sanção patrimonial à repercussão do ilícito sobre a contribuição dos cofres públicos.

Art. 2º Reputa-se agente público, para os efeitos desta Lei, todo aquele que exerce, ainda que transitoriamente ou sem remuneração, por eleição, nomeação, designação, contratação ou qualquer outra forma de investidura ou vínculo, mandato, cargo, emprego ou função nas entidades mencionadas no artigo anterior.

Art. 3º As disposições desta Lei são aplicáveis, no que couber, àquele que, mesmo não sendo agente público, induza ou concorra para a prática do ato de improbidade ou dele se beneficie sob qualquer forma direta ou indireta.

Art. 4º Os agentes públicos de qualquer nível ou hierarquia são obrigados a velar pela estrita observância dos princípios de legalidade, impessoabilidade, moralidade e publicidade no trato dos assuntos que lhe são afetos.

Art. 5º Ocorrendo lesão ao patrimônio público por ação ou omissão, dolosa ou culposa, do agente ou de terceiro, dar-se-á o integral ressarcimento do dano.

Art. 6º No caso do enriquecimento ilícito, perderá o agente público ou terceiro beneficiário os bens ou valores acrescidos ao seu patrimônio.

Art. 7º Quando o ato de improbidade causar lesão ao patrimônio público ou ensejar esquecimento ilícito, caberá a autoridade administrativa responsável pelo inquérito representar ao Ministério Público, para a indisponibilidade dos bens do indiciado.

Parágrafo único. A indisponibilidade a que se refere o *caput* deste artigo recairá sobre bens que assegurem o integral ressarcimento do dano, ou sobre o acréscimo patrimonial resultante do enriquecimento ilícito.

Art. 8º O sucessor daquele que causar lesão ao patrimônio público ou se enriquecer ilicitamente está sujeito às cominações desta Lei até o limite do valor da herança.

Capítulo II
DOS ATOS DE IMPROBIDADE ADMINISTRATIVA

Seção I
DOS ATOS DE IMPROBIDADE ADMINISTRATIVA QUE IMPORTAM ENRIQUECIMENTO ILÍCITO

Art. 9º Constitui ato de improbidade administrativa importando enriquecimento ilícito auferir qualquer tipo de vantagem patrimonial indevida em razão do exercício de cargo, mandato, função, emprego ou atividade nas entidades mencionadas no art. 1º desta Lei, e notadamente:

I – receber, para si ou para outrem, dinheiro, bem móvel ou imóvel, ou qualquer outra vantagem econômica, direta ou indireta, a título de comissão, percentagem, gratificação ou presente de quem tenha interesse, direto ou indireto, que possa ser atingido ou amparado por ação ou omissão decorrente das atribuições do agente público;

II – perceber vantagem econômica, direta ou indireta, para facilitar a aquisição, permuta ou locação de bem móvel ou imóvel, ou a contratação de serviços pelas entidades referidas no art. 1º por preço superior ao valor de mercado;

III – perceber vantagem econômica, direta ou indireta, para facilitar a alienação, permuta ou locação de bem público ou o fornecimento de serviço por ente estatal por preço inferior ao valor de mercado;

IV – utilizar, em obra ou serviço particular, veículos, máquinas, equipamentos ou material de qualquer natureza, de propriedade ou à disposição de qualquer das entidades mencionadas no art. 1º desta Lei, bem como o trabalho de servidores públicos, empregados ou terceiros contratados por essas entidades;

V – receber vantagem econômica de qualquer natureza, direta ou indireta, para tolerar a exploração ou a prática de jogos de azar, de lenocínio, de narcotráfico, de contrabando, de usura ou de qualquer outra atividade ilícita, ou aceitar promessa de tal vantagem;

VI – receber vantagem econômica de qualquer natureza, direta ou indireta, para fazer declaração falsa sobre medição ou avaliação em obras públicas ou qualquer outro serviço, ou sobre quantidade, peso, medida, qualidade ou característica de mercadorias ou bens fornecidos a qualquer das entidades mencionadas no art. 1º desta Lei;

VII – adquirir, para si ou para outrem, no exercício de mandato, cargo, emprego ou função pública, bens de qualquer natureza cujo valor seja desproporcional à evolução do patrimônio ou à renda do agente público;

VIII – aceitar emprego, comissão ou exercer atividade de consultoria ou assessoramento para pessoa física ou jurídica que tenha interesse suscetível de ser atingido ou amparado por ação ou omissão decorrente das atribuições do agente público, durante a atividade;

IX – perceber vantagem econômica para intermediar a liberação ou aplicação de verba pública de qualquer natureza;

X – receber vantagem econômica de qualquer natureza, direta ou indiretamente, para omitir ato de ofício, providência ou declaração a que esteja obrigado;

XI – incorporar, por qualquer forma, ao seu patrimônio bens, rendas, verbas ou valores integrantes do acervo patrimonial das entidades mencionadas no art. 1º desta Lei;

XII – usar, em proveito próprio, bens, rendas, verbas ou valores integrantes do acervo patrimonial das entidades mencionadas no art. 1º desta Lei.

Seção II
DOS ATOS DE IMPROBIDADE ADMINISTRATIVA QUE CAUSAM PREJUÍZO AO ERÁRIO

Art. 10. Constitui ato de improbidade administrativa que causa lesão ao erário qualquer ação ou omissão, dolosa ou culposa, que enseje perda patrimonial, desvio, apropriação, malbaratamento ou dilapidação dos bens ou haveres das entidades referidas no art. 1º desta Lei, e notadamente:

I – facilitar ou concorrer por qualquer forma para a incorporação ao patrimônio particular, de pessoa física ou jurídica, de bens, rendas, verbas ou valores integrantes do acervo patrimonial das entidades mencionadas no art. 1º desta Lei;

II – permitir ou concorrer para que pessoa física ou jurídica privada utilize bens, rendas, verbas ou valores integrantes do acervo patrimonial das entidades mencionadas no art. 1º desta Lei, sem a observância das formalidades legais ou regulamentares aplicáveis à espécie;

III – doar à pessoa física ou jurídica bem como ao ente despersonalizado, ainda que de fins educativos ou assistenciais, bens, rendas, verbas ou valores do patrimônio de qualquer das entidades mencionadas no art. 1º desta Lei, sem observância das formalidades legais e regulamentares aplicáveis à espécie;

IV – permitir ou facilitar a alienação, permuta ou locação de bem integrante do patrimônio de qualquer das entidades referidas no art. 1º desta Lei, ou ainda a prestação de serviço por parte delas, por preço inferior ao de mercado;

V – permitir ou facilitar a aquisição, permuta ou locação de bem ou serviço por preço superior ao de mercado;

VI – realizar operação financeira sem observância das normas legais e regulamentares ou aceitar garantia insuficiente ou inidônea;

VII – conceder benefício administrativo ou fiscal sem a observância das formalidades legais ou regulamentares aplicáveis à espécie;

VIII – frustrar a licitude de processo licitatório ou dispensá-lo indevidamente;

IX – ordenar ou permitir a realização de despesas não autorizadas em lei ou regulamento;

X – agir negligentemente na arrecadação de tributo ou renda, bem como no que diz respeito à conservação do patrimônio público;

XI – liberar verba pública sem a estrita observância das normas pertinentes ou influir de qualquer forma para a sua aplicação irregular;

XII – permitir, facilitar ou concorrer para que terceiro se enriqueça ilicitamente;

XIII – permitir que se utilize, em obra ou serviço particular, veículos, máquinas, equipamentos ou material de qualquer natureza, de propriedade ou à disposição de qualquer das entidades mencionadas no art. 1º desta Lei, bem como o trabalho de servidor público, empregados ou terceiros contratados por essas entidades;

XIV – celebrar contrato ou outro instrumento que tenha por objeto a prestação de serviços públicos por meio da gestão associada sem observar as formalidades previstas na lei;

• *Incluído pela Lei n. 11.107, de 6-4-2005 – DOU de 7 abr. 2005.*

XV – celebrar contrato de rateio de consórcio público sem suficiente e prévia dotação orçamentária, ou sem observar as formalidades previstas na lei.

• *Incluído pela Lei n. 11.107, de 6-4-2005 – DOU de 7 abr. 2005.*

Seção III
DOS ATOS DE IMPROBIDADE ADMINISTRATIVA QUE ATENTAM CONTRA OS PRINCÍPIOS DA ADMINISTRAÇÃO PÚBLICA

Art. 11. Constitui ato de improbidade administrativa que atenta contra os princípios da administração pública qualquer ação ou omissão que viole os deveres de honestidade, imparcialidade, legalidade e lealdade às instituições, e notadamente:

I – praticar ato visando fim proibido em lei ou regulamento ou diverso daquele previsto, na regra de competência;

II – retardar ou deixar de praticar, indevidamente, ato de ofício;

III – revelar fato ou circunstância de que tem ciência em razão das atribuições e que deva permanecer em segredo;

IV – negar publicidade aos atos oficiais;

V – frustrar a licitude de concurso público;

VI – deixar de prestar contas quando esteja obrigado a fazê-lo;

VII – revelar ou permitir que chegue ao conhecimento de terceiro, antes da respectiva divulgação oficial, teor de medida política ou econômica capaz de afetar o preço de mercadoria, bem ou serviço.

Capítulo III
DAS PENAS

Art. 12. Independentemente das sanções penais, civis e administrativas, previstas na legislação específica, está o responsável pelo ato de improbidade sujeito às seguintes cominações:

I – na hipótese do art. 9º, perda dos bens ou valores acrescidos ilicitamente ao patrimônio, ressarcimento integral do dano, quando houver, perda da função pública, suspensão dos direitos políticos de 8 (oito) a 10 (dez) anos, pagamento de multa civil de até 3 (três) vezes o valor do acréscimo patrimonial e proibição de contratar com o Poder Público ou receber benefícios ou incentivos fiscais ou creditícios, direta ou indiretamente, ainda que por intermédio de pessoa jurídica da qual seja sócio majoritário, pelo prazo de 10 (dez) anos;

II – na hipótese do art. 10, ressarcimento integral do dano, perda dos bens ou valores acrescidos ilicitamente ao patrimônio, se concorrer esta circunstância, perda da função pública, suspensão dos direitos políticos de 5 (cinco) a 8 (oito) anos, pagamento de multa civil de até 2 (duas) vezes o valor do dano e proibição de contratar com o Poder Público ou receber benefícios ou incentivos fiscais ou creditícios, direta ou indiretamente, ainda que por intermédio de pessoa jurídica da qual seja sócio majoritário, pelo prazo de 5 (cinco) anos;

III – na hipótese do art. 11, ressarcimento integral do dano, se houver, perda da função pública, suspensão dos direitos políticos de 3 (três) a 5 (cinco) anos, pagamento de multa civil de até 100 (cem) vezes o valor da remuneração percebida pelo agente e proibição de contratar com o Poder Público ou receber benefícios ou incentivos fiscais ou creditícios, direta ou indiretamente, ainda que por intermédio de pessoa jurídica da qual seja sócio majoritário, pelo prazo de 3 (três) anos.

Parágrafo único. Na fixação das penas previstas nesta Lei o juiz levará em conta a extensão do dano causado, assim como o proveito patrimonial obtido pelo agente.

Capítulo IV
DA DECLARAÇÃO DE BENS

Art. 13. A posse e o exercício de agente público ficam condicionados à apresentação de declaração dos bens e valores que compõem o seu patrimônio privado, a fim de ser arquivada no Serviço de Pessoal competente.

§ 1º A declaração compreenderá imóveis, móveis, semoventes, dinheiro, títulos, ações, e qualquer outra espécie de bens e valores patrimoniais, localizados no País ou no exterior, e, quando for o caso, abrangerá os bens e valores patrimoniais do cônjuge ou companheiro, dos filhos e de outras pessoas que vivam sob a dependência econômica do declarante, excluídos apenas os objetos e utensílios de uso doméstico.

§ 2º A declaração de bens será anualmente atualizada e na data em que o agente público deixar o exercício do mandato, cargo, emprego ou função.

§ 3º Será punido com a pena de demissão, a bem do serviço público, sem prejuízo de outras sanções cabíveis, o agente público que se recusar a prestar declaração dos bens, dentro do prazo determinado, ou que a prestar falsa.

§ 4º O declarante, a seu critério, poderá entregar cópia da declaração anual de bens apresentada à Delegacia da Receita Federal na conformidade da legislação do Imposto sobre a Renda e proventos de qualquer natureza, com as necessárias atualizações, para suprir a exigência contida no *caput* e no § 2º deste artigo.

Capítulo V
DO PROCEDIMENTO ADMINISTRATIVO
E DO PROCESSO JUDICIAL

Art. 14. Qualquer pessoa poderá representar à autoridade administrativa competente para que seja instaurada investigação destinada a apurar a prática de ato de improbidade.

§ 1º A representação, que será escrita ou reduzida a termo e assinada, conterá a qualificação do representante, as informações sobre o fato e sua autoria e a indicação das provas de que tenha conhecimento.

§ 2º A autoridade administrativa rejeitará a representação, em despacho fundamentado, se esta não contiver as formalidades estabelecidas no § 1º deste artigo. A rejeição não impede a representação ao Ministério Público, nos termos do art. 22 desta Lei.

§ 3º Atendidos os requisitos da representação, a autoridade determinará a imediata apuração dos fatos que, em se tratando de servidores federais, será processada na forma prevista nos arts. 148 a 182 da Lei n. 8.112, de 11 de dezembro de 1990, e, em se tratando de servidor militar, de acordo com os respectivos regulamentos disciplinares.

Art. 15. A comissão processante dará conhecimento ao Ministério Público e ao Tribunal ou Conselho de Contas da existência de procedimento administrativo para apurar a prática de ato de improbidade.

Parágrafo único. O Ministério Público ou Tribunal ou Conselho de Contas poderá, a requerimento, designar representante para acompanhar o procedimento administrativo.

Art. 16. Havendo fundados indícios de responsabilidade, a comissão representará ao Ministério Público ou à Procuradoria do órgão para que requeira ao juízo competente a decretação do sequestro dos bens do agente ou terceiro que tenha enriquecido ilicitamente ou causado dano ao patrimônio público.

§ 1º O pedido de sequestro será processado de acordo com o disposto nos arts. 822 e 825 do Código de Processo Civil.

§ 2º Quando for o caso, o pedido incluirá a investigação, o exame e o bloqueio de bens, contas bancárias e aplicações financeiras mantidas pelo indiciado no exterior, nos termos da lei e dos tratados internacionais.

Art. 17. A ação principal, que terá o rito ordinário, será proposta pelo Ministério Público ou pela pessoa jurídica interessada, dentro de 30 (trinta) dias da efetivação da medida cautelar.

§ 1º É vedada a transação, acordo ou conciliação nas ações de que trata o *caput*.

§ 2º A Fazenda Pública, quando for o caso, promoverá as ações necessárias à complementação do ressarcimento do patrimônio público.

§ 3º No caso de a ação principal ter sido proposta pelo Ministério Público, aplica-se, no que couber, o disposto no § 3º do art. 6º da Lei n. 4.717, de 29 de junho de 1965.

• *Redação dada pela Lei n. 9.366, de 16-12-1996.*

§ 4º O Ministério Público, se não intervier no processo como parte, atuará obrigatoriamente, como fiscal da lei, sob pena de nulidade.

§ 5º A propositura da ação prevenirá a jurisdição do juízo para todas as ações posteriormente intentadas que possuam a mesma causa de pedir ou o mesmo objeto.

• *Parágrafo incluído pela Medida Provisória n. 2.180-34, de 24-8-2001.*

§ 6º A ação será instruída com documentos ou justificação que contenham indícios suficientes da existência do ato de improbidade ou com razões fundamentadas da impossibilidade de apresentação de qualquer dessas provas, observada a legislação vigente, inclusive as disposições inscritas nos arts. 16 a 18 do Código de Processo Civil.

• *Incluído pela Medida Provisória n. 2.225-45, de 4-9-2001 – DOU de 5-9-2001 (edição extra).*

§ 7º Estando a inicial em devida forma, o juiz mandará autuá-la e ordenará a notificação do requerido, para oferecer manifestação por escrito, que poderá ser instruída com documentos e justificações, dentro do prazo de quinze dias.

• *Incluído pela Medida Provisória n. 2.225-45, de 4-9-2001 – DOU de 5-9-2001 (edição extra).*

§ 8º Recebida a manifestação, o juiz, no prazo de trinta dias, em decisão fundamentada, rejeitará a ação, se convencido da inexistência do ato de improbidade, da improcedência da ação ou da inadequação da via eleita.

• *Incluído pela Medida Provisória n. 2.225-45, de 4-9-2001 – DOU de 5-9-2001 (edição extra).*

§ 9º Recebida a petição inicial, será o réu citado para apresentar contestação.

• *Incluído pela Medida Provisória n. 2.225-45, de 4-9-2001 – DOU de 5-9-2001 (edição extra).*

§ 10. Da decisão que receber a petição inicial, caberá agravo de instrumento.

• *Incluído pela Medida Provisória n. 2.225-45, de 4-9-2001 – DOU de 5-9-2001 (edição extra).*

§ 11. Em qualquer fase do processo, reconhecida a inadequação da ação de improbidade, o juiz extinguirá o processo sem julgamento do mérito.

• *Incluído pela Medida Provisória n. 2.225-45, de 4-9-2001 – DOU de 5-9-2001 (edição extra).*

§ 12. Aplica-se aos depoimentos ou inquirições realizadas nos processos regidos por esta Lei o disposto no art. 221, *caput* e § 1º, do Código de Processo Penal

• *Incluído pela Medida Provisória n. 2.225-45, de 4-9-2001 – DOU de 5-9-2001 (edição extra).*

Art. 18. A sentença que julgar procedente ação civil de reparação de dano ou decretar a perda dos bens havidos ilicitamente determinará o pagamento ou a reversão dos bens, conforme o caso, em favor da pessoa jurídica prejudicada pelo ilícito.

Capítulo VI
DAS DISPOSIÇÕES PENAIS

Art. 19. Constitui crime a representação por ato de improbidade contra agente público ou terceiro beneficiário quando o autor da denúncia o sabe inocente.

Pena: detenção de 6 (seis) a 10 (dez) meses e multa.

Parágrafo único. Além da sanção penal, o denunciante está sujeito a indenizar o denunciado pelos danos materiais, morais ou à imagem que houver provocado.

Art. 20. A perda da função pública e a suspensão dos direitos políticos só se efetivam com o trânsito em julgado da sentença condenatória.

Parágrafo único. A autoridade judicial ou administrativa competente poderá determinar o afastamento do agente público do exercício do cargo, emprego ou função, sem prejuízo da remuneração, quando a medida se fizer necessária à instrução processual.

Art. 21. A aplicação das sanções previstas nesta Lei independe:

I – da efetiva ocorrência de dano ao patrimônio público;

II – da aprovação ou rejeição das contas pelo órgão de controle interno ou pelo Tribunal ou Conselho de Contas.

Art. 22. Para apurar qualquer ilícito previsto nesta Lei, o Ministério Público, de ofício, a requerimento de autoridade administrativa ou mediante representação formulada de acordo com o disposto no art. 14, poderá requisitar a instauração de inquérito policial ou procedimento administrativo.

Capítulo VII
DA PRESCRIÇÃO

Art. 23. As ações destinadas a levar a efeito as sanções previstas nesta Lei podem ser propostas:

I – até 5 (cinco) anos após o término do exercício de mandato, de cargo em comissão ou de função de confiança;

II – dentro do prazo prescricional previsto em lei específica para faltas disciplinares puníveis com demissão a bem do serviço público, nos casos de exercício de cargo efetivo ou emprego.

Capítulo VIII
DAS DISPOSIÇÕES FINAIS

Art. 24. Esta Lei entra em vigor na data de sua publicação.

Art. 25. Ficam revogadas as Leis n. 3.164, de 1º de junho de 1957, e 3.502, de 21 de dezembro de 1958, e demais disposições em contrário.

Rio de Janeiro, 2 de junho de 1992; 171º da Independência e 104º da República.

FERNANDO COLLOR
Célio Borja

LEI N. 8.987, DE 13 DE FEVEREIRO DE 1995[*]

Dispõe sobre o regime de concessão e permissão da prestação de serviços públicos previsto no art. 175 da Constituição Federal, e dá outras providências.

O Presidente da República

Faço saber que o Congresso Nacional decreta e eu sanciono a seguinte Lei:

Capítulo I
DAS DISPOSIÇÕES PRELIMINARES

Art. 1º As concessões de serviços públicos e de obras públicas e as permissões de serviços públicos reger-se-ão pelos termos do art. 175 da Constituição Federal, por esta Lei, pelas normas legais pertinentes e pelas cláusulas dos indispensáveis contratos.

Parágrafo único. A União, os Estados, o Distrito Federal e os Municípios promoverão a revisão e as adaptações necessárias de sua legislação às prescrições desta Lei, buscando atender as peculiaridades das diversas modalidades dos seus serviços.

Art. 2º Para os fins do disposto nesta Lei, considera-se:

I – poder concedente: a União, o Estado, o Distrito Federal ou o Município, em cuja competência se encontre o serviço público, precedido ou não da execução de obra pública, objeto de concessão ou permissão;

---

[*] Publicada no *Diário Oficial da União* de 14 de fevereiro de 1995 e republicada em 28 de setembro de 1998.

II – concessão de serviço público: a delegação de sua prestação, feita pelo poder concedente, mediante licitação, na modalidade de concorrência, à pessoa jurídica ou consórcio de empresas que demonstre capacidade para seu desempenho, por sua conta e risco e por prazo determinado;

III – concessão de serviço público precedida da execução de obra pública: a construção, total ou parcial, conservação, reforma, ampliação ou melhoramento de quaisquer obras de interesse público, delegada pelo poder concedente, mediante licitação, na modalidade de concorrência, à pessoa jurídica ou consórcio de empresas que demonstre capacidade para a sua realização, por sua conta e risco, de forma que o investimento da concessionária seja remunerado e amortizado mediante a exploração do serviço ou da obra por prazo determinado;

IV – permissão de serviço público: a delegação, a título precário, mediante licitação, da prestação de serviços públicos, feita pelo poder concedente à pessoa física ou jurídica que demonstre capacidade para seu desempenho, por sua conta e risco.

Art. 3º As concessões e permissões sujeitar-se-ão à fiscalização pelo poder concedente responsável pela delegação, com a cooperação dos usuários.

Art. 4º A concessão de serviço público, precedida ou não da execução de obra pública, será formalizada mediante contrato, que deverá observar os termos desta Lei, das normas pertinentes e do edital de licitação.

Art. 5º O poder concedente publicará, previamente ao edital de licitação, ato justificando a conveniência da outorga de concessão ou permissão, caracterizando seu objeto, área e prazo.

Capítulo II
DO SERVIÇO ADEQUADO

Art. 6º Toda concessão ou permissão pressupõe a prestação de serviço adequado ao pleno atendimento dos usuários, conforme estabelecido nesta Lei, nas normas pertinentes e no respectivo contrato.

§ 1º Serviço adequado é o que satisfaz as condições de regularidade, continuidade, eficiência, segurança, atualidade, generalidade, cortesia na sua prestação e modicidade das tarifas.

§ 2º A atualidade compreende a modernidade das técnicas, do equipamento e das instalações e a sua conservação, bem como a melhoria e expansão do serviço.

§ 3º Não se caracteriza como descontinuidade do serviço a sua interrupção em situação de emergência ou após prévio aviso, quando:

I – motivada por razões de ordem técnica ou de segurança das instalações; e

II – por inadimplemento do usuário, considerado o interesse da coletividade.

Capítulo III
DOS DIREITOS E OBRIGAÇÕES DOS USUÁRIOS

Art. 7º Sem prejuízo do disposto na Lei n. 8.078, de 11 de setembro de 1990, são direitos e obrigações dos usuários:

I – receber serviço adequado;

II – receber do poder concedente e da concessionária informações para a defesa de interesses individuais ou coletivos;

III – obter e utilizar o serviço, com liberdade de escolha entre vários prestadores de serviços, quando for o caso, observadas as normas do poder concedente;

• *Redação dada pela Lei n. 9.648, de 1998.*

IV – levar ao conhecimento do poder público e da concessionária as irregularidades de que tenham conhecimento, referentes ao serviço prestado;

V – comunicar às autoridades competentes os atos ilícitos praticados pela concessionária na prestação do serviço;

VI – contribuir para a permanência das boas condições dos bens públicos através dos quais lhes são prestados os serviços.

Art. 7º-A. As concessionárias de serviços públicos, de direito público e privado, nos Estados e no Distrito Federal, são obrigadas a oferecer ao consumidor e ao usuário, dentro do mês de vencimento, o mínimo de seis datas opcionais para escolherem os dias de vencimento de seus débitos.

• Incluído pela Lei n. 9.791, de 1999.

Capítulo IV
DA POLÍTICA TARIFÁRIA

Art. 8º (Vetado.)

Art. 9º A tarifa do serviço público concedido será fixada pelo preço da proposta vencedora da licitação e preservada pelas regras de revisão previstas nesta Lei, no edital e no contrato.

§ 1º A tarifa não será subordinada à legislação específica anterior e somente nos casos expressamente previstos em lei, sua cobrança poderá ser condicionada à existência de serviço público alternativo e gratuito para o usuário.

• Redação dada pela Lei n. 9.648, de 1998.

§ 2º Os contratos poderão prever mecanismos de revisão das tarifas, a fim de manter-se o equilíbrio econômico-financeiro.

§ 3º Ressalvados os impostos sobre a renda, a criação, alteração ou extinção de quaisquer tributos ou encargos legais, após a apresentação da proposta, quando comprovado seu impacto, implicará a revisão da tarifa, para mais ou para menos, conforme o caso.

§ 4º Em havendo alteração unilateral do contrato que afete o seu inicial equilíbrio econômico-financeiro, o poder concedente deverá restabelecê-lo, concomitantemente à alteração.

Art. 10. Sempre que forem atendidas as condições do contrato, considera-se mantido seu equilíbrio econômico-financeiro.

Art. 11. No atendimento às peculiaridades de cada serviço público, poderá o poder concedente prever, em favor da concessionária, no edital de licitação, a possibilidade de outras fontes provenientes de receitas alternativas, complementares, acessórias ou de projetos associados, com ou sem exclusividade, com vistas a favorecer a modicidade das tarifas, observado o disposto no art. 17 desta Lei.

Parágrafo único. As fontes de receita previstas neste artigo serão obrigatoriamente consideradas para a aferição do inicial equilíbrio econômico-financeiro do contrato.

Art. 12. (*Vetado.*)

Art. 13. As tarifas poderão ser diferenciadas em função das características técnicas e dos custos específicos provenientes do atendimento aos distintos segmentos de usuários.

Capítulo V
DA LICITAÇÃO

Art. 14. Toda concessão de serviço público, precedida ou não da execução de obra pública, será objeto de prévia licitação, nos termos da legislação própria e com observância dos princípios da legalidade, moralidade, publicidade, igualdade, do julgamento por critérios objetivos e da vinculação ao instrumento convocatório.

Art. 15. No julgamento da licitação será considerado um dos seguintes critérios:

• *Redação dada pela Lei n. 9.648, de 1998.*

I – o menor valor da tarifa do serviço público a ser prestado;

• *Redação dada pela Lei n. 9.648, de 1998.*

II – a maior oferta, nos casos de pagamento ao poder concedente pela outorga da concessão;

• *Redação dada pela Lei n. 9.648, de 1998.*

III – a combinação, dois a dois, dos critérios referidos nos incisos I, II e VII;

• *Redação dada pela Lei n. 9.648, de 1998.*

IV – melhor proposta técnica, com preço fixado no edital;

• *Incluído pela Lei n. 9.648, de 1998.*

V – melhor proposta em razão da combinação dos critérios de menor valor da tarifa do serviço público a ser prestado com o de melhor técnica;

• *Incluído pela Lei n. 9.648, de 1998.*

VI – melhor proposta em razão da combinação dos critérios de maior oferta pela outorga da concessão com o de melhor técnica; ou

• *Incluído pela Lei n. 9.648, de 1998.*

VII – melhor oferta de pagamento pela outorga após qualificação de propostas técnicas.

• *Incluído pela Lei n. 9.648, de 1998.*

§ 1º A aplicação do critério previsto no inciso III só será admitida quando previamente estabelecida no edital de licitação, inclusive com regras e fórmulas precisas para avaliação econômico-financeira.

• *Redação dada pela Lei n. 9.648, de 1998.*

§ 2º Para fins de aplicação do disposto nos incisos IV, V, VI e VII, o edital de licitação conterá parâmetros e exigências para formulação de propostas técnicas.

• *Redação dada pela Lei n. 9.648, de 1998.*

§ 3º O poder concedente recusará propostas manifestamente inexequíveis ou financeiramente incompatíveis com os objetivos da licitação.

• *Redação dada pela Lei n. 9.648, de 1998.*

§ 4º Em igualdade de condições, será dada preferência à proposta apresentada por empresa brasileira.

• *Redação dada pela Lei n. 9.648, de 1998.*

Art. 16. A outorga de concessão ou permissão não terá caráter de exclusividade, salvo no caso de inviabilidade técnica ou econômica justificada no ato a que se refere o art. 5º desta Lei.

Art. 17. Considerar-se-á desclassificada a proposta que, para sua viabilização, necessite de vantagens ou subsídios que não estejam previamente autorizados em lei e à disposição de todos os concorrentes.

§ 1º Considerar-se-á, também, desclassificada a proposta de entidade estatal alheia à esfera político-administrativa do poder concedente que, para sua viabilização, necessite de vantagens ou subsídios do poder público controlador da referida entidade.

• *Renumerado do parágrafo único pela Lei n. 9.648, de 1998.*

§ 2º Inclui-se nas vantagens ou subsídios de que trata este artigo, qualquer tipo de tratamento tributário diferenciado, ainda que em consequência da natureza jurídica do licitante, que comprometa a isonomia fiscal que deve prevalecer entre todos os concorrentes.

• *Incluído pela Lei n. 9.648, de 1998.*

Art. 18. O edital de licitação será elaborado pelo poder concedente, observados, no que couber, os critérios e as normas gerais da legislação própria sobre licitações e contratos e conterá, especialmente:

I – o objeto, metas e prazo da concessão;

II – a descrição das condições necessárias à prestação adequada do serviço;

III – os prazos para recebimento das propostas, julgamento da licitação e assinatura do contrato;

IV – prazo, local e horário em que serão fornecidos, aos interessados, os dados, estudos e projetos necessários à elaboração dos orçamentos e apresentação das propostas;

V – os critérios e a relação dos documentos exigidos para a aferição da capacidade técnica, da idoneidade financeira e da regularidade jurídica e fiscal;

VI – as possíveis fontes de receitas alternativas, complementares ou acessórias, bem como as provenientes de projetos associados;

VII – os direitos e obrigações do poder concedente e da concessionária em relação a alterações e expansões a serem realizadas no futuro, para garantir a continuidade da prestação do serviço;

VIII – os critérios de reajuste e revisão da tarifa;

IX – os critérios, indicadores, fórmulas e parâmetros a serem utilizados no julgamento técnico e econômico-financeiro da proposta;

X – a indicação dos bens reversíveis;

XI – as características dos bens reversíveis e as condições em que estes serão postos à disposição, nos casos em que houver sido extinta a concessão anterior;

XII – a expressa indicação do responsável pelo ônus das desapropriações necessárias à execução do serviço ou da obra pública, ou para a instituição de servidão administrativa;

XIII – as condições de liderança da empresa responsável, na hipótese em que for permitida a participação de empresas em consórcio;

XIV – nos casos de concessão, a minuta do respectivo contrato, que conterá as cláusulas essenciais referidas no art. 23 desta Lei, quando aplicáveis;

XV – nos casos de concessão de serviços públicos precedida da execução de obra pública, os dados relativos à obra, dentre os quais os elementos do projeto básico que permitam sua plena caracterização, bem assim as garantias exigidas para essa parte específica do contrato, adequadas a cada caso e limitadas ao valor da obra;

• *Redação dada pela Lei n. 9.648, de 1998.*

XVI – nos casos de permissão, os termos do contrato de adesão a ser firmado.

Art. 18-A. O edital poderá prever a inversão da ordem das fases de habilitação e julgamento, hipótese em que:

• *Incluído pela Lei n. 11.196, de 2005.*

I – encerrada a fase de classificação das propostas ou o oferecimento de lances, será aberto o invólucro com os documentos de habilitação do licitante mais bem classificado, para verificação do atendimento das condições fixadas no edital;

• *Incluído pela Lei n. 11.196, de 2005.*

II – verificado o atendimento das exigências do edital, o licitante será declarado vencedor;

• *Incluído pela Lei n. 11.196, de 2005.*

III – inabilitado o licitante melhor classificado, serão analisados os documentos habilitatórios do licitante com a proposta classificada em segundo lugar, e assim sucessivamente, até que um licitante classificado atenda às condições fixadas no edital;

• *Incluído pela Lei n. 11.196, de 2005.*

IV – proclamado o resultado final do certame, o objeto será adjudicado ao vencedor nas condições técnicas e econômicas por ele ofertadas

• *Incluído pela Lei n. 11.196, de 2005.*

Art. 19. Quando permitida, na licitação, a participação de empresas em consórcio, observar-se-ão as seguintes normas:

I – comprovação de compromisso, público ou particular, de constituição de consórcio, subscrito pelas consorciadas;

II – indicação da empresa responsável pelo consórcio;

III – apresentação dos documentos exigidos nos incisos V e XIII do artigo anterior, por parte de cada consorciada;

IV – impedimento de participação de empresas consorciadas na mesma licitação, por intermédio de mais de um consórcio ou isoladamente.

§ 1º O licitante vencedor fica obrigado a promover, antes da celebração do contrato, a constituição e registro do consórcio, nos termos do compromisso referido no inciso I deste artigo.

§ 2º A empresa líder do consórcio é a responsável perante o poder concedente pelo cumprimento do contrato de concessão, sem prejuízo da responsabilidade solidária das demais consorciadas.

Art. 20. É facultado ao poder concedente, desde que previsto no edital, no interesse do serviço a ser concedido, determinar que o licitante vencedor, no caso de consórcio, se constitua em empresa antes da celebração do contrato.

Art. 21. Os estudos, investigações, levantamentos, projetos, obras e despesas ou investimentos já efetuados, vinculados à concessão, de utilidade para a licitação, realizados pelo poder concedente ou com a sua autorização, estarão à disposição dos interessados, devendo o vencedor da licitação ressarcir os dispêndios correspondentes, especificados no edital.

Art. 22. É assegurada a qualquer pessoa a obtenção de certidão sobre atos, contratos, decisões ou pareceres relativos à licitação ou às próprias concessões.

Capítulo VI
DO CONTRATO DE CONCESSÃO

Art. 23. São cláusulas essenciais do contrato de concessão as relativas:

I – ao objeto, à área e ao prazo da concessão;

II – ao modo, forma e condições de prestação do serviço;

III – aos critérios, indicadores, fórmulas e parâmetros definidores da qualidade do serviço;

IV – ao preço do serviço e aos critérios e procedimentos para o reajuste e a revisão das tarifas;

V – aos direitos, garantias e obrigações do poder concedente e da concessionária, inclusive os relacionados às previsíveis necessidades de futura alteração e expansão do serviço e consequente modernização, aperfeiçoamento e ampliação dos equipamentos e das instalações;

VI – aos direitos e deveres dos usuários para obtenção e utilização do serviço;

VII – à forma de fiscalização das instalações, dos equipamentos, dos métodos e práticas de execução do serviço, bem como a indicação dos órgãos competentes para exercê-la;

VIII – às penalidades contratuais e administrativas a que se sujeita a concessionária e sua forma de aplicação;

IX – aos casos de extinção da concessão;

X – aos bens reversíveis;

XI – aos critérios para o cálculo e a forma de pagamento das indenizações devidas à concessionária, quando for o caso;

XII – às condições para prorrogação do contrato;

XIII – à obrigatoriedade, forma e periodicidade da prestação de contas da concessionária ao poder concedente;

XIV – à exigência da publicação de demonstrações financeiras periódicas da concessionária; e

XV – ao foro e ao modo amigável de solução das divergências contratuais.

Parágrafo único. Os contratos relativos à concessão de serviço público precedido da execução de obra pública deverão, adicionalmente:

I – estipular os cronogramas físico-financeiros de execução das obras vinculadas à concessão; e

II – exigir garantia do fiel cumprimento, pela concessionária, das obrigações relativas às obras vinculadas à concessão.

Art. 23-A. O contrato de concessão poderá prever o emprego de mecanismos privados para a resolução de disputas decorrentes ou relacionadas ao contrato, inclusive a arbitragem, a ser realizada no Brasil e em língua portuguesa, nos termos da Lei n. 9.307, de 23 de setembro de 1996.

• *Incluído pela Lei n. 11.196, de 2005.*

Art. 24. (*Vetado.*)

Art. 25. Incumbe à concessionária a execução do serviço concedido, cabendo-lhe responder por todos os prejuízos causados ao poder concedente, aos usuários ou a terceiros, sem que a fiscalização exercida pelo órgão competente exclua ou atenue essa responsabilidade.

§ 1º Sem prejuízo da responsabilidade a que se refere este artigo, a concessionária poderá contratar com terceiros o desenvolvimento de atividades inerentes, acessórias ou complementares ao serviço concedido, bem como a implementação de projetos associados.

§ 2º Os contratos celebrados entre a concessionária e os terceiros a que se refere o parágrafo anterior reger-se-ão pelo direito privado, não se estabelecendo qualquer relação jurídica entre os terceiros e o poder concedente.

§ 3º A execução das atividades contratadas com terceiros pressupõe o cumprimento das normas regulamentares da modalidade do serviço concedido.

Art. 26. É admitida a subconcessão, nos termos previstos no contrato de concessão, desde que expressamente autorizada pelo poder concedente.

§ 1º A outorga de subconcessão será sempre precedida de concorrência.

§ 2º O subconcessionário se sub-rogará todos os direitos e obrigações da subconcedente dentro dos limites da subconcessão.

Art. 27. A transferência de concessão ou do controle societário da concessionária sem prévia anuência do poder concedente implicará a caducidade da concessão.

§ 1º Para fins de obtenção da anuência de que trata o *caput* deste artigo, o pretendente deverá:

• *Renumerado do parágrafo único pela Lei n. 11.196, de 2005.*

I – atender às exigências de capacidade técnica, idoneidade financeira e regularidade jurídica e fiscal necessárias à assunção do serviço; e

II – comprometer-se a cumprir todas as cláusulas do contrato em vigor.

§ 2º Nas condições estabelecidas no contrato de concessão, o poder concedente autorizará a assunção do controle da concessionária por seus financiadores para promover sua reestruturação financeira e assegurar a continuidade da prestação dos serviços.

• *Incluído pela Lei n. 11.196, de 2005.*

§ 3º Na hipótese prevista no § 2º deste artigo, o poder concedente exigirá dos financiadores que atendam às exigências de regularidade jurídica e fiscal, podendo alterar ou dispensar os demais requisitos previstos no § 1º, inciso I deste artigo.

• *Incluído pela Lei n. 11.196, de 2005.*

§ 4º A assunção do controle autorizada na forma do § 2º deste artigo não alterará as obrigações da concessionária e de seus controladores ante o poder concedente.

• *Incluído pela Lei n. 11.196, de 2005.*

Art. 28. Nos contratos de financiamento, as concessionárias poderão oferecer em garantia os direitos emergentes da concessão, até o limite que não comprometa a operacionalização e a continuidade da prestação do serviço.

Parágrafo único. (*Revogado pela Lei n. 9.074, de 1995.*)

Art. 28-A. Para garantir contratos de mútuo de longo prazo, destinados a investimentos relacionados a contratos de concessão, em qualquer de suas modalidades, as concessionárias poderão ceder ao mutuante, em caráter fiduciário, parcela de seus créditos operacionais futuros, observadas as seguintes condições:

• *Incluído pela Lei n. 11.196, de 2005.*

I – o contrato de cessão dos créditos deverá ser registrado em Cartório de Títulos e Documentos para ter eficácia perante terceiros;

II – sem prejuízo do disposto no inciso I do *caput* deste artigo, a cessão do crédito não terá eficácia em relação ao Poder Público concedente senão quando for este formalmente notificado;

• *Incluído pela Lei n. 11.196, de 2005.*

III – os créditos futuros cedidos nos termos deste artigo serão constituídos sob a titularidade do mutuante, independentemente de qualquer formalidade adicional;

• *Incluído pela Lei n. 11.196, de 2005.*

IV – o mutuante poderá indicar instituição financeira para efetuar a cobrança e receber os pagamentos dos créditos cedidos ou permitir que a concessionária o faça, na qualidade de representante e depositária;

• *Incluído pela Lei n. 11.196, de 2005.*

V – na hipótese de ter sido indicada instituição financeira, conforme previsto no inciso IV do *caput* deste artigo, fica a concessionária obrigada a apresentar a essa os créditos para cobrança;

• *Incluído pela Lei n. 11.196, de 2005.*

VI – os pagamentos dos créditos cedidos deverão ser depositados pela concessionária ou pela instituição encarregada da cobrança em conta corrente bancária vinculada ao contrato de mútuo;

• *Incluído pela Lei n. 11.196, de 2005.*

VII – a instituição financeira depositária deverá transferir os valores recebidos ao mutuante à medida que as obrigações do contrato de mútuo tornarem-se exigíveis; e

• *Incluído pela Lei n. 11.196, de 2005.*

VIII – o contrato de cessão disporá sobre a devolução à concessionária dos recursos excedentes, sendo vedada a retenção do saldo após o adimplemento integral do contrato.
• *Incluído pela Lei n. 11.196, de 2005.*

Parágrafo único. Para fins deste artigo, serão considerados contratos de longo prazo aqueles cujas obrigações tenham prazo médio de vencimento superior a 5 (cinco) anos.
• *Incluído pela Lei n. 11.196, de 2005.*

Capítulo VII
DOS ENCARGOS DO PODER CONCEDENTE

Art. 29. Incumbe ao poder concedente:

I – regulamentar o serviço concedido e fiscalizar permanentemente a sua prestação;

II – aplicar as penalidades regulamentares e contratuais;

III – intervir na prestação do serviço, nos casos e condições previstos em lei;

IV – extinguir a concessão, nos casos previstos nesta Lei e na forma prevista no contrato;

V – homologar reajustes e proceder à revisão das tarifas na forma desta Lei, das normas pertinentes e do contrato;

VI – cumprir e fazer cumprir as disposições regulamentares do serviço e as cláusulas contratuais da concessão;

VII – zelar pela boa qualidade do serviço, receber, apurar e solucionar queixas e reclamações dos usuários, que serão cientificados, em até trinta dias, das providências tomadas;

VIII – declarar de utilidade pública os bens necessários à execução do serviço ou obra pública, promovendo as desapropriações, diretamente ou mediante outorga de poderes à concessionária, caso em que será desta a responsabilidade pelas indenizações cabíveis;

IX – declarar de necessidade ou utilidade pública, para fins de instituição de servidão administrativa, os bens necessários à execução de serviço ou obra pública, promovendo-a diretamente ou mediante outorga de poderes à concessionária, caso em que será desta a responsabilidade pelas indenizações cabíveis;

X – estimular o aumento da qualidade, produtividade, preservação do meio ambiente e conservação;

XI – incentivar a competitividade; e

XII – estimular a formação de associações de usuários para defesa de interesses relativos ao serviço.

Art. 30. No exercício da fiscalização, o poder concedente terá acesso aos dados relativos à administração, contabilidade, recursos técnicos, econômicos e financeiros da concessionária.

Parágrafo único. A fiscalização do serviço será feita por intermédio de órgão técnico do poder concedente ou por entidade com ele conveniada, e, periodicamente, conforme previsto em norma regulamentar, por comissão composta de representantes do poder concedente, da concessionária e dos usuários.

Capítulo VIII
DOS ENCARGOS DA CONCESSIONÁRIA

Art. 31. Incumbe à concessionária:

I – prestar serviço adequado, na forma prevista nesta Lei, nas normas técnicas aplicáveis e no contrato;

II – manter em dia o inventário e o registro dos bens vinculados à concessão;

III – prestar contas da gestão do serviço ao poder concedente e aos usuários, nos termos definidos no contrato;

IV – cumprir e fazer cumprir as normas do serviço e as cláusulas contratuais da concessão;

V – permitir aos encarregados da fiscalização livre acesso, em qualquer época, às obras, aos equipamentos e às instalações integrantes do serviço, bem como a seus registros contábeis;

VI – promover as desapropriações e constituir servidões autorizadas pelo poder concedente, conforme previsto no edital e no contrato;

VII – zelar pela integridade dos bens vinculados à prestação do serviço, bem como segurá-los adequadamente; e

VIII – captar, aplicar e gerir os recursos financeiros necessários à prestação do serviço.

Parágrafo único. As contratações, inclusive de mão de obra, feitas pela concessionária serão regidas pelas disposições de direito privado e pela legislação trabalhista, não se estabelecendo qualquer relação entre os terceiros contratados pela concessionária e o poder concedente.

Capítulo IX
DA INTERVENÇÃO

Art. 32. O poder concedente poderá intervir na concessão, com o fim de assegurar a adequação na prestação do serviço, bem como o fiel cumprimento das normas contratuais, regulamentares e legais pertinentes.

Parágrafo único. A intervenção far-se-á por decreto do poder concedente, que conterá a designação do interventor, o prazo da intervenção e os objetivos e limites da medida.

Art. 33. Declarada a intervenção, o poder concedente deverá, no prazo de trinta dias, instaurar procedimento administrativo para comprovar as causas determinantes da medida e apurar responsabilidades, assegurado o direito de ampla defesa.

§ 1º Se ficar comprovado que a intervenção não observou os pressupostos legais e regulamentares será declarada sua nulidade, devendo o serviço ser imediatamente devolvido à concessionária, sem prejuízo de seu direito à indenização.

§ 2º O procedimento administrativo a que se refere o *caput* deste artigo deverá ser concluído no prazo de até cento e oitenta dias, sob pena de considerar-se inválida a intervenção.

Art. 34. Cessada a intervenção, se não for extinta a concessão, a administração do serviço será devolvida à concessionária, precedida de prestação de contas pelo interventor, que responderá pelos atos praticados durante a sua gestão.

Capítulo X
DA EXTINÇÃO DA CONCESSÃO

Art. 35. Extingue-se a concessão por:

I – advento do termo contratual;

II – encampação;

III – caducidade;

IV – rescisão;

V – anulação; e

VI – falência ou extinção da empresa concessionária e falecimento ou incapacidade do titular, no caso de empresa individual.

§ 1º Extinta a concessão, retornam ao poder concedente todos os bens reversíveis, direitos e privilégios transferidos ao concessionário conforme previsto no edital e estabelecido no contrato.

§ 2º Extinta a concessão, haverá a imediata assunção do serviço pelo poder concedente, procedendo-se aos levantamentos, avaliações e liquidações necessários.

§ 3º A assunção do serviço autoriza a ocupação das instalações e a utilização, pelo poder concedente, de todos os bens reversíveis.

§ 4º Nos casos previstos nos incisos I e II deste artigo, o poder concedente, antecipando-se à extinção da concessão, procederá aos levantamentos e avaliações necessários à determinação dos montantes da indenização que será devida à concessionária, na forma dos arts. 36 e 37 desta Lei.

Art. 36. A reversão no advento do termo contratual far-se-á com a indenização das parcelas dos investimentos vinculados a bens reversíveis, ainda não amortizados ou depreciados, que tenham sido realizados com o objetivo de garantir a continuidade e atualidade do serviço concedido.

Art. 37. Considera-se encampação a retomada do serviço pelo poder concedente durante o prazo da concessão, por motivo de interesse público, mediante lei autorizativa específica e após prévio pagamento da indenização, na forma do artigo anterior.

Art. 38. A inexecução total ou parcial do contrato acarretará, a critério do poder concedente, a declaração de caducidade da concessão ou a aplicação das sanções contratuais, respeitadas as disposições deste artigo, do art. 27, e as normas convencionadas entre as partes.

§ 1º A caducidade da concessão poderá ser declarada pelo poder concedente quando:

I – o serviço estiver sendo prestado de forma inadequada ou deficiente, tendo por base as normas, critérios, indicadores e parâmetros definidores da qualidade do serviço;

II – a concessionária descumprir cláusulas contratuais ou disposições legais ou regulamentares concernentes à concessão;

III – a concessionária paralisar o serviço ou concorrer para tanto, ressalvadas as hipóteses decorrentes de caso fortuito ou força maior;

IV – a concessionária perder as condições econômicas, técnicas ou operacionais para manter a adequada prestação do serviço concedido;

V – a concessionária não cumprir as penalidades impostas por infrações, nos devidos prazos;

VI – a concessionária não atender a intimação do poder concedente no sentido de regularizar a prestação do serviço; e

VII – a concessionária for condenada em sentença transitada em julgado por sonegação de tributos, inclusive contribuições sociais.

§ 2º A declaração da caducidade da concessão deverá ser precedida da verificação da inadimplência da concessionária em processo administrativo, assegurado o direito de ampla defesa.

§ 3º Não será instaurado processo administrativo de inadimplência antes de comunicados à concessionária, detalhadamente, os descumprimentos contratuais referidos no § 1º deste artigo, dando-lhe um prazo para corrigir as falhas e transgressões apontadas e para o enquadramento, nos termos contratuais.

§ 4º Instaurado o processo administrativo e comprovada a inadimplência, a caducidade será declarada por decreto do poder concedente, independentemente de indenização prévia, calculada no decurso do processo.

§ 5º A indenização de que trata o parágrafo anterior, será devida na forma do art. 36 desta Lei e do contrato, descontado o valor das multas contratuais e dos danos causados pela concessionária.

§ 6º Declarada a caducidade, não resultará para o poder concedente qualquer espécie de responsabilidade em relação aos encargos, ônus, obrigações ou compromissos com terceiros ou com empregados da concessionária.

Art. 39. O contrato de concessão poderá ser rescindido por iniciativa da concessionária, no caso de descumprimento das normas contratuais pelo poder concedente, mediante ação judicial especialmente intentada para esse fim.

Parágrafo único. Na hipótese prevista no *caput* deste artigo, os serviços prestados pela concessionária não poderão ser interrompidos ou paralisados, até a decisão judicial transitada em julgado.

CAPÍTULO XI
DAS PERMISSÕES

Art. 40. A permissão de serviço público será formalizada mediante contrato de adesão, que observará os termos desta Lei, das demais normas pertinentes e do edital de licitação, inclusive quanto à precariedade e à revogabilidade unilateral do contrato pelo poder concedente.

Parágrafo único. Aplica-se às permissões o disposto nesta Lei.

CAPÍTULO XII
DISPOSIÇÕES FINAIS E TRANSITÓRIAS

Art. 41. O disposto nesta Lei não se aplica à concessão, permissão e autorização para o serviço de radiodifusão sonora e de sons e imagens.

Art. 42. As concessões de serviço público outorgadas anteriormente à entrada em vigor desta Lei consideram-se válidas pelo prazo fixado no contrato ou no ato de outorga, observado o disposto no art. 43 desta Lei.

• Vide *Lei n. 9.074, de 1995.*

§ 1º Vencido o prazo mencionado no contrato ou ato de outorga, o serviço poderá ser prestado por órgão ou entidade do poder concedente, ou delegado a terceiros, mediante novo contrato.

• *Redação dada pela Lei n. 11.445, de 2007.*

§ 2º As concessões em caráter precário, as que estiverem com prazo vencido e as que estiverem em vigor por prazo indeterminado, inclusive por força de legislação anterior, permanecerão válidas pelo prazo necessário à realização dos levantamentos e avaliações indispensáveis à organização das licitações que precederão a outorga das concessões que as substituirão, prazo esse que não será inferior a 24 (vinte e quatro) meses.

§ 3º As concessões a que se refere o § 2º deste artigo, inclusive as que não possuam instrumento que as formalize ou que possuam cláusula que preveja prorrogação, terão validade máxima até o dia 31 de dezembro de 2010, desde que, até o dia 30 de junho de 2009, tenham sido cumpridas, cumulativamente, as seguintes condições:

• *Incluído pela Lei n. 11.445, de 2007.*

I – levantamento mais amplo e retroativo possível dos elementos físicos constituintes da infraestrutura de bens reversíveis e dos dados financeiros, contábeis e comerciais relativos à prestação dos serviços, em dimensão necessária e suficiente para a realização do cálculo de eventual indenização relativa aos investimentos ainda não amortizados pelas receitas emergentes da concessão, observadas as disposições legais e contratuais que regulavam a prestação do serviço ou a ela aplicáveis nos 20 (vinte) anos anteriores ao da publicação desta Lei;

• *Incluído pela Lei n. 11.445, de 2007.*

II – celebração de acordo entre o poder concedente e o concessionário sobre os critérios e a forma de indenização de eventuais créditos remanescentes de investimentos ainda não amortizados ou depreciados, apurados a partir dos levantamentos referidos no inciso I deste parágrafo e auditados por instituição especializada escolhida de comum acordo pelas partes; e

• *Incluído pela Lei n. 11.445, de 2007.*

III – publicação na imprensa oficial de ato formal de autoridade do poder concedente, autorizando a prestação precária dos serviços por prazo de até 6 (seis) meses, renovável até 31 de dezembro de 2008, mediante comprovação do cumprimento do disposto nos incisos I e II deste parágrafo.

• *Incluído pela Lei n. 11.445, de 2007.*

§ 4º Não ocorrendo o acordo previsto no inciso II do § 3º deste artigo, o cálculo da indenização de investimentos será feito com base nos critérios previstos no instrumento de concessão antes celebrado ou, na omissão deste, por avaliação de seu valor econômico ou reavaliação patrimonial, depreciação e amortização de ativos imobilizados definidos pelas legislações fiscal e das sociedades por ações, efetuada por empresa de auditoria independente escolhida de comum acordo pelas partes.

• *Incluído pela Lei n. 11.445, de 2007.*

§ 5º No caso do § 4º deste artigo, o pagamento de eventual indenização será realizado, mediante garantia real, por meio de 4 (quatro) parcelas anuais, iguais e sucessivas, da parte ainda não amortizada de investimentos e de outras indenizações relacionadas à prestação dos serviços, realizados com capital próprio do concessionário ou de seu controlador, ou originários de operações de financiamento, ou obtidos mediante emissão de ações, debêntures e outros títulos mobiliários, com a primeira parcela paga até o último dia útil do exercício financeiro em que ocorrer a reversão.

• *Incluído pela Lei n. 11.445, de 2007.*

§ 6º Ocorrendo acordo, poderá a indenização de que trata o § 5º deste artigo ser paga mediante receitas de novo contrato que venha a disciplinar a prestação do serviço.

• *Incluído pela Lei n. 11.445, de 2007.*

Art. 43. Ficam extintas todas as concessões de serviços públicos outorgadas sem licitação na vigência da Constituição de 1988.

• Vide *Lei n. 9.074, de 1995.*

Parágrafo único. Ficam também extintas todas as concessões outorgadas sem licitação anteriormente à Constituição de 1988, cujas obras ou serviços não tenham sido iniciados ou que se encontrem paralisados quando da entrada em vigor desta Lei.

Art. 44. As concessionárias que tiverem obras que se encontrem atrasadas, na data da publicação desta Lei, apresentarão ao poder concedente, dentro de cento e oitenta dias, plano efetivo de conclusão das obras.

• Vide *Lei n. 9.074, de 1995*.

Parágrafo único. Caso a concessionária não apresente o plano a que se refere este artigo ou se este plano não oferecer condições efetivas para o término da obra, o poder concedente poderá declarar extinta a concessão, relativa a essa obra.

Art. 45. Nas hipóteses de que tratam os arts. 43 e 44 desta Lei, o poder concedente indenizará as obras e serviços realizados somente no caso e com os recursos da nova licitação.

Parágrafo único. A licitação de que trata o *caput* deste artigo deverá, obrigatoriamente, levar em conta, para fins de avaliação, o estágio das obras paralisadas ou atrasadas, de modo a permitir a utilização do critério de julgamento estabelecido no inciso III do art. 15 desta Lei.

Art. 46. Esta Lei entra em vigor na data de sua publicação.

Art. 47. Revogam-se as disposições em contrário.

Brasília, 13 de fevereiro de 1995; 174º da Independência e 107º da República.

FERNANDO HENRIQUE CARDOSO
Nelson Jobim

LEI N. 9.784, DE 29 DE JANEIRO DE 1999*

Regula o processo administrativo no âmbito da Administração Pública Federal.

O Presidente da República

Faço saber que o Congresso Nacional decreta e eu sanciono a seguinte Lei:

Capítulo I
DAS DISPOSIÇÕES GERAIS

Art. 1º Esta Lei estabelece normas básicas sobre o processo administrativo no âmbito da Administração Federal direta e indireta, visando, em especial, à proteção dos direitos dos administrados e ao melhor cumprimento dos fins da Administração.

§ 1º Os preceitos desta Lei também se aplicam aos órgãos dos Poderes Legislativo e Judiciário da União, quando no desempenho de função administrativa.

§ 2º Para os fins desta Lei, consideram-se:

I – órgão – a unidade de atuação integrante da estrutura da Administração direta e da estrutura da Administração indireta;

II – entidade – a unidade de atuação dotada de personalidade jurídica;

III – autoridade – o servidor ou agente público dotado de poder de decisão.

---

* Publicada no *Diário Oficial da União* de 1º de fevereiro de 1999 e retificada em 11 de março de 1999.

Art. 2º A Administração Pública obedecerá, dentre outros, aos princípios da legalidade, finalidade, motivação, razoabilidade, proporcionalidade, moralidade, ampla defesa, contraditório, segurança jurídica, interesse público e eficiência.

Parágrafo único. Nos processos administrativos serão observados, entre outros, os critérios de:

I – atuação conforme a lei e o Direito;

II – atendimento a fins de interesse geral, vedada a renúncia total ou parcial de poderes ou competências, salvo autorização em lei;

III – objetividade no atendimento do interesse público, vedada a promoção pessoal de agentes ou autoridades;

IV – atuação segundo padrões éticos de probidade, decoro e boa-fé;

V – divulgação oficial dos atos administrativos, ressalvadas as hipóteses de sigilo previstas na Constituição;

VI – adequação entre meios e fins, vedada a imposição de obrigações, restrições e sanções em medida superior àquelas estritamente necessárias ao atendimento do interesse público;

VII – indicação dos pressupostos de fato e de direito que determinarem a decisão;

VIII – observância das formalidades essenciais à garantia dos direitos dos administrados;

IX – adoção de formas simples, suficientes para propiciar adequado grau de certeza, segurança e respeito aos direitos dos administrados;

X – garantia dos direitos à comunicação, à apresentação de alegações finais, à produção de provas e à interposição de recursos, nos processos de que possam resultar sanções e nas situações de litígio;

XI – proibição de cobrança de despesas processuais, ressalvadas as previstas em lei;

XII – impulsão, de ofício, do processo administrativo, sem prejuízo da atuação dos interessados;

XIII – interpretação da norma administrativa da forma que melhor garanta o atendimento do fim público a que se dirige, vedada aplicação retroativa de nova interpretação.

Capítulo II
DOS DIREITOS DOS ADMINISTRADOS

Art. 3º O administrado tem os seguintes direitos perante a Administração, sem prejuízo de outros que lhe sejam assegurados:

I – ser tratado com respeito pelas autoridades e servidores, que deverão facilitar o exercício de seus direitos e o cumprimento de suas obrigações;

II – ter ciência da tramitação dos processos administrativos em que tenha a condição de interessado, ter vista dos autos, obter cópias de documentos neles contidos e conhecer as decisões proferidas;

III – formular alegações e apresentar documentos antes da decisão, os quais serão objeto de consideração pelo órgão competente;

IV – fazer-se assistir, facultativamente, por advogado, salvo quando obrigatória a representação, por força de lei.

Capítulo III
DOS DEVERES DO ADMINISTRADO

Art. 4º São deveres do administrado perante a Administração, sem prejuízo de outros previstos em ato normativo:

I – expor os fatos conforme a verdade;

II – proceder com lealdade, urbanidade e boa-fé;

III – não agir de modo temerário;

IV – prestar as informações que lhe forem solicitadas e colaborar para o esclarecimento dos fatos.

Capítulo IV
DO INÍCIO DO PROCESSO

Art. 5º O processo administrativo pode iniciar-se de ofício ou a pedido de interessado.

Art. 6º O requerimento inicial do interessado, salvo casos em que for admitida solicitação oral, deve ser formulado por escrito e conter os seguintes dados:

I – órgão ou autoridade administrativa a que se dirige;

II – identificação do interessado ou de quem o represente;

III – domicílio do requerente ou local para recebimento de comunicações;

IV – formulação do pedido, com exposição dos fatos e de seus fundamentos;

V – data e assinatura do requerente ou de seu representante.

Parágrafo único. É vedada à Administração a recusa imotivada de recebimento de documentos, devendo o servidor orientar o interessado quanto ao suprimento de eventuais falhas.

Art. 7º Os órgãos e entidades administrativas deverão elaborar modelos ou formulários padronizados para assuntos que importem pretensões equivalentes.

Art. 8º Quando os pedidos de uma pluralidade de interessados tiverem conteúdo e fundamentos idênticos, poderão ser formulados em um único requerimento, salvo preceito legal em contrário.

Capítulo V
DOS INTERESSADOS

Art. 9º São legitimados como interessados no processo administrativo:

I – pessoas físicas ou jurídicas que o iniciem como titulares de direitos ou interesses individuais ou no exercício do direito de representação;

II – aqueles que, sem terem iniciado o processo, têm direitos ou interesses que possam ser afetados pela decisão a ser adotada;

III – as organizações e associações representativas, no tocante a direitos e interesses coletivos;

IV – as pessoas ou as associações legalmente constituídas quanto a direitos ou interesses difusos.

Art. 10. São capazes, para fins de processo administrativo, os maiores de dezoito anos, ressalvada previsão especial em ato normativo próprio.

Capítulo VI
DA COMPETÊNCIA

Art. 11. A competência é irrenunciável e se exerce pelos órgãos administrativos a que foi atribuída como própria, salvo os casos de delegação e avocação legalmente admitidos.

Art. 12. Um órgão administrativo e seu titular poderão, se não houver impedimento legal, delegar parte da sua competência a outros órgãos ou titulares, ainda que estes não lhe sejam hierarquicamente subordinados, quando for conveniente, em razão de circunstâncias de índole técnica, social, econômica, jurídica ou territorial.

Parágrafo único. O disposto no *caput* deste artigo aplica-se à delegação de competência dos órgãos colegiados aos respectivos presidentes.

Art. 13. Não podem ser objeto de delegação:

I – a edição de atos de caráter normativo;

II – a decisão de recursos administrativos;

III – as matérias de competência exclusiva do órgão ou autoridade.

Art. 14. O ato de delegação e sua revogação deverão ser publicados no meio oficial.

§ 1º O ato de delegação especificará as matérias e poderes transferidos, os limites da atuação do delegado, a duração e os objetivos da delegação e o recurso cabível, podendo conter ressalva de exercício da atribuição delegada.

§ 2º O ato de delegação é revogável a qualquer tempo pela autoridade delegante.

§ 3º As decisões adotadas por delegação devem mencionar explicitamente esta qualidade e considerar-se-ão editadas pelo delegado.

Art. 15. Será permitida, em caráter excepcional e por motivos relevantes devidamente justificados, a avocação temporária de competência atribuída a órgão hierarquicamente inferior.

Art. 16. Os órgãos e entidades administrativas divulgarão publicamente os locais das respectivas sedes e, quando conveniente, a unidade fundacional competente em matéria de interesse especial.

Art. 17. Inexistindo competência legal específica, o processo administrativo deverá ser iniciado perante a autoridade de menor grau hierárquico para decidir.

Capítulo VII
DOS IMPEDIMENTOS E DA SUSPEIÇÃO

Art. 18. É impedido de atuar em processo administrativo o servidor ou autoridade que:

I – tenha interesse direto ou indireto na matéria;

II – tenha participado ou venha a participar como perito, testemunha ou representante, ou se tais situações ocorrem quanto ao cônjuge, companheiro ou parente e afins até o terceiro grau;

III – esteja litigando judicial ou administrativamente com o interessado ou respectivo cônjuge ou companheiro.

Art. 19. A autoridade ou servidor que incorrer em impedimento deve comunicar o fato à autoridade competente, abstendo-se de atuar.

Parágrafo único. A omissão do dever de comunicar o impedimento constitui falta grave, para efeitos disciplinares.

Art. 20. Pode ser arguida a suspeição de autoridade ou servidor que tenha amizade íntima ou inimizade notória com algum dos interessados ou com os respectivos cônjuges, companheiros, parentes e afins até o terceiro grau.

Art. 21. O indeferimento de alegação de suspeição poderá ser objeto de recurso, sem efeito suspensivo.

Capítulo VIII
DA FORMA, TEMPO E LUGAR DOS ATOS DO PROCESSO

Art. 22. Os atos do processo administrativo não dependem de forma determinada senão quando a lei expressamente a exigir.

§ 1º Os atos do processo devem ser produzidos por escrito, em vernáculo, com a data e o local de sua realização e a assinatura da autoridade responsável.

§ 2º Salvo imposição legal, o reconhecimento de firma somente será exigido quando houver dúvida de autenticidade.

§ 3º A autenticação de documentos exigidos em cópia poderá ser feita pelo órgão administrativo.

§ 4º O processo deverá ter suas páginas numeradas sequencialmente e rubricadas.

Art. 23. Os atos do processo devem realizar-se em dias úteis, no horário normal de funcionamento da repartição na qual tramitar o processo.

Parágrafo único. Serão concluídos depois do horário normal os atos já iniciados, cujo adiamento prejudique o curso regular do procedimento ou cause dano ao interessado ou à Administração.

Art. 24. Inexistindo disposição específica, os atos do órgão ou autoridade responsável pelo processo e dos administrados que dele participem devem ser praticados no prazo de (cinco) dias, salvo motivo de força maior.

Parágrafo único. O prazo previsto neste artigo pode ser dilatado até o dobro, mediante comprovada justificação.

Art. 25. Os atos do processo devem realizar-se preferencialmente na sede do órgão, cientificando-se o interessado se outro for o local de realização.

Capítulo IX
DA COMUNICAÇÃO DOS ATOS

Art. 26. O órgão competente perante o qual tramita o processo administrativo determinará a intimação do interessado para ciência de decisão ou a efetivação de diligências.

§ 1º A intimação deverá conter:

I – identificação do intimado e nome do órgão ou entidade administrativa;

II – finalidade da intimação;

III – data, hora e local em que deve comparecer;

IV – se o intimado deve comparecer pessoalmente, ou fazer-se representar;

V – informação da continuidade do processo independentemente do seu comparecimento;

VI – indicação dos fatos e fundamentos legais pertinentes.

§ 2º A intimação observará a antecedência mínima de 3 (três) dias úteis quanto à data de comparecimento.

§ 3º A intimação pode ser efetuada por ciência no processo, por via postal com aviso de recebimento, por telegrama ou outro meio que assegure a certeza da ciência do interessado.

§ 4º No caso de interessados indeterminados, desconhecidos ou com domicílio indefinido, a intimação deve ser efetuada por meio de publicação oficial.

§ 5º As intimações serão nulas quando feitas sem observância das prescrições legais, mas o comparecimento do administrado supre sua falta ou irregularidade.

Art. 27. O desatendimento da intimação não importa o reconhecimento da verdade dos fatos, nem a renúncia a direito pelo administrado.

Parágrafo único. No prosseguimento do processo, será garantido direito de ampla defesa ao interessado.

Art. 28. Devem ser objeto de intimação os atos do processo que resultem para o interessado em imposição de deveres, ônus, sanções ou restrição ao exercício de direitos e atividades e os atos de outra natureza, de seu interesse.

Capítulo X
DA INSTRUÇÃO

Art. 29. As atividades de instrução destinadas a averiguar e comprovar os dados necessários à tomada de decisão realizam-se de ofício ou mediante impulsão do órgão responsável pelo processo, sem prejuízo do direito dos interessados de propor atuações probatórias.

§ 1º O órgão competente para a instrução fará constar dos autos os dados necessários à decisão do processo.

§ 2º Os atos de instrução que exijam a atuação dos interessados devem realizar-se do modo menos oneroso para estes.

Art. 30. São inadmissíveis no processo administrativo as provas obtidas por meios ilícitos.

Art. 31. Quando a matéria do processo envolver assunto de interesse geral, o órgão competente poderá, mediante despacho motivado, abrir período de consulta pública para manifestação de terceiros, antes da decisão do pedido, se não houver prejuízo para a parte interessada.

§ 1º A abertura da consulta pública será objeto de divulgação pelos meios oficiais, a fim de que pessoas físicas ou jurídicas possam examinar os autos, fixando-se prazo para oferecimento de alegações escritas.

§ 2º O comparecimento à consulta pública não confere, por si, a condição de interessado do processo, mas confere o direito de obter da Administração resposta fundamentada, que poderá ser comum a todas as alegações substancialmente iguais.

Art. 32. Antes da tomada de decisão, a juízo da autoridade, diante da relevância da questão, poderá ser realizada audiência pública para debates sobre a matéria do processo.

Art. 33. Os órgãos e entidades administrativas, em matéria relevante, poderão estabelecer outros meios de participação de administrados, diretamente ou por meio de organizações e associações legalmente reconhecidas.

Art. 34. Os resultados da consulta e audiência pública e de outros meios de participação de administrados deverão ser apresentados com a indicação do procedimento adotado.

Art. 35. Quando necessária à instrução do processo, a audiência de outros órgãos ou entidades administrativas poderá ser realizada em reunião conjunta, com a participação de titulares ou representantes dos órgãos competentes, lavrando-se a respectiva ata, a ser juntada aos autos.

Art. 36. Cabe ao interessado a prova dos fatos que tenha alegado, sem prejuízo do dever atribuído ao órgão competente para a instrução e do disposto no art. 37 desta Lei.

Art. 37. Quando o interessado declarar que fatos e dados estão registrados em documentos existentes na própria Administração responsável pelo processo ou em outro órgão administrativo, o órgão competente para a instrução proverá, de ofício, à obtenção dos documentos ou das respectivas cópias.

Art. 38. O interessado poderá, na fase instrutória e antes da tomada da decisão, juntar documentos e pareceres, requerer diligências e perícias, bem como aduzir alegações referentes à matéria objeto do processo.

§ 1º Os elementos probatórios deverão ser considerados na motivação do relatório e da decisão.

§ 2º Somente poderão ser recusadas, mediante decisão fundamentada, as provas propostas pelos interessados quando sejam ilícitas, impertinentes, desnecessárias ou protelatórias.

Art. 39. Quando for necessária a prestação de informações ou a apresentação de provas pelos interessados ou terceiros, serão expedidas intimações para esse fim, mencionando-se data, prazo, forma e condições de atendimento.

Parágrafo único. Não sendo atendida a intimação, poderá o órgão competente, se entender relevante a matéria, suprir de ofício a omissão, não se eximindo de proferir a decisão.

Art. 40. Quando dados, atuações ou documentos solicitados ao interessado forem necessários à apreciação de pedido formulado, o não atendimento no prazo fixado pela Administração para a respectiva apresentação implicará arquivamento do processo.

Art. 41. Os interessados serão intimados de prova ou diligência ordenada, com antecedência mínima de 3 (três) dias úteis, mencionando-se data, hora e local de realização.

Art. 42. Quando deva ser obrigatoriamente ouvido um órgão consultivo, o parecer deverá ser emitido no prazo máximo de 15 (quinze) dias, salvo norma especial ou comprovada necessidade de maior prazo.

§ 1º Se um parecer obrigatório e vinculante deixar de ser emitido no prazo fixado, o processo não terá seguimento até a respectiva apresentação, responsabilizando-se quem der causa ao atraso.

§ 2º Se um parecer obrigatório e não vinculante deixar de ser emitido no prazo fixado, o processo poderá ter prosseguimento e ser decidido com sua dispensa, sem prejuízo da responsabilidade de quem se omitiu no atendimento.

Art. 43. Quando por disposição de ato normativo devam ser previamente obtidos laudos técnicos de órgãos administrativos e estes não cumprirem o encargo no prazo assinalado, o órgão responsável pela instrução deverá solicitar laudo técnico de outro órgão dotado de qualificação e capacidade técnica equivalentes.

Art. 44. Encerrada a instrução, o interessado terá o direito de manifestar-se no prazo máximo de 10 (dez) dias, salvo se outro prazo for legalmente fixado.

Art. 45. Em caso de risco iminente, a Administração Pública poderá motivadamente adotar providências acauteladoras sem a prévia manifestação do interessado.

Art. 46. Os interessados têm direito à vista do processo e a obter certidões ou cópias reprográficas dos dados e documentos que o integram, ressalvados os dados e documentos de terceiros protegidos por sigilo ou pelo direito à privacidade, à honra e à imagem.

Art. 47. O órgão de instrução que não for competente para emitir a decisão final elaborará relatório indicando o pedido inicial, o conteúdo das fases do procedimento e formulará proposta de decisão, objetivamente justificada, encaminhando o processo à autoridade competente.

Capítulo XI
DO DEVER DE DECIDIR

Art. 48. A Administração tem o dever de explicitamente emitir decisão nos processos administrativos e sobre solicitações ou reclamações, em matéria de sua competência.

Art. 49. Concluída a instrução de processo administrativo, a Administração tem o prazo de até 30 (trinta) dias para decidir, salvo prorrogação por igual período expressamente motivada.

Capítulo XII
DA MOTIVAÇÃO

Art. 50. Os atos administrativos deverão ser motivados, com indicação dos fatos e dos fundamentos jurídicos, quando:

I – neguem, limitem ou afetem direitos ou interesses;

II – imponham ou agravem deveres, encargos ou sanções;

III – decidam processos administrativos de concurso ou seleção pública;

IV – dispensem ou declarem a inexigibilidade de processo licitatório;

V – decidam recursos administrativos;

VI – decorram de reexame de ofício;

VII – deixem de aplicar jurisprudência firmada sobre a questão ou discrepem de pareceres, laudos, propostas e relatórios oficiais;

VIII – importem anulação, revogação, suspensão ou convalidação de ato administrativo.

§ 1º A motivação deve ser explícita, clara e congruente, podendo consistir em declaração de concordância com fundamentos de anteriores pareceres, informações, decisões ou propostas, que, neste caso, serão parte integrante do ato.

§ 2º Na solução de vários assuntos da mesma natureza, pode ser utilizado meio mecânico que reproduza os fundamentos das decisões, desde que não prejudique direito ou garantia dos interessados.

§ 3º A motivação das decisões de órgãos colegiados e comissões ou de decisões orais constará da respectiva ata ou de termo escrito.

Capítulo XIII
DA DESISTÊNCIA E OUTROS CASOS DE EXTINÇÃO DO PROCESSO

Art. 51. O interessado poderá, mediante manifestação escrita, desistir total ou parcialmente do pedido formulado ou, ainda, renunciar a direitos disponíveis.

§ 1º Havendo vários interessados, a desistência ou renúncia atinge somente quem a tenha formulado.

§ 2º A desistência ou renúncia do interessado, conforme o caso, não prejudica o prosseguimento do processo, se a Administração considerar que o interesse público assim o exige.

Art. 52. O órgão competente poderá declarar extinto o processo quando exaurida sua finalidade ou o objeto da decisão se tornar impossível, inútil ou prejudicado por fato superveniente.

Capítulo XIV
DA ANULAÇÃO, REVOGAÇÃO E CONVALIDAÇÃO

Art. 53. A Administração deve anular seus próprios atos, quando eivados de vício de legalidade, e pode revogá-los por motivo de conveniência ou oportunidade, respeitados os direitos adquiridos.

Art. 54. O direito da Administração de anular os atos administrativos de que decorram efeitos favoráveis para os destinatários decai em 5 (cinco) anos, contados da data em que foram praticados, salvo comprovada má-fé.

§ 1º No caso de efeitos patrimoniais contínuos, o prazo de decadência contar-se-á da percepção do primeiro pagamento.

§ 2º Considera-se exercício do direito de anular qualquer medida de autoridade administrativa que importe impugnação à validade do ato.

Art. 55. Em decisão na qual se evidencie não acarretarem lesão ao interesse público nem prejuízo a terceiros, os atos que apresentarem defeitos sanáveis poderão ser convalidados pela própria Administração.

Capítulo XV
DO RECURSO ADMINISTRATIVO E DA REVISÃO

Art. 56. Das decisões administrativas cabe recurso, em face de razões de legalidade e de mérito.

§ 1º O recurso será dirigido à autoridade que proferiu a decisão, a qual, se não a reconsiderar no prazo de 5 (cinco) dias, o encaminhará à autoridade superior.

§ 2º Salvo exigência legal, a interposição de recurso administrativo independe de caução.

§ 3º Se o recorrente alegar que a decisão administrativa contraria enunciado da súmula vinculante, caberá à autoridade prolatora da decisão impugnada, se não a reconsiderar, explicitar, antes de encaminhar o recurso à autoridade superior, as razões da aplicabilidade ou inaplicabilidade da súmula, conforme o caso.

• *Incluído pela Lei n. 11.417, de 2006.*

Art. 57. O recurso administrativo tramitará no máximo por três instâncias administrativas, salvo disposição legal diversa.

Art. 58. Têm legitimidade para interpor recurso administrativo:

I – os titulares de direitos e interesses que forem parte no processo;

II – aqueles cujos direitos ou interesses forem indiretamente afetados pela decisão recorrida;

III – as organizações e associações representativas, no tocante a direitos e interesses coletivos;

IV – os cidadãos ou associações, quanto a direitos ou interesses difusos.

Art. 59. Salvo disposição legal específica, é de 10 (dez) dias o prazo para interposição de recurso administrativo, contado a partir da ciência ou divulgação oficial da decisão recorrida.

§ 1º Quando a lei não fixar prazo diferente, o recurso administrativo deverá ser decidido no prazo máximo de 30 (trinta) dias, a partir do recebimento dos autos pelo órgão competente.

§ 2º O prazo mencionado no parágrafo anterior poderá ser prorrogado por igual período, ante justificativa explícita.

Art. 60. O recurso interpõe-se por meio de requerimento no qual o recorrente deverá expor os fundamentos do pedido de reexame, podendo juntar os documentos que julgar convenientes.

Art. 61. Salvo disposição legal em contrário, o recurso não tem efeito suspensivo.

Parágrafo único. Havendo justo receio de prejuízo de difícil ou incerta reparação decorrente da execução, a autoridade recorrida ou a imediatamente superior poderá, de ofício ou a pedido, dar efeito suspensivo ao recurso.

Art. 62. Interposto o recurso, o órgão competente para dele conhecer deverá intimar os demais interessados para que, no prazo de 5 (cinco) dias úteis, apresentem alegações.

Art. 63. O recurso não será conhecido quando interposto:

I – fora do prazo;

II – perante órgão incompetente;

III – por quem não seja legitimado;

IV – após exaurida a esfera administrativa.

§ 1º Na hipótese do inciso II, será indicada ao recorrente a autoridade competente, sendo-lhe devolvido o prazo para recurso.

§ 2º O não conhecimento do recurso não impede a Administração de rever de ofício o ato ilegal, desde que não ocorrida preclusão administrativa.

Art. 64. O órgão competente para decidir o recurso poderá confirmar, modificar, anular ou revogar, total ou parcialmente, a decisão recorrida, se a matéria for de sua competência.

Parágrafo único. Se da aplicação do disposto neste artigo puder decorrer gravame à situação do recorrente, este deverá ser cientificado para que formule suas alegações antes da decisão.

Art. 64-A. Se o recorrente alegar violação de enunciado da súmula vinculante, o órgão competente para decidir o recurso explicitará as razões da aplicabilidade ou inaplicabilidade da súmula, conforme o caso.

• *Incluído pela Lei n. 11.417, de 2006.*

Art. 64-B. Acolhida pelo Supremo Tribunal Federal a reclamação fundada em violação de enunciado da súmula vinculante, dar-se--á ciência à autoridade prolatora e ao órgão competente para o julgamento do recurso, que deverão adequar as futuras decisões administrativas em casos semelhantes, sob pena de responsabilização pessoal nas esferas cível, administrativa e penal.

• *Incluído pela Lei n. 11.417, de 2006.*

Art. 65. Os processos administrativos de que resultem sanções poderão ser revistos, a qualquer tempo, a pedido ou de ofício, quando surgirem fatos novos ou circunstâncias relevantes suscetíveis de justificar a inadequação da sanção aplicada.

Parágrafo único. Da revisão do processo não poderá resultar agravamento da sanção.

Capítulo XVI
DOS PRAZOS

Art. 66. Os prazos começam a correr a partir da data da cientificação oficial, excluindo-se da contagem o dia do começo e incluindo-se o do vencimento.

§ 1º Considera-se prorrogado o prazo até o primeiro dia útil seguinte se o vencimento cair em dia em que não houver expediente ou este for encerrado antes da hora normal.

§ 2º Os prazos expressos em dias contam-se de modo contínuo.

§ 3º Os prazos fixados em meses ou anos contam-se de data a data. Se no mês do vencimento não houver o dia equivalente àquele do início do prazo, tem-se como termo o último dia do mês.

Art. 67. Salvo motivo de força maior devidamente comprovado, os prazos processuais não se suspendem.

Capítulo XVII
DAS SANÇÕES

Art. 68. As sanções, a serem aplicadas por autoridade competente, terão natureza pecuniária ou consistirão em obrigação de fazer ou de não fazer, assegurado sempre o direito de defesa.

Capítulo XVIII
DAS DISPOSIÇÕES FINAIS

Art. 69. Os processos administrativos específicos continuarão a reger-se por lei própria, aplicando-se-lhes apenas subsidiariamente os preceitos desta Lei.

Art. 70. Esta Lei entra em vigor na data de sua publicação.

Brasília, 29 de janeiro de 1999; 178º da Independência e 111º da República.

FERNANDO HENRIQUE CARDOSO
Renan Calheiros
Paulo Paiva

DECRETO N. 3.555, DE 8 DE AGOSTO DE 2000*

Aprova o Regulamento para a modalidade de licitação denominada pregão, para aquisição de bens e serviços comuns.

O Presidente da República, no uso das atribuições que lhe confere o art. 84, incisos IV e VI, da Constituição e tendo em vista o disposto na Medida Provisória n. 2.026-3, de 28 de julho de 2000, Decreta:

Art. 1º Fica aprovado, na forma dos Anexos I e II a este Decreto, o Regulamento para a modalidade de licitação denominada pregão, para a aquisição de bens e serviços comuns, no âmbito da União.

Parágrafo único. Subordinam-se ao regime deste Decreto, além dos órgãos da Administração Federal direta, os fundos especiais, as autarquias, as fundações, as empresas públicas, as sociedades de economia mista e as demais entidades controladas direta ou indiretamente pela União.

Art. 2º Compete ao Ministério do Planejamento, Orçamento e Gestão estabelecer normas e orientações complementares sobre a matéria regulada por este Decreto.

Art. 3º Este Decreto entra em vigor na data de sua publicação.

Brasília, 8 de agosto de 2000; 179º da Independência e 112º da República.

FERNANDO HENRIQUE CARDOSO
Martus Tavares

---

* Publicado no *Diário Oficial da União* de 9 de agosto de 2001.

ANEXO I
REGULAMENTO DA LICITAÇÃO NA MODALIDADE DE PREGÃO

Art. 1º Este Regulamento estabelece normas e procedimentos relativos à licitação na modalidade de pregão, destinada à aquisição de bens e serviços comuns, no âmbito da União, qualquer que seja o valor estimado.

Parágrafo único. Subordinam-se ao regime deste Regulamento, além dos órgãos da administração direta, os fundos especiais, as autarquias, as fundações, as empresas públicas, as sociedades de economia mista e as entidades controladas direta e indiretamente pela União.

Art. 2º Pregão é a modalidade de licitação em que a disputa pelo fornecimento de bens ou serviços comuns é feita em sessão pública, por meio de propostas de preços escritas e lances verbais.

Art. 3º Os contratos celebrados pela União, para a aquisição de bens e serviços comuns, serão precedidos, prioritariamente, de licitação pública na modalidade de pregão, que se destina a garantir, por meio de disputa justa entre os interessados, a compra mais econômica, segura e eficiente.

§ 1º Dependerá de regulamentação específica a utilização de recursos eletrônicos ou de tecnologia da informação para a realização de licitação na modalidade de pregão.

§ 2º Consideram-se bens e serviços comuns aqueles cujos padrões de desempenho e qualidade possam ser concisa e objetivamente definidos no objeto do edital, em perfeita conformidade com as especificações usuais praticadas no mercado, de acordo com o disposto no Anexo II.

§ 3º Os bens de informática adquiridos nesta modalidade, referidos no item 2.5 do Anexo II, deverão ser fabricados no País, com significativo valor agregado local, conforme disposto no art. 3º da Lei n. 8.248, de 23 de outubro de 1991, e regulamentado pelo Decreto n.

1.070, de 2 de março de 1994 (Parágrafo incluído pelo Decreto n. 3.693, de 20-12-2000).

§ 4º Para efeito de comprovação do requisito referido no parágrafo anterior, o produto deverá estar habilitado a usufruir do incentivo de isenção do Imposto sobre Produtos Industrializados – IPI, de que trata o art. 4º da Lei n. 8.248, de 1991, nos termos da regulamentação estabelecida pelo Ministério da Ciência e Tecnologia (Parágrafo incluído pelo Decreto n. 3.693, de 20-12-2000).

§ 5º Alternativamente ao disposto no § 4º, o Ministério da Ciência e Tecnologia poderá reconhecer, mediante requerimento do fabricante, a conformidade do produto com o requisito referido no § 3º (Parágrafo incluído pelo Decreto n. 3.693, de 20-12-2000).

Art. 4º A licitação na modalidade de pregão é juridicamente condicionada aos princípios básicos da legalidade, da impessoalidade, da moralidade, da igualdade, da publicidade, da probidade administrativa, da vinculação ao instrumento convocatório, do julgamento objetivo, bem assim aos princípios correlatos da celeridade, finalidade, razoabilidade, proporcionalidade, competitividade, justo preço, seletividade e comparação objetiva das propostas.

Parágrafo único. As normas disciplinadoras da licitação serão sempre interpretadas em favor da ampliação da disputa entre os interessados, desde que não comprometam o interesse da Administração, a finalidade e a segurança da contratação.

Art. 5º A licitação na modalidade de pregão não se aplica às contratações de obras e serviços de engenharia, bem como às locações imobiliárias e alienações em geral, que serão regidas pela legislação geral da Administração.

Art. 6º Todos quantos participem de licitação na modalidade de pregão têm direito público subjetivo à fiel observância do procedimento estabelecido neste Regulamento, podendo qualquer interessado acompanhar o seu desenvolvimento, desde que não interfira de modo a perturbar ou impedir a realização dos trabalhos.

Art. 7º À autoridade competente, designada de acordo com as atribuições previstas no regimento ou estatuto do órgão ou da entidade, cabe:

I – determinar a abertura de licitação;

II – designar o pregoeiro e os componentes da equipe de apoio;

III – decidir os recursos contra atos do pregoeiro; e

IV – homologar o resultado da licitação e promover a celebração do contrato.

Parágrafo único. Somente poderá atuar como pregoeiro o servidor que tenha realizado capacitação específica para exercer a atribuição.

Art. 8º A fase preparatória do pregão observará as seguintes regras:

I – a definição do objeto deverá ser precisa, suficiente e clara, vedadas especificações que, por excessivas, irrelevantes ou desnecessárias, limitem ou frustrem a competição ou a realização do fornecimento, devendo estar refletida no termo de referência;

II – o termo de referência é o documento que deverá conter elementos capazes de propiciar a avaliação do custo pela Administração, diante de orçamento detalhado, considerando os preços praticados no mercado, a definição dos métodos, a estratégia de suprimento e o prazo de execução do contrato;

III – a autoridade competente ou, por delegação de competência, o ordenador de despesa ou, ainda, o agente encarregado da compra no âmbito da Administração, deverá:

a) definir o objeto do certame e o seu valor estimado em planilhas, de forma clara, concisa e objetiva, de acordo com termo de referência elaborado pelo requisitante, em conjunto com a área de compras, obedecidas as especificações praticadas no mercado;

b) justificar a necessidade da aquisição;

c) estabelecer os critérios de aceitação das propostas, as exigências de habilitação, as sanções administrativas aplicáveis por inadimplemento e as cláusulas do contrato, inclusive com fixação dos prazos e das demais condições essenciais para o fornecimento; e

d) designar, dentre os servidores do órgão ou da entidade promotora da licitação, o pregoeiro responsável pelos trabalhos do pregão e a sua equipe de apoio;

IV – constarão dos autos a motivação de cada um dos atos especificados no inciso anterior e os indispensáveis elementos técnicos sobre os quais estiverem apoiados, bem como o orçamento estimativo e o cronograma físico-financeiro de desembolso, se for o caso, elaborados pela Administração; e

V – para julgamento, será adotado o critério de menor preço, observados os prazos máximos para fornecimento, as especificações técnicas e os parâmetros mínimos de desempenho e de qualidade e as demais condições definidas no edital.

Art. 9º As atribuições do pregoeiro incluem:

I – o credenciamento dos interessados;

II – o recebimento dos envelopes das propostas de preços e da documentação de habilitação;

III – a abertura dos envelopes das propostas de preços, o seu exame e a classificação dos proponentes;

IV – a condução dos procedimentos relativos aos lances e à escolha da proposta ou do lance de menor preço;

V – a adjudicação da proposta de menor preço;

VI – a elaboração de ata;

VII – a condução dos trabalhos da equipe de apoio;

VIII – o recebimento, o exame e a decisão sobre recursos; e

IX – o encaminhamento do processo devidamente instruído, após a adjudicação, à autoridade superior, visando a homologação e a contratação.

Art. 10. A equipe de apoio deverá ser integrada em sua maioria por servidores ocupantes de cargo efetivo ou emprego da Administração, preferencialmente pertencentes ao quadro permanente do órgão ou da entidade promotora do pregão, para prestar a necessária assistência ao pregoeiro.

Parágrafo único. No âmbito do Ministério da Defesa, as funções de pregoeiro e de membro da equipe de apoio poderão ser desempenhadas por militares.

Art. 11. A fase externa do pregão será iniciada com a convocação dos interessados e observará as seguintes regras:

I – a convocação dos interessados será efetuada por meio de publicação de aviso em função dos seguintes limites:

a) para bens e serviços de valores estimados em até R$ 160.000,00 (cento e sessenta mil reais);

b) para bens e serviços de valores estimados acima de R$ 160.000,00 (cento e sessenta mil reais) até R$ 650.000,00 (seiscentos e cinquenta mil reais) (Alínea incluída pelo Decreto n. 3.693, de 20-12-2000);

1. *Diário Oficial da União*;

2. meio eletrônico, na Internet; e

3. jornal de grande circulação local;

c) para bens e serviços de valores estimados superiores a R$ 650.000,00 (seiscentos e cinquenta mil reais) (Alínea incluída pelo Decreto n. 3.693, de 20-12-2000);

1. *Diário Oficial da União*;

2. meio eletrônico, na Internet; e

3. jornal de grande circulação regional ou nacional;

d) em se tratando de órgão ou entidade integrante do Sistema de Serviços Gerais – SISG, a íntegra do edital deverá estar disponível em meio eletrônico, na Internet, no site www.comprasnet.gov.br, independentemente do valor estimado (Alínea incluída pelo Decreto n. 3.693, de 20-12-2000);

II – do edital e do aviso constarão definição precisa, suficiente e clara do objeto, bem como a indicação dos locais, dias e horários em que poderá ser lida ou obtida a íntegra do edital, e o local onde será realizada a sessão pública do pregão;

III – o edital fixará prazo não inferior a oito dias úteis, contados da publicação do aviso, para os interessados prepararem suas propostas;

IV – no dia, hora e local designados no edital, será realizada sessão pública para recebimento das propostas e da documentação de habilitação, devendo o interessado ou seu representante legal proceder ao respectivo credenciamento, comprovando, se for o caso, possuir os necessários poderes para formulação de propostas e para a prática de todos os demais atos inerentes ao certame;

V – aberta a sessão, os interessados ou seus representantes legais entregarão ao pregoeiro, em envelopes separados, a proposta de preços e a documentação de habilitação;

VI – o pregoeiro procederá à abertura dos envelopes contendo as propostas de preços e classificará o autor da proposta de menor preço e aqueles que tenham apresentado propostas em valores sucessivos e superiores em até dez por cento, relativamente à de menor preço;

VII – quando não forem verificadas, no mínimo, três propostas escritas de preços nas condições definidas no inciso anterior, o pregoeiro classificará as melhores propostas subsequentes, até o máximo de três, para que seus autores participem dos lances verbais, quaisquer que sejam os preços oferecidos nas propostas escritas;

VIII – em seguida, será dado início à etapa de apresentação de lances verbais pelos proponentes, que deverão ser formulados de forma sucessiva, em valores distintos e decrescentes;

IX – o pregoeiro convidará individualmente os licitantes classificados, de forma sequencial, a apresentar lances verbais, a partir do autor da proposta classificada de maior preço e os demais, em ordem decrescente de valor;

X – a desistência em apresentar lance verbal, quando convocado pelo pregoeiro, implicará a exclusão do licitante da etapa de lances verbais e a manutenção do último preço apresentado pelo licitante, para efeito de ordenação das propostas (Redação dada pelo Decreto n. 3.693, de 20-12-2000);

XI – caso não se realizem lances verbais, será verificada a conformidade entre a proposta escrita de menor preço e o valor estimado para a contratação;

XII – declarada encerrada a etapa competitiva e ordenadas as propostas, o pregoeiro examinará a aceitabilidade da primeira classificada, quanto ao objeto e valor, decidindo motivadamente a respeito;

XIII – sendo aceitável a proposta de menor preço, será aberto o envelope contendo a documentação de habilitação do licitante que a tiver formulado, para confirmação das suas condições habilitatórias, com base no Sistema de Cadastramento Unificado de Fornecedores – SICAF, ou nos dados cadastrais da Administração, assegurado ao já cadastrado o direito de apresentar a documentação atualizada e regularizada na própria sessão;

XIV – constatado o atendimento das exigências fixadas no edital, o licitante será declarado vencedor, sendo-lhe adjudicado o objeto do certame;

XV – se a oferta não for aceitável ou se o licitante desatender às exigências habilitatórias, o pregoeiro examinará a oferta subsequente, verificando a sua aceitabilidade e procedendo à habilitação do proponente, na ordem de classificação, e assim sucessivamente, até a apuração de uma proposta que atenda ao edital, sendo o respectivo licitante declarado vencedor e a ele adjudicado o objeto do certame;

XVI – nas situações previstas nos incisos XI, XII e XV, o pregoeiro poderá negociar diretamente com o proponente para que seja obtido preço melhor;

XVII – a manifestação da intenção de interpor recurso será feita no final da sessão, com registro em ata da síntese das suas razões, podendo os interessados juntar memoriais no prazo de três dias úteis;

XVIII – o recurso contra decisão do pregoeiro não terá efeito suspensivo;

XIX – o acolhimento de recurso importará a invalidação apenas dos atos insuscetíveis de aproveitamento;

XX – decididos os recursos e constatada a regularidade dos atos procedimentais, a autoridade competente homologará a adjudicação para determinar a contratação;

XXI – como condição para celebração do contrato, o licitante vencedor deverá manter as mesmas condições de habilitação;

XXII – quando o proponente vencedor não apresentar situação regular, no ato da assinatura do contrato, será convocado outro licitante, observada a ordem de classificação, para celebrar o contrato, e assim sucessivamente, sem prejuízo da aplicação das sanções cabíveis, observado o disposto nos incisos XV e XVI deste artigo;

XXIII – se o licitante vencedor recusar-se a assinar o contrato, injustificadamente, será aplicada a regra estabelecida no inciso XXII (Redação dada pelo Decreto n. 3.693, de 20-12-2000);

XXIV – o prazo de validade das propostas será de sessenta dias, se outro não estiver fixado no edital.

Art. 12. Até dois dias úteis antes da data fixada para recebimento das propostas, qualquer pessoa poderá solicitar esclarecimentos, providências ou impugnar o ato convocatório do pregão.

§ 1º Caberá ao pregoeiro decidir sobre a petição no prazo de vinte e quatro horas.

§ 2º Acolhida a petição contra o ato convocatório, será designada nova data para a realização do certame.

Art. 13. Para habilitação dos licitantes, será exigida, exclusivamente, a documentação prevista na legislação geral para a Administração, relativa à:

I – habilitação jurídica;

II – qualificação técnica;

III – qualificação econômico-financeira;

IV – regularidade fiscal; e

V – cumprimento do disposto no inciso XXXIII do art. 7º da Constituição e na Lei n. 9.854, de 27 de outubro de 1999.

Parágrafo único. A documentação exigida para atender ao disposto nos incisos I, III e IV deste artigo deverá ser substituída pelo registro cadastral do SICAF ou, em se tratando de órgão ou entidade não abrangido pelo referido Sistema, por certificado de registro cadastral que atenda aos requisitos previstos na legislação geral.

Art. 14. O licitante que ensejar o retardamento da execução do certame, não mantiver a proposta, falhar ou fraudar na execução do contrato, comportar-se de modo inidôneo, fizer declaração falsa ou cometer fraude fiscal, garantido o direito prévio da citação e da ampla defesa, ficará impedido de licitar e contratar com a Administração, pelo prazo de até cinco anos, enquanto perdurarem os motivos determinantes da punição ou até que seja promovida a reabilitação perante a própria autoridade que aplicou a penalidade.

Parágrafo único. As penalidades serão obrigatoriamente registradas no SICAF, e no caso de suspensão de licitar, o licitante deverá ser descredenciado por igual período, sem prejuízo das multas previstas no edital e no contrato e das demais cominações legais.

Art. 15. É vedada a exigência de:

I – garantia de proposta;

II – aquisição do edital pelos licitantes, como condição para participação no certame; e

III – pagamento de taxas e emolumentos, salvo os referentes a fornecimento do edital, que não serão superiores ao custo de sua reprodução gráfica, e aos custos de utilização de recursos de tecnologia da informação, quando for o caso.

Art. 16. Quando permitida a participação de empresas estrangeiras na licitação, as exigências de habilitação serão atendidas mediante documentos equivalentes, autenticados pelos respectivos consulados e traduzidos por tradutor juramentado.

Parágrafo único. O licitante deverá ter procurador residente e domiciliado no País, com poderes para receber citação, intimação e responder administrativa e judicialmente por seus atos, juntando os instrumentos de mandato com os documentos de habilitação.

Art. 17. Quando permitida a participação de empresas reunidas em consórcio, serão observadas as seguintes normas:

I – deverá ser comprovada a existência de compromisso público ou particular de constituição de consórcio, com indicação da empresa-líder, que deverá atender às condições de liderança estipuladas no edital e será a representante das consorciadas perante a União;

II – cada empresa consorciada deverá apresentar a documentação de habilitação exigida no ato convocatório;

III – a capacidade técnica do consórcio será representada pela soma da capacidade técnica das empresas consorciadas;

IV – para fins de qualificação econômico-financeira, cada uma das empresas deverá atender aos índices contábeis definidos no edital, nas mesmas condições estipuladas no SICAF;

V – as empresas consorciadas não poderão participar, na mesma licitação, de mais de um consórcio ou isoladamente;

VI – as empresas consorciadas serão solidariamente responsáveis pelas obrigações do consórcio nas fases de licitação e durante a vigência do contrato; e

VII – no consórcio de empresas brasileiras e estrangeiras, a liderança caberá, obrigatoriamente, à empresa brasileira, observado o disposto no inciso I deste artigo.

Parágrafo único. Antes da celebração do contrato, deverá ser promovida a constituição e o registro do consórcio, nos termos do compromisso referido no inciso I deste artigo.

Art. 18. A autoridade competente para determinar a contratação poderá revogar a licitação em face de razões de interesse público, derivadas de fato superveniente devidamente comprovado, pertinente e suficiente para justificar tal conduta, devendo anulá-la por ilegalidade, de ofício ou por provocação de qualquer pessoa, mediante ato escrito e fundamentado.

§ 1º A anulação do procedimento licitatório induz à do contrato.

§ 2º Os licitantes não terão direito à indenização em decorrência da anulação do procedimento licitatório, ressalvado o direito do contratado de boa-fé de ser ressarcido pelos encargos que tiver suportado no cumprimento do contrato.

Art. 19. Nenhum contrato será celebrado sem a efetiva disponibilidade de recursos orçamentários para pagamento dos encargos, dele decorrentes, no exercício financeiro em curso.

Art. 20. A União publicará, no *Diário Oficial da União*, o extrato dos contratos celebrados, no prazo de até vinte dias da data de sua assinatura, com indicação da modalidade de licitação e de seu número de referência.

Parágrafo único. O descumprimento do disposto neste artigo sujeitará o servidor responsável a sanção administrativa.

Art. 21. Os atos essenciais do pregão, inclusive os decorrentes de meios eletrônicos, serão documentados ou juntados no respectivo processo, cada qual oportunamente, compreendendo, sem prejuízo de outros, o seguinte:

I – justificativa da contratação;

II – termo de referência, contendo descrição detalhada do objeto, orçamento estimativo de custos e cronograma físico-financeiro de desembolso, se for o caso;

III – planilhas de custo;

IV – garantia de reserva orçamentária, com a indicação das respectivas rubricas;

V – autorização de abertura da licitação;

VI – designação do pregoeiro e equipe de apoio;

VII – parecer jurídico;

VIII – edital e respectivos anexos, quando for o caso;

IX – minuta do termo do contrato ou instrumento equivalente, conforme o caso;

X – originais das propostas escritas, da documentação de habilitação analisada e dos documentos que a instruírem;

XI – ata da sessão do pregão, contendo, sem prejuízo de outros, o registro dos licitantes credenciados, das propostas escritas e verbais apresentadas, na ordem de classificação, da análise da documentação exigida para habilitação e dos recursos interpostos; e

XII – comprovantes da publicação do aviso do edital, do resultado da licitação, do extrato do contrato e dos demais atos relativos a publicidade do certame, conforme o caso.

Art. 22. Os casos omissos neste Regulamento serão resolvidos pelo Ministério do Planejamento, Orçamento e Gestão.

ANEXO II
CLASSIFICAÇÃO DE BENS E SERVIÇOS COMUNS
(Redação dada pelo Decreto n. 3.784, de 6-4-2001.)

BENS COMUNS

1. Bens de Consumo
   1.1. Água mineral
   1.2. Combustível e lubrificante
   1.3. Gás
   1.4. Gênero alimentício
   1.5. Material de expediente
   1.6. Material hospitalar, médico e de laboratório
   1.7. Medicamentos, drogas e insumos farmacêuticos
   1.8. Material de limpeza e conservação
   1.9. Oxigênio
   1.10. Uniforme

2. Bens Permanentes
   2.1. Mobiliário
   2.2. Equipamentos em geral, exceto bens de informática
   2.3. Utensílios de uso geral, exceto bens de informática
   2.4. Veículos automotivos em geral
   2.5. Microcomputador de mesa ou portátil (*notebook*), monitor de vídeo e impressora

SERVIÇOS COMUNS

1. Serviços de Apoio Administrativo
2. Serviços de Apoio à Atividade de Informática
   2.1. Digitação
   2.2. Manutenção

3. Serviços de Assinaturas
   3.1. Jornal
   3.2. Periódico
   3.3. Revista
   3.4. Televisão via satélite
   3.5. Televisão a cabo

4. Serviços de Assistência
   4.1. Hospitalar
   4.2. Médica
   4.3. Odontológica

5. Serviços de Atividades Auxiliares
   5.1. Ascensorista
   5.2. Auxiliar de escritório
   5.3. Copeiro
   5.4. Garçom
   5.5. Jardineiro
   5.6. Mensageiro
   5.7. Motorista
   5.8. Secretária
   5.9. Telefonista

6. Serviços de Confecção de Uniformes

7. Serviços de Copeiragem

8. Serviços de Eventos

9. Serviços de Filmagem

10. Serviços de Fotografia

11. Serviços de Gás Natural

12. Serviços de Gás Liquefeito de Petróleo

13. Serviços Gráficos

14. Serviços de Hotelaria

15. Serviços de Jardinagem

16. Serviços de Lavanderia

17. Serviços de Limpeza e Conservação

18. Serviços de Locação de Bens Móveis

19. Serviços de Manutenção de Bens Imóveis

20. Serviços de Manutenção de Bens Móveis

21. Serviços de Remoção de Bens Móveis

22. Serviços de Microfilmagem

23. Serviços de Reprografia

24. Serviços de Seguro-Saúde

25. Serviços de Degravação

26. Serviços de Tradução

27. Serviços de Telecomunicações de Dados

28. Serviços de Telecomunicações de Imagem

29. Serviços de Telecomunicações de Voz

30. Serviços de Telefonia Fixa

31. Serviços de Telefonia Móvel

32. Serviços de Transporte

33. Serviços de Vale-Refeição

34. Serviços de Vigilância e Segurança Ostensiva

35. Serviços de Fornecimento de Energia Elétrica

36. Serviços de Apoio Marítimo

37. Serviço de Aperfeiçoamento, Capacitação e Treinamento

DECRETO N. 3.931, DE 19 DE SETEMBRO DE 2001*

Regulamenta o Sistema de Registro de Preços previsto no art. 15 da Lei n. 8.666, de 21 de junho de 1993, e dá outras providências.

O Presidente da República, no uso das atribuições que lhe confere o art. 84, incisos IV e VI, alínea *a*, da Constituição, e nos termos do disposto no art. 15 da Lei n. 8.666, de 21 de junho de 1993,

Decreta:

Art. 1º As contratações de serviços e a aquisição de bens, quando efetuadas pelo Sistema de Registro de Preços, no âmbito da Administração Federal direta, autárquica e fundacional, fundos especiais, empresas públicas, sociedades de economia mista e demais entidades controladas, direta ou indiretamente pela União, obedecerão ao disposto neste Decreto.

Parágrafo único. Para os efeitos deste Decreto, são adotadas as seguintes definições:

I – Sistema de Registro de Preços – SRP – conjunto de procedimentos para registro formal de preços relativos à prestação de serviços e aquisição de bens, para contratações futuras;

II – Ata de Registro de Preços – documento vinculativo, obrigacional, com característica de compromisso para futura contratação, onde se registram os preços, fornecedores, órgãos participantes e condições a serem praticadas, conforme as disposições contidas no instrumento convocatório e propostas apresentadas;

---

* Publicado no *Diário Oficial da União* de 20 de setembro de 2001.

III – Órgão Gerenciador – órgão ou entidade da Administração Pública responsável pela condução do conjunto de procedimentos do certame para registro de preços e gerenciamento da Ata de Registro de Preços dele decorrente; e

IV – Órgão Participante – órgão ou entidade que participa dos procedimentos iniciais do SRP e integra a Ata de Registro de Preços.

Art. 2º Será adotado, preferencialmente, o SRP nas seguintes hipóteses:

I – quando, pelas características do bem ou serviço, houver necessidade de contratações frequentes;

II – quando for mais conveniente a aquisição de bens com previsão de entregas parceladas ou contratação de serviços necessários à Administração para o desempenho de suas atribuições;

III – quando for conveniente a aquisição de bens ou a contratação de serviços para atendimento a mais de um órgão ou entidade, ou a programas de governo; e

IV – quando pela natureza do objeto não for possível definir previamente o quantitativo a ser demandado pela Administração.

Parágrafo único. Poderá ser realizado registro de preços para contratação de bens e serviços de informática, obedecida a legislação vigente, desde que devidamente justificada e caracterizada a vantagem econômica.

Art. 3º A licitação para registro de preços será realizada na modalidade de concorrência ou de pregão, do tipo menor preço, nos termos das Leis n. 8.666, de 21 de junho de 1993, e 10.520, de 17 de julho de 2002, e será precedida de ampla pesquisa de mercado.

§ 1º Excepcionalmente poderá ser adotado, na modalidade de concorrência, o tipo técnica e preço, a critério do órgão gerenciador e mediante despacho devidamente fundamentado da autoridade máxima do órgão ou entidade.

§ 2º Caberá ao órgão gerenciador a prática de todos os atos de controle e administração do SRP, e ainda o seguinte:

I – convidar, mediante correspondência eletrônica ou outro meio eficaz, os órgãos e entidades para participarem do registro de preços;

II – consolidar todas as informações relativas à estimativa individual e total de consumo, promovendo a adequação dos respectivos projetos básicos encaminhados para atender aos requisitos de padronização e racionalização;

III – promover todos os atos necessários à instrução processual para a realização do procedimento licitatório pertinente, inclusive a documentação das justificativas nos casos em que a restrição à competição for admissível pela lei;

IV – realizar a necessária pesquisa de mercado com vistas à identificação dos valores a serem licitados;

V – confirmar junto aos órgãos participantes a sua concordância com o objeto a ser licitado, inclusive quanto aos quantitativos e projeto básico;

VI – realizar todo o procedimento licitatório, bem como os atos dele decorrentes, tais como a assinatura da Ata e o encaminhamento de sua cópia aos demais órgãos participantes;

VII – gerenciar a Ata de Registro de Preços, providenciando a indicação, sempre que solicitado, dos fornecedores, para atendimento às necessidades da Administração, obedecendo a ordem de classificação e os quantitativos de contratação definidos pelos participantes da Ata;

VIII – conduzir os procedimentos relativos a eventuais renegociações dos preços registrados e a aplicação de penalidades por descumprimento do pactuado na Ata de Registro de Preços; e

IX – realizar, quando necessário, prévia reunião com licitantes, visando informá-los das peculiaridades do SRP e coordenar, com os órgãos participantes, a qualificação mínima dos respectivos gestores indicados.

§ 3º O órgão participante do registro de preços será responsável pela manifestação de interesse em participar do registro de preços, providenciando o encaminhamento, ao órgão gerenciador, de sua estimativa de consumo, cronograma de contratação e respectivas especificações ou projeto básico, nos termos da Lei n. 8.666, de 1993, adequado ao registro de preço do qual pretende fazer parte, devendo ainda:

I – garantir que todos os atos inerentes ao procedimento para sua inclusão no registro de preços a ser realizado estejam devidamente formalizados e aprovados pela autoridade competente;

II – manifestar, junto ao órgão gerenciador, sua concordância com o objeto a ser licitado, antes da realização do procedimento licitatório; e

III – tomar conhecimento da Ata de Registros de Preços, inclusive as respectivas alterações porventura ocorridas, com o objetivo de assegurar, quando de seu uso, o correto cumprimento de suas disposições, logo após concluído o procedimento licitatório.

§ 4º Cabe ao órgão participante indicar o gestor do contrato, ao qual, além das atribuições previstas no art. 67 da Lei n. 8.666, de 1993, compete:

I – promover consulta prévia junto ao órgão gerenciador, quando da necessidade de contratação, a fim de obter a indicação do fornecedor, os respectivos quantitativos e os valores a serem praticados, encaminhando, posteriormente, as informações sobre a contratação efetivamente realizada;

II – assegurar-se, quando do uso da Ata de Registro de Preços, que a contratação a ser procedida atenda aos seus interesses, sobretudo quanto aos valores praticados, informando ao órgão gerenciador eventual desvantagem, quanto à sua utilização;

III – zelar, após receber a indicação do fornecedor, pelos demais atos relativos ao cumprimento, pelo mesmo, das obrigações contratualmente assumidas, e também, em coordenação com o órgão gerenciador, pela aplicação de eventuais penalidades decorrentes do descumprimento de cláusulas contratuais; e

IV – informar ao órgão gerenciador, quando de sua ocorrência, a recusa do fornecedor em atender às condições estabelecidas em edital, firmadas na Ata de Registro de Preços, as divergências relativas à entrega, as características e origem dos bens licitados e a recusa do mesmo em assinar contrato para fornecimento ou prestação de serviços.

Art. 4º O prazo de validade da Ata de Registro de Preço não poderá ser superior a um ano, computadas neste as eventuais prorrogações.

§ 1º Os contratos decorrentes do SRP terão sua vigência conforme as disposições contidas nos instrumentos convocatórios e respectivos contratos, obedecido o disposto no art. 57 da Lei n. 8.666, de 1993.

§ 2º É admitida a prorrogação da vigência da Ata, nos termos do art. 57, § 4º, da Lei n. 8.666, de 1993, quando a proposta continuar se mostrando mais vantajosa, satisfeitos os demais requisitos desta norma.

Art. 5º A Administração, quando da aquisição de bens ou contratação de serviços, poderá subdividir a quantidade total do item em lotes, sempre que comprovado técnica e economicamente viável, de forma a possibilitar maior competitividade, observado, neste caso, dentre outros, a quantidade mínima, o prazo e o local de entrega ou de prestação dos serviços.

Parágrafo único. No caso de serviços, a subdivisão se dará em função da unidade de medida adotada para aferição dos produtos e resultados esperados, e será observada a demanda específica de cada órgão ou entidade participante do certame. Nestes casos, deverá ser evitada a contratação, num mesmo órgão e entidade, de mais de uma empresa para a execução de um mesmo serviço em uma mesma localidade, com vistas a assegurar a responsabilidade contratual e o princípio da padronização.

Art. 6º Ao preço do primeiro colocado poderão ser registrados tantos fornecedores quantos necessários para que, em função das propostas apresentadas, seja atingida a quantidade total estimada para o item ou lote, observando-se o seguinte:

I – o preço registrado e a indicação dos respectivos fornecedores serão divulgados em órgão oficial da Administração e ficarão disponibilizados durante a vigência da Ata de Registro de Preços;

II – quando das contratações decorrentes do registro de preços deverá ser respeitada a ordem de classificação das empresas constantes da Ata; e

III – os órgãos participantes do registro de preços deverão, quando da necessidade de contratação, recorrerem ao órgão gerenciador da Ata de Registro de Preços, para que este proceda a indicação do fornecedor e respectivos preços a serem praticados.

Parágrafo único. Excepcionalmente, a critério do órgão gerenciador, quando a quantidade do primeiro colocado não for suficiente para as demandas estimadas, desde que se trate de objetos de qualidade ou desempenho superior, devidamente justificada e comprovada a vantagem, e as ofertas sejam em valor inferior ao máximo admitido, poderão ser registrados outros preços.

Art. 7º A existência de preços registrados não obriga a Administração a firmar as contratações que deles poderão advir, facultando-se a realização de licitação específica para a aquisição pretendida, sendo assegurado ao beneficiário do registro a preferência de fornecimento em igualdade de condições.

Art. 8º A Ata de Registro de Preços, durante sua vigência, poderá ser utilizada por qualquer órgão ou entidade da Administração que não tenha participado do certame licitatório, mediante prévia consulta ao órgão gerenciador, desde que devidamente comprovada a vantagem.

§ 1º Os órgãos e entidades que não participaram do registro de preços, quando desejarem fazer uso da Ata de Registro de Preços, deverão manifestar seu interesse junto ao órgão gerenciador da Ata, para que este indique os possíveis fornecedores e respectivos preços a serem praticados, obedecida a ordem de classificação.

§ 2º Caberá ao fornecedor beneficiário da Ata de Registro de Preços, observadas as condições nela estabelecidas, optar pela aceitação ou não do fornecimento, independentemente dos quantitativos registrados em Ata, desde que este fornecimento não prejudique as obrigações anteriormente assumidas.

§ 3º As aquisições ou contratações adicionais a que se refere este artigo não poderão exceder, por órgão ou entidade, a cem por cento dos quantitativos registrados na Ata de Registro de Preços.

Art. 9º O edital de licitação para registro de preços contemplará, no mínimo:

I – a especificação/descrição do objeto, explicitando o conjunto de elementos necessários e suficientes, com nível de precisão adequado, para a caracterização do bem ou serviço, inclusive definindo as respectivas unidades de medida usualmente adotadas;

II – a estimativa de quantidades a serem adquiridas no prazo de validade do registro;

III – o preço unitário máximo que a Administração se dispõe a pagar, por contratação, consideradas as regiões e as estimativas de quantidades a serem adquiridas;

IV – a quantidade mínima de unidades a ser cotada, por item, no caso de bens;

V – as condições quanto aos locais, prazos de entrega, forma de pagamento e, complementarmente, nos casos de serviços, quando cabíveis, a frequência, periodicidade, características do pessoal, materiais e equipamentos a serem fornecidos e utilizados, procedimentos a serem seguidos, cuidados, deveres, disciplina e controles a serem adotados;

VI – o prazo de validade do registro de preço;

VII – os órgãos e entidades participantes do respectivo registro de preço;

VIII – os modelos de planilhas de custo, quando cabíveis, e as respectivas minutas de contratos, no caso de prestação de serviços; e

IX – as penalidades a serem aplicadas por descumprimento das condições estabelecidas.

§ 1º O edital poderá admitir, como critério de adjudicação, a oferta de desconto sobre tabela de preços praticados no mercado, nos casos de peças de veículos, medicamentos, passagens aéreas, manutenções e outros similares.

§ 2º Quando o edital previr o fornecimento de bens ou prestação de serviços em locais diferentes, é facultada a exigência de apresentação de proposta diferenciada por região, de modo que aos preços sejam acrescidos os respectivos custos, variáveis por região.

Art. 10. Homologado o resultado da licitação, o órgão gerenciador, respeitada a ordem de classificação e a quantidade de fornecedores a serem registrados, convocará os interessados para assinatura da Ata de Registro de Preços que, após cumpridos os requisitos de publicidade, terá efeito de compromisso de fornecimento nas condições estabelecidas.

Art. 11. A contratação com os fornecedores registrados, após a indicação pelo órgão gerenciador do registro de preços, será formalizada pelo órgão interessado, por intermédio de instrumento contratual, emissão de nota de empenho de despesa, autorização de compra ou outro instrumento similar, conforme o disposto no art. 62 da Lei n. 8.666, de 1993.

Art. 12. A Ata de Registro de Preços poderá sofrer alterações, obedecidas as disposições contidas no art. 65 da Lei n. 8.666, de 1993.

§ 1º O preço registrado poderá ser revisto em decorrência de eventual redução daqueles praticados no mercado, ou de fato que eleve o custo dos serviços ou bens registrados, cabendo ao órgão gerenciador da Ata promover as necessárias negociações junto aos fornecedores.

§ 2º Quando o preço inicialmente registrado, por motivo superveniente, tornar-se superior ao preço praticado no mercado o órgão gerenciador deverá:

I – convocar o fornecedor visando a negociação para redução de preços e sua adequação ao praticado pelo mercado;

II – frustrada a negociação, o fornecedor será liberado do compromisso assumido; e

III – convocar os demais fornecedores visando igual oportunidade de negociação.

§ 3º Quando o preço de mercado tornar-se superior aos preços registrados e o fornecedor, mediante requerimento devidamente comprovado, não puder cumprir o compromisso, o órgão gerenciador poderá:

I – liberar o fornecedor do compromisso assumido, sem aplicação da penalidade, confirmando a veracidade dos motivos e comprovantes apresentados, e se a comunicação ocorrer antes do pedido de fornecimento; e

II – convocar os demais fornecedores visando igual oportunidade de negociação.

§ 4º Não havendo êxito nas negociações, o órgão gerenciador deverá proceder à revogação da Ata de Registro de Preços, adotando as medidas cabíveis para obtenção da contratação mais vantajosa.

Art. 13. O fornecedor terá seu registro cancelado quando:

I – descumprir as condições da Ata de Registro de Preços;

II – não retirar a respectiva nota de empenho ou instrumento equivalente, no prazo estabelecido pela Administração, sem justificativa aceitável;

III – não aceitar reduzir o seu preço registrado, na hipótese de este se tornar superior àqueles praticados no mercado; e

IV – tiver presentes razões de interesse público.

§ 1º O cancelamento de registro, nas hipóteses previstas, assegurados o contraditório e a ampla defesa, será formalizado por despacho da autoridade competente do órgão gerenciador.

§ 2º O fornecedor poderá solicitar o cancelamento do seu registro de preço na ocorrência de fato superveniente que venha comprometer a perfeita execução contratual, decorrentes de caso fortuito ou de força maior devidamente comprovados.

Art. 14. Poderão ser utilizados recursos de tecnologia da informação na operacionalização das disposições de que trata este Decreto, bem assim na automatização dos procedimentos inerentes aos controles e atribuições dos órgãos gerenciador e participante.

Art. 15. O Ministério do Planejamento, Orçamento e Gestão poderá editar normas complementares a este Decreto.

Art. 16. Este Decreto entra em vigor na data de sua publicação.

Art. 17. Revoga-se o Decreto n. 2.743, de 21 de agosto de 1998.

Brasília, 19 de setembro de 2001; 180º da Independência e 113º da República.

FERNANDO HENRIQUE CARDOSO
Martus Tavares

LEI N. 10.520, DE 17 DE JULHO DE 2002*

Institui, no âmbito da União, Estados, Distrito Federal e Municípios, nos termos do art. 37, inciso XXI, da Constituição Federal, modalidade de licitação denominada pregão, para aquisição de bens e serviços comuns, e dá outras providências.

O Presidente da República

Faço saber que o Congresso Nacional decreta e eu sanciono a seguinte Lei:

Art. 1º Para aquisição de bens e serviços comuns, poderá ser adotada a licitação na modalidade de pregão, que será regida por esta Lei.

Parágrafo único. Consideram-se bens e serviços comuns, para os fins e efeitos deste artigo, aqueles cujos padrões de desempenho e qualidade possam ser objetivamente definidos pelo edital, por meio de especificações usuais no mercado.

Art. 2º (*Vetado.*)

§ 1º Poderá ser realizado o pregão por meio da utilização de recursos de tecnologia da informação, nos termos de regulamentação específica.

§ 2º Será facultado, nos termos de regulamentos próprios da União, Estados, Distrito Federal e Municípios, a participação de bolsas de mercadorias no apoio técnico e operacional aos órgãos e entidades promotores da modalidade de pregão, utilizando-se de recursos de tecnologia da informação.

---

* Publicada no *Diário Oficial da União* de 18 de julho de 2002, e retificada em 30 de julho de 2002.

§ 3º As bolsas a que se referem o § 2º deverão estar organizadas sob a forma de sociedades civis sem fins lucrativos e com a participação plural de corretoras que operem sistemas eletrônicos unificados de pregões.

Art. 3º A fase preparatória do pregão observará o seguinte:

I – a autoridade competente justificará a necessidade de contratação e definirá o objeto do certame, as exigências de habilitação, os critérios de aceitação das propostas, as sanções por inadimplemento e as cláusulas do contrato, inclusive com fixação dos prazos para fornecimento;

II – a definição do objeto deverá ser precisa, suficiente e clara, vedadas especificações que, por excessivas, irrelevantes ou desnecessárias, limitem a competição;

III – dos autos do procedimento constarão a justificativa das definições referidas no inciso I deste artigo e os indispensáveis elementos técnicos sobre os quais estiverem apoiados, bem como o orçamento, elaborado pelo órgão ou entidade promotora da licitação, dos bens ou serviços a serem licitados; e

IV – a autoridade competente designará, dentre os servidores do órgão ou entidade promotora da licitação, o pregoeiro e respectiva equipe de apoio, cuja atribuição inclui, dentre outras, o recebimento das propostas e lances, a análise de sua aceitabilidade e sua classificação, bem como a habilitação e a adjudicação do objeto do certame ao licitante vencedor.

§ 1º A equipe de apoio deverá ser integrada em sua maioria por servidores ocupantes de cargo efetivo ou emprego da administração, preferencialmente pertencentes ao quadro permanente do órgão ou entidade promotora do evento.

§ 2º No âmbito do Ministério da Defesa, as funções de pregoeiro e de membro da equipe de apoio poderão ser desempenhadas por militares.

Art. 4º A fase externa do pregão será iniciada com a convocação dos interessados e observará as seguintes regras:

I – a convocação dos interessados será efetuada por meio de publicação de aviso em diário oficial do respectivo ente federado ou, não existindo, em jornal de circulação local, e facultativamente, por meios eletrônicos e conforme o vulto da licitação, em jornal de grande circulação, nos termos do regulamento de que trata o art. 2º;

II – do aviso constarão a definição do objeto da licitação, a indicação do local, dias e horários em que poderá ser lida ou obtida a íntegra do edital;

III – do edital constarão todos os elementos definidos na forma do inciso I do art. 3º, as normas que disciplinarem o procedimento e a minuta do contrato, quando for o caso;

IV – cópias do edital e do respectivo aviso serão colocadas à disposição de qualquer pessoa para consulta e divulgadas na forma da Lei n. 9.755, de 16 de dezembro de 1998;

V – o prazo fixado para a apresentação das propostas, contado a partir da publicação do aviso, não será inferior a 8 (oito) dias úteis;

VI – no dia, hora e local designados, será realizada sessão pública para recebimento das propostas, devendo o interessado, ou seu representante, identificar-se e, se for o caso, comprovar a existência dos necessários poderes para formulação de propostas e para a prática de todos os demais atos inerentes ao certame;

VII – aberta a sessão, os interessados ou seus representantes, apresentarão declaração dando ciência de que cumprem plenamente os requisitos de habilitação e entregarão os envelopes contendo a indicação do objeto e do preço oferecidos, procedendo-se à sua imediata abertura e à verificação da conformidade das propostas com os requisitos estabelecidos no instrumento convocatório;

VIII – no curso da sessão, o autor da oferta de valor mais baixo e os das ofertas com preços até 10% (dez por cento) superiores àquela poderão fazer novos lances verbais e sucessivos, até a proclamação do vencedor;

IX – não havendo pelo menos 3 (três) ofertas nas condições definidas no inciso anterior, poderão os autores das melhores propostas, até o máximo de 3 (três), oferecer novos lances verbais e sucessivos, quaisquer que sejam os preços oferecidos;

X – para julgamento e classificação das propostas, será adotado o critério de menor preço, observados os prazos máximos para fornecimento, as especificações técnicas e parâmetros mínimos de desempenho e qualidade definidos no edital;

XI – examinada a proposta classificada em primeiro lugar, quanto ao objeto e valor, caberá ao pregoeiro decidir motivadamente a respeito da sua aceitabilidade;

XII – encerrada a etapa competitiva e ordenadas as ofertas, o pregoeiro procederá à abertura do invólucro contendo os documentos de habilitação do licitante que apresentou a melhor proposta, para verificação do atendimento das condições fixadas no edital;

XIII – a habilitação far-se-á com a verificação de que o licitante está em situação regular perante a Fazenda Nacional, a Seguridade Social e o Fundo de Garantia do Tempo de Serviço – FGTS, e as Fazendas Estaduais e Municipais, quando for o caso, com a comprovação de que atende às exigências do edital quanto à habilitação jurídica e qualificações técnica e econômico-financeira;

XIV – os licitantes poderão deixar de apresentar os documentos de habilitação que já constem do Sistema de Cadastramento Unificado de Fornecedores – Sicaf e sistemas semelhantes mantidos por Estados, Distrito Federal ou Municípios, assegurado aos demais licitantes o direito de acesso aos dados nele constantes;

XV – verificado o atendimento das exigências fixadas no edital, o licitante será declarado vencedor;

XVI – se a oferta não for aceitável ou se o licitante desatender às exigências habilitatórias, o pregoeiro examinará as ofertas subsequentes e a qualificação dos licitantes, na ordem de classificação, e assim sucessivamente, até a apuração de uma que atenda ao edital, sendo o respectivo licitante declarado vencedor;

XVII – nas situações previstas nos incisos XI e XVI, o pregoeiro poderá negociar diretamente com o proponente para que seja obtido preço melhor;

XVIII – declarado o vencedor, qualquer licitante poderá manifestar imediata e motivadamente a intenção de recorrer, quando lhe será concedido o prazo de 3 (três) dias para apresentação das razões do recurso, ficando os demais licitantes desde logo intimados para apresentar contrarrazões em igual número de dias, que começarão a correr do término do prazo do recorrente, sendo-lhes assegurada vista imediata dos autos;

XIX – o acolhimento de recurso importará a invalidação apenas dos atos insuscetíveis de aproveitamento;

XX – a falta de manifestação imediata e motivada do licitante importará a decadência do direito de recurso e a adjudicação do objeto da licitação pelo pregoeiro ao vencedor;

XXI – decididos os recursos, a autoridade competente fará a adjudicação do objeto da licitação ao licitante vencedor;

XXII – homologada a licitação pela autoridade competente, o adjudicatário será convocado para assinar o contrato no prazo definido em edital; e

XXIII – se o licitante vencedor, convocado dentro do prazo de validade da sua proposta, não celebrar o contrato, aplicar-se-á o disposto no inciso XVI.

Art. 5º É vedada a exigência de:

I – garantia de proposta;

II – aquisição do edital pelos licitantes, como condição para participação no certame; e

III – pagamento de taxas e emolumentos, salvo os referentes a fornecimento do edital, que não serão superiores ao custo de sua reprodução gráfica, e aos custos de utilização de recursos de tecnologia da informação, quando for o caso.

Art. 6º O prazo de validade das propostas será de 60 (sessenta) dias, se outro não estiver fixado no edital.

Art. 7º Quem, convocado dentro do prazo de validade da sua proposta, não celebrar o contrato, deixar de entregar ou apresentar documentação falsa exigida para o certame, ensejar o retardamento da execução de seu objeto, não mantiver a proposta, falhar ou fraudar na execução do contrato, comportar-se de modo inidôneo ou cometer fraude fiscal, ficará impedido de licitar e contratar com a União, Estados, Distrito Federal ou Municípios e, será descredenciado no Sicaf, ou nos sistemas de cadastramento de fornecedores a que se refere o inciso XIV do art. 4º desta Lei, pelo prazo de até 5 (cinco) anos, sem prejuízo das multas previstas em edital e no contrato e das demais cominações legais.

Art. 8º Os atos essenciais do pregão, inclusive os decorrentes de meios eletrônicos, serão documentados no processo respectivo, com vistas à aferição de sua regularidade pelos agentes de controle, nos termos do regulamento previsto no art. 2º.

Art. 9º Aplicam-se subsidiariamente, para a modalidade de pregão, as normas da Lei n. 8.666, de 21 de junho de 1993.

Art. 10. Ficam convalidados os atos praticados com base na Medida Provisória n. 2.182-18, de 23 de agosto de 2001.

Art. 11. As compras e contratações de bens e serviços comuns, no âmbito da União, dos Estados, do Distrito Federal e dos Municípios, quando efetuadas pelo sistema de registro de preços previsto no art. 15 da Lei n. 8.666, de 21 de junho de 1993, poderão adotar a modalidade de pregão, conforme regulamento específico.

Art. 12. A Lei n. 10.191, de 14 de fevereiro de 2001, passa a vigorar acrescida do seguinte artigo:

"Art. 2º-A. A União, os Estados, o Distrito Federal e os Municípios poderão adotar, nas licitações de registro de preços destinadas à aquisição de bens e serviços comuns da área da saúde, a modalidade do pregão, inclusive por meio eletrônico, observando-se o seguinte:

I – são considerados bens e serviços comuns da área da saúde, aqueles necessários ao atendimento dos órgãos que integram o Sistema Único de Saúde, cujos padrões de desempenho e qualidade possam ser objetivamente definidos no edital, por meio de especificações usuais do mercado.

II – quando o quantitativo total estimado para a contratação ou fornecimento não puder ser atendido pelo licitante vencedor, admitir-se-á a convocação de tantos licitantes quantos forem necessários para o atingimento da totalidade do quantitativo, respeitada a ordem de classificação, desde que os referidos licitantes aceitem praticar o mesmo preço da proposta vencedora.

III – na impossibilidade do atendimento ao disposto no inciso II, excepcionalmente, poderão ser registrados outros preços diferentes da proposta vencedora, desde que se trate de objetos de qualidade ou desempenho superior, devidamente justificada e comprovada a vantagem, e que as ofertas sejam em valor inferior ao limite máximo admitido".

Art. 13. Esta Lei entra em vigor na data de sua publicação.

Brasília, 17 de julho de 2002; 181º da Independência e 114º da República.

FERNANDO HENRIQUE CARDOSO
Pedro Malan
Guilherme Gomes Dias

LEI N. 11.079, DE 30 DE DEZEMBRO DE 2004*

Institui normas gerais para licitação e contratação de parceria público-privada no âmbito da administração pública.

O Presidente da República

Faço saber que o Congresso Nacional decreta e eu sanciono a seguinte Lei:

Capítulo I
DISPOSIÇÕES PRELIMINARES

Art. 1º Esta Lei institui normas gerais para licitação e contratação de parceria público-privada no âmbito dos Poderes da União, dos Estados, do Distrito Federal e dos Municípios.

Parágrafo único. Esta Lei se aplica aos órgãos da Administração Pública direta, aos fundos especiais, às autarquias, às fundações públicas, às empresas públicas, às sociedades de economia mista e às demais entidades controladas direta ou indiretamente pela União, Estados, Distrito Federal e Municípios.

Art. 2º Parceria público-privada é o contrato administrativo de concessão, na modalidade patrocinada ou administrativa.

§ 1º Concessão patrocinada é a concessão de serviços públicos ou de obras públicas de que trata a Lei n. 8.987, de 13 de fevereiro de 1995, quando envolver, adicionalmente à tarifa cobrada dos usuários, contraprestação pecuniária do parceiro público ao parceiro privado.

§ 2º Concessão administrativa é o contrato de prestação de serviços de que a Administração Pública seja a usuária direta ou indire-

---

* Publicada no *Diário Oficial da União* de 31 de dezembro de 2004.

ta, ainda que envolva execução de obra ou fornecimento e instalação de bens.

§ 3º Não constitui parceria público-privada a concessão comum, assim entendida a concessão de serviços públicos ou de obras públicas de que trata a Lei n. 8.987, de 13 de fevereiro de 1995, quando não envolver contraprestação pecuniária do parceiro público ao parceiro privado.

§ 4º É vedada a celebração de contrato de parceria público-privada:

I – cujo valor do contrato seja inferior a R$ 20.000.000,00 (vinte milhões de reais);

II – cujo período de prestação do serviço seja inferior a 5 (cinco) anos; ou

III – que tenha como objeto único o fornecimento de mão de obra, o fornecimento e instalação de equipamentos ou a execução de obra pública.

Art. 3º As concessões administrativas regem-se por esta Lei, aplicando-se-lhes adicionalmente o disposto nos arts. 21, 23, 25 e 27 a 39 da Lei n. 8.987, de 13 de fevereiro de 1995, e no art. 31 da Lei n. 9.074, de 7 de julho de 1995.

§ 1º As concessões patrocinadas regem-se por esta Lei, aplicando-se-lhes subsidiariamente o disposto na Lei n. 8.987, de 13 de fevereiro de 1995, e nas leis que lhe são correlatas.

§ 2º As concessões comuns continuam regidas pela Lei n. 8.987, de 13 de fevereiro de 1995, e pelas leis que lhe são correlatas, não se lhes aplicando o disposto nesta Lei.

§ 3º Continuam regidos exclusivamente pela Lei n. 8.666, de 21 de junho de 1993, e pelas leis que lhe são correlatas os contratos administrativos que não caracterizem concessão comum, patrocinada ou administrativa.

Art. 4º Na contratação de parceria público-privada serão observadas as seguintes diretrizes:

I – eficiência no cumprimento das missões de Estado e no emprego dos recursos da sociedade;

II – respeito aos interesses e direitos dos destinatários dos serviços e dos entes privados incumbidos da sua execução;

III – indelegabilidade das funções de regulação, jurisdicional, do exercício do poder de polícia e de outras atividades exclusivas do Estado;

IV – responsabilidade fiscal na celebração e execução das parcerias;

V – transparência dos procedimentos e das decisões;

VI – repartição objetiva de riscos entre as partes;

VII – sustentabilidade financeira e vantagens socioeconômicas dos projetos de parceria.

Capítulo II
DOS CONTRATOS DE PARCERIA PÚBLICO-PRIVADA

Art. 5º As cláusulas dos contratos de parceria público-privada atenderão ao disposto no art. 23 da Lei n. 8.987, de 13 de fevereiro de 1995, no que couber, devendo também prever:

I – o prazo de vigência do contrato, compatível com a amortização dos investimentos realizados, não inferior a 5 (cinco), nem superior a 35 (trinta e cinco) anos, incluindo eventual prorrogação;

II – as penalidades aplicáveis à Administração Pública e ao parceiro privado em caso de inadimplemento contratual, fixadas sempre de forma proporcional à gravidade da falta cometida, e às obrigações assumidas;

III – a repartição de riscos entre as partes, inclusive os referentes a caso fortuito, força maior, fato do príncipe e álea econômica extraordinária;

IV – as formas de remuneração e de atualização dos valores contratuais;

V – os mecanismos para a preservação da atualidade da prestação dos serviços;

VI – os fatos que caracterizem a inadimplência pecuniária do parceiro público, os modos e o prazo de regularização e, quando houver, a forma de acionamento da garantia;

VII – os critérios objetivos de avaliação do desempenho do parceiro privado;

VIII – a prestação, pelo parceiro privado, de garantias de execução suficientes e compatíveis com os ônus e riscos envolvidos, observados os limites dos §§ 3º e 5º do art. 56 da Lei n. 8.666, de 21 de junho de 1993, e, no que se refere às concessões patrocinadas, o disposto no inciso XV do art. 18 da Lei n. 8.987, de 13 de fevereiro de 1995;

IX – o compartilhamento com a Administração Pública de ganhos econômicos efetivos do parceiro privado decorrentes da redução do risco de crédito dos financiamentos utilizados pelo parceiro privado;

X – a realização de vistoria dos bens reversíveis, podendo o parceiro público reter os pagamentos ao parceiro privado, no valor necessário para reparar as irregularidades eventualmente detectadas.

§ 1º As cláusulas contratuais de atualização automática de valores baseadas em índices e fórmulas matemáticas, quando houver, serão aplicadas sem necessidade de homologação pela Administração Pública, exceto se esta publicar, na imprensa oficial, onde houver, até o prazo de 15 (quinze) dias após apresentação da fatura, razões fundamentadas nesta Lei ou no contrato para a rejeição da atualização.

§ 2º Os contratos poderão prever adicionalmente:

I – os requisitos e condições em que o parceiro público autorizará a transferência do controle da sociedade de propósito específico para os seus financiadores, com o objetivo de promover a sua reestruturação financeira e assegurar a continuidade da prestação dos serviços, não se aplicando para este efeito o previsto no inciso I do parágrafo único do art. 27 da Lei n. 8.987, de 13 de fevereiro de 1995;

II – a possibilidade de emissão de empenho em nome dos financiadores do projeto em relação às obrigações pecuniárias da Administração Pública;

III – a legitimidade dos financiadores do projeto para receber indenizações por extinção antecipada do contrato, bem como pagamentos efetuados pelos fundos e empresas estatais garantidores de parcerias público-privadas.

Art. 6º A contraprestação da Administração Pública nos contratos de parceria público-privada poderá ser feita por:

I – ordem bancária;

II – cessão de créditos não tributários;

III – outorga de direitos em face da Administração Pública;

IV – outorga de direitos sobre bens públicos dominicais;

V – outros meios admitidos em lei.

Parágrafo único. O contrato poderá prever o pagamento ao parceiro privado de remuneração variável vinculada ao seu desempenho, conforme metas e padrões de qualidade e disponibilidade definidos no contrato.

Art. 7º A contraprestação da Administração Pública será obrigatoriamente precedida da disponibilização do serviço objeto do contrato de parceria público-privada.

Parágrafo único. É facultado à Administração Pública, nos termos do contrato, efetuar o pagamento da contraprestação relativa a parcela fruível de serviço objeto do contrato de parceria público-privada.

Capítulo III
DAS GARANTIAS

Art. 8º As obrigações pecuniárias contraídas pela Administração Pública em contrato de parceria público-privada poderão ser garantidas mediante:

I – vinculação de receitas, observado o disposto no inciso IV do art. 167 da Constituição Federal;

II – instituição ou utilização de fundos especiais previstos em lei;

III – contratação de seguro-garantia com as companhias seguradoras que não sejam controladas pelo Poder Público;

IV – garantia prestada por organismos internacionais ou instituições financeiras que não sejam controladas pelo Poder Público;

V – garantias prestadas por fundo garantidor ou empresa estatal criada para essa finalidade;

VI – outros mecanismos admitidos em lei.

Capítulo IV
DA SOCIEDADE DE PROPÓSITO ESPECÍFICO

Art. 9º Antes da celebração do contrato, deverá ser constituída sociedade de propósito específico, incumbida de implantar e gerir o objeto da parceria.

§ 1º A transferência do controle da sociedade de propósito específico estará condicionada à autorização expressa da Administração Pública, nos termos do edital e do contrato, observado o disposto no parágrafo único do art. 27 da Lei n. 8.987, de 13 de fevereiro de 1995.

§ 2º A sociedade de propósito específico poderá assumir a forma de companhia aberta, com valores mobiliários admitidos a negociação no mercado.

§ 3º A sociedade de propósito específico deverá obedecer a padrões de governança corporativa e adotar contabilidade e demonstrações financeiras padronizadas, conforme regulamento.

§ 4º Fica vedado à Administração Pública ser titular da maioria do capital votante das sociedades de que trata este Capítulo.

§ 5º A vedação prevista no § 4º deste artigo não se aplica à eventual aquisição da maioria do capital votante da sociedade de propósito específico por instituição financeira controlada pelo Poder Público em caso de inadimplemento de contratos de financiamento.

Capítulo V
DA LICITAÇÃO

Art. 10. A contratação de parceria público-privada será precedida de licitação na modalidade de concorrência, estando a abertura do processo licitatório condicionada a:

I – autorização da autoridade competente, fundamentada em estudo técnico que demonstre:

a) a conveniência e a oportunidade da contratação, mediante identificação das razões que justifiquem a opção pela forma de parceria público-privada;

b) que as despesas criadas ou aumentadas não afetarão as metas de resultados fiscais previstas no Anexo referido no § 1º do art. 4º da Lei Complementar n. 101, de 4 de maio de 2000, devendo seus efeitos financeiros, nos períodos seguintes, ser compensados pelo aumento permanente de receita ou pela redução permanente de despesa; e

c) quando for o caso, conforme as normas editadas na forma do art. 25 desta Lei, a observância dos limites e condições decorrentes da aplicação dos arts. 29, 30 e 32 da Lei Complementar n. 101, de 4 de maio de 2000, pelas obrigações contraídas pela Administração Pública relativas ao objeto do contrato;

II – elaboração de estimativa do impacto orçamentário-financeiro nos exercícios em que deva vigorar o contrato de parceria público-privada;

III – declaração do ordenador da despesa de que as obrigações contraídas pela Administração Pública no decorrer do contrato são compatíveis com a lei de diretrizes orçamentárias e estão previstas na lei orçamentária anual;

IV – estimativa do fluxo de recursos públicos suficientes para o cumprimento, durante a vigência do contrato e por exercício financeiro, das obrigações contraídas pela Administração Pública;

V – seu objeto estar previsto no plano plurianual em vigor no âmbito onde o contrato será celebrado;

VI – submissão da minuta de edital e de contrato à consulta pública, mediante publicação na imprensa oficial, em jornais de grande circulação e por meio eletrônico, que deverá informar a justificativa para a contratação, a identificação do objeto, o prazo de duração do contrato, seu valor estimado, fixando-se prazo mínimo de 30 (trinta) dias para recebimento de sugestões, cujo termo dar-se-á pelo menos 7 (sete) dias antes da data prevista para a publicação do edital; e

VII – licença ambiental prévia ou expedição das diretrizes para o licenciamento ambiental do empreendimento, na forma do regulamento, sempre que o objeto do contrato exigir.

§ 1º A comprovação referida nas alíneas *b* e *c* do inciso I do *caput* deste artigo conterá as premissas e metodologia de cálculo utilizadas, observadas as normas gerais para consolidação das contas públicas, sem prejuízo do exame de compatibilidade das despesas com as demais normas do plano plurianual e da lei de diretrizes orçamentárias.

§ 2º Sempre que a assinatura do contrato ocorrer em exercício diverso daquele em que for publicado o edital, deverá ser precedida da atualização dos estudos e demonstrações a que se referem os incisos I a IV do *caput* deste artigo.

§ 3º As concessões patrocinadas em que mais de 70% (setenta por cento) da remuneração do parceiro privado for paga pela Administração Pública dependerão de autorização legislativa específica.

Art. 11. O instrumento convocatório conterá minuta do contrato, indicará expressamente a submissão da licitação às normas desta Lei e observará, no que couber, os §§ 3º e 4º do art. 15, os arts. 18, 19 e 21 da Lei n. 8.987, de 13 de fevereiro de 1995, podendo ainda prever:

I – exigência de garantia de proposta do licitante, observado o limite do inciso III do art. 31 da Lei n. 8.666, de 21 de junho de 1993;

II – (*Vetado*);

III – o emprego dos mecanismos privados de resolução de disputas, inclusive a arbitragem, a ser realizada no Brasil e em língua portuguesa, nos termos da Lei n. 9.307, de 23 de setembro de 1996, para dirimir conflitos decorrentes ou relacionados ao contrato.

Parágrafo único. O edital deverá especificar, quando houver, as garantias da contraprestação do parceiro público a serem concedidas ao parceiro privado.

Art. 12. O certame para a contratação de parcerias público--privadas obedecerá ao procedimento previsto na legislação vigente sobre licitações e contratos administrativos e também ao seguinte:

I – o julgamento poderá ser precedido de etapa de qualificação de propostas técnicas, desclassificando-se os licitantes que não alcançarem a pontuação mínima, os quais não participarão das etapas seguintes;

II – o julgamento poderá adotar como critérios, além dos previstos nos incisos I e V do art. 15 da Lei n. 8.987, de 13 de fevereiro de 1995, os seguintes:

a) menor valor da contraprestação a ser paga pela Administração Pública;

b) melhor proposta em razão da combinação do critério da alínea *a* com o de melhor técnica, de acordo com os pesos estabelecidos no edital;

III – o edital definirá a forma de apresentação das propostas econômicas, admitindo-se:

a) propostas escritas em envelopes lacrados; ou

b) propostas escritas, seguidas de lances em viva voz;

IV – o edital poderá prever a possibilidade de saneamento de falhas, de complementação de insuficiências ou ainda de correções de caráter formal no curso do procedimento, desde que o licitante possa satisfazer as exigências dentro do prazo fixado no instrumento convocatório.

§ 1º Na hipótese da alínea *b* do inciso III do *caput* deste artigo:

I – os lances em viva voz serão sempre oferecidos na ordem inversa da classificação das propostas escritas, sendo vedado ao edital limitar a quantidade de lances;

II – o edital poderá restringir a apresentação de lances em viva voz aos licitantes cuja proposta escrita for no máximo 20% (vinte por cento) maior que o valor da melhor proposta.

§ 2º O exame de propostas técnicas, para fins de qualificação ou julgamento, será feito por ato motivado, com base em exigências, parâmetros e indicadores de resultado pertinentes ao objeto, definidos com clareza e objetividade no edital.

Art. 13. O edital poderá prever a inversão da ordem das fases de habilitação e julgamento, hipótese em que:

I – encerrada a fase de classificação das propostas ou o oferecimento de lances, será aberto o invólucro com os documentos de habilitação do licitante mais bem classificado, para verificação do atendimento das condições fixadas no edital;

II – verificado o atendimento das exigências do edital, o licitante será declarado vencedor;

III – inabilitado o licitante melhor classificado, serão analisados os documentos habilitatórios do licitante com a proposta classificada em 2º (segundo) lugar, e assim, sucessivamente, até que um licitante classificado atenda às condições fixadas no edital;

IV – proclamado o resultado final do certame, o objeto será adjudicado ao vencedor nas condições técnicas e econômicas por ele ofertadas.

Capítulo VI
DISPOSIÇÕES APLICÁVEIS À UNIÃO

Art. 14. Será instituído, por decreto, órgão gestor de parcerias público-privadas federais, com competência para:

• Vide *Decreto n. 5.385, de 2005*.

I – definir os serviços prioritários para execução no regime de parceria público-privada;

II – disciplinar os procedimentos para celebração desses contratos;

III – autorizar a abertura da licitação e aprovar seu edital;

IV – apreciar os relatórios de execução dos contratos.

§ 1º O órgão mencionado no *caput* deste artigo será composto por indicação nominal de um representante titular e respectivo suplente de cada um dos seguintes órgãos:

I – Ministério do Planejamento, Orçamento e Gestão, ao qual cumprirá a tarefa de coordenação das respectivas atividades;

II – Ministério da Fazenda;

III – Casa Civil da Presidência da República.

§ 2º Das reuniões do órgão a que se refere o *caput* deste artigo para examinar projetos de parceria público-privada participará um representante do órgão da Administração Pública direta cuja área de competência seja pertinente ao objeto do contrato em análise.

§ 3º Para deliberação do órgão gestor sobre a contratação de parceria público-privada, o expediente deverá estar instruído com pronunciamento prévio e fundamentado:

I – do Ministério do Planejamento, Orçamento e Gestão, sobre o mérito do projeto;

II – do Ministério da Fazenda, quanto à viabilidade da concessão da garantia e à sua forma, relativamente aos riscos para o Tesouro Nacional e ao cumprimento do limite de que trata o art. 22 desta Lei.

§ 4º Para o desempenho de suas funções, o órgão citado no *caput* deste artigo poderá criar estrutura de apoio técnico com a presença de representantes de instituições públicas.

§ 5º O órgão de que trata o *caput* deste artigo remeterá ao Congresso Nacional e ao Tribunal de Contas da União, com periodicidade anual, relatórios de desempenho dos contratos de parceria público-privada.

§ 6º Para fins do atendimento do disposto no inciso V do art. 4º desta Lei, ressalvadas as informações classificadas como sigilosas, os relatórios de que trata o § 5º deste artigo serão disponibilizados ao público, por meio de rede pública de transmissão de dados.

Art. 15. Compete aos Ministérios e às Agências Reguladoras, nas suas respectivas áreas de competência, submeter o edital de licitação ao órgão gestor, proceder à licitação, acompanhar e fiscalizar os contratos de parceria público-privada.

Parágrafo único. Os Ministérios e Agências Reguladoras encaminharão ao órgão a que se refere o *caput* do art. 14 desta Lei, com periodicidade semestral, relatórios circunstanciados acerca da execução dos contratos de parceria público-privada, na forma definida em regulamento.

Art. 16. Ficam a União, suas autarquias e fundações públicas autorizadas a participar, no limite global de R$ 6.000.000.000,00 (seis bilhões de reais), em Fundo Garantidor de Parcerias Público-Privadas – FGP, que terá por finalidade prestar garantia de pagamento de obrigações pecuniárias assumidas pelos parceiros públicos federais em virtude das parcerias de que trata esta Lei.

§ 1º O FGP terá natureza privada e patrimônio próprio separado do patrimônio dos cotistas, e será sujeito a direitos e obrigações próprios.

§ 2º O patrimônio do Fundo será formado pelo aporte de bens e direitos realizado pelos cotistas, por meio da integralização de cotas e pelos rendimentos obtidos com sua administração.

§ 3º Os bens e direitos transferidos ao Fundo serão avaliados por empresa especializada, que deverá apresentar laudo fundamentado, com indicação dos critérios de avaliação adotados e instruído com os documentos relativos aos bens avaliados.

§ 4º A integralização das cotas poderá ser realizada em dinheiro, títulos da dívida pública, bens imóveis dominicais, bens móveis, inclusive ações de sociedade de economia mista federal excedentes ao necessário para manutenção de seu controle pela União, ou outros direitos com valor patrimonial.

§ 5º O FGP responderá por suas obrigações com os bens e direitos integrantes de seu patrimônio, não respondendo os cotistas por qualquer obrigação do Fundo, salvo pela integralização das cotas que subscreverem.

§ 6º A integralização com bens a que se refere o § 4º deste artigo será feita independentemente de licitação, mediante prévia avaliação e autorização específica do Presidente da República, por proposta do Ministro da Fazenda.

§ 7º O aporte de bens de uso especial ou de uso comum no FGP será condicionado a sua desafetação de forma individualizada.

Art. 17. O FGP será criado, administrado, gerido e representado judicial e extrajudicialmente por instituição financeira controlada, direta ou indiretamente, pela União, com observância das normas a que se refere o inciso XXII do art. 4º da Lei n. 4.595, de 31 de dezembro de 1964.

§ 1º O estatuto e o regulamento do FGP serão aprovados em assembleia dos cotistas.

§ 2º A representação da União na assembleia dos cotistas dar--se-á na forma do inciso V do art. 10 do Decreto-Lei n. 147, de 3 de fevereiro de 1967.

§ 3º Caberá à instituição financeira deliberar sobre a gestão e alienação dos bens e direitos do FGP, zelando pela manutenção de sua rentabilidade e liquidez.

Art. 18. As garantias do FGP serão prestadas proporcionalmente ao valor da participação de cada cotista, sendo vedada a concessão de garantia cujo valor presente líquido, somado ao das garantias anteriormente prestadas e demais obrigações, supere o ativo total do FGP.

§ 1º A garantia será prestada na forma aprovada pela assembleia dos cotistas, nas seguintes modalidades:

I – fiança, sem benefício de ordem para o fiador;

II – penhor de bens móveis ou de direitos integrantes do patrimônio do FGP, sem transferência da posse da coisa empenhada antes da execução da garantia;

III – hipoteca de bens imóveis do patrimônio do FGP;

IV – alienação fiduciária, permanecendo a posse direta dos bens com o FGP ou com agente fiduciário por ele contratado antes da execução da garantia;

V – outros contratos que produzam efeito de garantia, desde que não transfiram a titularidade ou posse direta dos bens ao parceiro privado antes da execução da garantia;

VI – garantia, real ou pessoal, vinculada a um patrimônio de afetação constituído em decorrência da separação de bens e direitos pertencentes ao FGP.

§ 2º O FGP poderá prestar contragarantias a seguradoras, instituições financeiras e organismos internacionais que garantirem o cumprimento das obrigações pecuniárias dos cotistas em contratos de parceria público-privadas.

§ 3º A quitação pelo parceiro público de cada parcela de débito garantido pelo FGP importará exoneração proporcional da garantia.

§ 4º No caso de crédito líquido e certo, constante de título exigível aceito e não pago pelo parceiro público, a garantia poderá ser acionada pelo parceiro privado a partir do 45º (quadragésimo quinto) dia do seu vencimento.

§ 5º O parceiro privado poderá acionar a garantia relativa a débitos constantes de faturas emitidas e ainda não aceitas pelo parceiro público, desde que, transcorridos mais de 90 (noventa) dias de seu vencimento, não tenha havido sua rejeição expressa por ato motivado.

§ 6º A quitação de débito pelo FGP importará sua sub-rogação nos direitos do parceiro privado.

§ 7º Em caso de inadimplemento, os bens e direitos do Fundo poderão ser objeto de constrição judicial e alienação para satisfazer as obrigações garantidas.

Art. 19. O FGP não pagará rendimentos a seus cotistas, assegurando-se a qualquer deles o direito de requerer o resgate total ou parcial de suas cotas, correspondente ao patrimônio ainda não utilizado para a concessão de garantias, fazendo-se a liquidação com base na situação patrimonial do Fundo.

Art. 20. A dissolução do FGP, deliberada pela assembleia dos cotistas, ficará condicionada à prévia quitação da totalidade dos débitos garantidos ou liberação das garantias pelos credores.

Parágrafo único. Dissolvido o FGP, o seu patrimônio será rateado entre os cotistas, com base na situação patrimonial à data da dissolução.

Art. 21. É facultada a constituição de patrimônio de afetação que não se comunicará com o restante do patrimônio do FGP, ficando vinculado exclusivamente à garantia em virtude da qual tiver sido constituído, não podendo ser objeto de penhora, arresto, sequestro, busca e apreensão ou qualquer ato de constrição judicial decorrente de outras obrigações do FGP.

Parágrafo único. A constituição do patrimônio de afetação será feita por registro em Cartório de Registro de Títulos e Documentos ou, no caso de bem imóvel, no Cartório de Registro Imobiliário correspondente.

Art. 22. A União somente poderá contratar parceria público--privada quando a soma das despesas de caráter continuado derivadas do conjunto das parcerias já contratadas não tiver excedido, no ano anterior, a 1% (um por cento) da receita corrente líquida do exercício, e as despesas anuais dos contratos vigentes, nos 10 (dez) anos subsequentes, não excedam a 1% (um por cento) da receita corrente líquida projetada para os respectivos exercícios.

Capítulo VII
DISPOSIÇÕES FINAIS

Art. 23. Fica a União autorizada a conceder incentivo, nos termos do Programa de Incentivo à Implementação de Projetos de Interesse Social – PIPS, instituído pela Lei n. 10.735, de 11 de setembro de 2003, às aplicações em fundos de investimento, criados por instituições financeiras, em direitos creditórios provenientes dos contratos de parcerias público-privadas.

Art. 24. O Conselho Monetário Nacional estabelecerá, na forma da legislação pertinente, as diretrizes para a concessão de crédito destinado ao financiamento de contratos de parcerias público-privadas, bem como para participação de entidades fechadas de previdência complementar.

Art. 25. A Secretaria do Tesouro Nacional editará, na forma da legislação pertinente, normas gerais relativas à consolidação das contas públicas aplicáveis aos contratos de parceria público-privada.

Art. 26. O inciso I do § 1º do art. 56 da Lei n. 8.666, de 21 de junho de 1993, passa a vigorar com a seguinte redação:

"Art. 56. ....

§ 1º ....

I – caução em dinheiro ou em títulos da dívida pública, devendo estes ter sido emitidos sob a forma escritural, mediante registro em sistema centralizado de liquidação e de custódia autorizado pelo Banco Central do Brasil e avaliados pelos seus valores econômicos, conforme definido pelo Ministério da Fazenda;

...."

Art. 27. As operações de crédito efetuadas por empresas públicas ou sociedades de economia mista controladas pela União não poderão exceder a 70% (setenta por cento) do total das fontes de recursos financeiros da sociedade de propósito específico, sendo que para as áreas das regiões Norte, Nordeste e Centro-Oeste, onde o Índice de Desenvolvimento Humano – IDH seja inferior à média nacional, essa participação não poderá exceder a 80% (oitenta por cento).

§ 1º Não poderão exceder a 80% (oitenta por cento) do total das fontes de recursos financeiros da sociedade de propósito específico ou 90% (noventa por cento) nas áreas das regiões Norte, Nordeste e Centro-Oeste, onde o Índice de Desenvolvimento Humano – IDH seja inferior à média nacional, as operações de crédito ou contribuições de capital realizadas cumulativamente por:

I – entidades fechadas de previdência complementar;

II – empresas públicas ou sociedades de economia mista controladas pela União.

§ 2º Para fins do disposto neste artigo, entende-se por fonte de recursos financeiros as operações de crédito e contribuições de capital à sociedade de propósito específico.

Art. 28. A União não poderá conceder garantia e realizar transferência voluntária aos Estados, Distrito Federal e Municípios se a soma das despesas de caráter continuado derivadas do conjunto das parcerias já contratadas por esses entes tiver excedido, no ano anterior, a 1% (um por cento) da receita corrente líquida do exercício ou se as despesas anuais dos contratos vigentes nos 10 (dez) anos subsequentes excederem a 1% (um por cento) da receita corrente líquida projetada para os respectivos exercícios.

§ 1º Os Estados, o Distrito Federal e os Municípios que contratarem empreendimentos por intermédio de parcerias público-privadas deverão encaminhar ao Senado Federal e à Secretaria do Tesouro Nacional, previamente à contratação, as informações necessárias para cumprimento do previsto no *caput* deste artigo.

§ 2º Na aplicação do limite previsto no *caput* deste artigo, serão computadas as despesas derivadas de contratos de parceria celebrados pela Administração Pública direta, autarquias, fundações públicas, empresas públicas, sociedades de economia mista e demais entidades controladas, direta ou indiretamente, pelo respectivo ente.

§ 3º (*Vetado.*)

Art. 29. Serão aplicáveis, no que couber, as penalidades previstas no Decreto-Lei n. 2.848, de 7 de dezembro de 1940 – Código Penal, na Lei n. 8.429, de 2 de junho de 1992 – Lei de Improbidade Administrativa, na Lei n. 10.028, de 19 de outubro de 2000 – Lei dos Crimes Fiscais, no Decreto-Lei n. 201, de 27 de fevereiro de 1967, e na Lei n. 1.079, de 10 de abril de 1950, sem prejuízo das penalidades financeiras previstas contratualmente.

Art. 30. Esta Lei entra em vigor na data de sua publicação.

Brasília, 30 de dezembro de 2004; 183º da Independência e 116º da República.

LUIZ INÁCIO LULA DA SILVA
Bernard Appy
Nelson Machado

LEI N. 11.952, DE 25 DE JUNHO DE 2009*

Dispõe sobre a regularização fundiária das ocupações incidentes em terras situadas em áreas da União, no âmbito da Amazônia Legal; altera as Leis n. 8.666, de 21 de junho de 1993, e 6.015, de 31 de dezembro de 1973; e dá outras providências.

O Presidente da República

Faço saber que o Congresso Nacional decreta e eu sanciono a seguinte Lei:

Capítulo I
DISPOSIÇÕES GERAIS

Art. 1º Esta Lei dispõe sobre a regularização fundiária das ocupações incidentes em terras situadas em áreas da União, no âmbito da Amazônia Legal, definida no art. 2º da Lei Complementar n. 124, de 3 de janeiro de 2007, mediante alienação e concessão de direito real de uso de imóveis.

Parágrafo único. Fica vedado beneficiar, nos termos desta Lei, pessoa natural ou jurídica com a regularização de mais de uma área ocupada.

Art. 2º Para os efeitos desta Lei, entende-se por:

I – ocupação direta: aquela exercida pelo ocupante e sua família;

II – ocupação indireta: aquela exercida somente por interposta pessoa;

III – exploração direta: atividade econômica exercida em imóvel rural, praticada diretamente pelo ocupante com o auxílio de seus familiares, ou com a ajuda de terceiros, ainda que assalariados;

---

* Publicada no *Diário Oficial da União* de 26 de junho de 2009.

IV – exploração indireta: atividade econômica exercida em imóvel rural por meio de preposto ou assalariado;

V – cultura efetiva: exploração agropecuária, agroindustrial, extrativa, florestal, pesqueira ou outra atividade similar, mantida no imóvel rural e com o objetivo de prover subsistência dos ocupantes, por meio da produção e da geração de renda;

VI – ocupação mansa e pacífica: aquela exercida sem oposição e de forma contínua;

VII – ordenamento territorial urbano: planejamento da área urbana, de expansão urbana ou de urbanização específica, que considere os princípios e diretrizes da Lei n. 10.257, de 10 de julho de 2001, e inclua, no mínimo, os seguintes elementos:

a) delimitação de zonas especiais de interesse social em quantidade compatível com a demanda de habitação de interesse social do Município;

b) diretrizes e parâmetros urbanísticos de parcelamento, uso e ocupação do solo urbano;

c) diretrizes para infraestrutura e equipamentos urbanos e comunitários; e

d) diretrizes para proteção do meio ambiente e do patrimônio cultural;

VIII – concessão de direito real de uso: cessão de direito real de uso, onerosa ou gratuita, por tempo certo ou indeterminado, para fins específicos de regularização fundiária; e

IX – alienação: doação ou venda, direta ou mediante licitação, nos termos da Lei n. 8.666, de 21 de junho de 1993, do domínio pleno das terras previstas no art. 1º.

Art. 3º São passíveis de regularização fundiária nos termos desta Lei as ocupações incidentes em terras:

I – discriminadas, arrecadadas e registradas em nome da União com base no art. 1º do Decreto-Lei n. 1.164, de 1º de abril de 1971;

II – abrangidas pelas exceções dispostas no parágrafo único do art. 1º do Decreto-Lei n. 2.375, de 24 de novembro de 1987;

III – remanescentes de núcleos de colonização ou de projetos de reforma agrária que tiverem perdido a vocação agrícola e se destinem à utilização urbana;

IV – devolutas localizadas em faixa de fronteira; ou

V – registradas em nome do Instituto Nacional de Colonização e Reforma Agrária – Incra, ou por ele administradas.

Parágrafo único. Esta Lei aplica-se subsidiariamente a outras áreas sob domínio da União, na Amazônia Legal, sem prejuízo da utilização dos instrumentos previstos na legislação patrimonial.

Art. 4º Não serão passíveis de alienação ou concessão de direito real de uso, nos termos desta Lei, as ocupações que recaiam sobre áreas:

I – reservadas à administração militar federal e a outras finalidades de utilidade pública ou de interesse social a cargo da União;

II – tradicionalmente ocupadas por população indígena;

III – de florestas públicas, nos termos da Lei n. 11.284, de 2 de março de 2006, de unidades de conservação ou que sejam objeto de processo administrativo voltado à criação de unidades de conservação, conforme regulamento; ou

IV – que contenham acessões ou benfeitorias federais.

§ 1º As áreas ocupadas que abranjam parte ou a totalidade de terrenos de marinha, terrenos marginais ou reservados, seus acrescidos ou outras áreas insuscetíveis de alienação nos termos do art. 20 da Constituição Federal, poderão ser regularizadas mediante outorga de título de concessão de direito real de uso.

§ 2º As terras ocupadas por comunidades quilombolas ou tradicionais que façam uso coletivo da área serão regularizadas de acordo com as normas específicas, aplicando-se-lhes, no que couber, os dispositivos desta Lei.

Capítulo II
DA REGULARIZAÇÃO FUNDIÁRIA EM ÁREAS RURAIS

Art. 5º Para regularização da ocupação, nos termos desta Lei, o ocupante e seu cônjuge ou companheiro deverão atender os seguintes requisitos:

I – ser brasileiro nato ou naturalizado;

II – não ser proprietário de imóvel rural em qualquer parte do território nacional;

III – praticar cultura efetiva;

IV – comprovar o exercício de ocupação e exploração direta, mansa e pacífica, por si ou por seus antecessores, anterior a 1º de dezembro de 2004; e

V – não ter sido beneficiado por programa de reforma agrária ou de regularização fundiária de área rural, ressalvadas as situações admitidas pelo Ministério do Desenvolvimento Agrário.

§ 1º Fica vedada a regularização de ocupações em que o ocupante, seu cônjuge ou companheiro exerçam cargo ou emprego público no Incra, no Ministério do Desenvolvimento Agrário, na Secretaria do Patrimônio da União do Ministério do Planejamento, Orçamento e Gestão ou nos órgãos estaduais de terras.

§ 2º Nos casos em que o ocupante, seu cônjuge ou companheiro exerçam cargo ou emprego público não referido no § 1º, deverão ser observados para a regularização os requisitos previstos nos incisos II, III e IV do art. 3º da Lei n. 11.326, de 24 de julho de 2006.

Art. 6º Preenchidos os requisitos previstos no art. 5º, o Ministério do Desenvolvimento Agrário ou, se for o caso, o Ministério do Planejamento, Orçamento e Gestão regularizará as áreas ocupadas mediante alienação.

§ 1º Serão regularizadas as ocupações de áreas de até 15 (quinze) módulos fiscais e não superiores a 1.500ha (mil e quinhentos hectares), respeitada a fração mínima de parcelamento.

§ 2º Serão passíveis de alienação as áreas ocupadas, demarcadas e que não abranjam as áreas previstas no art. 4º desta Lei.

§ 3º Não serão regularizadas ocupações que incidam sobre áreas objeto de demanda judicial em que seja parte a União ou seus entes da administração indireta, até o trânsito em julgado da respectiva decisão.

§ 4º A concessão de direito real de uso nas hipóteses previstas no § 1º do art. 4º desta Lei será outorgada pelo Ministério do Planejamento, Orçamento e Gestão, após a identificação da área, nos termos de regulamento.

§ 5º Os ocupantes de áreas inferiores à fração mínima de parcelamento terão preferência como beneficiários na implantação de novos projetos de reforma agrária na Amazônia Legal.

Art. 7º (*Vetado.*)

Art. 8º Em caso de conflito nas regularizações de que trata este Capítulo, a União priorizará:

I – a regularização em benefício das comunidades locais, definidas no inciso X do art. 3º da Lei n. 11.284, de 2 de março de 2006, se o conflito for entre essas comunidades e particular, pessoa natural ou jurídica;

II – (*Vetado.*)

Art. 9º A identificação do título de domínio destacado originariamente do patrimônio público será obtida a partir de memorial descritivo, assinado por profissional habilitado e com a devida Anotação de Responsabilidade Técnica – ART, contendo as coordenadas dos vértices definidores dos limites do imóvel rural, georreferenciadas ao Sistema Geodésico Brasileiro.

Parágrafo único. O memorial descritivo de que trata o *caput* será elaborado nos termos do regulamento.

Art. 10. A certificação do memorial descritivo não será exigida no ato da abertura de matrícula baseada em título de domínio de imóvel destacado do patrimônio público, nos termos desta Lei.

Parágrafo único. Os atos registrais subsequentes deverão ser feitos em observância ao art. 176 da Lei n. 6.015, de 31 de dezembro de 1973.

Art. 11. Na ocupação de área contínua de até 1 (um) módulo fiscal, a alienação e, no caso previsto no § 4º do art. 6º desta Lei, a concessão de direito real de uso dar-se-ão de forma gratuita, dispensada a licitação, ressalvado o disposto no art. 7º desta Lei.

Parágrafo único. O registro decorrente da alienação ou concessão de direito real de uso de que trata este artigo será realizado de ofício pelo Registro de Imóveis competente, independentemente de custas e emolumentos.

Art. 12. Na ocupação de área contínua acima de 1 (um) módulo fiscal e até 15 (quinze) módulos fiscais, desde que inferior a 1.500ha (mil e quinhentos hectares), a alienação e, no caso previsto no § 4º do art. 6º desta Lei, a concessão de direito real de uso dar-se-ão de forma onerosa, dispensada a licitação, ressalvado o disposto no art. 7º.

§ 1º A avaliação do imóvel terá como base o valor mínimo estabelecido em planilha referencial de preços, sobre o qual incidirão índices que considerem os critérios de ancianidade da ocupação, especificidades de cada região em que se situar a respectiva ocupação e dimensão da área, conforme regulamento.

§ 2º Ao valor do imóvel para alienação previsto no § 1º serão acrescidos os custos relativos à execução dos serviços topográficos, se executados pelo poder público, salvo em áreas onde as ocupações não excedam a 4 (quatro) módulos fiscais.

§ 3º Poderão ser aplicados índices diferenciados, quanto aos critérios mencionados no § 1º, para a alienação ou concessão de direito real de uso das áreas onde as ocupações não excedam a 4 (quatro) módulos fiscais.

§ 4º O ocupante de área de até 4 (quatro) módulos fiscais terá direito aos benefícios do Programa Nossa Terra – Nossa Escola.

Art. 13. Os requisitos para a regularização fundiária dos imóveis de até 4 (quatro) módulos fiscais serão averiguados por meio de declaração do ocupante, sujeita a responsabilização nas esferas penal, administrativa e civil, dispensada a vistoria prévia.

Parágrafo único. É facultado ao Ministério do Desenvolvimento Agrário ou, se for o caso, ao Ministério do Planejamento, Orçamento e Gestão determinar a realização de vistoria de fiscalização do imóvel rural na hipótese prevista no *caput* deste artigo.

Art. 14. As áreas ocupadas insuscetíveis de regularização por excederem os limites previstos no § 1º do art. 6º poderão ser objeto de titulação parcial, nos moldes desta Lei, de área de até 15 (quinze) módulos fiscais, observado o limite máximo de 1.500ha (mil e quinhentos hectares).

§ 1º A opção pela titulação, nos termos do *caput*, será condicionada à desocupação da área excedente.

§ 2º Ao valor do imóvel serão acrescidos os custos relativos à execução dos serviços topográficos, se executados pelo poder público.

Art. 15. O título de domínio ou, no caso previsto no § 4º do art. 6º, o termo de concessão de direito real de uso deverão conter, entre outras, cláusulas sob condição resolutiva pelo prazo de 10 (dez) anos, que determinem:

I – o aproveitamento racional e adequado da área;

II – a averbação da reserva legal, incluída a possibilidade de compensação na forma de legislação ambiental;

III – a identificação das áreas de preservação permanente e, quando couber, o compromisso para sua recuperação na forma da legislação vigente;

IV – a observância das disposições que regulam as relações de trabalho; e

V – as condições e forma de pagamento.

§ 1º Na hipótese de pagamento por prazo superior a 10 (dez) anos, a eficácia da cláusula resolutiva prevista no inciso V do *caput* deste artigo estender-se-á até a integral quitação.

§ 2º O desmatamento que vier a ser considerado irregular em áreas de preservação permanente ou de reserva legal durante a vigência das cláusulas resolutivas, após processo administrativo, em que tiver sido assegurada a ampla defesa e o contraditório, implica rescisão do título de domínio ou termo de concessão com a consequente reversão da área em favor da União.

§ 3º Os títulos referentes às áreas de até 4 (quatro) módulos fiscais serão intransferíveis e inegociáveis por ato *inter vivos* pelo prazo previsto no *caput*.

§ 4º Desde que o beneficiário originário esteja cumprindo as cláusulas resolutivas, decorridos 3 (três) anos da titulação, poderão ser transferidos títulos referentes a áreas superiores a 4 (quatro) módulos fiscais, se a transferência for a terceiro que preencha os requisitos previstos em regulamento.

§ 5º A transferência dos títulos prevista no § 4º somente será efetivada mediante anuência dos órgãos expedidores.

§ 6º O beneficiário que transferir ou negociar por qualquer meio o título obtido nos termos desta Lei não poderá ser beneficiado novamente em programas de reforma agrária ou de regularização fundiária.

Art. 16. As condições resolutivas do título de domínio e do termo de concessão de uso somente serão liberadas após vistoria.

Art. 17. O valor do imóvel fixado na forma do art. 12 será pago pelo beneficiário da regularização fundiária em prestações amortizáveis em até 20 (vinte) anos, com carência de até 3 (três) anos.

§ 1º Sobre o valor fixado incidirão os mesmos encargos financeiros adotados para o crédito rural oficial, na forma do regulamento, respeitadas as diferenças referentes ao enquadramento dos beneficiários nas linhas de crédito disponíveis por ocasião da fixação do valor do imóvel.

§ 2º Poderá ser concedido desconto ao beneficiário da regularização fundiária, de até 20% (vinte por cento), no pagamento à vista.

§ 3º Os títulos emitidos pelo Incra entre 1º de maio de 2008 e 10 de fevereiro de 2009 para ocupantes em terras públicas federais na Amazônia Legal terão seus valores passíveis de enquadramento ao previsto nesta Lei, desde que requerido pelo interessado e nos termos do regulamento.

Art. 18. O descumprimento das condições resolutivas pelo titulado ou, na hipótese prevista no § 4º do art. 15, pelo terceiro adquirente implica rescisão do título de domínio ou do termo de concessão, com a consequente reversão da área em favor da União, declarada no processo administrativo que apurar o descumprimento das cláusulas resolutivas, assegurada a ampla defesa e o contraditório.

Parágrafo único. Rescindido o título de domínio ou o termo de concessão na forma do *caput*, as benfeitorias úteis e necessárias, desde que realizadas com observância da lei, serão indenizadas.

Art. 19. No caso de inadimplemento de contrato firmado com o Incra até 10 de fevereiro de 2009, ou de não observância de requisito imposto em termo de concessão de uso ou de licença de ocupação, o ocupante terá prazo de 3 (três) anos, contados a partir de 11 de fevereiro de 2009, para adimplir o contrato no que foi descumprido ou renegociá-lo, sob pena de ser retomada a área ocupada, conforme regulamento.

Art. 20. Todas as cessões de direitos a terceiros que envolvam títulos precários expedidos pelo Incra em nome do ocupante original, antes de 11 de fevereiro de 2009, servirão somente para fins de comprovação da ocupação do imóvel pelo cessionário ou por seus antecessores.

§ 1º O terceiro cessionário mencionado no *caput* deste artigo somente poderá regularizar a área por ele ocupada.

§ 2º Os imóveis que não puderem ser regularizados na forma desta Lei serão revertidos, total ou parcialmente, ao patrimônio da União.

CAPÍTULO III
DA REGULARIZAÇÃO FUNDIÁRIA EM ÁREAS URBANAS

Art. 21. São passíveis de regularização fundiária as ocupações incidentes em terras públicas da União, previstas no art. 3º desta Lei, situadas em áreas urbanas, de expansão urbana ou de urbanização específica.

§ 1º A regularização prevista no *caput* deste artigo será efetivada mediante doação aos Municípios interessados, para a qual fica o Poder Executivo autorizado, sob a condição de que sejam realizados pelas administrações locais os atos necessários à regularização das áreas ocupadas, nos termos desta Lei.

§ 2º Nas hipóteses previstas no § 1º do art. 4º desta Lei, será aplicada concessão de direito real de uso das terras.

Art. 22. Constitui requisito para que o Município seja beneficiário da doação ou da concessão de direito real de uso previstas no art. 21 desta Lei ordenamento territorial urbano que abranja a área a ser regularizada, observados os elementos exigidos no inciso VII do art. 2º desta Lei.

§ 1º Os elementos do ordenamento territorial das áreas urbanas, de expansão urbana ou de urbanização específica constarão no plano diretor, em lei municipal específica para a área ou áreas objeto de regularização ou em outra lei municipal.

§ 2º Em áreas com ocupações para fins urbanos já consolidadas, nos termos do regulamento, a transferência da União para o Município poderá ser feita independentemente da existência da lei municipal referida no § 1º deste artigo.

§ 3º Para transferência de áreas de expansão urbana, os municípios deverão apresentar justificativa que demonstre a necessidade da área solicitada, considerando a capacidade de atendimento dos serviços públicos em função do crescimento populacional previsto, o déficit habitacional, a aptidão física para a urbanização e outros aspectos definidos em regulamento.

Art. 23. O pedido de doação ou de concessão de direito real de uso de terras para regularização fundiária de área urbana ou de expansão urbana será dirigido:

I – ao Ministério do Desenvolvimento Agrário, em terras arrecadadas ou administradas pelo Incra; ou

II – ao Ministério do Planejamento, Orçamento e Gestão, em outras áreas sob domínio da União.

§ 1º Os procedimentos de doação ou de concessão de direito real de uso deverão ser instruídos pelo Município com as seguintes peças, além de outros documentos que poderão ser exigidos em regulamento:

I – pedido de doação devidamente fundamentado e assinado pelo seu representante;

II – comprovação das condições de ocupação;

III – planta e memorial descritivo do perímetro da área pretendida, cuja precisão posicional será fixada em regulamento;

IV – cópia do plano diretor ou da lei municipal que contemple os elementos do ordenamento territorial urbano, observado o previsto no § 2º do art. 22 desta Lei;

V – relação de acessões e benfeitorias federais existentes na área pretendida, contendo identificação e localização.

§ 2º Caberá ao Incra ou, se for o caso, ao Ministério do Planejamento, Orçamento e Gestão analisar se a planta e o memorial descritivo apresentados atendem as exigências técnicas fixadas.

§ 3º O Ministério das Cidades participará da análise do pedido de doação ou concessão e emitirá parecer sobre sua adequação aos termos da Lei n. 10.257, de 10 de julho de 2001.

Art. 24. Quando necessária a prévia arrecadação ou a discriminação da área, o Incra ou, se for o caso, o Ministério do Planejamento,

Orçamento e Gestão procederá à sua demarcação, com a cooperação do Município interessado e de outros órgãos públicos federais e estaduais, promovendo, em seguida, o registro imobiliário em nome da União.

Art. 25. No caso previsto no § 2º do art. 21 desta Lei, o Ministério do Planejamento, Orçamento e Gestão lavrará o auto de demarcação.

Parágrafo único. Nas áreas de várzeas, leitos de rios e outros corpos d'água federais, o auto de demarcação será instruído apenas pela planta e memorial descritivo da área a ser regularizada, fornecidos pelo Município, observado o disposto no inciso I do § 2º do art. 18-A do Decreto-Lei n. 9.760, de 5 de setembro de 1946.

Art. 26. O Ministério do Desenvolvimento Agrário ou, se for o caso, o Ministério do Planejamento, Orçamento e Gestão formalizará a doação em favor do Município, com a expedição de título que será levado a registro, nos termos do art. 167, inciso I, da Lei n. 6.015, de 1973.

§ 1º A formalização da concessão de direito real de uso no caso previsto no § 2º do art. 21 desta Lei será efetivada pelo Ministério do Planejamento, Orçamento e Gestão.

§ 2º Na hipótese de estarem abrangidas as áreas referidas nos incisos I a IV do *caput* do art. 4º desta Lei, o registro do título será condicionado à sua exclusão, bem como à abertura de nova matrícula para as áreas destacadas objeto de doação ou concessão no registro imobiliário competente, nos termos do inciso I do art. 167 da Lei n. 6.015, de 31 de dezembro de 1973.

§ 3º A delimitação das áreas de acessões, benfeitorias, terrenos de marinha e terrenos marginais será atribuição dos órgãos federais competentes, facultada a realização de parceria com Estados e Municípios.

§ 4º A doação ou a concessão de direito real de uso serão precedidas de avaliação da terra nua elaborada pelo Incra ou outro órgão federal competente com base em planilha referencial de preços, sendo dispensada a vistoria da área.

§ 5º A abertura de matrícula referente à área independerá do georreferenciamento do remanescente da gleba, nos termos do § 3º do art. 176 da Lei n. 6.015, de 31 de dezembro de 1973, desde que a doação ou a concessão de direito real de uso sejam precedidas do reconhecimento dos limites da gleba pelo Incra ou, se for o caso, pelo

Ministério do Planejamento, Orçamento e Gestão, garantindo que a área esteja nela localizada.

Art. 27. A doação e a concessão de direito real de uso a um mesmo Município de terras que venham a perfazer quantitativo superior a 2.500ha (dois mil e quinhentos hectares) em 1 (uma) ou mais parcelas deverão previamente ser submetidas à aprovação do Congresso Nacional.

Art. 28. A doação e a concessão de direito real de uso implicarão o automático cancelamento, total ou parcial, das autorizações e licenças de ocupação e quaisquer outros títulos não definitivos outorgados pelo Incra ou, se for o caso, pelo Ministério do Planejamento, Orçamento e Gestão, que incidam na área.

§ 1º As novas pretensões de justificação ou legitimação de posse existentes sobre as áreas alcançadas pelo cancelamento deverão ser submetidas ao Município.

§ 2º Para o cumprimento do disposto no *caput*, o Ministério do Desenvolvimento Agrário ou, se for o caso, o Ministério do Planejamento, Orçamento e Gestão fará publicar extrato dos títulos expedidos em nome do Município, com indicação do número do processo administrativo e dos locais para consulta ou obtenção de cópias das peças técnicas necessárias à identificação da área doada ou concedida.

§ 3º Garantir-se-ão às pessoas atingidas pelos efeitos do cancelamento a que se refere o *caput*:

I – a opção de aquisição de lote urbano incidente na área do título cancelado, desde que preencham os requisitos fixados para qualquer das hipóteses do art. 30; e

II – o direito de receber do Município indenização pelas acessões e benfeitorias que houver erigido em boa-fé nas áreas de que tiver que se retirar.

§ 4º A União não responderá pelas acessões e benfeitorias erigidas de boa-fé nas áreas doadas ou concedidas.

Art. 29. Incumbe ao Município dispensar às terras recebidas a destinação prevista nesta Lei, observadas as condições nela previstas e aquelas fixadas no título, cabendo-lhe, em qualquer caso:

I – regularizar as ocupações nas áreas urbanas, de expansão urbana ou de urbanização específica; e

II – indenizar as benfeitorias de boa-fé erigidas nas áreas insuscetíveis de regularização.

Art. 30. O Município deverá realizar a regularização fundiária dos lotes ocupados, observados os seguintes requisitos:

I – alienação gratuita a pessoa natural que tenha ingressado na área antes de 11 de fevereiro de 2009, atendidas pelo beneficiário as seguintes condições:

a) possua renda familiar mensal inferior a 5 (cinco) salários mínimos;

b) ocupe a área de até 1.000m² (mil metros quadrados) sem oposição, pelo prazo ininterrupto de, no mínimo, 1 (um) ano, observadas, se houver, as dimensões de lotes fixadas na legislação municipal;

c) utilize o imóvel como única moradia ou como meio lícito de subsistência, exceto locação ou assemelhado; e

d) não seja proprietário ou possuidor de outro imóvel urbano, condição atestada mediante declaração pessoal sujeita a responsabilização nas esferas penal, administrativa e civil;

II – alienação gratuita para órgãos e entidades da administração pública estadual, instalados até 11 de fevereiro de 2009;

III – alienação onerosa, precedida de licitação, com direito de preferência àquele que comprove a ocupação, por 1 (um) ano ininterrupto, sem oposição, até 10 de fevereiro de 2009, de área superior a 1.000m² (mil metros quadrados) e inferior a 5.000m² (cinco mil metros quadrados); e

IV – nas situações não abrangidas pelos incisos I a III, sejam observados na alienação a alínea *f* do inciso I do art. 17 e as demais disposições da Lei n. 8.666, de 21 de junho de 1993.

§ 1º No caso previsto no § 2º do art. 21, o Município deverá regularizar a área recebida mediante a transferência da concessão de direito real de uso.

§ 2º O registro decorrente da alienação de que trata o inciso I do *caput* e da concessão de direito real de uso a beneficiário que preencha os requisitos estabelecidos nas alíneas *a* a *d* do mesmo inciso será realizado de ofício pelo Registro de Imóveis competente, independentemente de custas e emolumentos.

Capítulo IV
DISPOSIÇÕES FINAIS

Art. 31. Os agentes públicos que cometerem desvios na aplicação desta Lei incorrerão nas sanções previstas na Lei n. 8.429, de 2 de junho de 1992, sem prejuízo de outras penalidades cabíveis.

Parágrafo único. Não haverá reversão do imóvel ao patrimônio da União em caso de descumprimento das disposições dos arts. 29 e 30 pelo Município.

Art. 32. Com a finalidade de efetivar as atividades previstas nesta Lei, a União firmará acordos de cooperação técnica, convênios ou outros instrumentos congêneres com Estados e Municípios.

Art. 33. Ficam transferidas do Incra para o Ministério do Desenvolvimento Agrário, pelo prazo de 5 (cinco) anos renovável por igual período, nos termos de regulamento, em caráter extraordinário, as competências para coordenar, normatizar e supervisionar o processo de regularização fundiária de áreas rurais na Amazônia Legal, expedir os títulos de domínio correspondentes e efetivar a doação prevista no § 1º do art. 21, mantendo-se as atribuições do Ministério do Planejamento, Orçamento e Gestão previstas por esta Lei.

Art. 34. O Ministério do Desenvolvimento Agrário e o Ministério do Planejamento, Orçamento e Gestão criarão sistema informatizado a ser disponibilizado na rede mundial de computadores – internet, visando a assegurar a transparência sobre o processo de regularização fundiária de que trata esta Lei.

Art. 35. A implementação das disposições desta Lei será avaliada de forma sistemática por comitê instituído especificamente para esse fim, assegurada a participação de representantes da sociedade civil organizada que atue na região amazônica, segundo composição e normas de funcionamento definidas em regulamento.

Art. 36. Os Estados da Amazônia Legal que não aprovarem, mediante lei estadual, o respectivo Zoneamento Ecológico-Econômico – ZEE no prazo máximo de 3 (três) anos, a contar da entrada em vigor desta Lei, ficarão proibidos de celebrar novos convênios com a União, até que tal obrigação seja adimplida.

Art. 37. Ficam transformadas, sem aumento de despesa, no âmbito do Poder Executivo, para fins de atendimento do disposto nesta Lei, 216 (duzentas e dezesseis) Funções Comissionadas Técnicas, criadas pelo art. 58 da Medida Provisória n. 2.229-43, de 6 de setembro de 2001, sendo 3 (três) FCT-1, 7 (sete) FCT-2, 10 (dez) FCT-3, 8 (oito) FCT-4, 14 (quatorze) FCT-9, 75 (setenta e cinco) FCT-10, 34 (trinta e quatro) FCT-11, 24 (vinte e quatro) FCT-12, 30 (trinta) FCT-13 e 11 (onze) FCT-15, em 71 (setenta e um) cargos do Grupo-Direção e Assessoramento Superiores – DAS, sendo 1 (um) DAS-6, 1 (um) DAS-5, 11 (onze) DAS-4, 29 (vinte e nove) DAS-3 e 29 (vinte e nove) DAS-2.

§ 1º Os cargos referidos no *caput* serão destinados ao Ministério do Desenvolvimento Agrário e à Secretaria do Patrimônio da União do Ministério do Planejamento, Orçamento e Gestão.

§ 2º O Poder Executivo disporá sobre a alocação dos cargos em comissão transformados por esta Lei na estrutura regimental dos órgãos referidos no § 1º.

§ 3º Fica o Poder Executivo autorizado a transformar, no âmbito do Incra, 10 (dez) DAS-1 e 1 (um) DAS-3 em 3 (três) DAS-4 e 2 (dois) DAS-2.

Art. 38. A União e suas entidades da administração indireta ficam autorizadas a proceder a venda direta de imóveis residenciais de sua propriedade situados na Amazônia Legal aos respectivos ocupantes que possam comprovar o período de ocupação efetiva e regular por período igual ou superior a 5 (cinco) anos, excluídos:

I – os imóveis residenciais administrados pelas Forças Armadas, destinados à ocupação por militares;

II – os imóveis considerados indispensáveis ao serviço público.

Art. 39. A Lei n. 8.666, de 21 de junho de 1993, passa a vigorar com as seguintes alterações:

"Art. 17. ....
I – ....
....

b) doação, permitida exclusivamente para outro órgão ou entidade da administração pública, de qualquer esfera de governo, ressalvado o disposto nas alíneas *f*, *h* e *i*;

....

i) alienação e concessão de direito real de uso, gratuita ou onerosa, de terras públicas rurais da União na Amazônia Legal onde incidam ocupações até o limite de 15 (quinze) módulos fiscais ou 1.500ha (mil e quinhentos hectares), para fins de regularização fundiária, atendidos os requisitos legais;

....

§ 2º ....

....

II – a pessoa natural que, nos termos da lei, regulamento ou ato normativo do órgão competente, haja implementado os requisitos mínimos de cultura, ocupação mansa e pacífica e exploração direta sobre área rural situada na Amazônia Legal, superior a 1 (um) módulo fiscal e limitada a 15 (quinze) módulos fiscais, desde que não exceda 1.500ha (mil e quinhentos hectares);

....

§ 2º-A. As hipóteses do inciso II do § 2º ficam dispensadas de autorização legislativa, porém submetem-se aos seguintes condicionamentos:

....".

Art. 40. A Lei n. 6.015, de 31 de dezembro de 1973, passa a vigorar com as seguintes alterações:

"Art. 167. ....

....

II – ....

....

24. do destaque de imóvel de gleba pública originária".

"Art. 176. ....

....

§ 5º Nas hipóteses do § 3º, caberá ao Incra certificar que a poligonal objeto do memorial descritivo não se sobrepõe a nenhuma outra constante de seu cadastro georreferenciado e que o memorial atende às exigências técnicas, conforme ato normativo próprio.

§ 6º A certificação do memorial descritivo de glebas públicas será referente apenas ao seu perímetro originário.

§ 7º Não se exigirá, por ocasião da efetivação do registro do imóvel destacado de glebas públicas, a retificação do memorial descritivo da área remanescente, que somente ocorrerá a cada 3 (três) anos, contados a partir do primeiro destaque, englobando todos os destaques realizados no período."

"Art. 250. ....
....

IV – a requerimento da Fazenda Pública, instruído com certidão de conclusão de processo administrativo que declarou, na forma da lei, a rescisão do título de domínio ou de concessão de direito real de uso de imóvel rural, expedido para fins de regularização fundiária, e a reversão do imóvel ao patrimônio público."

Art. 41. Esta Lei entra em vigor na data de sua publicação.

Brasília, 25 de junho de 2009; 188º da Independência e 121º da República.

LUIZ INÁCIO LULA DA SILVA
Tarso Genro
Guido Mantega
Paulo Bernardo Silva
Carlos Minc
Guilherme Cassel
Márcio Fortes de Almeida

LEI N. 12.188, DE 11 DE JANEIRO DE 2010*

Institui a Política Nacional de Assistência Técnica e Extensão Rural para a Agricultura Familiar e Reforma Agrária – PNATER e o Programa Nacional de Assistência Técnica e Extensão Rural na Agricultura Familiar e na Reforma Agrária – PRONATER, altera a Lei n. 8.666, de 21 de junho de 1993, e dá outras providências.

O Presidente da República

Faço saber que o Congresso Nacional decreta e eu sanciono a seguinte Lei:

Capítulo I
DA POLÍTICA NACIONAL DE ASSISTÊNCIA TÉCNICA E EXTENSÃO RURAL PARA A AGRICULTURA FAMILIAR E REFORMA AGRÁRIA – PNATER

Art. 1º Fica instituída a Política Nacional de Assistência Técnica e Extensão Rural para a Agricultura Familiar e Reforma Agrária – PNATER, cuja formulação e supervisão são de competência do Ministério do Desenvolvimento Agrário – MDA.

Parágrafo único. Na destinação dos recursos financeiros da Pnater, será priorizado o apoio às entidades e aos órgãos públicos e oficiais de Assistência Técnica e Extensão Rural – ATER.

Art. 2º Para os fins desta Lei, entende-se por:

I – Assistência Técnica e Extensão Rural – ATER: serviço de educação não formal, de caráter continuado, no meio rural, que pro-

---

* Publicada no *Diário Oficial da União* de 12 de janeiro de 2010.

move processos de gestão, produção, beneficiamento e comercialização das atividades e dos serviços agropecuários e não agropecuários, inclusive das atividades agroextrativistas, florestais e artesanais;

II – Declaração de Aptidão ao Programa Nacional de Fortalecimento da Agricultura Familiar – DAP: documento que identifica os beneficiários do Programa Nacional de Fortalecimento da Agricultura Familiar – PRONAF; e

III – Relação de Beneficiários – RB: relação de beneficiários do Programa de Reforma Agrária, conforme definido pelo Instituto Nacional de Colonização e Reforma Agrária – INCRA.

Parágrafo único. Nas referências aos Estados, entende-se considerado o Distrito Federal.

Art. 3º São princípios da Pnater:

I – desenvolvimento rural sustentável, compatível com a utilização adequada dos recursos naturais e com a preservação do meio ambiente;

II – gratuidade, qualidade e acessibilidade aos serviços de assistência técnica e extensão rural;

III – adoção de metodologia participativa, com enfoque multidisciplinar, interdisciplinar e intercultural, buscando a construção da cidadania e a democratização da gestão da política pública;

IV – adoção dos princípios da agricultura de base ecológica como enfoque preferencial para o desenvolvimento de sistemas de produção sustentáveis;

V – equidade nas relações de gênero, geração, raça e etnia; e

VI – contribuição para a segurança e soberania alimentar e nutricional.

Art. 4º São objetivos da Pnater:

I – promover o desenvolvimento rural sustentável;

II – apoiar iniciativas econômicas que promovam as potencialidades e vocações regionais e locais;

III – aumentar a produção, a qualidade e a produtividade das atividades e serviços agropecuários e não agropecuários, inclusive agroextrativistas, florestais e artesanais;

IV – promover a melhoria da qualidade de vida de seus beneficiários;

V – assessorar as diversas fases das atividades econômicas, a gestão de negócios, sua organização, a produção, inserção no mercado e abastecimento, observando as peculiaridades das diferentes cadeias produtivas;

VI – desenvolver ações voltadas ao uso, manejo, proteção, conservação e recuperação dos recursos naturais, dos agroecossistemas e da biodiversidade;

VII – construir sistemas de produção sustentáveis a partir do conhecimento científico, empírico e tradicional;

VIII – aumentar a renda do público beneficiário e agregar valor a sua produção;

IX – apoiar o associativismo e o cooperativismo, bem como a formação de agentes de assistência técnica e extensão rural;

X – promover o desenvolvimento e a apropriação de inovações tecnológicas e organizativas adequadas ao público beneficiário e a integração deste ao mercado produtivo nacional;

XI – promover a integração da Ater com a pesquisa, aproximando a produção agrícola e o meio rural do conhecimento científico; e

XII – contribuir para a expansão do aprendizado e da qualificação profissional e diversificada, apropriada e contextualizada à realidade do meio rural brasileiro.

Art. 5º São beneficiários da Pnater:

I – os assentados da reforma agrária, os povos indígenas, os remanescentes de quilombos e os demais povos e comunidades tradicionais; e

II – nos termos da Lei n. 11.326, de 24 de julho de 2006, os agricultores familiares ou empreendimentos familiares rurais, os silvicultores, aquicultores, extrativistas e pescadores, bem como os beneficiários de programas de colonização e irrigação enquadrados nos limites daquela Lei.

Parágrafo único. Para comprovação da qualidade de beneficiário da Pnater, exigir-se-á ser detentor da Declaração de Aptidão ao

Programa Nacional de Fortalecimento da Agricultura Familiar – DAP ou constar na Relação de Beneficiário – RB, homologada no Sistema de Informação do Programa de Reforma Agrária – SIPRA.

Capítulo II
DO PROGRAMA NACIONAL DE ASSISTÊNCIA TÉCNICA E EXTENSÃO RURAL NA AGRICULTURA FAMILIAR E NA REFORMA AGRÁRIA – PRONATER

Art. 6º Fica instituído, como principal instrumento de implementação da Pnater, o Programa Nacional de Assistência Técnica e Extensão Rural na Agricultura Familiar e na Reforma Agrária – PRONATER.

Art. 7º O Pronater terá como objetivos a organização e a execução dos serviços de Ater ao público beneficiário previsto no art. 5º desta Lei, respeitadas suas disponibilidades orçamentária e financeira.

Art. 8º A proposta contendo as diretrizes do Pronater, a ser encaminhada pelo MDA para compor o Plano Plurianual, será elaborada tendo por base as deliberações de Conferência Nacional, a ser realizada sob a coordenação do Conselho Nacional de Desenvolvimento Rural Sustentável – CONDRAF.

Parágrafo único. O regulamento desta Lei definirá as normas de realização e de participação na Conferência, assegurada a participação paritária de representantes da sociedade civil.

Art. 9º O Condraf opinará sobre a definição das prioridades do Pronater, bem como sobre a elaboração de sua proposta orçamentária anual, recomendando a adoção de critérios e parâmetros para a regionalização de suas ações.

Art. 10. O Pronater será implementado em parceria com os Conselhos Estaduais de Desenvolvimento Sustentável e da Agricultura Familiar ou órgãos similares.

Art. 11. As Entidades Executoras do Pronater compreendem as instituições ou organizações públicas ou privadas, com ou sem fins lucrativos, previamente credenciadas na forma desta Lei, e que preencham os requisitos previstos no art. 15 desta Lei.

Art. 12. Os Estados cujos Conselhos referidos no art. 10 desta Lei firmarem Termo de Adesão ao Pronater poderão dele participar, mediante:

I – o credenciamento das Entidades Executoras, na forma do disposto no art. 13 desta Lei;

II – a formulação de sugestões relativas à programação das ações do Pronater;

III – a cooperação nas atividades de acompanhamento, controle, fiscalização e avaliação dos resultados obtidos com a execução do Pronater;

IV – a execução de serviços de Ater por suas empresas públicas ou órgãos, devidamente credenciados e selecionados em chamada pública.

Capítulo III
DO CREDENCIAMENTO DAS ENTIDADES EXECUTORAS

Art. 13. O credenciamento de Entidades Executoras do Pronater será realizado pelos Conselhos a que se refere o art. 10 desta Lei.

Art. 14. Caberá ao MDA realizar diretamente o credenciamento de Entidades Executoras, nas seguintes hipóteses:

I – não adesão do Conselho ao Pronater no Estado onde pretenda a Entidade Executora ser credenciada;

II – provimento de recurso de que trata o inciso I do art. 16 desta Lei.

Art. 15. São requisitos para obter o credenciamento como Entidade Executora do Pronater:

I – contemplar em seu objeto social a execução de serviços de assistência técnica e extensão rural;

II – estar legalmente constituída há mais de 5 (cinco) anos;

III – possuir base geográfica de atuação no Estado em que solicitar o credenciamento;

IV – contar com corpo técnico multidisciplinar, abrangendo as áreas de especialidade exigidas para a atividade;

V – dispor de profissionais registrados em suas respectivas entidades profissionais competentes, quando for o caso;

VI – atender a outras exigências estipuladas em regulamento.

Parágrafo único. O prazo previsto no inciso II não se aplica às entidades públicas.

Art. 16. Do indeferimento de pedido de credenciamento, bem como do ato de descredenciamento de Entidade Executora do Pronater, caberá recurso, no prazo de 15 (quinze) dias contados da data em que o interessado tomar ciência do ato contestado:

I – ao gestor do Pronater no MDA, na hipótese de indeferimento ou descredenciamento por Conselho Estadual;

II – ao Ministro do Desenvolvimento Agrário, nas demais hipóteses de indeferimento ou descredenciamento.

Art. 17. A critério do órgão responsável pelo credenciamento ou pela contratação, será descredenciada a Entidade Executora que:

I – deixe de atender a qualquer dos requisitos de credenciamento estabelecidos no art. 15 desta Lei;

II – descumpra qualquer das cláusulas ou condições estabelecidas em contrato.

Parágrafo único. A Entidade Executora descredenciada nos termos do inciso II deste artigo somente poderá ser novamente credenciada decorridos 5 (cinco) anos, contados da data de publicação do ato que aplicar a sanção.

Capítulo IV
DA CONTRATAÇÃO DAS ENTIDADES EXECUTORAS

Art. 18. A contratação das Entidades Executoras será efetivada pelo MDA ou pelo Incra, observadas as disposições desta Lei, bem como as da Lei n. 8.666, de 21 de junho de 1993.

Art. 19. A contratação de serviços de Ater será realizada por meio de chamada pública, que conterá, pelo menos:

I – o objeto a ser contratado, descrito de forma clara, precisa e sucinta;

II – a qualificação e a quantificação do público beneficiário;

III – a área geográfica da prestação dos serviços;

IV – o prazo de execução dos serviços;

V – os valores para contratação dos serviços;

VI – a qualificação técnica exigida dos profissionais, dentro das áreas de especialidade em que serão prestados os serviços;

VII – a exigência de especificação pela entidade que atender à chamada pública do número de profissionais que executarão os serviços, com suas respectivas qualificações técnico-profissionais;

VIII – os critérios objetivos para a seleção da Entidade Executora.

Parágrafo único. Será dada publicidade à chamada pública, pelo prazo mínimo de 30 (trinta) dias, por meio de divulgação na página inicial do órgão contratante na internet e no *Diário Oficial da União*, bem como, quando julgado necessário, por outros meios.

Capítulo V
DO ACOMPANHAMENTO, CONTROLE, FISCALIZAÇÃO E DA AVALIAÇÃO DOS RESULTADOS DA EXECUÇÃO DO PRONATER

Art. 20. A execução dos contratos será acompanhada e fiscalizada nos termos do art. 67 da Lei n. 8.666, de 21 de junho de 1993.

Art. 21. Os contratos e todas as demais ações do Pronater serão objeto de controle e acompanhamento por sistema eletrônico, sem prejuízo do lançamento dos dados e informações relativos ao Programa nos demais sistemas eletrônicos do Governo Federal.

Parágrafo único. Os dados e informações contidos no sistema eletrônico deverão ser plenamente acessíveis a qualquer cidadão por meio da internet.

Art. 22. Para fins de acompanhamento da execução dos contratos firmados no âmbito do Pronater, as Entidades Executoras lançarão, periodicamente, em sistema eletrônico, as informações sobre as atividades executadas, conforme dispuser regulamento.

Art. 23. Para fins de liquidação de despesa, as Entidades Executoras lançarão Relatório de Execução dos Serviços Contratados em sistema eletrônico, contendo:

I – identificação de cada beneficiário assistido, contendo nome, qualificação e endereço;

II – descrição das atividades realizadas;

III – horas trabalhadas para realização das atividades;

IV – período dedicado à execução do serviço contratado;

V – dificuldades e obstáculos encontrados, se for o caso;

VI – resultados obtidos com a execução do serviço;

VII – o ateste do beneficiário assistido, preenchido por este, de próprio punho;

VIII – outros dados e informações exigidos em regulamento.

§ 1º A Entidade Executora manterá em arquivo, em sua sede, toda a documentação original referente ao contrato firmado, incluindo o Relatório a que se refere o *caput* deste artigo, para fins de fiscalização, pelo prazo de 5 (cinco) anos, a contar da aprovação das contas anuais do órgão contratante pelo Tribunal de Contas da União.

§ 2º O órgão contratante bem como os órgãos responsáveis pelo controle externo e interno poderão, a qualquer tempo, requisitar vista, na sede da Entidade Executora, da documentação original a que se refere o § 1º deste artigo, ou cópia de seu inteiro teor, a qual deverá ser providenciada e postada pela Entidade Executora no prazo de 5 (cinco) dias contados a partir da data de recebimento da requisição.

Art. 24. A metodologia e os mecanismos de acompanhamento, controle, fiscalização e avaliação dos resultados obtidos com a execução de cada serviço contratado serão objeto de regulamento.

Art. 25. Os relatórios de execução do Pronater, incluindo nome, CNPJ e endereço das Entidades Executoras, bem como o valor dos respectivos contratos e a descrição sucinta das atividades desenvolvidas, serão disponibilizados nas páginas do MDA e do Incra na internet.

Art. 26. O MDA encaminhará ao Condraf, para apreciação, relatório anual consolidado de execução do Pronater, abrangendo tanto as ações de sua responsabilidade como as do Incra.

Capítulo VI
DISPOSIÇÕES FINAIS

Art. 27. O art. 24 da Lei n. 8.666, de 21 de junho de 1993, passa a vigorar acrescido do seguinte inciso XXX:

"Art. 24. ....

....

XXX – na contratação de instituição ou organização, pública ou privada, com ou sem fins lucrativos, para a prestação de serviços de assistência técnica e extensão rural no âmbito do Programa Nacional de Assistência Técnica e Extensão Rural na Agricultura Familiar e na Reforma Agrária, instituído por lei federal.

...."

Art. 28. A instituição do Pronater não exclui a responsabilidade dos Estados na prestação de serviços de Ater.

Art. 29. Esta Lei entra em vigor 30 (trinta) dias após a data de sua publicação oficial, observado o disposto no inciso I do art. 167 da Constituição Federal.

Brasília, 11 de janeiro de 2010; 189º da Independência e 122º da República.

LUIZ INÁCIO LULA DA SILVA
Nelson Machado
João Bernardo de Azevedo Bringel
Guilherme Cassel

LEI N. 12.349, DE 15 DE DEZEMBRO DE 2010*

Altera as Leis n. 8.666, de 21 de junho de 1993, 8.958, de 20 de dezembro de 1994, e 10.973, de 2 de dezembro de 2004; e revoga o § 1º do art. 2º da Lei n. 11.273, de 6 de fevereiro de 2006.

O Presidente da República

Faço saber que o Congresso Nacional decreta e eu sanciono a seguinte Lei:

Art. 1º A Lei n. 8.666, de 21 de junho de 1993, passa a vigorar com as seguintes alterações:

"Art. 3º A licitação destina-se a garantir a observância do princípio constitucional da isonomia, a seleção da proposta mais vantajosa para a administração e a promoção do desenvolvimento nacional sustentável e será processada e julgada em estrita conformidade com os princípios básicos da legalidade, da impessoalidade, da moralidade, da igualdade, da publicidade, da probidade administrativa, da vinculação ao instrumento convocatório, do julgamento objetivo e dos que lhes são correlatos.

§ 1º ....

I – admitir, prever, incluir ou tolerar, nos atos de convocação, cláusulas ou condições que comprometam, restrinjam ou frustrem o seu caráter competitivo, inclusive nos casos de sociedades cooperativas, e estabeleçam preferências ou distinções em razão da naturalidade, da sede ou domicílio dos licitantes ou

---

* Publicada no *Diário Oficial da União* de 16 de dezembro de 2010.

de qualquer outra circunstância impertinente ou irrelevante para o específico objeto do contrato, ressalvado o disposto nos §§ 5º a 12 deste artigo e no art. 3º da Lei n. 8.248, de 23 de outubro de 1991;

....

§ 5º Nos processos de licitação previstos no *caput*, poderá ser estabelecido margem de preferência para produtos manufaturados e para serviços nacionais que atendam a normas técnicas brasileiras.

§ 6º A margem de preferência de que trata o § 5º será estabelecida com base em estudos revistos periodicamente, em prazo não superior a 5 (cinco) anos, que levem em consideração:

I – geração de emprego e renda;

II – efeito na arrecadação de tributos federais, estaduais e municipais;

III – desenvolvimento e inovação tecnológica realizados no País;

IV – custo adicional dos produtos e serviços; e

V – em suas revisões, análise retrospectiva de resultados.

§ 7º Para os produtos manufaturados e serviços nacionais resultantes de desenvolvimento e inovação tecnológica realizados no País, poderá ser estabelecido margem de preferência adicional àquela prevista no § 5º.

§ 8º As margens de preferência por produto, serviço, grupo de produtos ou grupo de serviços, a que se referem os §§ 5º e 7º, serão definidas pelo Poder Executivo federal, não podendo a soma delas ultrapassar o montante de 25% (vinte e cinco por cento) sobre o preço dos produtos manufaturados e serviços estrangeiros.

§ 9º As disposições contidas nos §§ 5º e 7º deste artigo não se aplicam aos bens e aos serviços cuja capacidade de produção ou prestação no País seja inferior:

I – à quantidade a ser adquirida ou contratada; ou

II – ao quantitativo fixado com fundamento no § 7º do art. 23 desta Lei, quando for o caso.

§ 10. A margem de preferência a que se refere o § 5º poderá ser estendida, total ou parcialmente, aos bens e serviços originários dos Estados Partes do Mercado Comum do Sul – Mercosul.

§ 11. Os editais de licitação para a contratação de bens, serviços e obras poderão, mediante prévia justificativa da autoridade competente, exigir que o contratado promova, em favor de órgão ou entidade integrante da administração pública ou daqueles por ela indicados a partir de processo isonômico, medidas de compensação comercial, industrial, tecnológica ou acesso a condições vantajosas de financiamento, cumulativamente ou não, na forma estabelecida pelo Poder Executivo federal.

§ 12. Nas contratações destinadas à implantação, manutenção e ao aperfeiçoamento dos sistemas de tecnologia de informação e comunicação, considerados estratégicos em ato do Poder Executivo federal, a licitação poderá ser restrita a bens e serviços com tecnologia desenvolvida no País e produzidos de acordo com o processo produtivo básico de que trata a Lei n. 10.176, de 11 de janeiro de 2001.

§ 13. Será divulgada na internet, a cada exercício financeiro, a relação de empresas favorecidas em decorrência do disposto nos §§ 5º, 7º, 10, 11 e 12 deste artigo, com indicação do volume de recursos destinados a cada uma delas".

"Art. 6º ....

....

XVII – produtos manufaturados nacionais – produtos manufaturados, produzidos no território nacional de acordo com o processo produtivo básico ou com as regras de origem estabelecidas pelo Poder Executivo federal;

XVIII – serviços nacionais – serviços prestados no País, nas condições estabelecidas pelo Poder Executivo federal;

XIX – sistemas de tecnologia de informação e comunicação estratégicos – bens e serviços de tecnologia da informação e comunicação cuja descontinuidade provoque dano significativo à administração pública e que envolvam pelo menos um dos seguintes requisitos relacionados às informações críticas: disponibilidade, confiabilidade, segurança e confidencialidade."

"Art. 24. ....
....

XXI – para a aquisição de bens e insumos destinados exclusivamente à pesquisa científica e tecnológica com recursos concedidos pela Capes, pela Finep, pelo CNPq ou por outras instituições de fomento a pesquisa credenciadas pelo CNPq para esse fim específico;

....

XXXI – nas contratações visando ao cumprimento do disposto nos arts. 3º, 4º, 5º e 20 da Lei n. 10.973, de 2 de dezembro de 2004, observados os princípios gerais de contratação dela constantes.

...."

"Art. 57. ....
....

V – às hipóteses previstas nos incisos IX, XIX, XXVIII e XXXI do art. 24, cujos contratos poderão ter vigência por até 120 (cento e vinte) meses, caso haja interesse da administração.

...."

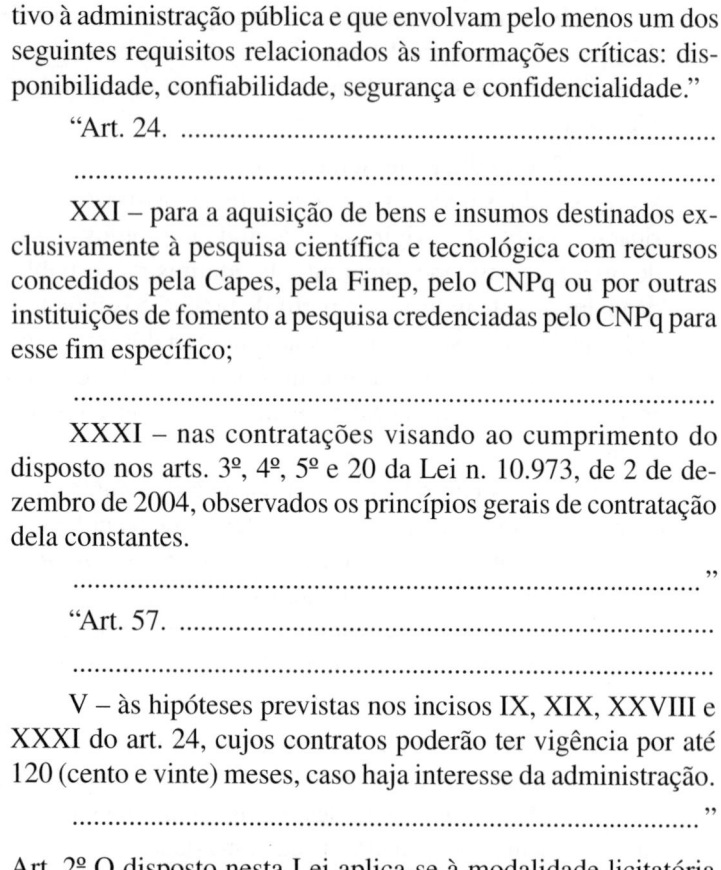

Art. 2º O disposto nesta Lei aplica-se à modalidade licitatória pregão, de que trata a Lei n. 10.520, de 17 de julho de 2002.

Art. 3º A Lei n. 8.958, de 20 de dezembro de 1994, passa a vigorar com as seguintes alterações:

"Art. 1º As Instituições Federais de Ensino Superior – IFES e as demais Instituições Científicas e Tecnológicas – ICTs, sobre as quais dispõe a Lei n. 10.973, de 2 de dezembro de 2004, poderão celebrar convênios e contratos, nos termos do inciso XIII do art. 24 da Lei n. 8.666, de 21 de junho de 1993, por prazo determinado, com fundações instituídas com a finalidade de dar apoio a projetos de ensino, pesquisa e extensão e de desenvolvimento institucional, científico e tecnológico, inclusive na gestão administrativa e financeira estritamente necessária à execução desses projetos.

§ 1º Para os fins do que dispõe esta Lei, entendem-se por desenvolvimento institucional os programas, projetos, atividades e operações especiais, inclusive de natureza infraestrutural, material e laboratorial, que levem à melhoria mensurável das condições das IFES e demais ICTs, para cumprimento eficiente e eficaz de sua missão, conforme descrita no plano de desenvolvimento institucional, vedada, em qualquer caso, a contratação de objetos genéricos, desvinculados de projetos específicos.

§ 2º A atuação da fundação de apoio em projetos de desenvolvimento institucional para melhoria de infraestrutura limitar-se-á às obras laboratoriais e à aquisição de materiais, equipamentos e outros insumos diretamente relacionados às atividades de inovação e pesquisa científica e tecnológica.

§ 3º É vedado o enquadramento no conceito de desenvolvimento institucional, quando financiadas com recursos repassados pelas IFES e demais ICTs às fundações de apoio, de:

I – atividades como manutenção predial ou infraestrutural, conservação, limpeza, vigilância, reparos, copeiragem, recepção, secretariado, serviços administrativos na área de informática, gráficos, reprográficos e de telefonia e demais atividades administrativas de rotina, bem como as respectivas expansões vegetativas, inclusive por meio do aumento no número total de pessoal; e

II – outras tarefas que não estejam objetivamente definidas no Plano de Desenvolvimento Institucional da instituição apoiada.

§ 4º É vedada a subcontratação total do objeto dos ajustes realizados pelas IFES e demais ICTs com as fundações de apoio, com base no disposto nesta Lei, bem como a subcontratação parcial que delegue a terceiros a execução do núcleo do objeto contratado.

§ 5º Os materiais e equipamentos adquiridos com recursos transferidos com fundamento no § 2º integrarão o patrimônio da contratante."

"Art. 2º As fundações a que se refere o art. 1º deverão estar constituídas na forma de fundações de direito privado, sem fins lucrativos, regidas pela Lei n. 10.406, de 10 de janeiro de 2002 – Código Civil, e por estatutos cujas normas expressamente disponham sobre a observância dos princípios da legalidade, impessoalidade, moralidade, publicidade, economicidade e eficiência, e sujeitas, em especial:

...."

"Art. 4º As IFES e demais ICTs contratantes poderão autorizar, de acordo com as normas aprovadas pelo órgão de direção superior competente e limites e condições previstos em regulamento, a participação de seus servidores nas atividades realizadas pelas fundações referidas no art. 1º desta Lei, sem prejuízo de suas atribuições funcionais.

§ 1º A participação de servidores das IFES e demais ICTs contratantes nas atividades previstas no art. 1º desta Lei, autorizada nos termos deste artigo, não cria vínculo empregatício de qualquer natureza, podendo as fundações contratadas, para sua execução, conceder bolsas de ensino, de pesquisa e de extensão, de acordo com os parâmetros a serem fixados em regulamento.

....

§ 3º É vedada a utilização dos contratados referidos no *caput* para contratação de pessoal administrativo, de manutenção, docentes ou pesquisadores para prestar serviços ou atender a necessidades de caráter permanente das contratantes."

"Art. 5º Fica vedado às IFES e demais ICTs contratantes o pagamento de débitos contraídos pelas instituições contratadas na forma desta Lei e a responsabilidade a qualquer título, em relação ao pessoal por estas contratado, inclusive na utilização de pessoal da instituição, conforme previsto no art. 4º desta Lei."

"Art. 6º No cumprimento das finalidades referidas nesta Lei, poderão as fundações de apoio, por meio de instrumento legal próprio, utilizar-se de bens e serviços das IFES e demais ICTs contratantes, mediante ressarcimento, e pelo prazo estritamente necessário à elaboração e execução do projeto de ensino, pesquisa e extensão e de desenvolvimento institucional, científico e tecnológico de efetivo interesse das contratantes e objeto do contrato firmado."

Art. 4º A Lei n. 8.958, de 20 de dezembro de 1994, passa a vigorar acrescida dos seguintes dispositivos:

"Art. 1º-A. A Financiadora de Estudos e Projetos – FINEP, como secretaria executiva do Fundo Nacional de Desenvolvimento Científico e Tecnológico – FNDCT, o Conselho Nacional de Desenvolvimento Científico e Tecnológico – CNPq e as Agências Financeiras Oficiais de Fomento poderão realizar convênios e contratos, nos termos do inciso XIII do art. 24 da Lei n. 8.666, de 21 de junho de 1993, por prazo determinado, com as fundações de apoio, com finalidade de dar apoio às IFES e às ICTs, inclusive na gestão administrativa e financeira dos projetos mencionados no *caput* do art. 1º, com a anuência expressa das instituições apoiadas."

"Art. 4º-A. Serão divulgados, na íntegra, em sítio mantido pela fundação de apoio na rede mundial de computadores – internet:

I – os instrumentos contratuais de que trata esta Lei, firmados e mantidos pela fundação de apoio com as IFES e demais ICTs, bem como com a FINEP, o CNPq e as Agências Financeiras Oficiais de Fomento;

II – os relatórios semestrais de execução dos contratos de que trata o inciso I, indicando os valores executados, as atividades, as obras e os serviços realizados, discriminados por projeto, unidade acadêmica ou pesquisa beneficiária;

III – a relação dos pagamentos efetuados a servidores ou agentes públicos de qualquer natureza em decorrência dos contratos de que trata o inciso I;

IV – a relação dos pagamentos de qualquer natureza efetuados a pessoas físicas e jurídicas em decorrência dos contratos de que trata o inciso I; e

V – as prestações de contas dos instrumentos contratuais de que trata esta Lei, firmados e mantidos pela fundação de apoio com as IFES e demais ICTs, bem como com a FINEP, o CNPq e as Agências Financeiras Oficiais de Fomento."

"Art. 4º-B. As fundações de apoio poderão conceder bolsas de ensino, pesquisa e extensão e de estímulo à inovação aos alunos de graduação e pós-graduação vinculadas a projetos institucionais das IFES e demais ICTs apoiadas, na forma da regulamentação específica, observados os princípios referidos no art. 2º."

"Art. 4º-C. É assegurado o acesso dos órgãos e das entidades públicas concedentes ou contratantes e do Sistema de Controle Interno do Poder Executivo federal aos processos, aos documentos e às informações referentes aos recursos públicos recebidos pelas fundações de apoio enquadradas na situação prevista no art. 1º desta Lei, bem como aos locais de execução do objeto do contrato ou convênio."

Art. 5º A Lei n. 10.973, de 2 de dezembro de 2004, passa a vigorar com as seguintes alterações:

"Art. 2º ....

....

VII – instituição de apoio – fundação criada com a finalidade de dar apoio a projetos de pesquisa, ensino e extensão e de desenvolvimento institucional, científico e tecnológico de interesse das IFES e demais ICTs, registrada e credenciada nos Ministérios da Educação e da Ciência e Tecnologia, nos termos da Lei n. 8.958, de 20 de dezembro de 1994;

...."

"Art. 27. ....

....

IV – dar tratamento preferencial, diferenciado e favorecido, na aquisição de bens e serviços pelo poder público e pelas fundações de apoio para a execução de projetos de desenvolvimento institucional da instituição apoiada, nos termos da Lei n. 8.958, de 20 de dezembro de 1994, às empresas que invistam em pesquisa e no desenvolvimento de tecnologia no País e às microempresas e empresas de pequeno porte de base tecnológica, criadas no ambiente das atividades de pesquisa das ICTs."

Art. 6º A Lei n. 10.973, de 2 de dezembro de 2004, passa a vigorar acrescida do seguinte dispositivo:

"Art. 3º-A. A Financiadora de Estudos e Projetos – FINEP, como secretaria executiva do Fundo Nacional de Desenvolvimento Científico e Tecnológico – FNDCT, o Conselho Nacional de Desenvolvimento Científico e Tecnológico – CNPq e as Agências Financeiras Oficiais de Fomento poderão celebrar convênios e contratos, nos termos do inciso XIII do art. 24 da Lei n. 8.666, de 21 de junho de 1993, por prazo determinado, com as fundações de apoio, com a finalidade de dar apoio às IFES e demais ICTs, inclusive na gestão administrativa e financeira dos projetos mencionados no *caput* do art. 1º da Lei n. 8.958, de 20 de dezembro de 1994, com a anuência expressa das instituições apoiadas."

Art. 7º Ficam revogados o inciso I do § 2º do art. 3º da Lei n. 8.666, de 21 de junho de 1993, e o § 1º do art. 2º da Lei n. 11.273, de 6 de fevereiro de 2006.

Art. 8º Esta Lei entra em vigor na data de sua publicação.

Brasília, 15 de dezembro de 2010; 189º da Independência e 122º da República.

LUIZ INÁCIO LULA DA SILVA
Guido Mantega
Fernando Haddad
Paulo Bernardo Silva
Sergio Machado Rezende

LEI N. 12.440, DE 7 DE JULHO DE 2011*

Acrescenta Título VII-A à Consolidação das Leis do Trabalho (CLT), aprovada pelo Decreto-Lei n. 5.452, de 1º de maio de 1943, para instituir a Certidão Negativa de Débitos Trabalhistas, e altera a Lei n. 8.666, de 21 de junho de 1993.

A Presidenta da República

Faço saber que o Congresso Nacional decreta e eu sanciono a seguinte Lei:

Art. 1º A Consolidação das Leis do Trabalho (CLT), aprovada pelo Decreto-Lei n. 5.452, de 1º de maio de 1943, passa a vigorar acrescida do seguinte Título VII-A:

"Título VII-A
DA PROVA DE INEXISTÊNCIA DE
DÉBITOS TRABALHISTAS

Art. 642-A. É instituída a Certidão Negativa de Débitos Trabalhistas (CNDT), expedida gratuita e eletronicamente, para comprovar a inexistência de débitos inadimplidos perante a Justiça do Trabalho.

§ 1º O interessado não obterá a certidão quando em seu nome constar:

I – o inadimplemento de obrigações estabelecidas em sentença condenatória transitada em julgado proferida pela Justiça do Trabalho ou em acordos judiciais trabalhistas, inclusive no concernente aos recolhimentos previdenciários, a honorários, a custas, a emolumentos ou a recolhimentos determinados em lei; ou

---

* Publicada no *Diário Oficial da União* de 8 de julho de 2011.

II – o inadimplemento de obrigações decorrentes de execução de acordos firmados perante o Ministério Público do Trabalho ou Comissão de Conciliação Prévia.

§ 2º Verificada a existência de débitos garantidos por penhora suficiente ou com exigibilidade suspensa, será expedida Certidão Positiva de Débitos Trabalhistas em nome do interessado com os mesmos efeitos da CNDT.

§ 3º A CNDT certificará a empresa em relação a todos os seus estabelecimentos, agências e filiais.

§ 4º O prazo de validade da CNDT é de 180 (cento e oitenta) dias, contado da data de sua emissão."

Art. 2º O inciso IV do art. 27 da Lei n. 8.666, de 21 de junho de 1993, passa a vigorar com a seguinte redação:

"Art. 27. ....
....
IV – regularidade fiscal e trabalhista;
.... "

Art. 3º O art. 29 da Lei n. 8.666, de 21 de junho de 1993, passa a vigorar com a seguinte redação:

"Art. 29. A documentação relativa à regularidade fiscal e trabalhista, conforme o caso, consistirá em:

....

V – prova de inexistência de débitos inadimplidos perante a Justiça do Trabalho, mediante a apresentação de certidão negativa, nos termos do Título VII-A da Consolidação das Leis do Trabalho, aprovada pelo Decreto-Lei n. 5.452, de 1º de maio de 1943."

Art. 4º Esta Lei entra em vigor 180 (cento e oitenta) dias após a data de sua publicação.

Brasília, 7 de julho de 2011; 190º da Independência e 123º da República.

DILMA ROUSSEFF
José Eduardo Cardozo
Carlos Lupi

DECRETO N. 7.709, DE 3 DE ABRIL DE 2012*

Estabelece a aplicação de margem de preferência nas licitações realizadas no âmbito da Administração Pública Federal para aquisição de retroescavadeiras e motoniveladoras descritas no Anexo I, para fins do disposto no art. 3º da Lei n. 8.666, de 21 de junho de 1993.

A Presidenta da República, no uso das atribuições que lhe confere o art. 84, *caput*, inciso IV, da Constituição, e tendo em vista o disposto no art. 3º, §§ 5º, 6º, 8º e 9º, da Lei n. 8.666, de 21 de junho de 1993,

DECRETA:

Art. 1º Fica estabelecida a aplicação de margem de preferência para aquisição de retroescavadeiras e motoniveladoras, conforme percentuais e descrições do Anexo I, nas licitações realizadas no âmbito da administração pública federal, com vistas à promoção do desenvolvimento nacional sustentável.

Parágrafo único. Os editais para aquisição dos produtos descritos no Anexo I, publicados após a data de entrada em vigor deste Decreto, deverão contemplar a aplicação da margem de preferência de que trata o *caput*.

Art. 2º Será aplicada a margem de preferência de que trata o art. 1º apenas para os produtos manufaturados nacionais, conforme as regras de origem estabelecidas em portaria do Ministro de Estado do Desenvolvimento, Indústria e Comércio Exterior.

---

* Publicado no *Diário Oficial da União* de 4 de abril de 2012.

§ 1º O licitante deverá apresentar, juntamente com a proposta, formulário de declaração de cumprimento das regras de origem, conforme modelo publicado em portaria do Ministro de Estado do Desenvolvimento, Indústria e Comércio Exterior.

§ 2º Na modalidade pregão eletrônico:

I – o licitante declarará, durante a fase de cadastramento das propostas, se o produto atende às regras de origem; e

II – o formulário referido no § 1º deverá ser apresentado com os documentos exigidos para habilitação.

§ 3º O produto que não atender às regras de origem ou cujo licitante não apresentar tempestivamente o formulário referido neste artigo será considerado como produto manufaturado estrangeiro para fins deste Decreto.

Art. 3º A margem de preferência de que trata o art. 1º será calculada sobre o menor preço ofertado de produto manufaturado estrangeiro, conforme a fórmula prevista no Anexo II e as seguintes condições:

I – o preço ofertado de produto manufaturado nacional será considerado menor que PE, sempre que seu valor for igual ou inferior a PM; e

II – o preço ofertado de produto manufaturado nacional será considerado maior que PE, sempre que seu valor for superior a PM.

Art. 4º A margem de preferência de que trata o art. 1º será aplicada para classificação das propostas:

I – após a fase de lances, na modalidade de pregão; e

II – no julgamento e classificação das propostas, nas demais modalidades de licitação.

§ 1º A margem de preferência prevista não será aplicada caso o preço mais baixo ofertado seja do produto manufaturado nacional.

§ 2º Caso o licitante da proposta classificada em primeiro seja inabilitado, ou deixe de cumprir a obrigação prevista no inciso II do § 2º do art. 2º, deverá ser realizada a reclassificação das propostas, para fins de aplicação da margem de preferência.

§ 3º Caso a licitação tenha por critério de julgamento o menor preço do grupo ou lote, a margem de preferência só será aplicada se

todos os itens que compõem o grupo ou lote atenderem às regras de origem de que trata o art. 2º.

§ 4º A aplicação da margem de preferência não exclui a negociação entre o pregoeiro e o vencedor da fase de lances, prevista no § 8º do art. 24 do Decreto n. 5.450, de 31 de maio de 2005.

§ 5º A aplicação da margem de preferência não exclui o direito de preferência das microempresas e empresas de pequeno porte, previsto nos arts. 44 e 45 da Lei Complementar n. 123, de 14 de dezembro de 2006.

§ 6º A aplicação da margem de preferência estará condicionada ao cumprimento, no momento da licitação, do disposto no § 9º do art. 3º da Lei n. 8.666, de 21 de junho de 1993.

Art. 5º Os estudos previstos no § 6º do art. 3º da Lei n. 8.666, de 21 de junho de 1993, serão revistos anualmente a partir da data de publicação deste Decreto.

Art. 6º As margens de preferência de que trata o art. 1º serão aplicadas até 31 de dezembro de 2015.

Art. 7º Este Decreto entra em vigor na data da sua publicação.

Brasília, 3 de abril de 2012; 191º da Independência e 124º da República.

DILMA ROUSSEFF
Guido Mantega

ANEXO I

• *Redação dada pelo Decreto n. 7.841, de 2012.*

LISTA DE PRODUTOS

Código NCM	Descrição	Margem de preferência
8429.20.10	Motoniveladores articulados, de potência no volante superior ou igual a 205,07 kW (275 HP)	25%
8429.20.90	Outros motoniveladores	25%
8429.59.00	Retroescavadeiras	15%

ANEXO II

Fórmula

$PM = PE \times (1 + M)$, sendo:

PM – preço com margem;

PE – menor preço ofertado do produto manufaturado estrangeiro;

M – margem de preferência em percentagem, conforme estabelecido no Anexo I a este Decreto.

DECRETO N. 7.713, DE 3 DE ABRIL DE 2012*

Estabelece a aplicação de margem de preferência nas licitações realizadas no âmbito da Administração Pública Federal para aquisição de fármacos e medicamentos descritos no Anexo I, para fins do disposto no art. 3º da Lei n. 8.666, de 21 de junho de 1993.

A Presidenta da República, no uso das atribuições que lhe confere o art. 84, *caput*, inciso IV, da Constituição, e tendo em vista o disposto no art. 3º, §§ 5º, 6º, 8º e 9º, da Lei n. 8.666, de 21 de junho de 1993,

DECRETA:

Art. 1º Fica estabelecida a aplicação de margem de preferência para aquisição de fármacos e medicamentos, conforme percentuais e descrições do Anexo I, nas licitações realizadas no âmbito da administração pública federal, com vistas à promoção do desenvolvimento nacional sustentável.

Parágrafo único. Os editais para aquisição dos produtos descritos no Anexo I, publicados após a data de entrada em vigor deste Decreto, deverão contemplar a aplicação da margem de preferência de que trata o *caput*.

Art. 2º Será aplicada a margem de preferência de que trata o art. 1º apenas para os produtos manufaturados nacionais, conforme as regras de origem estabelecidas em portaria do Ministro de Estado do Desenvolvimento, Indústria e Comércio Exterior.

---

* Publicado no *Diário Oficial da União* de 4 de abril de 2012.

§ 1º O licitante deverá apresentar, juntamente com a proposta, formulário de declaração de cumprimento das regras de origem, conforme modelo publicado em portaria do Ministro de Estado do Desenvolvimento, Indústria e Comércio Exterior.

§ 2º Na modalidade pregão eletrônico:

I – o licitante declarará, durante a fase de cadastramento das propostas, se o produto atende às regras de origem; e

II – o formulário referido no § 1º deverá ser apresentado com os documentos exigidos para habilitação.

§ 3º O produto que não atender às regras de origem ou cujo licitante não apresentar tempestivamente o formulário referido neste artigo será considerado como produto manufaturado estrangeiro para fins deste Decreto.

Art. 3º A margem de preferência de que trata o art. 1º será calculada sobre o menor preço ofertado de produto manufaturado estrangeiro, conforme a fórmula prevista no Anexo II e as seguintes condições:

I – o preço ofertado de produto manufaturado nacional será considerado menor que PE, sempre que seu valor for igual ou inferior a PM; e

II – o preço ofertado de produto manufaturado nacional será considerado maior que PE, sempre que seu valor for superior a PM.

Art. 4º A margem de preferência de que trata o art. 1º será aplicada para classificação das propostas:

I – após a fase de lances, na modalidade de pregão; e

II – no julgamento e classificação das propostas, nas demais modalidades de licitação.

§ 1º A margem de preferência prevista não será aplicada caso o preço mais baixo ofertado seja do produto manufaturado nacional.

§ 2º Caso o licitante da proposta classificada em primeiro lugar seja inabilitado, ou deixe de cumprir a obrigação prevista no inciso II do § 2º do art. 2º, deverá ser realizada a reclassificação das propostas, para fins de aplicação da margem de preferência.

§ 3º Caso a licitação tenha por critério de julgamento o menor preço do grupo ou lote, a margem de preferência só será aplicada se

todos os itens que compõem o grupo ou lote atenderem às regras de origem de que trata o art. 2º.

§ 4º A aplicação da margem de preferência não exclui a negociação entre o pregoeiro e o vencedor da fase de lances, prevista no § 8º do art. 24 do Decreto n. 5.450, de 31 de maio de 2005.

§ 5º A aplicação da margem de preferência não exclui o direito de preferência das microempresas e empresas de pequeno porte, previsto nos arts. 44 e 45 da Lei Complementar n. 123, de 14 de dezembro de 2006.

§ 6º A aplicação da margem de preferência estará condicionada ao cumprimento, no momento da licitação, do disposto no § 9º do art. 3º da Lei n. 8.666, de 21 de junho de 1993.

Art. 5º Os estudos previstos no § 6º do art. 3º da Lei n. 8.666, de 1993, serão revistos anualmente a partir da data de publicação deste Decreto.

Art. 6º As margens de preferência de que trata o art. 1º serão aplicadas até 30 de março de 2014, no caso dos produtos do Grupo 1, e até 30 de março de 2017, no caso dos produtos dos Grupos 2, 3, 4, 5 e 6, conforme descrito no Anexo I.

Art. 7º Este Decreto entra em vigor na data da sua publicação.

Brasília, 3 de abril de 2012; 191º da Independência e 124º da República.

DILMA ROUSSEFF
Guido Mantega

ANEXO I

Produto	Código TIPI	Margem de Preferência Normal	Margem de Preferência Adicional
Grupo 1 – Medicamentos nacionais que utilizem em sua formulação fármacos importados			
Atazanavir	3004.90.68	8%	-
Ganciclovir	3004.90.69	8%	-

Produto	Código TIPI	Margem de Preferência Normal	Margem de Preferência Adicional
Gosserelina	3004.39.27	8%	-
Hidroxiuréia	3004.90.99	8%	-
Indinavir Sulfato	3004.90.68	8%	-
Insulina	3004.31.00	8%	-
Isoniazida/ Rifampicina/ Pirazinamida/ Etambutol	3004.90.99	8%	-
Levotiroxina	3004.39.81	8%	-
Mitoxantrona	3004.90.39	8%	-
Talidomida	3004.90.42	8%	-

Grupo 2 – Medicamentos nacionais que utilizem em sua formulação fármacos nacionais

Produto	Código TIPI	Margem de Preferência Normal	Margem de Preferência Adicional
Amoxicilina	3004.10.12	20%	-
Benzonidazol	3004.90.69	20%	-
Captopril	3004.90.69	20%	-
Carbamazepina	3004.90.69	20%	-
Cefalexina	3004.20.52	20%	-
Cefalotina Sódica	3004.20.51	20%	-
Cetoconazol	3004.90.77	20%	-
Clozapina	3004.90.69	20%	-
Diazepan	3004.90.64	20%	-
Didanosina (DDI)	3004.90.79	20%	-
Dietilcarbamazina	3004.90.69	20%	-
Efavirenz	3004.90.78	20%	-
Estavudina	3004.90.69	20%	-
Fenitoina Sódico	3004.90.69	20%	-
Fenobarbital Sódico	3004.90.69	20%	-
Haloperidol	3004.90.69	20%	-
Imatinibe Mesilato	3004.90.68	20%	-

Produto	Código TIPI	Margem de Preferência Normal	Margem de Preferência Adicional
Lamivudina	3004.90.79	20%	-
Nevirapina	3004.90.68	20%	-
Octreotida	3004.39.26	20%	-
Olanzapina	3004.90.69	20%	-
Propanolol Cloridrato	3004.90.39	20%	-
Quetiapina Sulfato	3004.90.69	20%	-
Ritonavir	3004.90.78	20%	-
Rivastigmina	3004.90.69	20%	-
Saquinavir	3004.90.68	20%	-
Sevelamer	3004.90.39	20%	-
Sirolimo	3004.90.78	20%	-
Sulfametoxazol	3004.90.72	20%	-
Sulfato heptaidratado de Fe	3004.90.99	20%	-
Tacrolimo	3004.90.78	20%	-
Tenofovir	3004.90.68	20%	-
Trimetoprima	3004.90.61	20%	-
Zidovudina (AZT)	3004.90.79	20%	-
Grupo 3 – Fármacos nacionais			
Amoxicilina	2941.10.20	20%	-
Benzonidazol	2933.29.19	20%	-
Captopril	2933.99.49	20%	-
Carbamazepina	2933.99.32	20%	-
Cefalexina	2941.90.33	20%	-
Cefalotina Sódica	2941.90.33	20%	-
Cetoconazol	2934.99.31	20%	-
Clozapina	2933.99.39	20%	-
Diazepan	2933.91.22	20%	-
Didanosina (DDI)	2934.99.39	20%	-

Produto	Código TIPI	Margem de Preferência Normal	Margem de Preferência Adicional
Dietilcarbamazina	2933.59.04	20%	-
Efavirenz	2933.39.99	20%	-
Estavudina	2934.99.27	20%	-
Fenitoina Sódico	2933.21.21	20%	-
Fenobarbital Sódico	2933.53.40	20%	-
Haloperidol	2933.39.15	20%	-
Imatinibe Mesilato	2933.59.19	20%	-
Lamivudina	2934.99.93	20%	-
Nevirapina	2934.99.99	20%	-
Octreotida	2937.19.90	20%	-
Olanzapina	2933.99.39	20%	-
Propanolol Cloridrato	2922.50.50	20%	-
Quetiapina Sulfato	2933.99.39	20%	-
Ritonavir	2934.99.99	20%	-
Rivastigmina	2933.49.90	20%	-
Saquinavir	2934.99.10	20%	-
Sevelamer	2922.50.99	20%	-
Sirolimo	2934.99.99	20%	-
Sulfametoxazol	2935.00.25	20%	-
Sulfato heptaidratado de Fe	2833.29.90	20%	-
Tacrolimo	2934.99.99	20%	-
Tenofovir	2933.59.49	20%	-
Trimetoprima	2933.59.41	20%	-
Zidovudina (AZT)	2934.99.22	20%	-
Grupo 4 – Insumos farmacêuticos não ativos (adjuvantes) nacionais			
Cápsulas Gelatinosas	9602.00.10	20%	-
Celulose Microcristalina	3912.90.31	20%	-

Produto	Código TIPI	Margem de Preferência Normal	Margem de Preferência Adicional
Croscarmelose Sódica	3912.31.19	20%	-
Glicolato de Amido Sódico	3505.10.00	20%	-

Grupo 5 – Medicamentos nacionais que utilizem em sua formulação biofármacos com produção tecnológica integrada no país

3002.10.39	Adalimumabe	20%	5%
3004.90.19	Alfadornase	20%	5%
3002.10.39	Alfaepoetina	20%	5%
3002.10.36	Alfainterferona	20%	5%
3002.10.36	Alfapeginterferona	20%	5%
3002.10.36	Betainterferona	20%	5%
3002.10.38	Etanercepte	20%	5%
3002.10.39	Filgrastima	20%	5%
3004.39.12	Gonadotrofina Coriônica	20%	5%
3002.10.39	Heparina Sódica	20%	5%
3002.10.39	Imiglucerases (Imiglucerase, Taliglucerase, Veloglucerase, outras)	20%	5%
3002.10.39	Imunoglobulina Anti Hepatite B	20%	5%
3002.10.39	Imunoglobulina Humana	20%	5%
3002.10.39	Infliximabe	20%	5%
3002.10.39	Lenograstima	20%	5%
3002.10.39	Molgramostima	20%	5%
3002.10.39	Natalizumabe	20%	5%
3004.90.19	Pancreatina	20%	5%
3002.10.39	Pancrelipase	20%	5%

Produto	Código TIPI	Margem de Preferência Normal	Margem de Preferência Adicional
3002.10.38	Rituximabe	20%	5%
3004.39.11	Somatropina	20%	5%
3002.90.92	Toxina Botulinica	20%	5%
Grupo 6 – Biofármacos com produção tecnológica integrada no país			
3002.10.29	Adalimumabe	20%	5%
3507.90.49	Alfadornase	20%	5%
3002.10.29	Alfaepoetina	20%	5%
3002.10.29	Alfainterferona	20%	5%
3002.10.29	Alfapeginterferona	20%	5%
3002.10.29	betainterferona	20%	5%
3002.10.29	Etanercepte	20%	5%
3001.20.90	Filgrastima	20%	5%
3001.90.90	Gonadotrofina Coriônica	20%	5%
3001.90.10	Heparina Sódica	20%	5%
3002.10.29	Imiglucerases (Imiglucerase, Taliglucerase, Veloglucerase, outras)	20%	5%
3002.10.23	Imunoglobulina Anti Hepatite B	20%	5%
3002.10.23	Imunoglobulina Humana	20%	5%
3002.10.29	Infliximabe	20%	5%
3002.10.29	Lenograstima	20%	5%
3002.10.29	Molgramostima	20%	5%
3002.10.29	Natalizumabe	20%	5%
3507.90.19	Pancreatina	20%	5%
3001.20.90	Pancrelipase	20%	5%
3002.10.29	Rituximabe	20%	5%

Produto	Código TIPI	Margem de Preferência Normal	Margem de Preferência Adicional
2937.11.00	Somatropina	20%	5%
3002.90.90	Toxina Botulinica	20%	5%

ANEXO II

Fórmula

PM = PE x (1 + M), sendo:

PM – preço com margem;

PE – menor preço ofertado do produto manufaturado estrangeiro;

M – margem de preferência em percentagem, conforme estabelecido no Anexo I a este Decreto.

DECRETO N. 7.756, DE 14 DE JUNHO DE 2012*

Estabelece a aplicação de margem de preferência em licitações realizadas no âmbito da administração pública federal para aquisição de produtos de confecções, calçados e artefatos, para fins do disposto no art. 3º da Lei n. 8.666, de 21 de junho de 1993.

A Presidenta da República, no uso da atribuição que lhe confere o art. 84, *caput*, inciso IV, da Constituição, e tendo em vista o disposto nos §§ 5º, 6º, 8º e 9º, do art. 3º da Lei n. 8.666, de 21 de junho de 1993,

DECRETA:

Art. 1º Fica estabelecida a aplicação de margem de preferência para aquisição de produtos de confecções, calçados e artefatos, conforme percentuais e descrições do Anexo I, em licitações realizadas no âmbito da administração pública federal, para fins do disposto no art. 3º da Lei n. 8.666, de 21 de junho de1993, e com vistas à promoção do desenvolvimento nacional sustentável.

Parágrafo único. Os editais para aquisição dos produtos descritos no Anexo I, publicados após a data de entrada em vigor deste Decreto, deverão contemplar a aplicação da margem de preferência de que trata o *caput*.

Art. 2º Será aplicada a margem de preferência de que trata o art. 1º apenas para os produtos manufaturados nacionais, conforme a

---

* Publicado no *Diário Oficial da União* de 15 de junho de 2012.

regra de origem estabelecida em ato do Ministro de Estado do Desenvolvimento, Indústria e Comércio Exterior.

§ 1º O licitante deverá apresentar, juntamente com a proposta, formulário de declaração de cumprimento da regra de origem, conforme modelo publicado em ato do Ministro de Estado do Desenvolvimento, Indústria e Comércio Exterior.

§ 2º Na modalidade de pregão eletrônico:

I – o licitante declarará, durante a fase de cadastramento das propostas, se o produto atende à regra de origem; e

II – o formulário referido no § 1º deverá ser apresentado com os documentos exigidos para habilitação.

§ 3º O produto que não atender às regras de origem ou cujo licitante não apresentar tempestivamente o formulário referido no § 1º será considerado como produto manufaturado estrangeiro para fins deste Decreto.

Art. 3º A margem de preferência de que trata o art. 1º será calculada sobre o menor preço ofertado de produto manufaturado estrangeiro, conforme a fórmula prevista no Anexo II e as seguintes condições:

I – o preço ofertado de produto manufaturado nacional será considerado menor que PE sempre que seu valor for igual ou inferior a PM; e

II – o preço ofertado de produto manufaturado nacional será considerado maior que PE sempre que seu valor for superior a PM.

Art. 4º A margem de preferência de que trata o art. 1º será aplicada para classificação das propostas:

I – após a fase de lances, na modalidade de pregão; e

II – no julgamento e classificação das propostas, nas demais modalidades de licitação.

§ 1º A margem de preferência não será aplicada caso o preço mais baixo ofertado seja de produto manufaturado nacional.

§ 2º Caso o licitante da proposta classificada em primeiro lugar seja inabilitado, ou deixe de cumprir a obrigação prevista no inciso II do § 2º do art. 2º, deverá ser realizada a reclassificação das propostas, para fins de aplicação da margem de preferência.

§ 3º Caso a licitação tenha por critério de julgamento o menor preço do grupo ou lote, a margem de preferência só será aplicada se todos os itens que compõem o grupo ou lote atenderem à regra de origem de que trata o art. 2º.

§ 4º A aplicação da margem de preferência não excluirá a negociação entre o pregoeiro e o vencedor da fase de lances, prevista no § 8º do art. 24 do Decreto n. 5.450, de 31 de maio de 2005.

§ 5º A aplicação da margem de preferência não excluirá o direito de preferência das microempresas e empresas de pequeno porte, previsto nos arts. 44 e 45 da Lei Complementar n. 123, de 14 de dezembro de 2006.

§ 6º A aplicação da margem de preferência ficará condicionada ao cumprimento, no momento da licitação, do disposto no § 9º do art. 3º da Lei n. 8.666, de 1993.

Art. 5º Os estudos previstos no § 6º do art. 3º da Lei n. 8.666, de 1993, serão revistos anualmente a partir da data de publicação deste Decreto.

Art. 6º A margem de preferência de que trata o art. 1º será aplicada até 31 de dezembro de 2013, para os produtos descritos no Anexo I.

Art. 7º Este Decreto entra em vigor na data de sua publicação.

Brasília, 14 de junho de 2012; 191º da Independência e 124º da República.

DILMA ROUSSEFF
Guido Mantega

ANEXO I

Produto	Código TIPI	Margem de preferência
Vestuário e seus acessórios, de malha	Capítulo 61 – Todos os códigos	20%

Produto	Código TIPI	Margem de preferência
Vestuário e seus acessórios, exceto malha	Capítulo 62 – Todos os códigos	20%
Manta leve, de náilon	6301.40.00 – Cobertores e mantas (exceto os elétricos), de fibras sintéticas	20%
Mosquiteiro para beliche	6304.93.00 – De fibras sintéticas, exceto de malha	20%
Sapato tipo tênis preto	6403.99.90 – Outros calçados, outros	20%
Tênis com sola exterior de borracha ou de plástico e parte superior de matérias têxteis	6404.11.00 – Calçados para esporte; calçados para tênis, basquetebol, ginástica, treino e semelhantes	20%
Botina de lona camuflada	6404.19.00 – Calçados com sola exterior de borracha ou de plásticos, outros	20%
Boné de algodão	6505.00.11 – De algodão	20%
Gorro de selva	6505.00.22 – De fibras sintéticas ou artificiais	20%
Boina militar	6505.00.90 – Outros	20%
Mochila de grande capacidade	4202.92.00 – Com a superfície exterior de folhas de plásticos ou de matérias têxteis	20%
Mochila de média capacidade	4202.92.00 – Com a superfície exterior de folhas de plásticos ou de matérias têxteis	20%
Saco de campanha	4202.92.00 – Com a superfície exterior de folhas de plásticos ou de matérias têxteis	20%
Saco de dormir	9404.30.00 – Sacos de dormir	20%

ANEXO II

Fórmula

$PM = PE \times (1+M)$, sendo:

PM – preço com margem;

PE – menor preço ofertado do produto manufaturado estrangeiro;

M – margem de preferência em percentual, conforme estabelecido no Anexo I.

LEI N. 12.715, DE 17 DE SETEMBRO DE 2012*

Altera a alíquota das contribuições previdenciárias sobre a folha de salários devidas pelas empresas que especifica; institui o Programa de Incentivo à Inovação Tecnológica e Adensamento da Cadeia Produtiva de Veículos Automotores, o Regime Especial de Tributação do Programa Nacional de Banda Larga para Implantação de Redes de Telecomunicações, o Regime Especial de Incentivo a Computadores para Uso Educacional, o Programa Nacional de Apoio à Atenção Oncológica e o Programa Nacional de Apoio à Atenção da Saúde da Pessoa com Deficiência; restabelece o Programa Um Computador por Aluno; altera o Programa de Apoio ao Desenvolvimento Tecnológico da Indústria de Semicondutores, instituído pela Lei n. 11.484, de 31 de maio de 2007; altera as Leis n. 9.250, de 26 de dezembro de 1995, 11.033, de 21 de dezembro de 2004, 9.430, de 27 de dezembro de 1996, 10.865, de 30 de abril de 2004, 11.774, de 17 de setembro de 2008, 12.546, de 14 de dezembro de 2011, 11.484, de 31 de maio de 2007, 10.637, de 30 de dezembro de 2002, 11.196, de 21 de novembro de 2005, 10.406, de 10 de janeiro de 2002, 9.532, de 10 de dezembro de 1997, 12.431, de 24 de junho de 2011, 12.414, de 9 de junho de 2011, 8.666, de 21 de junho de 1993, 10.925, de 23 de julho de 2004, os Decretos-Leis n. 1.455, de 7 de abril de 1976, 1.593, de 21 de dezembro de 1977, e a Medida Provisória n. 2.199-14, de 24 de agosto de 2001; e dá outras providências.

A Presidenta da República

Faço saber que o Congresso Nacional decreta e eu sanciono a seguinte Lei:

---

* Publicada no *Diário Oficial da União* de 18 de setembro de 2012 e retificada em 19 de setembro de 2012.

....

Art. 73. O art. 24 da Lei n. 8.666, de 21 de junho de 1993, passa a vigorar com a seguinte redação:

"Art. 24. ....

....

XXXII – na contratação em que houver transferência de tecnologia de produtos estratégicos para o Sistema Único de Saúde – SUS, no âmbito da Lei n. 8.080, de 19 de setembro de 1990, conforme elencados em ato da direção nacional do SUS, inclusive por ocasião da aquisição destes produtos durante as etapas de absorção tecnológica.

§ 1º Os percentuais referidos nos incisos I e II do *caput* deste artigo serão 20% (vinte por cento) para compras, obras e serviços contratados por consórcios públicos, sociedade de economia mista, empresa pública e por autarquia ou fundação qualificadas, na forma da lei, como Agências Executivas.

§ 2º O limite temporal de criação do órgão ou entidade que integre a administração pública estabelecido no inciso VIII do *caput* deste artigo não se aplica aos órgãos ou entidades que produzem produtos estratégicos para o SUS, no âmbito da Lei n. 8.080, de 19 de setembro de 1990, conforme elencados em ato da direção nacional do SUS".

Brasília, 17 de setembro de 2012; 191º da Independência e 124º da República.

DILMA ROUSSEFF
Alessandro de Oliveira Soares
Antonio de Aguiar Patriota
Nelson Henrique Barbosa Filho
Aloizio Mercadante
Alexandre Rocha Santos Padilha
Fernando Damata Pimentel
Edison Lobão

Paulo Bernardo Silva
Garibaldi Alves Filho
Marta Suplicy
Marco Antonio Raupp
Luís Inácio Lucena Adams
Leônidas Cristino

DECRETO N. 7.843, DE 12 DE NOVEMBRO DE 2012*

Estabelece a aplicação de margem de preferência em licitações realizadas no âmbito da administração pública federal para aquisição de disco para moeda, para fins do disposto no art. 3º da Lei n. 8.666, de 21 de junho de 1993.

A PRESIDENTA DA REPÚBLICA, no uso da atribuição que lhe confere o art. 84, *caput*, inciso IV, da Constituição, e tendo em vista o disposto nos §§ 5º, 6º, 8º e 9º, do art. 3º da Lei n. 8.666, de 21 de junho de 1993,

DECRETA:

Art. 1º Fica estabelecida a aplicação de margem de preferência para aquisição de disco para moeda, conforme percentuais e descrições do Anexo I, em licitações realizadas no âmbito da administração pública federal, para fins do disposto no art. 3º da Lei n. 8.666, de 21 de junho de 1993, e com vistas à promoção do desenvolvimento nacional sustentável.

Parágrafo único. Os editais para aquisição dos produtos descritos no Anexo I, publicados após a data de entrada em vigor deste Decreto, deverão contemplar a aplicação da margem de preferência de que trata o *caput*.

Art. 2º Será aplicada a margem de preferência de que trata o art. 1º apenas para os produtos manufaturados nacionais, conforme a

---

* Publicado no *Diário Oficial da União* de 13 de novembro de 2012 e retificado em 5 de dezembro de 2012.

regra de origem estabelecida em ato do Ministro de Estado do Desenvolvimento, Indústria e Comércio Exterior.

§ 1º O licitante deverá apresentar, juntamente com a proposta, formulário de declaração de cumprimento da regra de origem, conforme modelo publicado em ato do Ministro de Estado do Desenvolvimento, Indústria e Comércio Exterior.

§ 2º Na modalidade de pregão eletrônico:

I – o licitante declarará, durante a fase de cadastramento das propostas, se o produto atende à regra de origem; e

II – o formulário referido no § 1º deverá ser apresentado com os documentos exigidos para habilitação.

§ 3º O produto que não atender às regras de origem ou cujo licitante não apresentar tempestivamente o formulário referido no § 1º será considerado como produto manufaturado estrangeiro para fins deste Decreto.

Art. 3º A margem de preferência de que trata o art. 1º será calculada sobre o menor preço ofertado de produto manufaturado estrangeiro, conforme a fórmula prevista no Anexo II e as seguintes condições:

I – o preço ofertado de produto manufaturado nacional será considerado menor que PE sempre que seu valor for igual ou inferior a PM; e

II – o preço ofertado de produto manufaturado nacional será considerado maior que PE sempre que seu valor for superior a PM.

Art. 4º A margem de preferência de que trata o art. 1º será aplicada para classificação das propostas:

I – após a fase de lances, na modalidade de pregão; e

II – no julgamento e classificação das propostas, nas demais modalidades de licitação.

§ 1º A margem de preferência não será aplicada caso o preço mais baixo ofertado seja de produto manufaturado nacional.

§ 2º Caso o licitante da proposta classificada em primeiro lugar seja inabilitado, ou deixe de cumprir a obrigação prevista no inciso II do § 2º do art. 2º, deverá ser realizada a reclassificação das propostas, para fins de aplicação da margem de preferência.

§ 3º Caso a licitação tenha por critério de julgamento o menor preço do grupo ou lote, a margem de preferência só será aplicada se

todos os itens que compõem o grupo ou lote atenderem à regra de origem de que trata o art. 2º.

§ 4º A aplicação da margem de preferência não excluirá a negociação entre o pregoeiro e o vencedor da fase de lances, prevista no § 8º do art. 24 do Decreto n. 5.450, de 31 de maio de 2005.

§ 5º A aplicação da margem de preferência não excluirá o direito de preferência das microempresas e empresas de pequeno porte, previsto nos arts. 44 e 45 da Lei Complementar n. 123, de 14 de dezembro de 2006.

§ 6º A aplicação da margem de preferência ficará condicionada ao cumprimento, no momento da licitação, do disposto no § 9º do art. 3º da Lei n. 8.666, de 1993.

Art. 5º A margem de preferência de que trata o art. 1º será aplicada até 31 de dezembro de 2013, para os produtos descritos no Anexo I.

Art. 6º Este Decreto entra em vigor na data de sua publicação.

Brasília, 12 de novembro de 2012; 191º da Independência e 124º da República.

DILMA ROUSSEFF
Guido Mantega

ANEXO I

PRODUTO

Código NCM	Descrição	Margem de preferência
73.26.90.90	Discos de aço para moedas	20%
72.07.19.00	Discos eletrorrevestidos	20%

ANEXO II

Fórmula

PM = PE x (1+M), sendo:

PM – preço com margem;

PE – menor preço ofertado do produto manufaturado estrangeiro;

M – margem de preferência em percentual, conforme estabelecido no Anexo I.

BIBLIOGRAFIA

AMARAL, Antonio Carlos Cintra do. *Ato administrativo, licitações e contratos administrativos*. São Paulo, Malheiros Ed., 1995.

_____. *Licitação para concessão de serviço público*. São Paulo, Malheiros Ed., 1995.

BANDEIRA DE MELLO, Celso Antônio. *Curso de direito administrativo*. 6. ed. São Paulo, Revista dos Tribunais, 1995.

_____. *Licitação*. São Paulo, Revista dos Tribunais, 1985.

BANDEIRA DE MELLO, Oswaldo Aranha. *Da licitação*. Rio de Janeiro, Forense, 1978.

BITTENCOURT, Sidney. *Licitação passo a passo*. Rio de Janeiro, Lumen Juris, 1995.

BLANCHET, Luiz Alberto. *Licitação – o edital à luz da nova lei*. 2. ed. Curitiba, Ed. Juruá, 1994.

CITADINI, Antonio Roque. *Comentários e jurisprudência sobre a lei de licitações públicas*. 3. ed. São Paulo, Max Limonad, 1999.

CRETELLA JÚNIOR, José. *Das licitações públicas*. 9. ed. Rio de Janeiro, Forense, 1995.

DALLARI, Adilson Abreu. *Aspectos jurídicos da licitação*. 4. ed. São Paulo, Saraiva, 1997.

DELGADO, José Augusto. A jurisprudência e a licitação. *RT,* 671/17.

DI PIETRO, Maria Sylvia Zanella. *Direito administrativo*. 22. ed. São Paulo, Saraiva, 2009.

DI PIETRO, Maria Sylvia Zanella, RAMOS, Dora Maria de Oliveira, SANTOS, Márcia Valquiria dos & D'AVILA, Vera Lúcia Machado. *Licitações e contratos*. 2. ed. São Paulo, Malheiros Ed., 1995.

DOURADO, Maria Cristina. A proteção ambiental e a nova lei de licitação e contratos. *RT,* 710/32.

FIGUEIREDO, Lucia Valle. *Direito dos licitantes.* 4. ed. São Paulo, Malheiros Ed., 1994.

_____. *Direito dos licitantes.* 2. ed. São Paulo, Revista dos Tribunais, 1981.

FIGUEIREDO, Lucia Valle & FERRAZ, Sergio. *Dispensa e inexigibilidade da licitação.* 3. ed. São Paulo, Malheiros Ed., 1994.

GRAU, Eros Roberto. *Licitação e contrato administrativo.* São Paulo, Malheiros Ed., 1995.

JUSTEN FILHO, Marçal. *Comentários à lei de licitações e contratos administrativos.* 4. ed. Rio de Janeiro, Aide, 1993.

_____. Pregão: nova modalidade licitatória. *RDA*, 221/7-45.

MARQUES NETO, Floriano de Azevedo. *O regime jurídico das utilidades públicas – função social e exploração econômica dos bens públicos.* Tese de Livre-Docência na Universidade de São Paulo, 2008.

MEIRELLES, Hely Lopes. *Direito administrativo brasileiro.* 20. ed. São Paulo, Revista dos Tribunais, 1995.

_____. *Licitação e contrato administrativo.* 7. ed. São Paulo, Revista dos Tribunais, 1990.

MUKAI, Toshio. *Novo estatuto jurídico das licitações e contratos públicos.* 3. ed. São Paulo, Revista dos Tribunais, 1994.

_____. A MP dos pregões: inconstitucionalidades e ilegalidades. *ADCOAS*, 12, 8188616, p. 334-6, dez. 2000.

ORTEGA, Maria Lúcia Jordão. *Licitações à luz da Lei n. 8.666/93.* São Paulo, M. L. J. Ortega, 1995.

PALMIERI, Marcello Rodrigues. Pregão. *RT*, 780/741.

PEREIRA, Cesar A. Guimarães. O Regime Jurídico das Licitações no Brasil e o Mercosul. *RDA*, 222/117.

SUNDFELD, Carlos Ari. *Licitação e contrato administrativo.* 2. ed. São Paulo, Malheiros Ed., 1995.

_____. *Parcerias público-privadas.* São Paulo, Malheiros/Sociedade Brasileira de Direito Público, 2005.

TÁCITO, Caio. *Contrato administrativo.* São Paulo, Saraiva, 1975.

VASCONCELLOS, Pedro Barreto. Pregão: nova modalidade de licitação. *RDA*, 222/213.

ÍNDICE REMISSIVO

AÇÕES
Venda (art. 17, II, c) 73

ACORDO
Pressupostos para celebração (art. 116, § 1º) 316

ADJUDICAÇÃO
Direta de bens ou serviços (art. 24, VII) 97
Oportunidade (art. 43,VI) 180
Definição, segundo Hely Lopes Meirelles (comentários) 186

ADMINISTRAÇÃO
Obrigatoriedade (art. 2º, parágrafo único) 22
Princípios norteadores (art. 3º) 29
Critério de desempate (art. 3º, § 2º) 30
Procedimento público (art. 3º, § 3º) 30
Pagamentos em ordem cronológica (art. 5º, § 3º) 49
Definição (art. 6º, XII) 52
Estrita observância ao edital (art. 41) 169
Autorização em exceção (art. 46, § 3º) 195-196
Empreitada por preço global (art. 47) 196-197
Novo prazo (inabilitação) (art. 48) 197
Anulação da licitação (art. 49) 200-201
Ordem de classificação de obrigatória observância (art. 50) ...212
Foro obrigatório (art. 55, § 2º) 222

Índice remissivo 488

Garantia, limite (art. 56, § 1º) 227
Garantia, exceção (art. 56, § 2º) 227
Duração dos contratos, prorrogação e autorização em caráter
  excepcional (art. 57, § 4º) 230
Prerrogativas conferidas pelo regime jurídico (art. 58) 233
Dever de indenizar (art. 59, parágrafo único) 234
Prazo para formalização dos contratos (art. 61, parágrafo único) 242
Convocação para assinatura do contrato (art. 64) 244
Prorrogação do prazo de contratação (art. 64, § 1º) 244
Convocação dos remanescentes (art. 64, § 2º) 244
Prazo para liberação dos compromissos (art. 64, § 3º) 244
Alteração unilateral dos contratos (art. 65) 245-247
Acompanhamento e fiscalização da execução do contrato
  (art. 67, *caput*) 251
Anotação das ocorrências (art. 67, § 1º) 251
Responsabilidade do contratado pelos danos diretos causados
  por culpa ou dolo (art. 70) 252
Responsabilidade exclusiva do contratado pelos encargos traba-
  lhistas, fiscais e comerciais (art. 71, § 1º) 254
Responsabilidade solidária pelos encargos previdenciários
  (art. 71, § 2º) 254
Possibilidade de subcontratação parcial (art. 72) 255
Rejeição da obra, serviço ou fornecimento (art. 76) 259
Lentidão do cumprimento do contrato (art. 78, III) 260
Supressão de obras, serviços ou compras (art. 78, XIII) 260
Atraso no pagamento (art. 78, XV) 261
Não liberação da área, local, objeto ou fonte de materiais natu-
  rais (art. 78, XVI) 261
Rescisão contratual unilateral (art. 79, I) 264
Assunção imediata do objeto do contrato (art. 80, I) 269
Execução da garantia contratual (art. 80, III) 269
Retenção de créditos (art. 80, IV) 269
Possibilidade de continuação da obra ou serviço, por execução
  direta ou indireta (art. 80, § 1º) 269

Manutenção do contrato em caso de concordata do contratado
(art. 80, § 2º) 270
Recusa injustificada do adjudicatário (art. 81) 270-271
Perda da garantia e da diferença da multa em caso de atraso
injustificado da execução do contrato (art. 86, § 3º) 273
Sanções passíveis de aplicação (art. 86, *caput*) 273
Suspensão e impedimento de contratar (art. 87, III) 274
Declaração de inidoneidade (art. 87, IV) 274-275
Perda da garantia e da diferença da multa em caso de inexecução
total ou parcial do contrato (art. 87, § 1º) 275
Patrocínio de interesse privado (art. 91) 298
Recursos administrativos cabíveis (art. 109) 308-310
Cessão de direitos patrimoniais (art. 111) 312
Controle das despesas (TC) (art. 113) 314
Legitimidade à expedição de normas procedimentais (art. 115) 315
Celebração de convênio, acordo ou ajuste e sua dependência à
prévia aprovação de plano de trabalho (art. 116, § 1º) 316
Adaptação das normas então existentes (art. 118) 318
Edição de regulamentos próprios e aprovação (art. 119, parágrafo único) 318-319

ADVERTÊNCIA
Sanção administrativa (art. 87, I) 274
Aplicação cumulativa à multa (art. 87, § 2º) 275

AGÊNCIAS EXECUTIVAS
Percentual para compras, obras e serviços (art. 24, XXXII,
§ 1º) 101

ALIENAÇÕES
Definição (art. 6º, IV) 50
Normas para alienação de bens móveis e imóveis (art. 17) 71-75

Bens imóveis derivados de procedimento judicial (art. 19)..... 77-78

ANULAÇÃO
Despacho fundamentado (art. 38, IX)..160
Ilegalidade do procedimento licitatório (art. 49, §§ 1º e 2º)... 200-201
Preterição da ordem de classificação (art. 50) 212
Celebração com terceiros estranhos à licitação (art. 50)..............212
Nulidade dos contratos (art. 59, parágrafo único)........................234

AQUISIÇÃO
Aquisição de bens imóveis da Administração, derivada de procedimentos judiciais (art. 19, *caput*) 77
Hipóteses de dispensa de licitação para aquisição (art. 24, II, X, XII, XVIII, XIX, e §§ 1º e 2º) 96-101
De bens produzidos ou serviços prestados por órgão ou entidade da Administração Pública (art. 24, VIII)..............................97
De bens e serviços nos termos de acordo internacional (art. 24, XIV)..98
De componentes ou peças de origem nacional ou estrangeira (art. 24, XVII) 98
De bens destinados à pesquisa científica ou tecnológica, com recursos oriundos de instituições de fomento a pesquisa (art. 24, XXI) 99
Inexigibilidade de licitação para aquisição de materiais, equipamentos ou gêneros (art. 25, I) 111

ASSISTÊNCIA TÉCNICA
Prestação de serviços (art. 24, XXX)...100

ATO CONVOCATÓRIO
Critérios previamente estabelecidos (art. 45) 190
Minuta integrante (art. 62, § 1º)..243

ATUALIZAÇÃO MONETÁRIA
Exclusão do cômputo do valor da obra ou serviço (art. 7º, § 7º)...54

AUTARQUIA
Subordinação a esta Lei (art. 1º, parágrafo único) 17
Limite percentual de dispensa de licitação, quando qualificada como Agência Executiva (art. 2º e §§ 1º e 2º) 100-101
Acréscimo de pena (art. 84, § 2º) 272
Infrações penais relativas a licitações e contratos de seu âmbito (art. 85) 273

AVALIAÇÕES
Serviços técnicos profissionais especializados (art. 13, II) 63
Recolhimento de percentual da avaliação, na concorrência para a venda de bens imóveis (art. 18) 77

BENS
Pagamento relativo ao fornecimento de bens (art. 5º) 44
Bens de valor histórico e sua restauração (art. 13,VII) 64
Alienação de bens imóveis e dispensa de concorrência (art. 17) 71-75
Venda de bens móveis (art. 17, § 6º) 75
Compras parceladas de bens (art. 23, II e § 2º) 93
Compras de bens de natureza divisível (art. 23, § 7º) 94
Comprovação de aptidão (art. 30, § 4º) 137
Contratação de bens e serviços de informática (art. 45, § 4º) 191

CADASTRO
Inscrição (art. 35) 158
Inscritos por categorias (art. 36) 158
Certificado (art. 36, § 1º) 158
Alteração (art. 37) 159
Internacional de fornecedores (art. 23, § 3º) 93

CAUÇÃO

Previsão no instrumento convocatório (art. 56, *caput*) 227
Modalidade de garantia (art. 56, § 1º, I) 227
Limites da garantia (art. 56, §§ 1º e 2º) 227
Liberação ou restituição (art. 56, § 4º) 227
Acréscimo do valor para contratos que importem na entrega de bens pela Administração (art. 56, § 5º) 228

CERTIFICADO DE REGISTRO CADASTRAL

Substituição dos documentos enumerados nos arts. 28 a 31 (art. 32, § 2º) 148
Substituição da documentação do art. 32 (art. 32, § 3º) 148
Comentários ao art. 32 149-150

CIDADÃO

Permissão para acompanhamento de licitações (art. 4º) 47
Requerimento de quantitativos (art. 7º, § 8º) 54
Impugnação de preço (art. 15, § 6º) 68
Impugnação do edital (art. 41, § 1º) 169
Representação perante o Tribunal de Contas (art. 113, § 1º) 314

COMISSÃO

Definição, espécie e funções (art. 6º, XVI) 52
Recebimento de material (art. 15, § 8º) 69
Julgamento de propostas (art. 51) 212-213
Substituição (art. 51, § 1º) 212
Pedidos em registro cadastral (art. 51, § 2º) 212
Responsabilidade solidária (art. 51, § 3º) 212-213
Investidura dos membros (art. 51, § 4º) 213
Comissão especial (art. 51, § 5º) 214
Atos de designação, relatórios etc. (art. 38, III e V) 160

Abertura de envelopes e rubrica de documentos (art. 43, §§ 1º
 a 6º) 180-181
Julgamento das propostas (art. 44, §§ 1º a 4º) 187-188
Objetividade do julgamento (art. 45) 190-191
Propostas desclassificadas (art. 48) 197-198
Nova documentação (art. 48, § 3º) 198

COMPETÊNCIA
Justiça competente para impetração (comentários ao art. 45) 192

COMPRAS
Obrigatoriedade de prévia licitação (art. 2º) 22
Definição (art. 6º, III) 50
Caracterização e recursos (art. 14) 67
Determinações exigidas (art. 15) 67-69
Publicidade da relação de compras (art. 16) 71
Parceladas (art. 23, II) 93
Licitações distintas nas compras parceladas (art. 23, II, §§ 1º e
 2º) 93
Hipóteses de dispensa de licitação para compras (art. 24, II, X,
 XII, XVIII, XIX, e §§ 1º e 2º) 96-101
De valor limitado (art. 24, II) 96
De imóvel destinado a fins precípuos da Administração (art. 24,
 X) 97
De hortifrutigranjeiros, pão e outros perecíveis (art. 24, XII) 98
Para abastecimento de navios, embarcações, unidades aéreas e
 tropas e seus meios de deslocamento (art. 24, XVIII) 98
De materiais de uso das Forças Armadas (art. 24, XIX) 99
Percentuais para compras por sociedades de economia mista, empresas públicas, autarquias e fundações (art. 24, §§ 1º e 2º) 101
Dispensa de reajuste e de atualização monetária nas compras
 para entrega imediata (art. 40, § 4º) 165

CONCESSÕES

Obrigatoriedade de prévia licitação nas concessões contratadas com terceiros (art. 2º) 22
Imóveis construídos em programas habitacionais (art. 17, I, f) 72
Imóvel destinado a outro órgão da Administração (art. 17, § 2º)...73
Lei das Concessões – Lei n. 8.987, de 13-2-1995 (inteiro teor) 336-357
Parcerias público-privadas (comentários ao art. 2º) 23-24

CONCORRÊNCIA

Venda de bens imóveis (art. 18) 77
Alienação de bens imóveis da Administração, adquiridos por procedimentos judiciais ou dações em pagamento (art. 19, III) ...78
Avisos com resumos dos editais (art. 21, caput) 79
Prazo mínimo de trinta dias (art. 21, § 2º, II, a) 80
Modalidade de licitação (art. 22, I) 82
Definição (art. 22, § 1º) 82
Participação de qualquer pessoa (comentários) 84
Limites do valor estimado da contratação (art. 23, I, c, e II, c) ... 92-93
Na compra ou alienação de bens imóveis (art. 23, § 3º) 93
Nas concessões de direito real de uso (art. 23, § 3º) 93
Nas licitações internacionais (art. 23, § 3º) 93
Possibilidade de utilização em qualquer caso (art. 23, § 4º) 93
Vedada sua utilização (art. 23, § 5º) 93
Cotação parcial do objeto licitado (comentários ao art. 23) 94-95
Âmbito internacional (art. 42, §§ 1º a 6º) 176-177
Procedimentos (art. 43, §§ 4º e 5º) 181
Pré-qualificação nas concorrências (art. 114, §§ 1º e 2º) 315
Modalidade exclusiva nas parcerias público-privadas (comentários ao art. 22) 90

CONCURSO

Modalidade de licitação (art. 22, IV) 82
Definição (art. 22, § 4º) 82
Regulamento próprio e requisitos necessários (art. 52) 214
Julgamento por comissão especial (art. 51, § 5º) 213

CONFLITO DE COMPETÊNCIA

Justiça Federal e Estadual (jurisprudência do art. 45) 190-191

CONSÓRCIO

Impossibilidade de participar da licitação (art. 9º, II) 57
Constituição (comentários ao art. 33) 154
Normas para participação de empresa consorciada (art. 33, §§ 1º e 2º) 153

CONTRATAÇÃO

Instituição brasileira de pesquisa (art. 24, XIII) 97
De serviços para o abastecimento de navios, embarcações, unidades aéreas ou tropas e seus meios de deslocamento (art. 24, XVIII) 98
De associação de portadores de deficiência física (art. 24, XX) 99
De fornecimento ou suprimento de energia elétrica (art. 24, XXII) ... 99
De empresa pública ou sociedade de economia mista (art. 24, XXIII) 99
De serviços técnicos de natureza singular (art. 25, II) 111
De profissional consagrado (art. 25, III) 111
Prestação de garantia (art. 56) 227-228
Não aceitação pelo licitante (art. 81, parágrafo único) 271
De serviços advocatícios sem licitação (jurisprudência do art. 89) 283-284

CONTRATADO

Definição (art. 6º, XV) 52
Modalidades de garantia (art. 56, §§ 1º a 5º) 227-228
Liberação e restituição da garantia prestada (art. 56, § 4º) 227
Obrigatoriedade de preposto (art. 68) 252
Responsabilidade pelo objeto do contrato eivado de vícios, defeitos ou incorreções (art. 69) 252
Responsabilidade pelos danos (art. 70) 252
Responsabilidade pelos encargos trabalhistas e outros (art. 71, § 1º) 254
Responsabilidade solidária, com a Administração, pelos encargos previdenciários (art. 71, § 2º) 254
Possibilidade de subcontratação (art. 72) 255
Recebimento provisório que não exclui eventual responsabilidade civil (art. 73, § 2º) 255
Responsabilidade pelos ensaios e testes (art. 75) 258
Rescisão do contrato por morte do contratado (art. 78, X) 260
Concordata (art. 80, § 2º) 270
Sujeição à multa de mora (art. 86) 273
Sanções administrativas (art. 87) 274-275
Garantia de defesa prévia (art. 87) 274-275
Sanções por atos ilícitos (art. 88) 281
Representação perante o Tribunal de Contas (art. 113, § 1º) 314

CONTRATO

De obras, serviços, inclusive de publicidade, compras, alienações e locações (art. 1º) 17
Obrigatoriedade de prévia licitação (art. 2º) 22
Definição (art. 2º, parágrafo único) 22
Definição (comentários ao art. 2º) 22
Dispensa de licitação para o contrato de prestação de serviços com organizações sociais (art. 24, XXIV) 99
Exame prévio das minutas do contrato (art. 38, parágrafo único) 160

Juntada do termo de contrato (art. 38, X) 160
Normas e princípios reguladores (art. 54) 216
Clareza e precisão de suas condições (art. 54, § 1º) 216
Expressão em forma de cláusulas (art. 54, § 1º) 216
Decorrentes de dispensa ou de inexigibilidade (art. 54, § 2º) 216
Cláusulas necessárias (art. 55) 221-222
Foro competente (art. 55, § 2º) 222
Garantia limitada a 5% do valor do contrato (art. 56, § 2º) 227
Restituição e liberação da garantia após execução (art. 56, § 4º)...227
Duração dos contratos (art. 57) 228-230
Prorrogação e prazos de início de execução (art. 57, I a IV) 229
Motivos ensejadores da prorrogação (art. 57, §§ 1º e 2º) 229
Vedação ao contrato com prazo de vigência indeterminado (art. 57, § 3º) 230
Prerrogativa decorrente do regime jurídico dos contratos administrativos (art. 58, *caput*) 233
Ocupação provisória (art. 58, V) 233
Revisão das cláusulas econômico-financeiras (art. 58, § 2º) 233
Efeito retroativo da declaração de nulidade (art. 59) 234
Regras para sua formalização (art. 60, parágrafo único) 240
Arquivo cronológico dos autógrafos (art. 60) 240
Registro sistemático do extrato (art. 60) 240
Instrumento público (art. 60) 240
Requisitos (art. 61) 242
Obrigatoriedade do instrumento nos casos de concorrência e tomada de preços, bem como nas dispensas e inexigibilidades com preços limitados a essas duas modalidades licitatórias (art. 62) 243
Minuta integrante do edital ou do ato convocatório (art. 62, § 1º) 243
Contratos de seguro, de financiamento e de locação (art. 62, § 3º, I) 243
Administração como usuária de serviço público (art. 62, § 3º, II) 243

Dispensabilidade do termo de contrato (art. 62, § 4º) 243
Obtenção de cópia autenticada (art. 63) 244
Convocação do interessado (art. 64) 245
Decadência do direito de contratar (art. 64) 245
Prorrogação do prazo de convocação (art. 64, § 1º) 245
Convocação de licitantes remanescentes (art. 64, § 2º) 245
Liberação dos compromissos assumidos (art. 64, § 3º) 245
Alteração dos contratos (art. 65) 245-247
Execução fiel dos contratos (art. 66) 250
Acompanhamento e fiscalização (art. 67) 251
Representação do contratado por preposto (art. 68) 252
Contrato viciado, defeituoso ou incorreto (art. 69) 252
Responsabilidade do contratado por culpa ou dolo (art. 70) 252
Encargos resultantes da execução (art. 71) 254
Recebimento do objeto do contrato (art. 73) 256
Casos de dispensa do recebimento provisório (art. 74) 257
Ensaios, testes e provas para a boa execução (art. 75) 258
Rejeição, total ou parcial, da obra, do serviço ou do fornecimento executado em desacordo com o contrato (art. 76) 259
Inexecução como causa da rescisão (art. 77) 259
Motivos para a rescisão (art. 78) 259-261
Formas de rescisão (art. 79) 264
Consequências da rescisão (art. 80) 269-270
Recusa injustificada do adjudicatário à assinatura (art. 81) ... 270-271
Atraso injustificado na execução (art. 86) 273
Multa pelo atraso (art. 86, §§ 1º a 3º) 273
Sanções pela inexecução total ou parcial (art. 87) 274-275
Sanções às empresas e profissionais (art. 88) 281
Interesse de mais de uma entidade pública pelo objeto do contrato (art. 112) 313
Despesas decorrentes da responsabilidade do Tribunal de Contas competente (art. 113) 314
Contratos relativos a imóveis pertencentes ao patrimônio da União (art. 121, parágrafo único) 319

Permissão ou concessão de serviços públicos (art. 124)..............321

CONVÊNIO
Aplicação desta Lei (art. 116, *caput*) 316-317
Celebração condicionada à prévia aprovação de plano de
   trabalho (art. 116, § 1º)..316
Ciência à Assembleia ou à Câmara Municipal (art. 116, § 2º) 316
Liberação das parcelas (art. 116, § 3º)..316
Hipóteses de retenção das parcelas (art. 116, § 3º, I a III)... 316-317
Aplicação dos saldos não utilizados (art. 116, § 4º)....................317
Cômputo das receitas financeiras (art. 116, § 5º)........................317
Devolução de saldos remanescentes (art. 116, § 6º)....................317

CONVITE
Modalidade de licitação (art. 22, III)...82
Definição (art. 22, § 3º)..83
Não convidados (art. 22, § 6º)..83
Número mínimo (art. 22, § 7º)..83
Valor estimado (art. 23, I, *a*, e II, *a*).. 93-94
Normas de procedimento (art. 38, I, III, X e parágrafo
   único).. 159-160

CRIMES
Os crimes definidos nesta Lei encontram-se tipificados nos arts.
   89 a 98 283-305
De dispensa e de inexigibilidade de licitação (jurisprudência
   do art. 89)... 283-290
Pena de multa (art. 99)...305
Processo e procedimento judicial (arts. 100 a 108)............. 306-307
Aplicação subsidiária do Código de Processo Penal e da
   Lei de Execução Penal (art. 108)..307

CRITÉRIO
Para desempate (arts. 3º, § 2º, e 45, § 2º)..............................30, 191

Para julgamento e parâmetros (art. 40, VII) 163
Julgamento e classificação das propostas (art. 43, V) 180
Procedimentos aplicados a todas as modalidades (art. 43, § 4º).. 181
Vedação à utilização de critério sigiloso, secreto, subjetivo ou reservado (art. 44, § 1º) 188
Princípio da igualdade dos licitantes (art. 44, § 1º) 188
Critério objetivo (art. 45) 190-191
Critérios previamente estabelecidos no ato convocatório (art. 45) 190-191

CUSTOS
Obrigatoriedade de uso da moeda corrente nacional (art. 5º).. 48-49
Previsão atual e final (art. 8º, parágrafo único) 56

DECLARAÇÃO DE INIDONEIDADE
Sanção administrativa (art. 87, IV) 274-275
Aplicação cumulativa à multa (art. 87, § 2º) 275
Competência exclusiva (art. 87, § 3º) 275

DESCLASSIFICAÇÃO
Das propostas (art. 48) 197-198

DESEMPATE
Critério (art. 3º, § 2º) 30

DISPENSA
Da licitação — hipóteses (art. 24, I a XXIV) 96-99
De obras e serviços contratados por sociedade de economia mista (art. 24, §§ 1º e 2º) 100-101
Comunicação para ratificação (art. 26) 120
Instrução do pedido (art. 26, parágrafo único) 120

DOAÇÃO
Exclusivamente para outro órgão da Administração (art. 17, I, b)...71
Com encargo (art. 17, §§ 4º e 5º)..73

DOCUMENTAÇÃO
Para habilitação nas licitações, de maneira geral (art. 27)..........121
Para habilitação jurídica (art. 28)... 131-132
Para regularidade fiscal (art. 29)...132
Para qualificação técnica (art. 30)...................................... 136-138
Para qualificação econômico-financeira (art. 31)............... 143-144
Casos de dispensa (art. 32, § 1º)..148
Substituição por registro cadastral (art. 32, § 3º)........................148
Das empresas estrangeiras (art. 32, § 4º)....................................148
Procedimento para apresentação (art. 43, I a VI, §§ 1º a 6º).. 180-181

DURAÇÃO DOS CONTRATOS
Prazos de vigência (art. 57).. 228-230
Exceções (art. 57, I, II e IV)... 228-229
Possibilidade de prorrogação dos prazos (art. 57, §§ 1º, 2º
e 4º)... 229-230
Vedação à vigência por tempo indeterminado (art. 57, § 3º).......230

EDITAL
Publicação (art. 21, §§ 1º a 4º)... 79-80
Início da licitação (art. 38, I)..159
Requisitos do conteúdo (art. 40) 163-165
Erro material ou de digitação (comentários ao art. 40)....... 165-166
Impugnação (art. 41, §§ 1º a 4º)... 169-170
Na empreitada por preço global (art. 47)............................ 196-197
De leilão (art. 53, §§ 2º e 4º)...215
Previsão de multa por atraso injustificado (art. 86)....................273

EMPREITADA
Por preço global (art. 6º, VIII, *a*) 50
Por preço unitário (art. 6º, VIII, *b*) 50
Integral (art. 6º, VIII, *e*) 50
Execução (art. 10, II, *a*, *b* e *e*) 59-60

EMPRESA ESTRANGEIRA
Documentos para habilitação (art. 32, § 4º) 148
Consorciada (art. 33, V, § 1º) 153

EMPRESA PÚBLICA
Subordinação a esta Lei (art. 1º, parágrafo único) 17
Dispensa da licitação (art. 24, §§ 1º e 2º) 100-101
Sujeição às penas impostas (art. 84, §§ 1º e 2º) 272
Infrações penais (art. 85) 273
Obrigatoriedade na edição de regulamentos em conformidade
  com esta Lei (art. 119 e parágrafo único) 318-319
Súmula 333/STJ (Comentários ao art. 1º) 20

EXECUÇÃO
Direta — definição (art. 6º, VII) 50
Indireta — definição (art. 6º, VIII) 50

EXTENSÃO RURAL
Dispensa de licitação (art. 24, XXX) 100

FUNDAÇÕES PÚBLICAS
Subordinação a esta Lei (art. 1º, parágrafo único) 17
Dispensa da licitação (art. 24, parágrafo único) 100-101
Sujeição às penas impostas (art. 84, §§ 1º e 2º) 272
Infrações penais (art. 85) 273
Obrigatoriedade na edição de regulamentos em conformidade
  com esta Lei (art. 119 e parágrafo único) 318-319

GARANTIA

Seguro-garantia (art. 6º, VI) 50
Garantia técnica (art. 24, XVII) 100
Garantias para assegurar a execução (art. 55, VI) 221
A critério da autoridade (art. 56, §§ 1º e 2º) 227
Limite (art. 56, § 3º) 227
Liberação (art. 56, § 4º) 227
Acrescida do valor de bens (art. 56, § 5º) 228

HABILITAÇÃO

Exigência de documentação relativa à habilitação jurídica
(art. 27) 121
Definição (comentários ao art. 27) 121-122
Requisitos (comentários ao art. 27) 121
Efeito jurídico da habilitação (comentários ao art. 27) ... 121-122
Conteúdo da documentação relativa à habilitação jurídica
(art. 28) 131-132
Documentos originais (art. 32, *caput*) 148
Dispensa da documentação (art. 32, § 1º) 148
Substituição dos documentos enumerados nos arts. 28 a 31 pelo
certificado de registro cadastral (art. 32, § 2º) 148
Não exigência de prévio recolhimento de taxas e emolumentos
(art. 32, § 5º) 148
Habilitação preliminar (art. 51) 212-213

HOMOLOGAÇÃO

Atos que devem ser homologados (art. 38, VII) 160
Deliberação da autoridade competente (art. 43, VI) 180

IGUALDADE

Princípio básico na licitação (art. 3º) 29-32
Como critério de desempate (art. 3º, § 2º) 30

Comentário ao art. 3º 29-32
Vedada utilização de elemento, critério ou fator que possa elidir o princípio da igualdade entre os licitantes (art. 44, § 1º) 188

IMÓVEIS
Da Administração Pública (art. 17, I) 71-72
Dispensa da licitação (art. 17, I, a a f) 71-72
Vedação à alienação (art. 17, § 1º) 73
Na concorrência (art. 18) 77
Aquisição derivada de procedimentos judiciais (art. 19) 77-78
Relativos a direitos reais (art. 60) 240

IMPACTO AMBIENTAL
Requisito nas licitações (art. 12, VII) 61

IMPESSOALIDADE
Princípio básico da licitação (art. 3º) 29-32

IMPUGNAÇÃO
Do edital (art. 41, §§ 1º e 3º) 169-170
Prazo (art. 41, § 2º) 169

INABILITAÇÃO
Preclusão do direito de participar (art. 41, § 4º) 170
De todos os licitantes (art. 48, § 3º) 170

INEXECUÇÃO
Total ou parcial ensejadora de rescisão (art. 77) 259
Sanções (art. 87) 274-275
Perda da garantia e da diferença da multa (art. 87, § 1º) 275
Comentários 275

INEXIGIBILIDADE

Da licitação (art. 25, I a III) 111
Processo instruído com elementos (art. 26, parágrafo único) 120
De prévio recolhimento (art. 32, § 5º) 148
Contrato decorrente de (art. 54, § 2º) 216
Crime de dispensa ou de inexigibilidade ilegal (art. 89) 283

INIDONEIDADE

Declaração de (art. 87, IV e § 3º) 274-275

INSTRUMENTO CONVOCATÓRIO

Edital (art. 38, I) 159
Documento fundamental (art. 40) 163-165
Necessidade de data e rubrica (art. 40, § 1º) 164
Anexos (art. 40, § 2º) 165

INTERESSE PÚBLICO

Adequação das obras e serviços (art. 12, II) 61

ISONOMIA

Princípio básico da licitação (art. 3º) 29-32

JULGAMENTO

Objetivo (art. 3º) 29-32
Das propostas (art. 45) 190-191

LEGALIDADE

Princípio básico da licitação (art. 3º) 29-32

LEILÃO

Modalidade de licitação (art. 22, V) 82

Definição (art. 22, § 5º) 83
Legislação específica (art. 53, §§ 1º a 4º) 215

LICITAÇÃO
Procedimento administrativo prévio (art. 1º, parágrafo único) 17
Precedência a todo contrato (art. 2º, parágrafo único) 22
Princípios básicos (art. 3º) 29-32
Procedimento sem discriminação (art. 3º, §§ 2º e 3º) 30
Acompanhamento por qualquer cidadão (art. 4º) 47
Obrigatoriedade do uso da moeda corrente nacional (art. 5º).. 48-49
Exigências para a execução (art. 7º) 53-54
Hipóteses em que é vedada a participação (art. 9º, §§ 1º a 4º) 57
Local de ocorrência (art. 20) 78
Publicação com antecedência (art. 21, I, II e III) 79
Prazos de publicação (art. 21, §§ 2º e 3º) 79-80
Modalidades (art. 22, I a V, §§ 1º a 9º) 82-83
Modalidade conforme valor da contratação (art. 23, §§ 1º a 7º) 93-94
Dispensa (art. 24, §§ 1º e 2º) 96-101
Inexigibilidade (art. 25, I, II e III, §§ 1º e 2º) 111
Procedimento (art. 38, parágrafo único) 160
Julgamento (art. 43, §§ 1º a 6º) 180-181
Critérios do julgamento (art. 44, §§ 1º a 4º) 188
Julgamento conforme o tipo (art. 45, §§ 1º a 6º) 190-191
Tipos de licitação para serviços de natureza predominantemente intelectual (art. 46, §§ 1º a 4º) 194-196
Anulação (art. 49) 200-201
Comissão de julgamento (art. 51, §§ 1º a 5º) 212-213
Crime de dispensa ou inexigibilidade ilegal de licitação (art. 89) 283
Crime de fraude em licitação (art. 96) 303
Crime de admissão à licitação de empresa ou profissional declarado inidôneo (art. 97) 304-305

Concessões de linhas aéreas (art. 122)...320
Repartições sediadas no exterior (art. 123)..321
Permissão ou concessão (art. 124, *caput*)..321
Dispensa de algumas das exigências do art. 7º (art. 124, parágrafo único)..321

LIMITE TEMPORAL
Não aplicação (art. 24, XXXII)...100

LOCAÇÃO
Obrigatoriedade de prévia licitação quando contratada com terceiros (art. 2º)..22
Dispensa de licitação (art. 24, X)..97

MARGEM DE PREFERÊNCIA
Licitação com observância a princípios (art. 3º, §§ 5º a 10).... 30-31
Comentários ao art. 3º..35

MATERIAIS
Vedada a inclusão de fornecimento (art. 7º, § 4º)..................................54
Regime de administração contratada (art. 7º, § 5º)...............................54
Possibilidade de emprego (art. 12, IV)..61

MEDIDAS PROVISÓRIAS
Comentários ao art. 22... 84-90
1.531-11, de 17-10-1997 (comentários ao art. 5º)..................................49
1.452, de 10-5-1996 (comentários ao art. 26).......................................121
1.500, de 7-6-1996 (comentários ao art. 57)..230
1.081, de 28-7-1995 (comentários ao art. 57)......................................231
1.531-15, de 6-2-1998 (comentários ao art. 65)...................................248
1.796, de 6-1-1999 (comentários ao art. 15)...70
1.823, de 29-4-1999 (comentários ao art. 24).....................................103

2.135-24, de 26-1-2001 (comentários ao art. 24) 103
1.574, de 12-5-1997 (comentários ao art. 42) 178
2.111-49, de 26-1-2001 (comentários ao art. 42) 178
2.026, de 4-5-2000 (comentários ao art. 22) 88

MINISTÉRIO PÚBLICO

Iniciativa da ação penal (art. 100) 306
Iniciativa provocada por qualquer pessoa (art. 101) 306
Recebimento de cópias e documentos para oferecimento da denúncia (art. 102) 306

MINUTA

De editais de licitação, de contratos, acordos, convênios ou ajustes (art. 38, parágrafo único) 160
Necessidade de prévios exame e aprovação por assessoria jurídica (art. 38, parágrafo único) 160
Do contrato como anexo do edital (art. 40, § 2º, III) 165

MODALIDADES

De licitação (art. 22, I a V, §§ 1º a 9º) 82-83
Vedação à criação de nova modalidade (art. 22, § 8º) 83
Pregão (comentários) 82-83
Determinação em função do valor estimado da contratação (art. 23) 92-94

MORALIDADE

Princípio básico da licitação (art. 3º) 29-32

MULTA

Como cláusula contratual (art. 55, VII) 221
Sanção administrativa (art. 87, II) 274
Valor superior ao da garantia (art. 87, § 1º) 275

Como pena cominada (arts. 89 a 98) 283-305
Limite (art. 99, § 1º) 305
Destinação do produto de arrecadação (art. 99, § 2º) 305

NORMAS TÉCNICAS
Projeto executivo de acordo com a ABNT (art. 6º, X) 51
Adoção das de saúde e de segurança do trabalho (art. 12, VI) 61

NOTÓRIA ESPECIALIZAÇÃO
Conceito (art. 25, § 1º) 111
Inexigibilidade de licitação (art. 25, II) 111

NULIDADE
Infração a esta Lei (art. 7º, § 6º) 54
Edital – Inocorrência por erro de digitação (comentários ao
  art. 40) 165-166
Do procedimento licitatório (art. 49, § 2º) 201
Reflexo no contrato (art. 49, § 2º) 201
Efeitos jurídicos (art. 59, parágrafo único) 234

OBRAS, SERVIÇOS E COMPRAS
Obrigatoriedade de prévia licitação (art. 2º) 22
Definição (art. 6º, I, II, III e V) 49-50
Para execução (art. 7º, §§ 1º a 9º) 68-69
Custos e prazos (art. 8º, parágrafo único) 56
Formas de execução (art. 10) 59-60
Determinações (art. 15, §§ 1º a 8º) 68-69
Publicidade (art. 16) 71
Parceladas (art. 23, §§ 1º e 2º) 93
Dispensa de licitação (art. 24, I, II, X, XI, XII, XVIII e XIX) ... 96-99
Execução de empreitada por preço global (art. 47) 196-197

OBRIGAÇÕES
Por ordem cronológica (art. 5º) 48-49

OPERAÇÃO
Requisitos nos projetos básicos e executivos (art. 12, III) 61

ORÇAMENTO
Exigência para licitação (art. 7º, § 2º, II) 53
Critério de reajuste (art. 40, XI) 164
Anexo do edital (art. 40, § 2º, II) 165

ORDEM CRONOLÓGICA
No pagamento das obrigações (art. 5º) 48-49
Exceção à sua estrita observância (art. 5º) 48-49
Desnecessidade de pagamento das obrigações em ordem cronológica para licitações instauradas e contratos assinados anteriormente à vigência desta Lei (art. 121) 319-320

ORGANIZAÇÕES INDUSTRIAIS
Limites para compras e serviços em geral (art. 23, § 6º) 94

ORGANIZAÇÕES SOCIAIS
Licitação dispensável em contratos de prestações de serviços (art. 24, XXIV) 99

PARCERIAS PÚBLICO-PRIVADAS
Comentários ao art. 2º 22
Concorrência (comentários ao art. 22) 90
Lei das Parcerias Público-Privadas – Lei n. 11.079, de 30 de dezembro de 2004 (inteiro teor) 406-422

PARECERES
Serviços técnicos especializados (art. 13, II) 63

PENALIDADES ADMINISTRATIVAS
Advertência (art. 87, I) 274
Multa (art. 87, II) 274
Suspensão temporária (art. 87, III) 274
Declaração de inidoneidade (art. 87, IV) 274-275

PERÍCIAS
Serviços técnicos profissionais (art. 13, II) 63
Cessão dos direitos patrimoniais (art. 111, parágrafo único) 312

PERMISSÕES
Obrigatoriedade de prévia licitação (art. 2º) 22

PERMUTA
De bens imóveis (art. 17, I, c) 71-72
Dispensa de licitação (art. 17, II) 72-73
De bens móveis (art. 17, II, b) 72-73
Exclusiva entre órgãos ou entidades da Administração Pública (art. 17, II, b) 72-73

PESQUISA DE MERCADO
Para preços (art. 15, § 1º) 68

PLANEJAMENTO
Serviços técnicos especializados (art. 13, I) 63

PLANO PLURIANUAL
Licitação de obras e serviços (art. 7º, § 2º, IV) 53-54

PRAZOS
Avisos de licitação (art. 21, § 2º, I e II) 79-80

Termo inicial de contagem (art. 21, § 3º) 80
Reabertura (art. 21, § 4º) 80
Cálculo (art. 110, parágrafo único) 311-312

PREÇOS
Em moeda corrente nacional (art. 5º) 48-49
Registrados (publicação) (art. 15, § 2º) 68
Registrados (liberdade para contratar) (art. 15, § 4º) 68
Admissibilidade de adjudicação (art. 24, VII) 97
Dispensa de licitação quando da intervenção da União (art. 24, VI) 97
Compatibilidade com os de mercado (art. 24, VIII) 97
Exceção relativa à expressão monetária (art. 42, § 1º) ... 177
Espécies de preços inadmissíveis (art. 44, § 3º) 188
Inexequibilidade (desclassificação) (art. 48, II e § 1º) 197

PREGÃO
Nova modalidade de licitação (comentários ao art. 22) 86-90
Lei n. 10.520/2002 que criou o pregão (inteiro teor) 399-405
Decreto n. 3.555, de 8-8-2000 (inteiro teor) 375-389

PRERROGATIVAS DA ADMINISTRAÇÃO
Cláusulas (art. 58, I a V) 233

PRESCRIÇÃO
Anulação (Jurisprudência ao art. 49) 205
Prazo quinquenal (Jurisprudência ao art. 49) 205
Ação de improbidade administrativa (Jurisprudência ao art. 81) ... 272
Fraude à licitação (Jurisprudência ao art. 93) 300
Recursos administrativos (Jurisprudência ao art. 109) ... 311

PREVISÃO DE RECURSOS ORÇAMENTÁRIOS
Possibilidade de licitação (art. 7º, § 2º, II) 53

PRINCÍPIOS
Observância obrigatória na licitação (art. 3º) 29-32

PROBIDADE ADMINISTRATIVA
Princípio básico da licitação (art. 3º) 29-32

PROCEDIMENTO DA LICITAÇÃO
Início com abertura de processo administrativo (art. 38, I a
XII) 159-160
Caso de audiência pública (art. 39) 161

PROCESSO ADMINISTRATIVO
Abertura e conteúdo (art. 38) 159-160
Documentos integrantes (art. 38, I a XII) 159-160
Autoridade competente (art. 49) 200-201

PRODUTOS ESTRATÉGICOS
Dispensa de licitação (art. 24, *caput* e § 2º) 101

PRODUTOS MANUFATURADOS
Margem de preferência (art. 3º, §§ 5º e 7º) 31
Comentários ao art. 3º 35

PRODUTOS MANUFATURADOS NACIONAIS
Definição (art. 6º, XVII) 52

PROJETO BÁSICO
Definição (art. 6º, IX) 50-51
Elementos do conteúdo (art. 6º, IX, *a* a *f*) 50-51
Etapas da execução de obras (art. 7º, I) 53
Possibilidade de licitação (art. 7º, § 2º, I) 53
Proibição à participação (art. 9º, I e II) 57

Permissão à participação (art. 9º, § 1º) 57
Requisitos (art. 12, I a VII) 61
Serviços técnicos especializados (art. 13, I) 63
Local para exame e aquisição (art. 40, IV) 163
Anexo do edital (art. 40, § 2º) 165

PROJETO EXECUTIVO
Definição (art. 6º, X) 51
Realidade de suas previsões (art. 7º, § 4º) 53
Proibição à participação (art. 9º, I) 57
Elaboração como encargo do contratado ou pelo preço previamente fixado pela Administração (art. 9º, § 2º) 57
Requisitos (art. 12, I a VII) 61
Serviço técnico profissional especializado (art. 13, I) 63
Local para exame ou aquisição (art. 40, V) 163
Anexo do edital (art. 40, § 2º, I) 165

PROPOSTAS
Dispensa de licitação (art. 24, VII) 97
Julgamento (art. 45) 190-191
Desclassificação (art. 48, I e II) 197

PRORROGAÇÃO DE PRAZOS
Possibilidade (art. 57, I, II, IV, §§ 1º, 2º e 4º) 228-230
Justificação (art. 57, § 2º) 229
Excepcionalidade (art. 57, § 4º) 230

PUBLICAÇÕES
Nos órgãos e prazos (art. 21, I a III) 79
Informações (art. 21, § 1º) 79
Com prazos específicos (art. 21, §§ 2º, 3º e 4º) 79-80

PUBLICIDADE

Obrigatoriedade de prévia licitação das obras e serviços de publicidade, contratadas com terceiros (art. 2º)..................22
Princípio básico da licitação (art. 3º).......................... 29-32
Vedação à inexigibilidade de licitação (art. 25, II).....................111

RATIFICAÇÃO

Hipóteses (art. 26)..................120

RECURSOS ADMINISTRATIVOS

Juntada ao procedimento licitatório (art. 38, VIII)...............160
Cabíveis contra atos da Administração (art. 109, I, a a f)...........309
Representação (art. 109, II).....................309
Reconsideração (art. 109, III).....................309
Intimação por publicação (art. 109, § 1º).....................309
Efeito (art. 109, § 2º).....................309
Comunicação a licitantes (art. 109, § 3º).....................309
Endereçamento e prazos (art. 109, § 4º)............... 309-310
Contagem do prazo (art. 109, §§ 5º e 6º).....................310

REGIME/NORMAS DE EXECUÇÃO

Anexo do edital (art. 40, § 2º, IV).....................165
Cláusulas necessárias ao contrato (art. 55)............... 221-222

REGISTRO CADASTRAL

Certificado como substituto de documentos (art. 32, §§ 2º e 3º)...148
Para habilitação (art. 34).....................157
Atualização (art. 35).....................158
Classificação por categorias (art. 36, §§ 1º e 2º).....................158
Validade (art. 34, *caput*).....................157
Alteração, suspensão ou cancelamento (art. 37).....................159

REGISTRO DE PREÇOS
Nas compras (art. 15, II) 68
Prévia e ampla pesquisa de mercado (art. 15, § 1º) 68
Publicação trimestral (art. 15, § 2º) 68
Regulamentação por decreto (art. 15, § 3º) 68
Condições (art. 15, § 3º, I, II e III) 68
Informatização (art. 15, § 5º) 68
Outras condições nas compras (art. 15, § 7º, I, II e III) 68-69
Comentários (comentários ao art. 15) 69-71
Inteiro teor do Decreto n. 3.931, de 19-9-2001 390-398

REGULARIDADE FISCAL
Documentação relativa (art. 29, I a IV) 132

REGULARIDADE TRABALHISTA
Exigência para habilitação (art. 27, VI) 121
Documentação (art. 29) 133

REPRESENTAÇÃO
Ao Tribunal de Contas (art. 113, § 1º) 314

RESCISÃO
Motivos (art. 78, I a XVIII) 259-261
Motivação formal (art. 78, parágrafo único) 261
Casos de rescisão contratual (art. 79, I, II e III) 264
Administrativa ou amigável (art. 79, § 1º) 264
Ausência de culpa do contratado (art. 79, § 2º) 264
Consequências (art. 80, I a IV) 269
Medidas previstas (art. 80, §§ 1º a 4º) 269-270

RESPONSABILIDADE
Por infringência ao art. 7º desta Lei (art. 7º, § 6º) 54

Compras sem recursos orçamentários (art. 14) 676
Solidária do fornecedor e do agente público (art. 25, § 2º) 111
Solidária dos integrantes do consórcio (art. 33, V) 153
Solidária dos membros das Comissões (art. 51, § 3º) 212-213
Danos causados na execução (art. 70) 252
Civil pela solidez e segurança da obra (art. 73, § 2º) 256
Civil do agente administrativo (art. 82) 271
Penal do agente administrativo (art. 82) 271

REVOGAÇÃO
Despacho fundamentado (art. 38, IX) 160
Autoridade competente (art. 49) 200-201
Por razões de interesse público ou fato superveniente (art.
 49) 200-201

SANÇÕES ADMINISTRATIVAS
Atraso injustificado com previsão de multa (art. 86) 273
Autonomia da pena pecuniária (art. 86, § 1º) 273
Advertência (art. 87, I) 274
Multa de acordo com edital ou contrato (art. 87, II) 274
Suspensão temporária e impedimento de contratar (art. 87, III) 274
Declaração de inidoneidade (art. 87, IV e § 3º) 275

SEGURANÇA
Requisito do projeto (art. 12, I) 61
Normas de trabalho (art. 12, VI) 61
Dispensa quando houver comprometimento (art. 24, IX) 97

SEGURO-GARANTIA
Definição (art. 6º, VI) 50
Modalidade no contrato (art. 56, § 1º, II) 227

SERVIÇOS

Obrigatoriedade de prévia licitação quando contratados com
  terceiros (art. 2º) 22
Definição (art. 6º, II) 49
Dispensa quando de informática (art. 24, XVI) 98
Dispensa quando para abastecimento de navios e outros (art. 24,
  XVIII) 98
Justificação da dispensa (art. 26, *caput*) 120
Elementos do processo de dispensa (art. 26, parágrafo único) 120
De natureza predominantemente intelectual (art. 46) 194-195
De grande vulto (art. 46, § 3º) 195

SERVIÇOS NACIONAIS

Margem de preferência (art. 3º, §§ 5º e 7º) 30-31
Definição (art. 6º, XVIII) 52
Lei n. 10.184, de 2001 (Comentários ao art. 42) 178

SERVIÇOS TÉCNICOS ESPECIALIZADOS

Espécies (art. 13, I a VII, §§ 1º a 3º) 63-64
Cessão de direitos patrimoniais (art. 111, parágrafo único) 312

SERVIDOR

Vedação à participação (art. 9º, III) 57
Conceito (art. 84, § 1º) 272
Perda de cargo (art. 83) 272
Elevação da pena quando em cargo em comissão ou função de
  confiança (art. 84, § 2º) 272

SOCIEDADE DE ECONOMIA MISTA

Subordinação a esta Lei (art. 1º, parágrafo único) 17
Dispensa de licitação (art. 24, parágrafo único) 96-101
Equiparação a servidor (art. 84, § 1º) 272

Aumento de pena (art. 84, § 2º) 272
Adaptação de suas normas a esta Lei (art. 119, parágrafo
  único) 318-319
Súmula 333/STJ (Comentários ao art. 1º) 20

SUS
Inaplicabilidade de limite temporal (art. 24, § 2º) 101
Transferência tecnológica (art. 24, XXXII) 100

SUSPENSÃO TEMPORÁRIA
Sanção administrativa (art. 87, III) 274

TAREFA
Definição (art. 6º, VIII, d) 50

TAXAS E EMOLUMENTOS
Inexigibilidade de prévio recolhimento (art. 32, § 5º) 148

TERMO DE CONTRATO
Juntada no procedimento licitatório (art. 38, X) 160

TIPO DE LICITAÇÃO
Conteúdo do edital (art. 40, *caput*) 163
Julgamento (art. 45) 190-191
Tipos, para fins do art. 45 (art. 45, § 1º, I a IV) 190-191
Vedação à utilização de outros tipos (art. 45, § 5º) 191
Exclusivos para serviços intelectuais (art. 46) 194-195
Procedimento (art. 46, §§ 1º e 2º) 194-195

TÍTULOS
Vendas com prévia avaliação (art. 17, II, d) 73

Garantia (art. 56, § 1º, I) 227

TOMADA DE PREÇOS
Publicação dos avisos (art. 21, III) 79
Modalidade licitatória (art. 22, II) 82
Definição (art. 22, § 2º) 82
Documentos exigidos do licitante não cadastrado (art. 22, § 9º) 83
Valores estimados (art. 23, I, b, e II, b) 92-93
Possibilidade de utilização de outra modalidade (art. 23, § 4º) 93
Vedação para parcelas de uma mesma obra ou serviço (art. 23,
§ 5º) 93-94

TRIBUNAL DE CONTAS
Controle das despesas (art. 113) 314
Representação (art. 113, § 1º) 314
Exame de cópia do edital publicado (art. 113, § 2º) 314
Regência das normas desta Lei, no que couber, para suas compras, serviços, obras e alienações (art. 117) 318

VENDAS
Prévia avaliação (art. 17) 71-75
Dispensa de licitação (imóveis) (art. 17, I, e) 72
Dispensa de licitação (móveis) (art. 17, II) 72-73
De ações (art. 17, II, c) 73
De títulos (art. 17, II, d) 73
De bens, materiais e equipamentos (art. 17, II, e e f) 73
De bens imóveis derivados de procedimentos judiciais
(art. 19) 77-78

VINCULAÇÃO AO INSTRUMENTO CONVOCATÓRIO
Princípio básico da licitação (art. 3º) 29-32